내러티브 진로상담

Kobus Maree 저

유현실·유우경·윤금희·이정아 역

박영
story

역자 서문

21세기의 4차 산업혁명과 그에 따르는 사회경제적 변화로 인해 일과 삶의 경계가 모호해지고 진로상담 분야에서도 전통적인 일-환경 적합성 모델을 넘어서 진로구성주의, 내러티브 접근 등에 대한 관심이 급부상하고 있다. 이 책은 이러한 사회적 변화를 반영하여 최근 해외 진로 학계에서 진로 구성주의 모델, 특히 내러티브 진로상담의 저명 학자로 주목받고 있는 Kobus Maree 교수가 편찬한 것으로 구성주의 진로 이론가로 국내에서도 널리 알려진 Savickas를 비롯하여 Cochran, McMahon 등 대표적인 진로 학자들의 핵심 아이디어들을 담고 있다.

Savickas는 21세기 포스트모던 시대의 직업 세계는 불확실성, 불연속성, 불안정성이 주요한 특징이라고 일갈하였다. 직업의 변화가 크지 않았던 20세기에는 이십대에 어떤 직장에 입문하게 되면 특정한 능력이나 특성을 가진 사람들과 특정한 방식으로 일하면서 특정한 지역에서 길게는 이삼십 년 동안 살아가게 된다. 따라서 이십대에 어떤 직장에 들어가는가가 그 사람의 나머지 일생을 좌우하는 경우가 흔한 일이었다. 때문에 20세기의 진로상담에서는 청소년과 청년이 어떤 전공과 직업을 선택하느냐가 중요했다. 그러나 5년 후의 미래를 예측하기 어렵고 커리어의 분절과 불확실성으로 점철되는 21세기 오늘날에는 일과 진로가 우리의 삶에 갖는 의미가 변하고 있다. 이러한 시대를 살아가는 진로상담자는 내담자와의 작업에서 전통적인 방식을 넘어서는 새로운 방법을 장착할 필요가 절실해졌다.

이러한 배경 속에서 등장한 진로상담에 대한 구성주의적 접근은 일과 진로에 대한 전통적인 방식에 의문을 제기하면서 진로상담의 대안을 제시하고 있다. 구성주의 진로이론은 일의 의미와 정체성에 주목한다. 진로상담자는 내담자가 끊임없이 변하는 일의 세계 속에서 일의 의미를 만들어 내고 일하는 사람으로서의 자신의 정체성을 스스로 정립할 수 있도록 도울 필요가 있다. 그리고 일의 의미와 정체성은 내담자의 내러티브를 통해 구체화된다. 이때 진로상담으로서 구성주의적 접근은 상담자와 내담자의 대화적 관계를 강조한다. 상담자는 내담자가 구술하는 삶의 내러티브를 경청하는 파트너인 동시에 내담자의 내러티브에 살을 덧붙이는 공동 창작자이기도 하다. 따라서, 구성주의적 접근이 진로 상담의 실제에 구현되는 방식은 내러티브 진로상담이라고 할 수 있다. 내러티브 진로 상담에서 내담자는 자신의 인생 이야기를 상담자와 함께 나누고, 상담자와의 공동 구성을 통해 자신의 인생 이야기를 다시 쓰고, 삶에 대한 새로운 의미를 상담자와의 공동 작업을 통해 만들어 가게 된다.

이 책의 원 제목은 『Shaping the Story: A Guide to Facilitating Narrative Career Counseling』이다. 이 책을 번역하기에 앞서 2018년 초부터 유우경, 윤금희, 이정아 박사와 함께 진로 구성주의 상담에 관한 스터디 모임을 격주로 가졌다. 진로 구성주의에 관한 최신 해외 논문들을 읽고 토론하면서 우리들 각자 현장에서 다루고 있는 개인상담 사례를 진로 구성주의로 해석해보기도 하고 진로구성주의 기법을 집단상담 프로그램으로 적용해보기도 하였다. 그렇게 연구모임을 1년 정도 꾸려가다가 진로 구성주의에 관한 좋은 책을 번역해보자고 의기투합하였다. 해외 인터넷 사이트를 통해 적당한 책을 찾던 중 진로구성주의 모델, 특히 내러티브 진로상담 분야의 저명 학자로 주목받고 있는 Kobus Maree 교수가 편찬한 책 한 권을 발견하였다. 무엇보다도 이 책이 반가웠던 점은 진로 구성 상담 분야의 세계적인 저명한 학자들이 대거 참여하여 진로 구성주의 이론의 복잡한 개념들을 충실하고도 풍부하게 설명할 뿐만 아니라, 그동안 진로 구성주의 이론에서 부족했던 여러 가지 유용한 내러티브 진로상담의 실제 기법들을 생생하게 설명하고 있다는 점이다.

역자들은 영어 원서에 제시된 여러 개념과 용어를 한국어로 번역하는 과정에서 원저자들의 의도를 최대한 충실히 옮기려고 노력하였고, 이를 위하여 수차례에 걸쳐 역자들 간에 상호 검토 과정을 거쳤다. 그럼에도 불구하고 여전히 매끄럽지 못한 내용에 대해서는 독자들의 양해를 구하고자 한다. 또한 이 책의 번역과 출판 과정을 오랫동안 격려하고 도와주신 박영스토리 임직원 여러분께 깊이 감사드린다.

2023년 3월   역자 대표 유현실 씀

목 차

역자 서문 / i

프롤로그 / ix

제1장 내러티브 진로상담의 전망 / 3

    1.1 도입 3

    1.2 진로 가치 4

    1.3 내러티브 접근 7

    1.4 규범적인 이야기(normative story) 13

    1.5 내러티브 접근의 생명력 17

제2장 내러티브 상담: 생애 진로 성공을 촉진하는 신흥 이론 / 23

    2.1 도입 23

    2.2 진로 심리학에서의 내러티브 탐구: 이론적 개관 24

    2.3 생애 진로 내러티브의 개발(cultivation)과 적용: 이론에서 실제로 35

    2.4 결론 41

제3장 진로상담에 대한 해석적-내러티브 접근의 이론적 기반과 실제적 적용 / 51

    3.1 도입 51

    3.2 해석학 52

    3.3 진로이론과 실제에 대한 해석적-내러티브 접근 58

    3.4 결론 64

제4장 자기 돌봄을 통한 진로 내러티브 구성 / 71

    4.1 도입 71

    4.2 권력 관계를 통해 진로 이야기를 관리하는 방법 72

    4.3 결론 82

제5장   인생 이야기 상담: 진로상담의 새로운 정체성 / 89

    5.1 도입   89

    5.2 정체성, 내러티브, 인생 이야기   90

    5.3 인생 이야기 상담   92

    5.4 인생 이야기 상담의 실제   94

    5.5 인생 이야기 상담은 진로상담의 새로운 정체성인가?   99

    5.6 결론   100

제6장   포스트모던 진로상담과 그 너머 / 107

    6.1 도입   107

    6.2 모더니즘 이전 시대에서 이후 시대로   108

    6.3 포스트모더니즘과 진로 이론   112

    6.4 포스트모더니즘과 진로상담   113

    6.5 모던/포스트모던 이분법(binary)을 넘어서   114

    6.6 포스트모던 간격에 다리 놓기(Bridging)   114

    6.7 포스트모던의 입장   116

    6.8 인식(awareness)에서 실행(practice)으로   117

    6.9 결론   124

제7장   다문화 진로상담에서 이야기적 접근 / 129

    7.1 도입   129

    7.2 사례   130

    7.3 해체 및 재구성   133

    7.4 다문화 진로상담의 내러티브 구성을 위한 관련 차원 개요   138

    7.5 결론   144

제8장 진로구성: 원리와 실제 / 149

    8.1 도입   149

    8.2 진로구성 이론을 위한 맥락   150

    8.3 진로구성 이론의 기초(cornerstones)   154

    8.4 진로구성 상담   161

    8.5 결론   170

제9장 구성적 진로상담의 이론적 토대와 현장 적용 / 177

9.1 도입 177

9.2 구성주의의 세계관 178

9.3 사회적 구성주의 180

9.4 구성주의 관련 이론 181

9.5 진로상담에서의 구성주의 182

9.6 상담관계에서 의미 만들기의 속성과 과정: 의미의 공동구성 183

9.7 정서 185

9.8 행동 185

9.9 구성주의 진로상담에서의 평가 185

9.10 구성주의 진로상담 예시 186

9.11 결론 189

제10장 "내 이야기를 들어봐": 진로상담에서 패턴과 목적 파악하기 /197

제11장 인생 이야기 말하기, 해체하기, 다시 말하기를 통해서 학습공동체 구성하기 / 205

11.1 도입 205

11.2 인생 이야기를 말하고 목격할 수 있는 공간 만들기 206

11.3 사회 구성주의 208

11.4 담론 208

11.5 해체 209

11.6 말하기에서 자기/타인 구성 210

11.7 교육환경에서 내러티브 사용 211

11.8 토의 215

11.9 중요한 여정의 시작 217

11.10 결론 220

제12장 회상(reminiscences) 활용: 메모리 박스를 구성하여 이야기를 전달하고 삶을 선택한다 / 227

12.1 서론 227

12.2 메모리 박스 스토리 구성하기(Constructing memory box stories) 228

12.3 (나의) 구성물들 안에 있는 나의 구성물들 229

12.4 메모리 박스 제작(memory box making)이란? 230

12.5 왜 진로 심리학(career psychology)에서 MBM을 활용하는가? 234

12.6 내러티브 진로 심리학(Narrative career psychology)동향도
MBM의 특징 237

12.7 결론 240

제13장 이야기하기와 꿈의 실현에 내담자의 참여 촉진 / 247

13.1 도입 247

13.2 이야기, 일화, 은유로 통한 대화 248

13.3 성찰 저널 쓰기 249

13.4 꼴라지 251

13.5 여러 물건을 활용한 이야기하기 252

13.6 인생곡선: 내일을 구하기 위해 어제의 높고 낮음을 성찰하기 254

13.7 카드 분류: 놀이 이상의 무엇 257

13.8 모래놀이로 이야기 만들기 258

13.9 결론 261

제14장 3개의 일화 기법을 사용한 진로-스토리 인터뷰하기 / 267

14.1 학습 목표 267

14.2 도입 267

14.3 초기 기억의 사용: 간략한 이론적 배경 269

14.4 진로 구성 상담의 촉진을 위해 초기 기억들의 사용을
진로-스토리 인터뷰에 결합하기 272

14.5 사례 연구 278

14.6 사례 연구에 대한 간략한 논평 281

14.7 실습 285

14.8 결론 286

14.9 맺는말 286

제15장 저명인사의 개인 내러티브 / 291

15.1 서론 291

15a 레몬에서 레모네이드로 293

15b 고통에서 환희와 의미로 298

15c 전속력으로 달리기(Running at full speed) 302

15d 바다로 향하는 강처럼: 내 삶의 반성적 파편들 306

15e 의미에 대한 평생의 탐구 309

15f 씨를 뿌리고 수확을 거두는 일 313

15g 항상 해답을 추구함 320

15h 소외된 아이들에게서 영감을 얻은 인생 여정 324

15i 꿈을 따라가다 327

15j 내 인생 경험의 선명한 렌즈 331

다시 쓰는
진로상담 이야기

Mark Savickas

오늘날 직업 세계에 진입하거나 성공적인 전직을 하기 위해서는 이전 산업 시대보다 노력과 자신감이 더 많이 필요하다. 이제는 직장이 아니라 일감 자체가 더 중요하게 되었고 조직은 네트워크로 대체되었다. 때문에 포스트모던 세계 경제 속에서 일을 하는 과정에는 실제로 많은 위험이 도사리고 있다. 한때는 [회사에서 제공할 것으로] 당연한 것으로 여겨졌던 직업 안정성, 건강보험, 연금 등이 이제는 개인의 고민거리가 되었다. 개인은 더 이상 한 조직의 울타리 내에서 자신의 커리어를 개발하면서 삼십 년 이상 일할 것이라고 기대할 수 없게 되었다. 대신에 일생 동안 최소한 열 개 이상의 직장, 보다 적절하게 말하자면, 일감을 맡게 될 것이라고 예상할 따름이다. 한때 고용주의 영역이었던 건강관리 또한 이제는 피고용인 스스로 해결해야 하는 문제가 되었다. 연금 또한 예전 같으면 고용주가 약속하는 확정 급여의 한 요소였지만 이제는 피고용인 스스로 관리해야 하는 은퇴 계획 중 하나로 재구성되었다.

일을 수행하는 사회적 방식이 변하면서 개인이 부담해야 하는 자기 삶에 대한 책임은 더욱 커지게 되었다. 20세기의 직장은 [직원들에게] 보듬어 주는 환경(holding environment)을 제공하였다. 근로자가 직장에서의 직위에 맞는 업무를 담당하도록 선발되어 스스로 직장에서의 직위에 자신을 맞추게 되면, 근로자는 직장이라는 조직에 의존하여 이후 자신의 삶이 어떻게 진행될 것인지에 관한 보다 큰 이야기를 얻게 된다. 직장은 그들이 어떤 교대 조에서 일할지, 어디서 살지, 어떻게 여가시간을 보낼지, 누구와 친분을 쌓을지, 얼마나 많은 돈을 가질지를 규정하였다. 아기침대가 신생아를 보듬고, 가족이 어린 아동을 보듬고, 또래집단이 청소년을 보듬는 것과 비슷하게 직장은 성인기의 근로자를 보듬는다. 그러나 포스트모던 세상에서 피고용인들은 직장이 더 이상 그들의 삶을 보듬어주는, 즉 익숙하고 예측 가능한 환경을 제공하리라 기대할 수 없게 되었다. 대신에 개인은 삶의 불연속성에 직면할 때 자신과 진로에 대한 이야기를 구성하기 위해, 즉 자신과 자신의 삶을 함께 보듬기 위해 스스로에게 의존해야 한다. 그들은 하나의 작업에서 다음의 작업으로 이동할 때 자신이 무슨 일을 했는지는 내려놓되, 자신이 누구인지는 스스로 보듬고 가야 한다. 만약 모든 것을 내려놓는다면, 그들은 상실감에 압도될 것이다. 의미와 연속성을 제공하는 인생 이야기 형태로 자기 자신을 보듬음으로써 그들은 이야기 줄거리를 발전시키고 중요한 인생 목표를 실현하는 방식으로 계속 나아갈 수 있게 된다.

내담자들이 자신의 이야기를 묘사하고 구술하도록 보다 적절히 돕기 위해 많은 진로 상담자들은 기존의 관행을 바꿔야 한다. 포스트모던 시대의 삶의 요구에 부응하도록 변화하기 위해 상담이라는 직업은 내담자가 자신을 보듬는 이야기를 표현할 수 있도록 내러티브 모델과 자기구성 방법을 만들어 갈 필요가 있다. 보듬다(holding)라는 은유는 진로(career)의 어원이 수레(cart) 또는 마차(chariot)이라는 점을 환기시킨다. 그러나 이제 진로(career)는 산업시대를 관통하는 길(path)라는 의미가 아니라 우리 자신을 앞으로 운반하는(carry) 운반체를 의미한다. 간단히 말하자면, 내러티브 관점에서 커리어는 의미의 운반자(carrier)가 된다. 또한, 확장적인 관점에서 커리어 상담이란 진로 선택에 의미를 불어넣고 일을 통해 자기를 입증하기 위한 상담자와 내담자 간의 대화가 된다.

이야기의 묘사를 통해 내담자들이 자기를 보듬는 환경을 스스로 구성해 가는 과정 속에서 많은 진로상담자들은 사회구성주의를 받아들이고 내러티브 접근으로 선회하였다. 내러티브 진로상담자들은 내담자가 자신의 이야기 속으로 들어가 이야기 보듬기를 배울 수 있도록 돕는다. 마침내 이러한 과정을 통해 이야기는 [내담자를] 보듬고 불확실성은 해소될 수 있다. 자기와 진로에 대한 이야기의 구성은 개인이 직장, 지위, 일의 상실을 포함하는 전환기에 직면할 때 삶의 의미와 방향을 제공하는 구조가 된다. 그러나 이 책의 저자들이 설명하는 바와 같이, 명확하고 일관된 이야기는 단순히 긴장(tension)을 유지하는 것 이상의 역할을 수행한다. 이야기의 구성은 긴장(tension)을 주의(attention)로 돌리고, 재구성된 내러티브는 의도(intention)를 표현한다.

내담자들은 자신의 이야기를 하면서 자기 삶의 경험에 보다 가까이 접촉하게 된다. 말하기를 통해 의미가 표현되며, 말하기는 내담자와 상담자 모두에게 의미를 분명하게 해준다. 내담자가 자신의 이야기를 해나갈 때 이들의 삶은 덧붙여지기 시작한다. 이야기가 또 다른 이야기로 이어지면서, 이들은 더 큰 내러티브라는 건축물을 만들어 나간다. 천천히 반복되는 주제를 알아차리고 진행 과정의 기본 논리들이 명료해지면서 이들은 이야기 줄거리를 통합하기 시작한다. 암묵적인 의미가 보다 명확해지면서 의미의 차원이 더욱 확장된다. 그리고 나면 이들은 삶의 제약들을 헤쳐 나가면서 삶을 위한 새로운 공간을 열기 위해 의미의 차원들을 정련하고 수정할 수 있게 된다. 이렇게 수정된 내러티브는 이들이 이미 알고 있는 자신에 대한 바를 진술하면서, 직관을 제공하고 상상력을 자극하고 의도를 드러내는 생애 초상화에 이를 재조직한다. 상담 초기에 많은 내담자들은 자신의 삶에서 이방인이다. 그러나 상담 후반부에 가면 내담자들은 자신의 목적과 계획을 삶의 프로젝트에 불어 넣음으로써 일을 보다 온전하게 사용할 수 있게 된다.

이 책의 각 장에 원고를 주신 내러티브 저자들은 상담자가 내담자의 이야기를 타당화할 수 있도록 자신의 내러티브 역량을 단련하고 사회적 맥락에서 내담자의 이야기를 자리매김하는데 전기적 추론을 적용하면서 상담자가 의미 만들기를 어떻게 촉진하는지에 대해 서술하고 논의할 것이다. 집단으로서 저자들은 인간성의 시학과 일의 정치학을 탐색함으로써 진로상담에 새로운 삶을 불어넣는다. 개인으로서 저자들은 내담자가 그들의 이야기를 형성하고 그들이 일의 세계와 조율하도록 돕기 위한 혁신적인 방법들을 제공한다. 저자들이 제공하는 영감과 가르침 덕분에 이 책은 세계경제 속에서 이야기가 연속성, 일관성, 몰입의 감각을 어떻게 제공하는지를 보여주고, 이를 통해 진로서비스 직업 자체의 이야기를 형성하는데 상당히 기여한다. 또한 저자들은 어떻게 이야기가 좋은 청취자에 의해 개선되는지를 보여준다.

이 책은 내담자가 진로라는 심미적인 프로젝트에 자신의 삶을 녹여내는 자기를 구성하고자 할 때 상담자가 어떻게 좋은 청취자로서 관계를 활용할 수 있는지에 대해 설명한다. 내담자가 자신의 전기를 재구성하고 재조직함에 따라 상담자는 새로운 지위와 프로젝트의 생성 과정 속에서 [새로운] 자기의 출현을 입증하는 증인 역할을 수행한다. 이는 내담자와 상담자 간의 대화 속에서 생성되기 때문에 내담자는 이렇게 내면에서 출현하는 자기를 완전히 이해할 수는 없다. 이해는 한 개인의 내면의 통찰에 의해서보다는 사람들 사이에서 보다 효과적으로 획득된다. 증인으로서 상담자는 내담자가 서술하는 이야기 속에 구축된 의미를 탐색할 수 있다. 상담자는 또한 이야기가 회피하고 왜곡하고 은폐하는 것, 즉 내담자가 숨기고 싶은 것, 이야기를 온전하게 만드는 비밀 등에 대해 넌지시 언급하면서 이에 대해 질문을 할 수도 있다. 물론 상담자는 내담자가 준비되는 만큼 그들 자신이 누구인지를 공개적으로 선언하여 자신의 세계에 대한 전문적인 증인이 되도록 내담자를 독려한다. 새로운 생성에 대한 첫 번째 청중으로서 상담자는 외부자의 관점에서 이를 통합할 수 있는 언어를 제공한다. 상담자는 내담자가 새롭게 출현하는 자기를 자리매김하는데 사용할 수 있는 안정된 언어를 조심스럽게 선정한다. 그리고 나서 내담자와 상담자는 함께 진로 문제를 해결하고 일의 삶을 형성하는 계획을 고안하기 위해 자기에 대한 일관성 있고 설득력 있는 내러티브 조직을 활용할 수 있다. 현재의 고민을 해결함과 더불어 내담자의 이야기에 대한 상담자의 분명하고 연민 어린 재진술의 목표는 내담자로 하여금 자신의 생애 이야기의 새로운 장에 진입하도록 영감을 주고 격려하는 데에 있다.

이 책은 자기에 대한 좋은 이야기가 어떻게 보다 생생하고 의도적인 자기를 붙들면서(holding) 내담자가 진로를 변경할 수 있도록 촉진하는지를 매우 탁월하게 보여준다. 실제로도 저자들은 이 목표를 매우 잘 달성하고 있다. 예리한 독자들이라면 진로상담이라는 직업이 포스트모던 사회에 살고 있는 내담자의 요구를 충족하기 위해 어떻게 변화할 수 있을지에 대한 흥미로운 이야기를 들려줄 것이라고 결론 내릴 것이다. 편집자에 의해 만들어진 이 책은 진로 상담자들에게 세계경제 속에서 자신의 지위를 변경하고 정보화 시대에 자신의 직업을 혁신하면서 보듬어 갈 수 있는 이야기를 제공한다. 이 이야기의 세부적인 사항들을 설명하면서 각 장의 저자들은 독자들에게 진로개입이 어떻게 이루어질 수 있을지 생각하게 하고 상담자들에게는 내러티브 진로 구성의 세계로 들어올 수 있도록 독려하는 진로상담이라는 직업의 변화 가능성을 확인해준다. 이를 통해 상담자들은 내담자의 삶과 진로의 눈부신 고유성을 목격하고 타당화 하고 축하할 수 있는 더 나은 자리에 설 수 있을 것이다.

내러티브
진로상담의 전망

Larry Cochran

내러티브 진로상담의 전망

Larry Cochran

1.1 도입

이번 장의 주된 목적은 내러티브 진로상담의 전망을 보여주는 것이다. 특히 이번 장에서는 내러티브 진로상담에 대해 간략하게 개관하고자 한다. 전망은 미래지향적이고 대개 낙관적이며, 지금까지 수행했던 일과 앞으로 해야 할 일에 대해 이야기한다. 이번 장에서는 다음의 세 가지 전망에 대해 간략하게 살펴볼 것이다. 첫째, 내러티브 접근은 개인적인 의미를 다루는 방법을 제공하는데, 이는 진로상담 현장에서 널리 쓰이는 방법이면서도 종종 표준적이고 객관적인 관점에서는 무시되어 왔던 것이다. 둘째, 이 접근은 개인의 인생 이야기에서 의미 있는 역할을 했던 인물을 서술하는 기술이나 전략과 더불어 발전해 왔다. 셋째, 진로 의사결정에 대한 내러티브 접근은 직업 탐색과 같은 다른 영역에까지 무한히 확장될 수 있다.

"I"와 "Me"의 고전적인 구분(James, 1890)은 화자(narrator)로서의 자기와 배우(actor)로서의 자기를 구분한다(Sarbin, 1986). 화자로서 우리들은 현재를 해석하고 조직하기 위해 과거와 미래를 활용한다. 배우로서 우리들은 현재를 살아가며 무언가가 이루어지도록 시도하거나 또는 무언가가 우리 자신에게 일어나게 한다. 화자가 의미의 실타래를 어떻게 풀어내느냐에 따라 행동은 풍부해질 수도 있고 빈곤해질 수도 있다. 배우가 경험하거나 취하는 행동이 내러티브 형식과 공명할 수도 있고 벗어날 수도 있다. 어떠한 경우라도 모든 종류의 새로움, 난관, 기회는 발생할 것이고 이는 화자가 이야기를 다듬거나 확장하도록 도전할 것이다.

따라서, 내러티브 진로상담의 초점은 다음의 두 가지다. 첫째, 내러티브 진로상담의 목적은 화자가 미래에 잘 어울리는 방식으로 자신의 삶과 진로에 대한 보다 큰 이야기를 펼칠 수 있도록 하는 것이다. 둘째, 배우가 인생 이야기 속에서 보다 강력한 주체적인 인물이나 주인공이 되도록 강화하는 것이다. 이번 장에서는 개인적인 의미, 생애사, 진로 서비스 영역을 간략하게 탐색함으로써 진로상담에서 내러티브 접근의 전망을 보여주고자 한다.

1.2 진로 가치

어떤 진로 어려움들은 직업 정보를 제공하고, 검사 결과를 해석하거나 컴퓨터 프로그램을 통한 진로 지도를 함으로써 관리될 수 있다. 진로상담에서 이러한 객관적인 접근 방식의 가치는 의심할 여지가 없다. 검사 개발, 컴퓨터 프로그램 구축, 워크북 등을 통한 진로 성과는 매우 분명하면서도 헤아릴 수 없이 많다. 그러나 이러한 접근은 개인적인 의미, 즉 사람이 실제로 살아가는 이야기의 영역을 배제한다는 한계가 있다.

삶의 불연속성을 경험하는 많은 이들에게는 어떠한 직업이 자신의 흥미와 적성 검사 결과와 맞을까 보다는 삶의 이야기를 어떻게 의미 있는 방식으로 지속할 것인가가 더욱 중요한 문제다. 졸업, 이민, 이혼, 계약 종료, 은퇴, 중년 전환기 진입 등은 보다 유익한 해결을 위한 추가적인 무언가를 요구하는 삶의 문제적 일화다. 이때 늘 아쉬운 점은 바로 이 "추가적인 무언가"다. 모든 내담자에게 깊이를 요구해야 하는 것은 아니지만, 진로 문제를 해결하는 데 요구되는 깊이에 도달할 가능성은 항상 확보되어야할 필요가 있다.

어떤 직업을 선택할 것인지를 평가하는데 있어서 가치 충돌은 항상 발생한다는 점을 고려할 필요가 있다(예: Cochran, 1986a). 어떤 하나의 선택이 모든 진로 문제를 만족시킬 수는 없다. 따라서 하나의 가치를 충족하기 위해 다른 가치를 희생해야할 수도 있다. 일련의 선택지 중에서 한 직업군이 어떤 가치군을 충족시킬 때 다른 직업군은 다른 가치군을 충족시키는 패턴이 전형적으로 존재한다. 예를 들어, 급여는 재능의 발휘와 충돌할 수 있다. 도전은 안정성과 갈등하기도 하고, 시간은 가족 등의 다른 가치와 충돌하곤 한다.

표준적이고 객관적인 작업을 중심으로 움직이는 상담 현장에서는 상담자가 이러한 충돌이 존재한다는 것을 알아차리지 못할 수도 있다. 설령 알아차린다 해도, 그것에 대해 할 수 있는 것은 거의 없을 것이다. 상담의 실제에서 사람들은 모든 가치를 만족시키는 완벽한 선택지를 찾으려 할지도 모른다. 완벽한 선택지를 찾는 데 실패할 때 사람들은 현실과의 갈등에 도전하거나 그저 일이 저절로 잘 되기를 바라면서 그것의 중요성을 무시하기도 한다. 물론 그렇게 하지 않은 경우도 존재한다. Osherson(1980)에 따르면, 갈등과 타협하여 진로 결정을 하는 사람들은 이후 자기 상실감을 경험하며 중년기 위기가 시작된다고 한다. 유명 법률회사에서 임원이 되기 위해 오랫동안 고군분투했던 한 여성은 자신이 가족을 내팽개치는 것 같다고 느낄 지도 모른다. 상업미술가로 일하는 남성은 자신의 예술적 재능이 안정성을 위해 버려지고 고갈되고 있다고 느낄 수도 있다. 직업세계에서 이러한 충돌은 너무나도 흔하다. 그러면서도 이러한 충돌은 진로를 결정할 당시에 이성적으로 충분히 예측할 수 있는 것들이다.

그렇다면 무엇이 중요한가? 진로 의사결정을 촉진할 때 개인적 가치, 즉 한 사람이 진로에서 실현하기를 원하는 것이 무엇인지를 탐색하는 것이 기본이다. 그러나 표준과 객관을 지향하는 현장에서는 한 가치가 다른 가치와 언제 충돌하는지에 관한 결정을 (피상적인 방법으로라도) 도와줄 수 있는 방법이 없다. 즉 보다 근본적인 해결방법을 고려하기가 어렵다. 만약 표준적인 상담 방식이 이러한 관점에서 실패한 것이라면, 어떠한 대안이 필요할까? 이는 가치의 특성에 달려있다.

Rescher(1969)의 가치 이론에 따르면, 가치에 대한 평가가 달라진다. 가치의 대상, 가치의 소재, 가치의 타당성과 관련하여 현재 맥락에서 가치의 대상은 직업이다. 가치의 소재(locus of value)는 가치 타당성의 실현을 위한 상황적 수단이다. 앞서 언급한 바와 같이 전형적으로 직업 가치는 실제로 어디에 가치를 두고 있는가와 관련된다. 예를 들어, 급여는 그것 자체로 가치 있는 것이 아니다. 오히려 이는 소유할 가치가 있는 세속의 재화를 획득하는 것과 같이 다른 어떤 것을 가능하게 할 때 가치롭다. 이는 삶이 어떠해야 하는지에 관한 무형의 개인적 관점 영역이다. 가치의 소재는 단순히 수단이기 때문에 가치 소재 간의 갈등은 적절히 해결될 수 없다. 소재 즉, 어디에 가치를 두느냐는 가치 타당성을 특정화하는 방법으로서는 중요하지만 의미는 소재가 아닌 가치 그 자체로부터 파생된다.

일에 대한 선호와 수행에 관한 문화적 차이 연구에서, Sowell(1994)은 문화적으로 서로 다른 집단이라도 비슷한 가치를 공유하는 경향이 있다고 강조하였다. 대부분의 집단들은 부유함, 안정성, 재능의 발현 등이 더욱 풍성해지는 것을 선호한다. 물론 어떤 무언가를 얻기 위해 다른 무언가를 희생할 지에 대해서는 문화적 집단과 개인에 따라 차이가 있다. 가치 선호에 관한 질문들은 Frankfurt(1971)와 Talyor(1977)가 명명한 바 있는 이차 평가(second-order evaluation)를 요구한다.

일차 평가(first-order evaluation)는 다양한 선택이 특정한 욕망을 얼마나 잘 만족시킬 수 있는지를 평가하는 것과 관련된다. 예를 들어, 부에 대한 욕망은 기업회계나 기업 법률 분야에서 가장 잘 충족될 수 있을까? 이와는 반대로, 이차 평가는 어떤 개인이 가지고 있는 욕망을 평가하는 것과 관련된다. 두 가지 이상의 가치 중에서 어떤 것이 더 나을지의 질문에 대한 해답은 어떤 가치가 우선하는지, 즉 무엇이 중요한지, 덜 중요한지 또는 거의 중요하지 않은지를 정립함으로써 그 충돌을 해결할 수 있다.

이때 가치 소재로서 진로 가치는 삶에 관한 근본적인 질문을 제기하는 구체적인 방법이 된다. 갈등은 하나의 근본적인 질문에서 다른 질문으로 이어진다. 예를 들어, 급여와 재능 간의 충돌은 소유할만한 가치가 있는 세속적인 재화를 갈망하는 것이 더 나은 삶인지 또는 존재할만한 어떤 종류의 사람이 되는 것이 더 나은지에 관한 질문과 관련될 것이다. 이 질문은 고대 그리스 철학자들이 논쟁했던 바로 그 방식 그대로 여전히 오늘날의 우리들에게도 만만치 않은 질문이다(Feinberg, 1970). 안정성과 도전 사이의 갈등은 피할 만한 문제는 피하는 것이 나은지 또는 성취할 만한 가치가 있는 성취는 접근하는 것이 나은지에 관한 질문을 제기할 것이다. 철학은 추상적인 수준에서 이러한 종류의 질문에 대한 해답을 찾으려고 하고, 내러티브 관점에서의 진로상담은 한 개인의 삶의 구체적인 환경에서 이러한 질문에 대한 답을 찾으려고 한다.

내러티브 진로상담의 일반적인 목적은 한 사람의 인생 이야기 속에서 자기 자신에 대한 대본을 쓰는 것이다. 여기서의 초점은 내러티브 진로상담의 어떤 속성 때문에 이 접근이 개인적 의미를 탐색하고 그 의미와 관련된 여러 문제들을 해결하는 데 보다 적합하게 되었냐는 점이다. 가치 충돌의 예를 다시 상기해보면, 어떠한 가치가 더 중요한지를 단순히 묻는 것으로는 해결을 촉진할 수 없다. 그 질문은 빠른 해답이나 죽은 침묵을 야기할 수는 있지만 우리들은 보다 실질적인 해답을 원한다. Talyor(1977)가 강력하게 주장한 바와 같이 가치의 우선순위는 개인적 정체성과 분리될 수 없다. 이 근본적인 평가(부유함 대 개인적 유능성, 또는 안정성 대 성취)는 어떠한 이상이 우세한가에 대한 문제로, 무엇이 되고 싶은지, 그리고 어떠한 삶을 이끌고 싶은지로 한 개인을 정의한다. 따라서 개인적 정체성을 이해하지 않고서는 가치 우선순위의 정립이나 갈등의 해결을 위한 토대는 존재할 수 없다.

진로상담에서 내러티브 접근의 의도는 한 개인의 인생 이야기와 그 이야기 속에서 그 사람의 역할을 명확히 하는 것이다. 그렇다고 표준적이고 객관적인 진로상담을 배척하지는 않는다. 오히려 이러한 접근은 그동안 해결하지 못했던 수많은 진로 문제들을 적절히 해결하기 위해 보다 깊이 있고 확장된 관점의 진로상담 실제와 통합된다. 갈등을 해결하거나 또는 근본적인 평가를 하는 데 효율성을 주장하는 것은 시기상조일 수 있다. 그러나, 이러한 목적들을 달성하기 위해 내러티브 접근이 확실히 발전하고 있다고 주장하는 것은 시기상조라고 할 수 없다. 달리 표현하자면, 진로에 대한 이차 평가 작업은 인생 이야기에서 역할을 구성하는 작업과 분리될 수 없다. 결국 진로에서의 의미 문제는 해결 가능성을 제공하는 보다 확장된 패턴의 의미로 귀결된다.

1.3 내러티브 접근

진로상담에서 내러티브 접근의 특징은 다음의 세 가지 일반 명제로 간략하게 정리할 수 있다. 첫 번째 명제는 사람들은 통합적인 인생 이야기를 풀어내면서 종종 이를 완성한다는 점이다. 예를 들어, 한 여성의 행복했던 어린 시절은 아버지가 편찮으시면서 중단되었다. 그녀는 걱정거리 없던 가정의 상실을 막을 도리가 없었고 세월이 흐른 후에도 치명적인 심장마비를 앓고 계시는 아버지를 구할 능력이 없었다. 이후 그녀는 대학에서 간호학을 선택했다. 이제 그녀는 중년의 전문 간호사로서 가정간호와 가족 유지에 중점을 두면서 만성질환 환자를 돕는 일에 헌신하고 있다. 그녀 자신의 가족에게 가해졌던 고난을 해결할 수는 없었지만 그녀는 다른 가족들이 겪는 어려움을 최소화하거나 해결할 수 있게 되었다. 그러는 동안 그녀는 남편과 아이들과 함께 자신이 잃어버렸던, 즉 피할 수 없는 삶의 고난을 직면하는 데 더욱 필요한, 친밀하고 생동감 있는 환경을 유지하려고 노력한다.

위의 예에서 분명히 알 수 있듯이 의미의 패턴은 연구와 실제 모두에서 발견될 수 있는 전형적인 것이다. 심각한 분절 또는 그 분절의 방식을 통해 갈망은 선명하게 드러나고 집중된다. 당면한 순간에 골몰하고 있는 문제를 해결하지 못하게 되자 그녀는 확장된 의미의 가닥을 탐색하고 되짚어 본다. 그녀는 자신이 직접 환자를 간호하기 전에 상상 속에서 자신의 아버지를 계속해서 도왔다. 그녀의 알아차림 (awareness)이 성장하면서 그녀는 다른 가족의 아픈 구성원을 상상 속에서 도우면 서 아픔이 가하는 황폐함을 보다 충분히 알아차리게 되었다. 더욱이, 그녀는 위로 하고 조언하기와 같은 간호 비슷한 행동을 탐색하고 실행하면서 간호 역할의 자질 을 받아들이게 된다. 그녀는 특정한 롤모델, 활동, 교육과정으로 이끌려졌다. 이러 한 의미 구성요소의 형성은 생애 주제(life theme; Csikszentmihalyi & Beattie, 1979) 또는 생애 구성(life plot; Cochran, 1990)이라고 불린다.

결국 한 사람이 세상에서 적극적인 역할을 할 수 있게 하는 중심 과제(임무, 프 로젝트)가 결정된다. 이러한 역할을 수행하는 과정에서 생애 구성의 의미와 중요한 경험의 갈망이 충족된다. 간호사 행동을 통해 그녀의 지향점에 엮어진 새로운 의미 가 발생했다. 새로운 행동은 그녀의 역할 속에서 일구어지고 통합된다. 간호사로서 그녀의 직업적 역할은 개인적 의미를 부여하는 극적 역할을 만들어낸다. 이러한 구 성과 실행의 패턴이 통합되면서 이야기는 통합된다. 학자들은 살아지는 통합(lived unity)을 생활양식(lifestyle; Adler, 1956), 인생 프로젝트(life project; Sartre, 1966; Charme, 1987), 혹은 개인적 신화(personal myth; McAdams, 1953) 등과 같은 다양 한 방식으로 명명하였다. 그러나 삶 속에서 우리들이 알아차리는 통합이 단순히 양 식, 프로젝트 또는 신화 중 하나라고 하는 것은 적절하지 않으며 이는 오히려 이야 기의 일반적인 이해이자 구성요소라고 할 수 있다.

통일된 생애 구성의 구조 범위는 알려져 있지 않다. 위의 경우는 하나의 예일 뿐이다. Csikszentmihalyi와 Beattie(1979)는 의미 조직에서 두 가지 패턴과 몇 가 지 핵심 요소들을 명시하면서 어떻게 생애 구성이 형성되고 구조화되는지를 보여 주는 유용한 출발점을 제공한다. 예를 들어, 그 사람[이야기 속의 인물]은 현재 골 몰하고 있는 문제에 대한 원인을 무엇에 귀인 하는가? 간호사가 질병 탓을 하면서 의료 분야로 진출하더라도 그녀가 생활양식이나 식단이나 성격과 같은 다른 원인 에 귀인 했다면 다른 방향의 진로로 진출했을 수도 있다. 한 개인의 상황을 보편적 인 상황으로 일반화할 수 있는가? 한 개인의 문제 해결로부터 다른 사람이 경험한 유사한 형태의 문제 해결로 전환할 수 있는가? 만약 그러하다면 그 사람은 삶에서 의 임무를 발전시켜 나아간다. 만약 그렇지 않다면, 그 사람은 자신의 문제를 해결하려는데 생의 전부를 허비하게 될 것이다. 간호사가 되는 대신에 예시의 여성은 식단, 운동, 이완 등의 무수한 분야를 처방하면서 그녀 자신이나 가족을 위한 건강 옹호자가 될 수도 있다. Csikszentmihalyi와 Beattie의 작업을 확장하기 위해서는 다양한 인생 이야기들을 수집하고 탐구할 필요가 있다.

Cochran(1990)은 생애 구성을 형성하는 서로 다른 두 가지 방법을 발견하였다. 후속 연구를 통해 그는 삶에서 의미의 통일된 패턴을 형성하는 데 도움이 되는, 더 나은 삶의 진미를 경험하고, 역할을 수행하고, 롤모델을 만나고 결정을 내리는 등의 많은 중요한 경험들을 밝혔다(Cochran, 1986b, 1991). 삶의 역사에는 때로는 충격적이고 때로는 섬세하기도 한 의미들의 전환과 해결로 풍성하다. 예를 들어, 어릴 적 부끄럼이 많은 아이로 만들었던 감수성은 성인기의 그를 매우 주목할 만한 예술가로 만드는 능력이 될 수 있다. 크고 작은 작업들을 통해 이러한 의미화는 생애 구성의 형성이 조금씩 진전된다는 것을 나타낸다.

인생 이야기에 대한 탐색을 확장함으로써 두 가지 유형의 이득, 즉 이론적 및 실제적 이득이 가능하게 된다. 이론적으로, 생애 이야기 구성의 유형과 구성 원리를 이해하는 것은 중요하다. 어떻게 구성이 함께 어우러지는 지를 통해 어떻게 구성이 전개되고 변형되는지를 알 수 있다. 예를 들어, 간호사가 된 여성이 그녀 자신의 가족으로부터 일반 가족으로 일반화하기 전에 진로상담을 시작했다고 가정해보자. 형성되고 있는 구성의 유형을 이해시킴으로써 상담자는 그녀가 일반화를 할 수 있도록 하거나 또는 적어도 그런 가능성을 탐색하도록 돕는 방안을 고려해볼 수 있다. 구성의 개념적 또는 이론적 이해를 통해 상담자는 어떻게 변화가 만들어질 수 있는지를 보다 선명히 알게 된다. 또한 윤리적 고려를 시도해야 하는지 여부를 결정한다.

구성의 구조를 통해 탄력성, 취약성, 구성성 등과 같은 질적인 방식에서 차이가 발생할 수 있다. 어떤 구성전개에서는 중심 과제가 파괴적일 수 있다(매우 파괴적인 과제가 어떻게 형성되는지에 관한 놀라운 설명은 Leyton(1987)을 참조할 것). 예를 들어, 어떤 사람의 중심 과제는 이전에 그를 배제하거나 벌했던 모든 집단에 대한 복수로서, 그의 중심 과제는 그가 들어가려는 집단이 무엇이건 간에 그 분위기를 망치는 것이라고 가정해보자. 예를 들어, 그 사람은 반감에 이런 파괴적인 과업의 토대를 두었다. 그러면서도 그것은 변화를 이끄는 구성 구조가 될 수 있다. 보다 생산적인 과업은 그의 동정심이 자리 잡은 곳(예를 들어, 이방인)을 고려함으로써 나타날 수 있다.

다양한 인생 이야기를 탐색해야 하는 실제적인 이유는 인생에서 발생한 일이 진로상담의 실제에서는 전략이나 기술로 통합될 수 있기 때문이다. 구성의 중요 지점은 실천으로 직접 해석될 수 있다. 예를 들어 롤모델과의 만남은 이미 기존 실제의 한 부분에서 중요 지점이 된다. 더욱이, 인생 이야기 속에서 의미의 전환은 실제에서의 그런 전환을 촉진하는 잠재적인 방식을 제공한다. 내담자들은 생애 구성을 구성하는 수많은 문제들을 가지고 진로상담에 들어온다. 어떤 이들은 상실로 인해 비틀거린다. 어떤 이들은 형제자매에 의해 가려진다. 다른 이들은 상충하는 이야기로 나누어지는데 하나는 아버지로부터 다른 하나는 어머니로부터 나온다. 삶에서 발생하는 의미의 전환과 해결은 실제적인 지도와 직접적으로 관련되는 것 같다.

두 번째 일반 명제는 건설적이고 통일된 생애 구성에 따라 살아갈 때 삶은 보다 의미있고 생산적이며 결실을 맺는다는 것이다. 통일된 구성을 형성하는 것과 그렇게 사는 것은 상당히 다른 것이다. 이러한 차이가 왜 존재하는지에 대해서는 몇 가지 이유가 있다.

첫 번째 이유로는 생애 구성은 의미의 은밀한 패턴이며 한 사람의 선택을 인도할 수 있을 정도로 분명하지가 않다는 점이다. 결과적으로 잘못된 진로를 선택함으로써 원하는 역할을 수행하기 어렵게 되거나 불가능한 상황으로 끝나게 될 수 있다. 또 다른 이유는 환경이 수반적이라는 점이다. 어떤 사람은 상이한 생활 방식(예: 갱단 또는 민병대, 부모의 작업 라인, 교회 등)이 필요하거나, 제한된 환경에 갇혀있거나, 가능한 선택이 제한되거나, 훈련 및 능력의 부족으로 막혀있거나 혹은 장애를 가진 상황에 처해 있을 수 있다. 마지막 이유로는 사람들은 다양한 긴급 상황과 경향성을 가진 신체에 갇혀 있어서(예: Pinker, 2002), 때로는 회복하기 어려울 정도로 심각한 개인적 또는 사회적 결과로 끝날 수 있다는 점이다.

[이렇듯] 어떤 사람이 어려움을 극복해서 생애 구성에서의 바람직한 역할을 수행하기 시작하게 되면 경험은 보다 의미 있고, 생산적이고, 결실을 맺게 된다. 그러나 무엇을 더 물어볼 필요가 있을까? 그 해답은 '이전보다 더 많이'라는 점이다. 주어진 생애 구성을 이행하기 위한 지위로 진입하려고 애쓰는 사람들은 현재의 지위에 있으면서 수행하고 있을 때와는 매우 다르게 스스로를 묘사한다. 예를 들어, 영국의 대문호인 Anthony Trollope(1978)는 소설 집필을 착수하기 전까지는 게으르고 비참해지곤 했다. 갑작스럽게 변하면서 그는 매우 부지런하고, 보다 낙관적이고 충만하게 되고, 삶을 매우 더욱 의미 있는 방식으로 경험했다. 다른 생애사에서는

사전－사후 생애 초상화가 그렇게 항상 선명하게 그려지는 것은 아니지만 분명한 차이는 있는 것으로 보인다.

이러한 명제에 적절한 연구 방법은 생애사에 근거한 반복적인 단일 사례 연구다. 사례 연구(Yin, 1994)에서 반복의 논리는 모집단에서의 일반화가 아닌 이론에서의 일반화와 관련된다. 반복적인 예가 발견되지 않는다면 이는 이론의 폐기 또는 수정이 필요하며 가설의 부당함이 증명된 것이라고 할 수 있다. 이러한 기준은 가혹하고 까다롭다고 할 만하다. 그러나 이론 정립 과정에서는 공정하고 유익하다.

이론 정립의 예로서, 형성된 중심과제의 속성으로 인해 사례연구가 삶에서의 질적인 차이를 드러낸다고 가정해보자. 어쩌면 광범위한 일반화를 포괄하는 작업은 구체적이고 특정한 것보다 풍부한 경험을 제공할 수 있을 것이다. 아마도 자기중심적인 과제는 의미, 생산성, 실천을 약화시킬 것이다. 이러한 종류의 발견은 이론의 수정을 요구하거나 정련을 요구할 것이다. 아마도 파괴적인 과제을 품고 있는 사례는 그 명제의 부당함을 증명할 것이다. 만약 그러하다면, 이론 적용의 범위는 제한되고 이론의 수정이 요구될 것이다. 이 연구에서는 중요한 것은 어떻게 생애 구성이 진로의 질에 영향을 미치며, 그리고 그것들이 어떻게 더 나은 삶의 도구로 형성될 수 있는지를 이해하는 것이다.

세 번째 명제는 앞서 서술한 두 가지를 결합한 것으로, 생애사에서 분명한 것을 실제 속에서 재생산하는 것이다. 즉, 진로상담자들은 내담자가 생애 구성을 만들어 가면서 현재와 미래의 삶 속에서 이를 실현할 수 있도록 조력한다. 명제는 두 가지 주장을 내포한다. 첫째, 진로상담자들은 내담자가 미래의 진로 가능성으로 투사될 수 있는 생애 구성을 발견하고 형성하도록 조력한다. 둘째, 진로상담자들은 내담자가 현재의 삶에서 희망하는 역할을 수행하고 미래의 실현을 위해 자리매김을 시작하도록 조력한다.

아마도 진로상담을 처음 시작하는 내담자에 대한 가장 좋은 묘사는 구름에 뒤덮여 있는 내담자 모습이다. 생애 구성은 의미에 대한 무언의 패턴일 뿐만 아니라 그 플롯은 왜곡, 부정적인 평가, 최근의 영향, 모호한 연결 등으로 덮여 있다. 대체로 내러티브 진로상담이라는 작업에는 의미의 가닥과 그것들이 일관된 전체로 형성되는 방식을 발견하는 것이 포함된다. 내담자에게 중요한 연결은 이 전에는 발견되지 않았을 수도 있다. 특정 갈망, 사건, 능력 등의 중요성은 지금까지는 충분히 인식되지 않았을 수 있다. 이러한 의미에서 내러티브 진로상담자의 기능은 내담자가 자신의 생애사에서 의미있는 패턴을 보다 뚜렷하게 볼 수 있도록 돕는 것이다.

또한 진로상담자의 작업에는 어느 정도의 조성하기(shaping)가 포함될 수 있다. 조성하기는 중요하다. 왜냐하면 어떤 내담자에게는 생애 구성이 이미 충분히 조성된 것이라기보다는 현재 조성이 진행 중일 수 있기 때문이다. 어떤 내담자들은 사라져가고 일탈적이거나 부정적인 두 번째 구성에 위협을 느낀다. 그러나 다른 내담자에게는 생애 구성이 보다 명료하게 초점을 맞춰 이끌어질 필요가 있다.

생애사에서는 사람들이 다양한 내러티브 가능성에 마주하는 것이 자연스러운 것처럼, 그들은 진로상담에서 내러티브 가능성을 탐색할 것이다. 내러티브 가능성의 조성은 상담자의 개입이 침입이나 부담을 최소화하기 위해 설계된 공동의 노력이다. 예를 들어 진로상담자는 약점보다는 강점을 강조하고, 중요 경험에서 얻은 잘못된 가르침(예를 들어, 나는 항상 일을 망친다)을 교정하거나 격려할 수 있다. 그럼에도 불구하고, 만일 내담자가 이야기에서 자기손상적이거나 파괴적인 경향을 보인다면, 보다 직접적인 개입이 적절하다. 진로상담자의 임무는 내담자가 모든 내러티브 가능성을 발견하고 형성하도록 돕는 것이 아니라 내담자가 누구인지, 그가 어디를 가장 가고 싶어 하는지를 충분히 반영하면서 보다 이상적이고 건설적이며 도달 가능한 가능성을 발견하도록 돕는 것이다.

생애 구성의 명료화는 활발한 탐색의 시작을 의미한다. 직업 역할에서 극적인 역할에 대한 투사 작업은 너무 동떨어진 방식으로는 진행하지 않는 게 가장 좋다. 일에 대한 현실적이고도 극적인 예행연습을 쉽게 하기 위해서는 내담자가 가능한 한 직업에 가까이 하는 것이 중요한다. 교육과정을 수강하고, 관련 직업인을 면담하고, 자원봉사를 하는 등과 같이 가까이 함으로써 역할을 맡고 이를 성찰할 기회를 얻게 된다. 어쩌면 간호사는 가정 주치의나 응급의료 기술자로서 더욱 성취했을 수도 있다. 심리검사와 다른 진로 자원들도 해답에 도움이 될 수 있지만 보다 적극적인 탐색은 내담자가 입문할 수도 있는 현실을 구축하는 데 훨씬 적합하다.

하나의 접근법으로서 내러티브 진로상담은 삶에서 포착했던 바를 실제에서 재생산하고자 하는 교수들로부터 생겨났다. 구성주의적 특성의 이론들을 일부 끌어오고 시행착오 과정을 거치면서, 그들은 함께 효과적인 실천의 구성요소들을 수집하고자 했다. Watkins와 Savickas(1990)는 적절한 전략과 기술을 상세히 설명함으로써 실천을 위한 첫 번째 기초를 마련하였다. 이들은 다음의 세 가지로 서술하였다. 첫째, 생애 구성을 명확히 하기 위해 임상적 평가 기술을 활용하라. 둘째, 이해를 높일 수 있는 해석 방법을 활용하라. 셋째, 생애 구성과 미래의 가능성을 연결하는 추론 절차를 활용하라. 이러한 작업을 토대로, Cochran(1997)은 (실제 환경에서 이상을 구체화할 수 있는) 실천적인 지혜와 (원하는 역할을 수행할 수 있는 감각적인 능력인) 주제 감각(sense of agency)을 강조하는 진로상담에 대한 보다 일반적인 내러티브 접근을 개발하였다. 추가적인 내용에 대해서는 이 책에서 설명하고 있다.

내러티브 접근이 왜 실천을 강조해야 하는지에 대해 잠시 생각해볼 가치가 있다. 개인적인 내러티브를 작성하는 것만으로 반드시 그 내러티브의 실천으로 귀결되는 것은 아니다. 예를 들어, 간호사는 만약 그 역할이 그녀의 역량 이상이라고 느꼈다면 간호직을 감당할 수 없었을 것이다. 그녀는 도움 보다는 해를 입히는 만성적이고 심각한 실수에 대한 환상에 사로잡혀서 필경 간호직을 회피했을 수도 있다. 내러티브를 실천하기 위해서는 자기 이야기의 실행자(agent)가 되어야 한다. 그렇지 않으면, 종종 실패하고 때로는 악몽 같은 색조를 발산하는 비주류 드라마에서 보다 작은 역할로 대체될 것이라는 위협을 느낄 수 있다. 이러한 이유로 인해 내러티브 접근은 스토리 라인을 구축하는 것처럼 현실적일 뿐만 아니라 보다 강력한 주제 감각(sense of agency)을 구축하는 것에 매우 집중한다. 주제 감각에 대한 유명한 관점은 Cochran과 Laub(1994)의 논문, 진로에서 주체(agency)의 중요성에 대해서는 Cochran(1994)을 참조하라.

1.4 규범적인 이야기(normative story)

진로 의사결정은 내용 면에서 매우 개인적이며, 한 개인의 이상, 흥미, 능력에 대한 탐색을 요구한다. 내담자가 의사결정을 하도록 돕기 위해 우리들은 그 사람에 대해 알아야 한다. 그러나 진로에서 많은 쟁점들은 보다 규범적이어서, 한 개인이 적응해야 하는 사회적 상황에 대한 이해를 요구한다. 예를 들어 내담자의 취업을 돕기 위해서 우리들은 특정 문화나 지역사회에서 사람들이 대체로 어떻게 직업을 발견하는지에 대해 알고 있어야 한다. 비슷하게, 직장에서 승진을 하거나 직장 내 갈등을 해결하거나 또는 일-가정 양립을 위한 발전적인 또는 관습적인 방법이 있을 것이다. 이러한 사례에서 대부분의 지침은 내부로부터 보다는 부재로부터 나온다.

가이던스의 규범은 대개 명확한 사회적인 방식이 있기 때문이 아니라 수많은 사람들의 시행착오를 통해 만들어진다. 따라서 규범은 그들의 경험에 대한 일화를 말해준다. 직업 선택과 관련하여 사람들은 기분 상하게 하는 거절, 이상한 질문을 하는 인터뷰, 또는 이력서를 모으려는 경쟁과 같이 뚜렷한 특징들에 대해 이야기하기도 한다. 이러한 이야기들은 사물이 존재하는 방식과 적절한 역할은 어떠해야 하는지를 정의한다.

Burke(1957)가 주장한 바와 같이 이야기의 중요성은 이야기가 정의하는 상황을 통해 개인이 삶을 살아가게끔 준비시킨다는 점이다. 태도는 어떤 상황이 정의되는 방식으로 암묵적으로 또는 명시적으로 형성된다. 행동으로 채워진 태도는 상황을 다루는 전략이다. 예를 들어 취업 면접은 구걸, 판매, 또는 협상으로 해석될 수 있다. 어떤 태도가 우세하느냐에 따라 매우 큰 차이가 만들어진다. 거지는 굽신 거리고 엎드릴 것이다(교도소에서 막 출소한 내담자는 자신이 얼마나 낮게 엎드리게 될 것인가에 극도로 예민했다). 판매자는 설득할 것이다. 협상가는 흥정할 것이다. 특정한 상황의 방식에 따라 역할 배역, 이야기 줄거리, 모티브와 예상 감정 등을 투사할 수 있다. 이러한 관점에서 볼 때 한 개인에게 가능한 이야기들은 일종의 가이던스 체계가 된다.

저명한 역사학자인 Robert Darnton(1984)의 18세기 프랑스 민담에 관한 훌륭한 연구를 상기해보자. 프랑스 소작농의 삶은 잔혹하고 만성적인 기근과 불안정, 끝도 없이 지속되는 고난이 주요 특징이다. 이 세계에서는 두 가지 진로 경로만이 존재한다. 하나는 마을에서 가족들과 함께 지내면서 동틀 녘부터 해질녘까지 생존을 위해 노동하는 것이다. 다른 하나는 길을 떠나 노상강도와 점쟁이와 늑대 떼와 맞서며 살아남기 위해 여전히 고군분투하는 것이다. 어느 쪽으로도 세상은 냉혹하고 변덕스럽고 도덕적 질서는 결여되어 있다. "만약 세상이 잔인하고 마을은 고약하고 인간은 악당들로 들끓는다면, 우리들은 무엇을 해야 하나?"(Darnton, 1985, p. 55).

Darnton(1984)에 따르면, 프랑스 작가들은 기존의 민담 레파토리를 포함하여 쉽게 입수할 수 있는 소재들로 (세상과 그 속에서의 역할에 대한) 이런 종류의 질문에 답하려고 노력했다. 그들은 마을과 길에 대한 현실을 반영하기 위해 이러한 민담을 각색하였다. 그 결과 이야기들은 독특한 스타일을 갖추게 되고 "경험을 해석하는 공통된 방식"을 소통하게 되었다(Darnton, 1984, p. 64). 결국, "이야기들은 세상이 어떻게 어우려져 있는지를 소작농들에게 말해주며, 세상에 대처하는 전략을 제공하였다"(Darnton, 1984, p. 53). Darnton의 말을 환언하자면, 세상은 사기꾼 악당(거짓말쟁이, 협잡꾼)과 바보들로 구성되어 있다. 이 두 가지 역할 중에서 악당이 되는 것이 훨씬 낫다. 이야기는 이야기로 이어지면서 협잡꾼이 되는 장점들이 정교하게 다듬어지고 바보의 어리석음(순진하거나, 덕성이 있거나 경건하거나)은 밝혀진다. 전체적으로 이러한 이야기들은 18세기 영국 소작농들에게 진로 가이던스의 체계를 제공하였다.

세상에서 자신의 길을 만드는 데 있어서, 현대인들은 프랑스의 소작농과 그다지 다르지 않다. 어떠한 지향을 갖는다는 것은 이해가능한 맥락 속에서 정의할 수 있는 지위를 갖는다는 것이다(지향의 속성에 대해서는 Cochran, 1985를 참조하라). 대부분의 사회적 방식에서 지위는 역할이고, 이해가능한 맥락은 이야기다. 우리들은 프랑스 소장농과는 지향 가능한 이야기의 보따리가 다를 뿐이다.

어떤 공동체들은 구직활동과 같은 어떤 과업에 대한 이야기들을 공유할 정도로 여전히 충분히 가깝다. 그러나 현명한 작가라면 그 이야기들을 반드시 퍼뜨릴 필요는 없다. 만성적인 실직에 대해 변명하는 뭐 하나 잘 하는 일이 없던 게으름뱅이이거나 경쟁자에 대한 분노를 퍼뜨리는 정치 활동가일 수도 있다. 이야기가 많다고 해서 반드시 아주 좋은 것은 아니다. 오히려 이런 상황 속에서는 매우 심각하게 잘못 인도될 수도 있다.

많은 공동체들이 공통된 이야기 보따리를 공유할 정도로 충분히 친밀하지는 않다. 친척, 친구, 또는 인터넷 웹사이트에서 이야기를 얻을 수도 있다. 이러한 무계획적인 노력 속에서 사람들이 입수하는 일화적인 이야기들과 조언들은 하나의 지향을 형성하기에는 지나치게 산만하다. MacIntyre(1987)의 말을 환언하자면, 이야기가 결핍된다면 우리들은 글로 작성되지 못한 채 남겨진다.

이야기가 누락되거나 결함이 있게 되는 이유는 종종 사회적 진실을 관통하기가 어렵기 때문이다. 연구가 없었다면, 누가 북미에서 대부분의 직업이 음성적인 노동시장에 존재한다는 것을 알았겠는가? 음성적인 노동시장을 두드리는 가장 좋은 방법은 자기 자신의 네트워크 (친척, 친구, 지인 등)를 통해서 그리고 고용주와 직접 접촉함으로써 가능하다는 것을 누가 알았겠는가? 다른 상황에서, 드러내야 할 또다른 어두운 현실이 있을 지도 모른다. 이유가 어떻든 간에 이러한 혼란스러운 진로 영역에서 사람들이 지향적이게 되기 위해서는 좋은 이야기가 필요하다.

한 가지 예로, Horatio Alger(1983 – 1899)의 무일푼에서 거부가 되는 소설을 상기해보자. 필자의 지식으로 보건대, Alger의 출판 작품들은 진로지도 프로그램으로 인식된 적은 없었다. 아마도 이는 Parson(1909)에서 Williamson(1965)에 이르는 중요 인물들의 관점에 따르면 Alger의 저작들에서는 진로 프로그램에서 통상적으로 기대되는 것들과 사뭇 다르기 때문일 것이다. 여전히 그의 작품을 다른 사람이 어떻게 생각할지 이해하는 것은 어려울 것이다. 그는 불우한 젊은이들을 직장과 지역 사회에 가치 있는 지위로 끌어 올리는 프로그램을 의도적으로 계획하고 실행했다. 남북전쟁이 끝난 후 뉴욕의 슬럼가에서 Alger는 미래에 대한 희망을 잃은 가난하고 집 없는 젊은이들을 알게 되었다. 무엇보다도 먼저 그는 소설을 쓰기 시작했다. 각 소설들은 젊은이들이 어떻게 불행한 환경에서 떨쳐 일어나 삶과 진로에서의 성공을 향해 나아갈 수 있는지를 보여주는 모델로 활용되었다.

Alger의 소설이 문학적으로 뛰어난 작품은 아니지만 여러 세대의 북미인들에게 영감을 주고 영향을 끼쳤다. 성공한 사람들이 자신들의 성공을 (책장 모서리를 접어 자신의 도서관에 보관해 둔) Horatio Alger 소설에 귀인 하는 것은 한때 흔한 일이었다. 지금도 Horatio Alger의 메시지에 영생을 불어 넣으려는 단체가 존재한다. 그렇다면 이들 소설의 어떤 점이 그러한 영향력을 끼치는 것일까? 여러 가능성 중에서 다음의 두 가지가 두드러진다.

첫째, 주인공은 항상 가난하고 열악한 환경에서 출발하는데, 이는 그 당시 대부분의 북미인들에서는 표준이었다. 주인공은 성공으로 끝나는데, 이는 필경 대부분 사람들의 열망을 사로잡을 것이다. 따라서 그는 그가 처한 곳에서 시작하여 그가 원하는 곳에서 끝을 맺는다. 둘째, 각 소설의 중반에서는 불우한 시작에서 밝은 미래를 향해 앞으로 위로 어떻게 나아가는지에 대한 질문에 답을 한다. Alger의 해답은 주인공에 있다(그리고 종종 멘토의 도움이 있다). 자립, 정직, 인내, 그 밖의 덕목을 갖춘 청소년 영웅은 고난, 유혹, 잘못된 행위, 부당한 거래를 넘어 성공을 향해 고군분투한다. 현재 우리들은 이 인물을 자기효능감, 개인적 귀인, 내적 통제소재, 또는 주체 감각(sense of agency)을 나타내는 기타 여러가지 용어로 이름을 붙이곤 한다.

진로 발달 분야에서 소설이나 단편을 써보겠다는 전문가들은 거의 없지만 일화부터 극적인 산출물 형태로 이야기를 소통하는 다른 방법들은 존재한다. 가장 가능하고 효과적인 접근은 스토리텔링으로서의 가르침에 관한 Kieran Egan(1986)의 걸작에서 발견할 수 있다. 그의 모델은 상이한 문화적 배경과 규범적인 통로에 즉각적으로 적용될 수 있다. 이야기 속의 누적되는 교훈이든 다른 접근을 통해서든 이야기는 한 사람이 시작부터 마지막까지 어떻게 움직이는지에 관한 인과관계를 보여준다. 주요한 인과적 힘은 상황이 발생하게 만드는 주체자이다.

어떤 사람들에게는 따라야할 모델만 필요할 수도 있다. 다른 사람들은 그들에게 맞는 조성된 역할이 필요할 수도 있다. 예를 들어 직업 탐색 중에는 두려움, 어색함, 좌절, 당황, 뒤따르는 불확실한 단서들, 선호하지 않는 것을 해야만 하는 수많은 상황들이 존재한다. 성공하기 위해서는 두려움을 극복하고, 좌절에서 일어설수 있을 만큼 강한 인과적 주체자가 되어야 한다(Stevens(1986)과 Cochran & Laub(1994)를 참조하라). 이상적인 역할은 능력을 벗어나는 경향이 있다. 한 개인에게 필요한 것은 실제로 또는 도움을 받아서라도 수행할 수 있는 개인적인 역할이다. 그러한 역할은 현실적인 모델에서 시작될 수도 있지만 개인의 태도와 가치, 장점과 약점에 따라서 형성되는 모델에서 시작될 수도 있다. Kelly(1955)의 고정 역할 치료(fixed role therapy)는 이러한 개인화 또는 역할 적응을 수행하는 데 유익한 방법 중 하나이다.

여기서 필자의 의도는 프로그램을 자세하게 설명하는 것이 아니며, 내러티브접근이 어떻게 진행되는지를 말하는 것이다. 이 토론은 생애사라기보다는 사회적현실에서 출발하여 또한 비슷한 방식으로 마무리된다. 직업 탐색과 같은 진로 의사결정과 진로 프로젝트 모두에서 내러티브 접근의 목적은 보다 선명한 이야기 줄거리에서 의미있는 역할로 한 개인에 대해 서술하는 것이다. 예를 들어 직업 탐색에서 즉각적인 목적은 다른 사람이 직업을 얻을 수 있도록 돕는 것이지만, 발달적인목적은 그가 살아갈 수 있도록 준비를 시키는 것이다.

1.5 내러티브 접근의 생명력

신생 이론과 실천의 생명력은 상이한 시점에서 서로 다른 방식으로 나타난다. 처음에 개념은 실행가능성을 보여주기 때문에 중요한 것 같다. 이후에는 연구 제시가 더욱 중요해지는 경향이 있다. 초기 개념 단계이든 이후 연구 단계이든 이론의생명력은 그 접근이 제공할 거라고 기대되는 전망에서 주로 나온다.

이번 장에서 필자는 세 가지 방식으로 내러티브 진로상담의 전망을 보여주려고했다. 첫째, 내러티브는 진로상담에서 오랫동안 미뤄두었던 개인적 의미에 대한 접근을 제공한다. 가치관, 개인적 정체성 또는 자기 개념과 같은 주제에 관한 기존의전문적인 문헌은 진로상담의 실제에 중요한 변화를 이끌어내지 못했다. 둘째, 내러티브 진로상담의 목적은 개인이 자기 자신의 생애사에서 보다 강력한 주체자가 될 수 있도록 돕는 것이다. 보다 고매한 목표는 상상하기 어렵지만, 현재 개발되고 있는 내러티브 진로상담의 전략과 기술이 시사하는 바는 이러한 목표야말로 실용적이고 성취 가능하다는 점이다. 필자의 경험에 따르면, 내담자들은 의미의 일관된 패턴을 찾기 위해 개인적 의미에 대해 작업하는 것을 흥미롭고 자연스러운 진보 방식이라고 발견하는 것 같다. 셋째, 내러티브 접근의 설계는 진로의 다른 문제 영역으로 무한히 확장될 수 있어 이전에는 분절된 진로 서비스들이 보다 풍성하게 통합될 수 있다는 것을 보여준다.

이와 같은 전망에 이어 네 번째는 다음과 같이 말할 수 있다. 내러티브 접근의 전망은 이것이 학문적으로 얼마나 생명력 있게 기여할 수 있는지에 부분적으로 달려 있다. 이번 책에서는 많은 인상적인 주제들이 제안되었다. 예를 들어 전문가 훈련은 중요한 문제이다. 이야기는 인간의 보편성이며, 다문화적 관점을 취함으로써 혁신이 일어날 수 있을 것이다. 일터와 같이 다양한 장면에서의 내러티브 실천에 대해 정의할 필요가 있다. 다양한 구성주의 이론에서 도출된 작업은 실제를 더욱 풍요롭게 할 것이다. 이와 같은 모든 다양한 노력은 바로 지금이 초기 개념의 전망을 실현하기 위한 기초를 정립하고 이를 강화하는 때라고 말해준다.

📖 참고문헌

Ansbacher, H., & Ansbacher, R. (Eds.). (1956). *The individual psychology of Alfred Adler*. New York: Basic Books.

Burker, K. (1957). *The philosophy of literary form*. New York: Vintage.

Charme, S. (1987). *Meaning and myth in the study of lives*. Philadelphia: University of Pennsylvania Press.

Cochran, L. (1985). *Position and the nature of personhood: An approach to the understanding of persons*. Westport, Conn: Greenwood Press.

Cochran, L. (1986a). Conflict in the career decision schemes of high aspiration youth. *Canadian Journal of Counseling, 20*, 136–145.

Cochran, L. (1986b). *Portrait and story: Dramaturgical approaches to the study of persons*. Westport, Conn: Greenwood Press.

Cochran, L. (1990). *The sense of vocation*. Albany: State University of New York Press.

Cochran, L. (1991). *Life–shaping decisions*. New York: Peter Lang.

Cochran, L. (1994). What is a career problem? *The Career Development Quarterly, 42*, 204–215.

Cochran, L. (1997). *Career counseling: A narrative approach*. Thousand Oaks, CA: Sage Publications.

Cochran, L., & Laub, J. (1994). *Becoming an agent*. Albany: State University of New York Press.

Csikszentmihalyi, M., & Beattie, O. (1979). Life themes: A theoretical and empirical exploration of their origins and effects. *Journal of Humanistic Psychology, 19*, 45–63.

Darnton, R. (1984). *The great cat massacre and other episodes in French cultural history*. New York: Basic Books.

Egan, K. (1984). *Teaching as story–telling*. London: The Althouse Press.

Feinberg, J. (1970). *Moral concepts*. London: Oxford University Press.

Frankfurt, H. (1971). Freedom of the will and the concept of a person. *Journal of Philosophy, 67*, 5–20.

James, W. (1890). *The principles of psychology,* Vol. 1. London: Macmillan.

Kelly, G. (1955). *The psychology of personal constructs*. New York: Norton.

Leyton, E. (1987). *Hunting humans: The rise of the modern multiple murderer.* Toronto: Seal Books.

MacIntyre, A. (1987). *After virtue.* Notre Dame, Ind: University of Notre Dame Press.

McAdams, A. (1993). *Stories we live by.* New York: William Morrow.

Osherson, S. (1980). *Holding on and letting go.* New York: Free Press.

Parsons, F. (1909). *Choosing a vocation.* Boston: Houghton Mifflin.

Pinker, S. (2002). *The blank slate: The modern denial of human nature.* New York: Penguin Books.

Rescher, N. (1969). *Introduction to value theory.* Englewood Cliffs, NJ: Prentice－Hall.

Sarbin, T. (1986). *Narrative psychology: The storied nature of human conduct.* New York: Praeger.

Sartre. J. (1966). *Being and nothingness.* New York: Pocket Books. (Translated by Barnes. H.).

Sowell, T. (1994). *Race and culture: A world view.* New York: Basic Books.

Stevens, N. (1986). *Dynamics of job－seeking behavior.* Springfield, Ill.: Charles C. Thomas.

Taylor, C. (1977). What is human agency? In T. Mischel (Ed.), *The self: Psychological and philosophical issues* (pp. 103－135). Totowa, NJ: Rowman and Littlefield.

Trollope, A. (1978). *An autobiography.* Berkeley: University of California Press.

Watkins, C., & Savickas, M. (1990). Psychodynamic career counseling. In W. Walsh & S. Osipow, S. (Eds.), *Career counseling: Contemporary topics in vocational psychology* (pp. 79－116). Hillsdale, NJ: Erlbaum.

Williamson, E. (1965). Vocational counseling: Trait－factor theory. In B. Steffire (Ed.), *Theories of counseling* (pp. 193－214). New York: McGraw－Hill.

Yin, R. (1994). *Case study research: Design and methods.* Thousand Oaks, CA: Sage Publications.

내러티브 상담

: 생애 진로 성공을
촉진하는
신흥 이론

Charles P. Chen

내러티브 상담

: 생애 진로 성공을 촉진하는 신흥 이론

Charles P. Chen

2.1 도입

진로 구성주의 학파의 사고방식에 영감을 받은, 새롭게 떠오르는 내러티브 이론적 틀은 직업과 진로 심리학의 영역에서 커다란 관심을 불러 일으켰다(Chen, 2002a; Cochran, 1997; Savickas, 2001). 내러티브적 접근의 생명력은 개인들의 고유하고 주관적인 생애 진로 경험들을 반영하고 촉진시키는 맥락적 의미-만들기에 초점을 두고 있다(Chen, 2001b; Young et al., 2002). 그 결과, 인간의 의도와 행동은 보다 총체적이고 포괄적인 방식으로 진로 구성 과정으로 통합되어진다. 이 장에서는 개인의 생애와 진로의 성공을 촉진하는 효과적인 접근인 내러티브 탐구를 형상화하는 철학적 근거, 개념적 전제, 그리고 이론적 견해를 제시하고자 한다. 이 장은 생애 진로 통합의 맥락 내에서 내러티브 이론을 상술화 함에 있어, 이론과 연구를 실제로 연결시키고자 노력하면서 진로 발달과 상담 개입을 위한 내러티브 이론에 관한 몇 가지 일반적인 시사점을 제안한다.

2.2 진로 심리학에서의 내러티브 탐구: 이론적 개관

지식의 탐구는 생애 대부분의 발달 경험과 유사하게 역사적 진보의 점진적 과정에 따라 진화한다. 진로 발달 연구와 실제(practice)에서 내러티브 접근의 출현과 진화는 사회 과학 영역 안에서 인간의 그러한 경험을 명확하게 보여준다. 이 섹션은 직업과 진로 심리학 분야에서 내러티브 이론의 철학적 근거에 대한 간략한 개관으로 시작한다. 이어서 내러티브 접근법의 이론적 개요를 종합적으로 설명하고자 하는 취지에서 이 분야의 최근 이론적 발달을 살펴보고자 한다.

2.2.1 철학적 근거

직업과 진로 심리학의 이론적 틀로서의 내러티브 탐구의 출현과 발달은 지난 20년 동안 이 분야에서 사회 구성주의에 대한 점증하는 관심과 함께 일어났으며, 상대적으로 최근의 현상이다(Chen, 2002a; Cochran, 1985, 1990, 1991, 1997; Collin & Young, 1986, 1992; Savickas, 1993, 1997, 2001; Peavy, 1992, 1996, 1997). 이와 같이 새롭기도 하고 현재 진화가 진행 중이지만, 내러티브 접근법의 이론적 뿌리는 적어도 50여 년 전으로 거슬러 올라간다.

2.2.1.1 Kelly의 개인구성개념 이론의 임팩트

근대 인간 심리학에 있어 구성주의 학파의 사고를 형성하는데, 자극과 기여 등과 같이 가장 영향을 끼친 것은 아마도 개인적 구성개념(constructs)의 심리를 정교화한 George Kelly(1955)의 선구자적 이론일 것이다. 객관적 삶의 실재와 일반 진리를 찾고자 하는 실증주의적 세계관으로부터의 중대한 전환으로, 심리학의 연구와 실천은 각 개인의 주관적 세계를 탐구하고 이해하는 것이라고 Kelly는 주장했다. 이러한 주관적 세계는 각 사람에게 고유하므로 각 사람이 관심을 가진 것에 관련된 개인적 구성개념만이 궁극적으로 자신의 생각, 느낌 및 행동에 영향을 줄 수 있다. 개인적 구성개념이 각 사람마다 서로 달라서, 각 사람들이 세계를 아주 다르게 보게 만들고, 사건과 경험들에 달리 반응하게 한다. Kelly 이론의 핵심은 살아가고 있는 세상과 그 속에서의 경험에 관한 그들 자신의 이론들을 구성하고 발달시키는 각 개인의 독특한 인간적 역량에 관한 인식이다. 그러한 개인적 이론과 구성개념들을 현실에서 실행함으로써, 개인들은 개인적 구성개념이 적합한지를 테스트하고 개선하고 향상시키게 된다.

구성개념들은 대단히 복합적이고, 역동적이고, 개인화되며 그리고 상황적이다. 개인들은 새로운 구성개념들을 발전시킬 수 있을 뿐만 아니라 자신의 선호 및 편의에 관련된 여러 가지 방식으로 그들 자신의 구성개념들을 분명하게 나타낸다. 개인적 구성개념의 적합성과 적용가능성에 필수적인 것은 구성개념들의 존재라기보다는, 그러한 구성개념들이 얼마나 의미 있고 효과적인 것으로 인식되는지, 그리고 개인적 구성개념들의 운영과 유지에 핵심적인 결정요소인 그 사람에 의하여 최종적으로 어떻게 활용되는지에 대한 것이다. 개인은 개인적인 의미를 지닌 생활 사건과 경험에 대처하기 위한 대안적인 자원으로 자신의 개인적 구성개념들을 사용한다. 이런 면에서 각 사람은 자신의 인생 경험에 대해 가장 잘 아는 전문가나 과학자이며(Savickas, 1997), 주관적인 의미 만들기는 이러한 인생 경험에서 대단히 중요하다(Chen, 2001a).

Kelly의 이론은 지난 20년간에 걸쳐 직업과 진로 심리학 안에서 구성주의 운동의 성장에 직접적이며 커다란 영향을 미쳤다. 특히, 내러티브 접근법에 강력하게 초점을 맞춘 구성주의적 진로 발달과 상담 이론들은 Kelly의 포괄적이고 환상적인 개인적 구성개념들의 사고 프레임이 제공한 철학적 영감과 지적 통찰력을 인정하였다(Cochran, 1997; Young, Valach & Collin, 1996, 2002; Peavy, 1997; Savickas, 1993, 1997). 따라서 Kelly의 영향과 공헌은 실질적인 방식으로 구체화될 수 있다. 개인적 구성개념 이론의 모든 핵심적 견해와 원칙은 내러티브 접근법에 매우 가치 있는 것으로 보이며 몇 가지 점은 특히 주목할 가치가 있다.

첫째, 진로 발달과 상담에 있어 내러티브 탐구는 주관적인 세계에서 개인의 사적 구성개념들을 전적으로 존중하며, 이러한 구성개념들을 탐색과 긍정적인 변화를 위한 핵심으로 사용하려고 모든 노력을 기울인다. 둘째, 개인적 구성개념들은 개인 생애 진로 내러티브의 형성과 발전을 위한 이론적 근거뿐만 아니라 실제 내용을 제공한다. 셋째, 개인적 구성개념들은 한 사람의 내러티브 연구와 탐색에서 의미-만들기의 과정을 가능하게 하고 정당화한다. 넷째, 개인의 구성개념의 핵심적 건축자로서, 인간은 자신의 생애 진로 내러티브를 구성하는 데 있어 작가와 배우가 되는 역량을 가진다. 다섯째, 개인의 구성개념의 역동적이고 변화하는 특성에 부응하여, 각 사람은 유연하고 열린 마음으로 자신의 생애 진로 내러티브의 새로운 버전을 만들고, 다시 만들고, 개발할 수 있다. 이러한 내러티브의 역동성은 그들이 고정된 장이 아니라, 진행 중인 새로운 경험과 통찰을 통합한 열린 에피소드들이 될 필요가 있음을 의미한다.

2.2.1.2 Super의 생애-주기, 생애-공간 이론의 영향

직업과 진로 심리학의 영역 안에서, 일반적으로 구성주의와 특히 내러티브 접근의 역사적 진화를 되돌아보면 Super(1953, 1957, 1990)의 생애-주기, 생애-공간 이론의 영향력은 너무 중요하여 놓칠 수가 없다. 원래는 진로 발달과 상담에서 발달적 접근(Super, 1957)으로 알려졌는데, 아마도 이론적 모델의 넓은 범위가 40년 이상 지속적으로 추가, 수정, 확장 및 갱신하는 동안 다소 분절적으로 보이게 되었다는 비난에도 불구하고 많은 사람들은 Super의 이론을 이 분야에서 가장 포괄적인 이론적 모델로 간주한다(Brown, 1996; Herr et al., 2004; Niles & Harris-Bowlsbey, 2005; Sharf, 2006; Zunker, 2006). 자기-개념과 자기-개념 시스템, 생애 역할, 그리고 생애 진로-무지개의 견해와 같은 일련의 이론적 구성물들의 창조를 통하여, Super는 직업과 진로 심리학의 영역에서 현상학과 사회학의 핵심 기능을 강조한 첫 번째 이론가가 되었다(Zunker, 1994). Super는 직업과 진로 심리학에서의 본질은 개인이 자기 개념 시스템과 복잡한 삶의 역할에 대한 주관적인 탐구에 참여할 수 있도록 허용하고 권한을 부여하여 자신이 누구인지, 그리고 평생 동안 무엇을 했는지에 대한 의미를 부여하는 것이라고 제시했다.

비록 Super(1953, 1957)가 그의 초기 포괄적 이론 모델에서 내러티브 접근에 구체적으로 초점을 맞추지 않았지만, 인본주의 심리학에 대한 그의 강한 성향은 그의 이론을 구성주의와 구성주의적 내러티브 접근에서 매우 소중하게 만들었다. 자아-개념 체계의 구성이 그림(picture)의 일부가 아니라면 생애 진로 내러티브가 무의미하게 되는 것이 분명하다. 이와 유사하게, 생애 진로 내러티브는 아이, 부모, 배우자, 학생, 직장인 그리고 시민의 생애 역할들이 스토리 라인에서 실행될 때에야 비로소 형태를 이루게 된다. Super(1957)는 이러한 생애 역할들이 가족, 학교, 일터, 그리고 공동체와 같은 실제 생활 극장에서 연기되어 진다고 말했다. 이러한 생활 극장은 정확히 개인의 생애 진로 내러티브들이 발생하는 주요한 환경이다. 생애 진로 내러티브들은 에피소드의 존재 자체에 대한 필수적인 사회적, 문화적, 가족적, 개인적, 대인 관계 및 기타 관련 맥락을 구성하는 이러한 배경 장면과 복잡한 생애 진로 이야기의 전체에 대한 신중한 고려 없이 존재하지 않을 것이다. 분명히 Super의 통찰력은 비록 넓고 일반적이지만, 전반적인 구성주의 사고와 특히 내러티브 이론에 중요하고 선구적인 공헌을 했다. 이 공헌은 철학적 배경뿐만 아니라 내러티브 상담 개입을 위한 실질적 수단도 제공하였다. 이는 앞서 설명한 바와 같이 Super의 개념 중 많은 부분이 실제로 내러티브 중심의 진로 발달 실행과 진로 상담 개입의 조력 전략을 형성하는 필수적인 요소로 기능하기 때문이다. 참고로, Super의 생애－주기, 생애－공간 이론의 가장 최근 개정된 버전에서 Super et al.(1996)은 내러티브 구성이 진로 탐구 과정에 포함되어야하며 Super의 이론과 내러티브 접근법 사이에 직접적인 연결을 만들어야 한다고 제안했다.

2.2.2 진화하는 이론인 내러티브 진로상담

구성주의 세계관의 진화와 진로 심리학에서의 내러티브 접근에 대한 George Kelly와 Donald Super의 철학적 공헌을 인식하는 것이 중요하다. 그들의 공헌은 현재의 구성주의와 내러티브 접근들이 시작되고 성장하도록 영감을 준 역사적 영향과 합리적인 기초를 이해하는 데 결정적인 배경을 제공한다. 구성주의와 내러티브 진로상담에 대한 현재 관점은 Kelly의 개인적 구성 개념화와 Super의 인본주의적 현상학적, 사회학적 세계관을 반영하고 있으며, 구성주의 접근법을 장려하고 직업과 진로 심리학에서 내러티브 접근법을 향상시키기 위해 노력해 온 이론가, 학자, 연구자의 풍부한 연구물을 결합한 이론적 틀의 그림을 보다 직접적이고 통합적으로 제시한다. 이런 현실을 반영하여, 본 논의에서 내러티브 진로상담 접근은 제한적이고 좁게 초점을 맞춘 이론으로 보이지 않는다. 대신, 현재는 다양하지만 매우 친숙한 이론 모델과 관점을 현장에서 사회적 구성주의의 본질을 묘사하고 설명하는, 더 넓고 통합된 내러티브 진로상담의 이론적 틀로 결합하고자 노력하고 있다. 이러한 논리적 근거에 따라, 내러티브 탐구의 현 논의에서 "관점(들)", "모델(들)", "접근법" 및 "틀"과 같은 개념들은 모두 달리 명시되지 않는 한, 직업 및 진로 심리학의 영역 내에서 광범위하게 정의되는, 새롭게 떠오르는 내러티브 이론을 참조한다.

2.2.2.1 생애 내러티브들에 관한 맥락적 진로 이론

진화하는 내러티브 이론의 핵심은 인물 전체의 현상학적 완전성(entirety)에 있으며, 이는 구성주의자 사고의 중심이 되는 부분이다. 진로에 관한 전통적 객관주의 또는 실증주의 세계관과는 대조적으로 내러티브 이론의 본질은, 다른 생애 경험들처럼, 진로는 복잡한 사회적 및 환경적 상황을 포함하여 다양한 맥락적 영향들에 대한 개인들의 주관적 상호 작용의 표상이라는 구성주의의 기저 신념이다(Chen, 2003; Savickas, 2000). 내러티브 진로 이론의 형성과 진화를 증진하고 촉진시킨 영향력 있는 연구들 중에서 Richard Young과 그의 동료들의 노력은 주목할 가치가 있다(Collin & Young, 1986, 1992; Young & Collin, 1992; Young & Valach, 2000; Young et al., 1996, 2002). 내 견해는 이 노력의 근본적인 부분은 Collin과 Young(1986)의 연구가 진로 이론 발달에 있어 새로운 방향을 요구하고 있다는 것이다. 이 연구에서 저자들은 그 당시 그 분야에서 대단히 영향력 있고 지배적인 실증주의 이론적 사고 틀에 도전하였다. 그들은 많은 기존의 이론 모델에 의해 제시된 객관주의 세계관의 부적절함을 관찰했는데, 이 이론들은 주로 개인의 "관찰 가능한" 특성을 측정하는 데 초점을 두고 사람과 직업 정체성 사이의 더 합리적인 적합성을 찾는데 주력하고 있었다.

Collin과 Young(1986)은 산업시대 이후 그리고 포스트모던 서구 세계의 새로운 시대에 진로 이론의 진화를 위해 구성주의–지향의 새로운 패러다임이 필요하다고 주장했다. 이러한 새로운 방향은 진로 이론들이 개인의 생애 진로 발달 경험들과 그러한 경험이 일어나는 맥락들 사이의 훨씬 더 역동적이고 복잡한 상호작용으로 인해 빠르게 변화하는 현실을 반영하고 포착해야하기 때문에 필요했다. Collin과 Young(1986)은 구성주의 진로 이론의 방향을 제안하고 설명하면서 내러티브 진로상담에서 초기 핵심 개념적 틀 중 하나를 형성하는 데 주목할 만한 공헌을 하였다. 진로 구성주의에 대한 그들의 비전은 직업 및 진로 심리학에서 광범위한 새로운 인식론을 개발함에 있어 생태학적, 전기학적 및 해석학적이라는 세 가지 주요 접근법을 포함하고 있다.

비록 세 가지 접근법이 광범위한 구성주의 세계관으로부터 진로 이론적 발달을 다루려고 시도했을지라도, 내러티브 이론을 구축하기 위한 개념적 지침뿐만 아니라 실용적인 수단도 제공하였다. 생애 진로 발달에 있어 내러티브 탐구는 전기적 과정을 보여준다. 해석학적 접근은 사람의 전기적 설명(accounts)을 구성하고 이해하는 데 필요한 전제 조건이다. 왜냐하면 내러티브 의미들은 개인의 생애 진로 내러티브가 구성, 해체 및 재구성을 통해 해석학적 과정을 거치게 될 때 비로소 의미가 생겨나기 때문이다. 생애 진로 생태학은 모든 내러티브 에피소드들, 나아가 인간 스토리의 발달과 유기체 전체에 걸쳐 공존하는 역동적이고 복합적인 관계들 사이의 상호 작용을 의미한다. 이 생태학이 모호하거나 대역을 수행하게 된다면 생애 진로 내러티브는 의미가 없게 된다(Chen, 1999). 요컨대, 세 가지 접근법 각각과 모두는 사람들의 생애 진로 경험의 내러티브 설명에 대단히 중요하다는 것을 보여주며, 내러티브 이론의 입장에서 어느 것도 간과될 수 없다.

Young과 동료들(예: Collin & Young, 1988; Young & Collin, 1988, 1992)의 후속 연구가 구성주의적 이론 탐구를 위한 새로운 방향을 풍부하게 하고 확장하는 가운데, 특히 중요한 것은 Young et al.(1996; 2002)에 의해 보다 최근에 개발된 맥락적 진로 이론이다. 이론 발달 측면에서 이전 연구물의 자연적 진화로서, Young과 동료들의 맥락적 이론은 진로 심리학에서 주요하게 떠오르는 이론적 모델 중 하나로 간주된다(Brown, 2002; Niles & Harris–Bowlsbey, 2005; Zunker, 2002, 2006). 맥락주의 행동 이론의 관점에서 진로를 설명함으로써, 맥락적 진로 이론은 생애 진로 발달 경험들에서 개인의 행동과 관련한 주관적 세계를 검토한다. 그렇게 함으로써, 이론적 건축물의 블록들은 맥락, 내러티브, 그리고 해석의 구조물을 이룬다.

맥락에 대한 관심은 진로상담에서 내러티브 접근에 대해 특별한 관련성을 갖는 것으로 보인다. 한 사람의 삶에서 맥락은 자신의 생애 진로 경로에서 모든 상황과 변수를 포함하는 광범위하고 포괄적인 개념을 나타낸다. 내러티브 의미–만들기는 이러한 맥락 내에서만 일어난다. 또한, 생애 진로 경험들과 사건들에서 파생된 맥락적 의미는 항상 얽혀 있기 때문에 생애 진로 생태 체계에서 역동적이고 상호 작용하는 관계를 이해하는 것이 매우 중요하다. 게다가, 내러티브 의미 해석은 한 사람의 스토리 라인의 발달에 있어 다수의 광범위하고 복합적인 변수들과 영향들을 고려한다. 이와 같이, 생애 진로 내러티브는 그 사람의 경험에 대한 보다 전인적이고 포괄적인 설명을 구성하는 것을 목표로 한다.

Young et al.(1996, 2002)에 따르면, 내러티브 탐구는 다양한 맥락적 변수들의 끊임없이 변화하고 지속하는 상호작용을 의미한다. 내러티브는 특정한 맥락 안에서 그들이 전달하는 의미로 인해 살아난다. 생애 진로 내러티브의 구성은 맥락에서 매우 다양한 영향을 미치는 요소들의 배열들 간의 상호작용적이고 다면적인 상관관계의 복잡성을 인정한다. 내러티브의 틀을 만들고 재구성하는 데에서 핵심적으로 중요한 것은 사회적으로 구성되고 지시된 행위(behavior)를 분명하게 나타내는 개인의 지향성과 행동들(actions)이다. 이런 의미에서, 행동들(actions)은 행위(behavior)를 보여주며, 행동들은 내적 과정들과 함께 발생하고, 행동들은 사회적 의미에 뿌리를 내리거나 반영한다. 참고로, 인간 행동을 하나의 전체로(as a whole) 이해하는 구성주의 원칙은 개인의 생애 진로 내레이션에 특히 의미가 있는 것으로 보이며, 개인이 자신의 생애 진로 내러티브를 구성하는 동안 개인의 행동뿐만 아니라 다른 사람들과의 공동 행동도 중요하다는 점을 강조한다.

2.2.2.2 Cochran의 내러티브 진로상담 이론

직업과 진로 심리학의 내러티브 접근법에 관한 최근의 가장 포괄적인 이론적 모델은 Larry Cochran(1997)의 저서, *진로상담: 내러티브 접근법*에서 발견할 수 있다.

Cochran(1997)의 저작은 폭넓게 채택되어왔으며, 통용되는 문헌 내에서 가장 포괄적이고 영향력 있는 내러티브 진로상담 이론으로서 간주된다(Niles & Harris—Bowlsbey, 2005; Sharf, 2006; Zunker, 2002, 2006). 이것은 주로 Cochran의 저서가 이론적 발달과 실제 적용 양쪽 모두에 공헌한다는 사실에 기인한다. 이렇게, 그의 이론은 진로 연구자들과 학자들에게 내러티브 이론을 이해하고 연구하는데 광범위하고 확실한 개념적 틀을 제공했는데, 이것이 개인의 생애 진로 성공에 대한 욕구와 노력을 촉진하는 신흥 구성주의 이론이다. 대등하게 중요한 점은, Cochran의 업적이 또한 내러티브 상담을 진로 발달과 상담 실천에 실용적이고 효과적인 개입 접근법이 될 수 있도록 돕는 방법과 전략에 대하여 매우 정교한 설명을 제공한다는 것이다. Savickas(Cochran, 1997:vii 참조)는 다음과 같이 언급했다:

> Cochran은 그의 모델, 방법들 및 자료들을 설명하면서, 진로상담에 관한 최초의 책들 중 하나를 제공한다... 이 책을 통해 Cochran은 진로상담 이론을 매우 세밀하게 정교화하는 첫 번째 인물 즉, 상담자들이 진로 개입에 있어 더 인간적이 되도록 초대한 사람이 된다. 이 책을 읽은 후, 나는 내담자들에게 그들의 직업 정체성과 그에 적합한 직업이 매치될 수 있도록 여전히 도울 준비가 되어 있을 뿐 아니라, 내담자들의 정체성이 그들이 말하게 될 위대한 이야기(그들 자신들의 삶)에 사용되는 것을 도울 수 있도록 더 잘 준비가 되었다.

Savickas의 논평은 새롭게 떠오르는 내러티브 접근법의 일반적인 본질, 그리고 특히 Cochran의 내러티브 진로상담 이론, 즉 이 구성주의 진로 이론적 틀의 기초가 되는 완전성(wholeness)과 전체성(entirety)의 원칙을 포착하는 데 매우 중요하다. 내러티브 접근법은 사람들의 삶에 대한 "가장 위대한 이야기"가 깊이 있는 의

도와 의미로 이야기되도록 장려하고 촉진한다. 참고로, Cochran의 이론(1997)은 개인의 생애 진로 발달 경험들을 설명하고 이해하는 내러티브 접근법을 연구한 그의 초기 연구와 조사들(예: Cochran, 1985, 1986, 1990, 1991; Cochran & Laub, 1994)의 자연스러운 확장이다. 이런 의미에서, Cochran(1997)의 진로 내러티브 접근법은 강력한 연구 증거를 보여주는 경험에 근거한 이론적인 틀이다.

Cochran(1991, 1997)의 내러티브 접근의 중심은 개인의 생애 진로 내레이션의 통합적 그림에서 전체적인 의미 – 만들기에 중점을 둔 것이다. 이 내레이션은 복잡한 생애 진로 맥락 시스템, 즉 Cochran(1997, p. 33)에 의해 정의된 "스토리의 생태 환경"(storied ecology)에서 발생하여 진화한다. 분석을 위해 특정 범주에 개인과 그의 경험들과 개인적 구성개념들을 두기 보다는, 내레이션의 제작은 구성개념들과 맥락적 경험들의 상호작용 그리고 전체론적인 구축물로의 통합으로 초대하고 장려한다. 내레이션의 이러한 조직과 발달은 인간적 자질, 즉 인지적, 감정적, 행동적인 면 모두를 비슷하게 포함하고 반영한다. 플롯과 에피소드에서 나온 발언과 리듬은 의미를 전달하지만, 한 사람의 생애 진로 내레이션의 전체로 통합될 때만 의미가 있게 된다. 이러한 의미 형성의 전체성은 내러티브 접근의 본질을 가리킨다. 즉, 사람들이 그러한 생애 경험의 전반적 구성에 어울리는 맥락적 방식으로 자신의 삶에 대해 말할 수 있는 자유를 갖게 한다.

Cochran은 내러티브 탐구(inquiry)와 탐색(exploration)을 통하여 의미 형성을 위한 몇 가지 핵심적인 측면을 제시하였다. 첫째, 내러티브는 시작, 중간, 끝을 전체적으로 결합하는 시간적 조직화를 따른다. 둘째, 내러티브는 요소들의 확장(expansion)과 요소들의 영역(spheres)을 결합하여 전체를 이루는 종합적 구조를 보여준다. 셋째, 각 플롯과 에피소드는 스토리 라인의 형성에 한 점을 전달하며, 이는 그 점이 의미 없는 표현이 아닌 의미 단위임을 나타낸다. 이들이 결합되어져 본질적인 특성들은 생애 진로 내레이션이 한 사람에 관한 의미 있고 총체적인 탐구가 되는 담론을 형성한다. 가장 중요한 바는 내레이션 속에서 인간 주체(agency)의 강한 감각을 향상시키는 것이다. 다시 말해서, 내레이터 즉, 내러티브의 저자는 어떤 상태(things)가 발생하도록 인간의 의도와 행동을 결합하고자 분투하는 주체자(agent)가 되는 권한이 주어진다(Chen, 2006a; Cochran, 1991, 1997). 따라서 내러티브 담론은 긍정적인 변화와 건설적인 대안을 위한 최적의 생활 드라마로 해석되어 그 사람을 생애 진로의 성공으로 이끌 것이다. Cochran(1997)은 내러티브 이론을 진로상담 개입에 적용하면서, 일련의 실용적인 전략을 보여준다. 주요 개입방법 중 일부는 내담자가 진로 문제를 정교하게 하고, 인생사를 구성하고, 미래 내러티브를 찾고, 내러티브를 현실화(actualise)하도록 돕는 것이다.

진로 개입에서 내러티브를 현실화하는 것은 Cochran 이론의 클라이맥스다. 왜냐하면 과거 내러티브의 요소들과 에피소드들이 현재와 미래의 생애 진로 내러티브들을 위한 통찰을 창출하는 데 사용되어야만 적합하고 의미가 있기 때문이다. 건설적인 미래 내러티브가 되도록 작업하는 것은 생애 진로 성공의 궁극적 목표이다. "자기 및 진로에 관한 스토리들은 상담자와 내담자가 현재의 자기 지식을 통합하고 예상되는 미래로의 움직임을 안내하는 데 사용될 수 있다"(Peavy, 1992, p. 219). 이러한 "예상된 미래"(anticipated futures)는 내러티브를 현실화하는 것의 중요성 즉, 최적의 생애 진로 목적지를 위한 직업 감각의 실행(execution)(Cochran, 1990)을 정확하게 지적한다. Cochran(1997)에 따르면, 이 현실화(actualising) 과정은 내담자가 복잡한 삶의 내레이션의 바로 그 본질을 강조하는 주기적인 과정을 통하여 현실을 구성하고, 삶의 구조를 변경하고, 역할 연기하는 것을 잘 배울 수 있도록 상담자가 도와 줄 것을 요구한다. 그렇게 함으로써, 내담자는 보다 최적의 결말, 즉 내레이션의 결과를 촉진하기 위해 형성되고 있는 생애 진로 결정을 더욱 구체화(crystallising)할 수 있게 된다. 이 결말이 더 최적일수록 내담자는 현재 및 미래의 생애 진로 발달 경험에서 더 성공적이 될 것이다.

2.2.2.3 내러티브 탐구의 통합 움직임

진로발달 영역에서 필수적인 구성주의 인식론과 방법론인, 내러티브 접근법은 활력과 생존력을 보여주었다. 내러티브 진로 이론 틀의 출현과 진화는 연구자, 학자 및 실무자가 생애 진로 발달에 대한 연구를 확대하고 풍요롭게 하기 위한 노력을 반영한다. 지난 20년 동안의 이론적 발전의 이러한 추세는 직업 및 진로 심리학의 패러다임 전환과 개념적 변혁을 보여 주었다(Savickas, 2000). 진로에 대한 포괄적인 이론을 구축하기 위한 노력에서 Savickas(2001)는 생애 내러티브가 특별한 관심을 받을 가치가 있는 기본적인 구성들 중 하나라고 가정한다. 기질들(dispositions)과 관심들(concerns)과 같은 다른 주요 요소들과 함께, 내러티브는 진로 발달의 통합적이고 일관된 구성주의 개념화의 중심적인 역할을 한다.

인간의 의도와 행동을 반영하는 내러티브 담론을 통해 탐구되고, 이해되고, 설명되어야 하는 주관적 진로는 보다 포괄적인 이론적 합성(composition)에 관한 것이다. 한 사람이 끊임없이 변화하는 내레이션에 기여하며, 이로부터 파생되는 주관적인 의미 없이, 개인의 기질들과 관심들만으로 생애 진로 정체성을 형성하기 어렵다. Savickas(2001, p. 315)는 다음과 같이 말한다.

> 객관적인 진로를 자의식적으로 반성하는 개인은 주관적인 진로를 내러티브 형태로 구성할 수 있다. 진로 내러티브는 직업적 자기를 이해하고 직업 세계에서 이러한 자기 개념을 더 정교하게 형성한다. 주관적 진로에 관한 내러티브는 자기-지식을 함양하고 개인적 목표를 명확히 한다. 주관적 진로 의식은 자기-이해와 자기-정의를 고양시킨다. 더욱 중요한 것은 주관적인 진로는 기회와 제약조건을 협상하고, 자기-규제적인 관심사를 해결하기 위해 자기-조직화된 성격 기질들을 사용하여 적응을 유도한다.

내러티브의 의미 만들기는 개인들의 진로와 직업적 복지(wellbeing)를 증진하고자 여러 측면에서 약속을 제공하는 것처럼 보이기 때문에, 이론의 발달 과정에서 내러티브 본질을 강조하는 것은 이러한 주관적 진로이다. 내러티브 탐구는 생애 진로 성공을 위한 인간의 의도와 행동의 비판적 통합을 강조하고 검증한다(Chen, 2002b; Cochran & Laub, 1994; Polkinghorne, 1988, 1990, 1992; Young & Valach, 1996, 2000; Young et al., 1996, 2002). 이와 같이 내러티브 접근법은 구성주의 진로 상담의 일반적인 실행에서 중심적인 요소로 기능한다(Peavy, 1992, 1993, 1996, 1997; Neimeyer, 1989, 1992, 1995; Savikas, 1993, 1997, 2001). 이러한 맥락에서 내러티브 탐구는 현장에서 구성주의를 실현하는 수단을 제공하며, 구성주의 세계관이 사람들의 생애 진로 구성에 있어 전체적 의미-형성의 이해와 향상에 적용됨을 보여준다(Savickas, 2002).

구성주의 지향과 일치하고 이를 반영하는 내러티브 진로상담 이론은 이론적인 통합에 대한 큰 잠재력을 보여주는 유연한 틀로 남아 있다. Savickas(2000)는 전통적인 객관주의 진로 이론을 구성주의 패러다임에 수용할 수 있는 가능성을 제시한다. 이러한 이론적 근거는 진로에 있어 객관주의/실증주의 학파의 사고와 구성주의 학파의 사고의 이론적 통합을 위해 노력하면서, 내러티브 방법론을 대표적인 구성주의 접근법으로 활용하는 것에 대한 추가적인 탐색으로 이끈다. Chen(2003)은 이러한 가능성들을 낙관적으로 보는데, 이는 통합이 진로이론과 진로상담 실제의 풍부합과 확장에 도움이 될 수 있기 때문이다. 내러티브 접근이 구성주의 영역 내에서 다른 이론 모델과 통합될 수 있음을 제시하고 설명한다. 또한 내러티브 접근은 보다 전통적이고 정립된 객관주의 또는 실증주의 이론의 토대에 뿌리를 둔 다른 접근과 함께 작업할 수 있다(Chen, 2003). 이러한 통합의 가능성을 통해 내러티브 진로 이론은 전체적 구성에서 지속적인 발전 과정에 있다는 열린 입장이다. 이런 관점에서 진로의 의미-만들기에 대한 내러티브 탐구는 전체 생애 진로 내레이션의 일부이다.

내러티브 진로 개발 및 상담 이론의 출현과 진화에 대한 종합적 개관은 직업과 진로 심리학에서 이 구성주의 이론적 틀을 둘러싼 많은 통찰력과 풍부함을 이끌어냈다. 이론, 연구 및 실행에서 지식 진보에 기여하고 이를 향상시키는 내러티브 접근법의 역할과 기능을 상세히 설명하기 위한 최근의 노력에서 Chen(2002a)은 개인의 생애 진로 성공을 촉진하기 위한 프레임워크의 커다란 잠재력과 관련된 내러티브 접근법의 세 가지 본질적인 특성을 지적한다. 이러한 측면들은 핵심적 이론 원리와 견해들을 내포한 것으로 보이며, 따라서 진화하는 내러티브 이론의 윤곽을 그리는 데 있어 자기 학습(heuristic)이 되고 도움이 된다.

첫째, 한 사람의 주관성에 대한 인식과 존중은 내러티브의 의미-만들기의 핵심이며, 따라서 주관적인 생애 진로는 개인의 성장과 성공뿐만 아니라 문제 해결의 핵심이다. 둘째, 경험은 풍부한 방식으로 내레이션 프로세스에 통합되어야 한다. 즉, 이러한 통합은 반성(reflections), 명확화(articulation), 투사(projection) 및 행동(actions)의 건설적인 조합을 생성하는 것을 목표로 한다. 셋째, 전체론적(holistic) 내러티브 구성은 내러티브가 전개되고 구축되는 맥락이 명확하게 정의되고 이해될 때 의미가 있으며, 이는 전체론적(holistic) 내러티브 구성과 그와 관련된 맥락 사이의 일관성을 나타낸다. 중요한 것은 이 세 가지 핵심 성질들이 공존하고 서로 얽히면서, 한 개인의 생애 진로 내레이션의 전체성(wholeness) 안에서 의도와 의미-만들기, 맥락과 생태 환경, 그리고 인간 주체(agency)와 행동의 역동적이고 복잡한 통합에 기여하는 것이다.

2.3 생애 진로 내러티브의 개발(cultivation)과 적용: 이론에서 실제로

이론은 오직 실생활 현상에서 실용적인 이치에 부합되어 그 타당성을 보여준다. 그러므로 내러티브 이론의 타당성은 전문적인 도움과 자조(self-helping)의 과정을 통해 긍정적인 변화와 성장을 위한 보다 전체적인 인간 경험을 설명하는 데 적용가능한가에 달려 있다(Cochran, 1997; White & Epston, 1990; Zimmerman & Dickerson, 1996). 비록 이 개인적 성장은 종종 배신, 어려움, 불확실성, 유기, 실패와 고통을 수반하지만, 인생과 진로에서 성공하기 위해 필요한 자원을 제공한다. 성공에 대한 인식을 정의하고 측정하는데 일반적으로 합의된 표준은 거의 없다. 자신의 내레이션을 통해 개인이 성장되어진다는 의미는, 개인이 더 많은 성장 자원을 활용하고 확장할 수 있도록 촉진하여 삶과 진로에서 더 성공적인 경험을 하게 하는 것이다. 이런 의미에서 긍정적 변화의 징후나 성장에 관한 감각은 아무리 작고 사소한 것이라 할지라도 그 사람에게 의미 있는 어떤 성공을 나타낸다.

개인의 독특한 생애 진로 발달 맥락에서 이러한 성공을 촉진하고 힘을 실어주기 위해, 내러티브의 이론적 틀은 개인의 생애 진로 향상을 위한 내러티브의 전체적 구성에 적용될 수 있고. 적용되어야 한다. 이 전체론적(holistic) 구성의 가장 큰 장점 중 하나는 단일 전체(single whole)로서 삶과 진로를 완전히 통합한다는 것이다(Bloch & Richmond, 1998; Chen, 2001a; Hansen, 1997; Miller-Tiedman, 1997, 1999; Miller-Tiedman, 1990; Richardson, 1993; Savickas, 1991). 진로와 직업적 추구는 개인적 그리고 사회적 생애 경험들의 다른 측면들과 항상 밀접하게 관련지어져 있기 때문에, 생애와 진로의 전체성(wholeness)은 생애 진로 내레이션의 전체론적(holistic) 구성을 통해 손상되지 않고 풍요로워진다(Chen, 2006b; Cochran, 1990). 이런 맥락에서 내러티브의 개발(cultivation)과 적용은 내러티브 이론을 통합적이고 전체론적인(holistic) 방식으로 생애 진로 발달 실제에 적용하려는 노력을 말한다. 몇몇 함의들(implications)은 이론을 실제에 연결시키면서 윤곽이 그려지기도 한다. 실행(practice)를 위한 이러한 함의들은 진로상담 맥락에서 상세히 설명되지만, 자조(self-helping)의 상황을 포함한 다른 생애 진로 발달 맥락에서의 적용에 관계할 수도 있다. 같은 이유로, 그러한 함의들은 또한 생애 진로 내레이션 분야에서 이론과 연구를 풍부하게 하는 데 기여한다.

2.3.1 내러티브 맥락과 생태 환경(ecology)

삶과 진로의 경험은 역동적이고 복잡한 인간 생태 환경이 존재하고 진화하는 독특한 맥락에서만 기능한다. 진로상담은 내러티브를 구성할 수 있는 맥락과 생태 환경에 특별한 관심을 기울여야한다. 생태 환경은 생애 진로 맥락(Chen, 1999)과 관련된 상호 관계의 총체성을 말하며, 내레이션 속에서의 다양한 개인, 환경의 변수, 요인 및 상황 간에 일어나는 복잡한 상호 작용을 나타낸다. 따라서 내담자가 이 생태 환경을 이해하도록 돕는 것은 자신의 생애 진로 내레이션에서 플롯과 에피소드의 형성과 발전에 영향을 미치기 때문에 필수적이다. 다른 방식으로 생태 환경을 인식하는 것은 내레이션의 기초를 구성하는 맥락의 형성에 영향을 미칠 수 있다.

진로상담은 내담자가 이야기 맥락 속에서 상호작용하는 다양한 관계적 변인을 명확히 할 수 있게 도와야 한다. 그렇게 함으로써 상담자는 안내와 촉진을 제공할 수 있으며, 이를 통해 내담자는 전체 맥락에서 무시되거나 모호한 측면을 더 잘 알아차리게 된다. 그/그녀는 또한 이러한 생태 환경적 측면들 사이의 연결성과 상호 연관성을 더 잘 알아차리게 된다. 이러한 증가된 인식과 이해를 바탕으로, 내담자는 생태 환경에서의 상호 관계의 다각적이고 역동적인 본질뿐만 아니라 내레이션의 구성과 방향에 미치는 영향에 대한 명확한 평가를 하게 된다. 상담자는 건설적인 역할을 할 수 있으며, 그러는 동안에 변함없이 맥락적인 상태에 머물면서 각 개별 내담자의 특정 학습 요구에 적합한 지원을 제공한다. 일부 내담자들은, 자기 탐색을 위한 더 많은 시간과 공간이 주어지면, 더 많이 촉진되어진다는 것을 느낄 수도 있다. 다른 내담자들은 더 많은 긍정과 격려가 필요할 수 있다. 또 다른 내담자들은 내레이션의 현재 맥락에서 생태학적 변수를 설명하기 위해 실질적이고 상세한 안내가 필요할 수 있다.

이러한 맥락적 및 상황적 도움 과정을 통해, 내담자는 생애 진로 내러티브를 구성하는 것이 복잡하고 때로는 도전적인 상호 관계를 일관된 흐름으로 조직하여, 희망을 만들고, 가능성을 창출하고, 성공을 달성하는 것이라는 것을 깨닫게 된다. 맥락적 생태 환경은 한 사람의 의미−만들기의 전체론적(holistic) 구성에서, 홀로 중대한 의미(significance)를 산출하는 것이 아니라, 그것의 충격과 영향들이, Cochran(1997)이 기술한, '스토리의 생태 환경'(storied ecology)의 구도에서 느껴질 때에 그것은 중심이 된다. 내담자는 맥락적 진리의 현실을 보게 되며, 이는 맥락적, 생태학적 변수들이 생애 진로 내레이션의 맥락적 풍요로움 안에서 그들의 중요한 기능을 드러내는 것을 말한다: 여기서의 내레이션은 긍정적인 성장과 성공을 촉진한다.

2.3.2 스토리의 지향성(storied intentionality)과 의미-만들기

인간의 의도와 그와 관련된 의미-만들기의 노력을 최대한 활용하는 것은 내러티브 생애 진로 탐구의 본질을 정확하게 지적한다. 생애 스토리들은 다양한 삶의 맥락에서 인간의 경험에 적합한 설명으로 인간의 의도를 나타낸다(Csikszentmihalyi, 1990; Csikszentmihalyi & Beattie, 1979; Freeman, 1984; Lincoln & Guba, 1985; Mead, 1975; Sarbin, 1986, 1992). 그러한 생생한 설명의 일환으로, 생애 진로 발달 경험의 내러티브들은 이러한 스토리들의 저자들 혹은 배우들이 표현하고 전달하고자 하는 의미에 대한 감각으로 전개된다(Amundson, 1998; Chen, 2006b; Cochran, 1990; Gardner et al., 2001). 내러티브 담론 자체는 의사소통하는 방법이며 운반 수단이다. 스토리 형성의 의도와 스토리 라인에 의해 전달되어지는 의미는 스토리 제작에 관여하는 사람들뿐만 아니라 스토리의 발전을 관찰하는 사람들에게 정말로 중요하다.

이러한 내러티브 탐구의 본질적 역할과 기능을 반영하여 내러티브 진로상담은 내담자가 주관적 진로에서 진실하고 통합된 자아를 탐색하고 실현하도록 돕는 데 중점을 둔다(Super, 1957, 1990). 과거를 회상하는 것이든 미래에 일어날 일에 대한 기대(anticipation)이든, 내러티브 설명(account)을 둘러싼 지향성과 의미들은 개입을 돕는 핵심이 된다. 이러한 기대에 의해, 내러티브 상담의 주요 기능은 내담자의 지향성 수준과 의미를 만드는 능력을 촉진하는 것이다. 그렇게 함으로써 상담자는 내레이션 과정에서 내담자가 더 의도적이 되도록 도울 수 있다. 플롯들과 에피소드에 관여하게 됨에 따라 내담자는 의도와 의미를 보다 철저하게 파악하기가 어려울 수 있다. 따라서 내레이션의 피상적 장면을 뛰어넘도록 초대하거나 격려하거나 도전할 필요가 있으며, 내레이션의 구조와 조직에서 사건과 경험과 같은 내용 자체에 닻을 내리고 더 깊은 생각과 감정을 탐색하고 명확히 해야 할 필요가 있다.

맥락적, 생태학적 영향들을 염두에 두게 되면, 내담자들이 자신의 지향성에 대해 열린 마음을 채택하기에 용이하다. 스토리의(storied) 의도는 반영하는(reflective) 그리고 반사하는(reflexive) 구성 모두를 말한다. 여기서 반영성(reflectivity)은 내레이터와 배우가 자신의 현상학적 관점에 근거하여 역동적이고 다양한 의미 해석을 할 수 있는 주관적 본성의 감각을 전달하며, 반면에 반사성(reflexivity)은 주관적 의도와 다양한 현실 확인들로부터의 피드백 사이의 상호작용적이고 다면적인 의사소통을 나타낸다. 따라서 내담자는 스토리의(storied) 의미-만들기가 변화와 확장을 위한 유연성을 제공한다는 것을 깨닫게 된다. 다시 말해서, 내레이션을 통해 생애 진로 내러티브와 의미－만들기를 형성하려는 지향성은 정적 상태가 아니라 다시 생각하고, 다시 헤아리고, 다시 구성하는 열린 과정이다. 변혁과 재구성을 위해 의도와 의미－만들기가 개방되어 있기 때문에, 생애 진로 내러티브가 구성되고, 해체되고, 재구성될 수 있으며, 이는 생애 진로 성공의 더 많은 선택 사항과 가능성으로 이어진다(Csikszentmihalyi, 1990; Schneider, 2001).

성공에 대한 기대는, 보기에 내레이션의 전체론적(holistic) 구성의 전향적인 경향을 받아들이면서, 보다 바람직하고 이상적인 미래의 내러티브들을 구성하는데 초점을 두는 것 같다. 과거와 현재의 플롯과 에피소드가 포함되어 있음에도 불구하고, 생애 진로 내러티브는 항상 미래의 방향에 주목한다. 그러므로 내레이션 중에 지향성을 구축하고 의미를 만드는 것은 내러티브 진로상담에서 미래의 방향을 제시한다. 상담자는 과거와 현재의 내러티브에 내재된 관련 의미를 내담자가 인식하도록 돕는다. 더욱 중요한 것은, 이러한 의미들의 관련성과 중요성이 보다 건설적이고 의미 있는 미래의 내러티브를 구성하는데 있어서 그 영향력을 고려하여 기술되고 해석된다는 점이다. Cochran(1997, p. 1)은 다음과 같이 제안한다.

진로상담의 기본 주제는 한 사람의 미래이다. 현재는 무시되어지는 것이 아니며, 미래에 대한 함축적 의미를 내포하고 있기 때문에 확실히 중요하다. 진로상담은 다양한 즉각적인 조정을 수반할 수 있지만, 가장 근본적인 결과는 한 사람의 미래의 진로를 위한 설계이며, 즉 목적을 달성하기 위해 일하는 삶의 과정을 투사(projection)하는 것이다.

이 디자인을 실행하기 위해, 내담자는 자신의 미래 내레이션을 명확화 하는 데에 보다 단호하고 의도적이 되도록 촉진된다. 이를 바탕으로 내담자는 삶과 직업에서 자신의 분명한 의도를 가장 바람직한 미래 내러티브를 위한 투사(projection)로 구체화한다.

2.3.3 내레이션에서의 인간 주체(agency)와 행동들

내러티브 탐구의 궁극적인 목표는 개인, 사회 및 직업 모두의 실제 상황에서 최적의 내러티브를 구성하고 실현하는 것이다. 진로상담은 내담자의 생애 진로 성공의 가시적인 결과로 이러한 목표를 달성하려고 시도한다. 의도적 행동 촉진은 우선 내러티브 상담 접근법을 채택하는 목적을 강조한다. 전 조력 과정에 걸쳐, 지향성과 행동의 공존은 항상 내담자의 관심(attention)를 불러일으킨다. 이러한 관심을 강화하는 것은 내러티브를 시간의 움직임으로 구성하기 위한 주요 과제에 남아 있으면서, 보다 바람직한 미래의 투사로 이끈다. 이는 내담자가 내레이션에서 인간 행동의 중요성을 더 잘 알아차리게 될 뿐만 아니라, 미래를 위해 기획되고 설계된 것을 운용하는 배우로서 항상 격려 받고 권한을 부여받게 된다는 것을 의미한다 (Touraine, 1988). 의도를 가진 배우가 되면 내담자는 자신의 현재 직업 문제를 더 잘 이해하고, 그 문제에 대처하기 위해 개인적 주체(agency)를 행사하며, 더 건설적인 해결책을 구현할 수 있다(Cochran, 1994).

이런 의미에서 내러티브 구성은 행동들을 요구한다. 미래의 내러티브를 구성한다는 의미는 사람들이 삶과 진로에서 자신의 내러티브를 연기하는 것과 같은 방식으로, 어떤 상황을 이루기 위한 내레이터 및 배우의 실제적이고 의도적인 노력에 있다(Chen, 1997b, 1999; Cochran, 1997). Bandura(1986, 2001a, 2001b)의 사회 인지 이론 중 전체론적(holistic) 인간으로서의 기능함에 바탕을 둔 진로 인간 주체 (agency)는 지향성과 행동들이 결합하여 일이 이루어지도록 하는 것을 말한다 (Chen, 2006a; Cochran, 1990, 1997). 내러티브 진로상담의 개입은 내담자의 개인적 주체(agency)의 기초를 세우고, 육성하고, 고양시키기 위한 이상적인 맥락을 제공한다. 행동의 개념을 향상시키기 위해, 상담자는 내담자가 알아차림을 늘리고, 심리적 체력을 강화하고, 기술들을 배우고, 투사(projection)를 하고, 더 중요한 것은 실제-삶의 드라마들을 연기하도록 도울 수 있다. 내담자는 행동이 따르지 않는 이상적인 내러티브는 지속해 나갈 활력과 근거를 상실한다는 사실을 깨닫게 된다. 내담자는 의도를 현실로 바꾸기 위해 자신의 내러티브 투사(projection)에 따라 행동할 필요가 있다. 현실에서 오류와 결함이 없을 수는 없겠지만, 그것은 미래의 내러티브에서 보다 바람직한 결말을 위한 성장과 통찰에 대한 의미를 만들어낸다.

내러티브의 완성을 위해 노력하면서,

사람은 환경에 의해 선택, 거부/중도 탈락을 기다리는 수동적인 대상이나 객체가 아니다. 이와는 반대로, 그 사람은 계속되는 진로 만들기 과정에서 자신을 반복적으로 설계하고 시작함으로써 자신의 직업적 운명에 대한 소유권을 적극적으로 가진다(Chen, 1997a, p. 7).

바로 이 "진로 만들기"의 의미는 행동의 생애 진로 내레이션에서 구심점을 묘사하는 것이며, 성공을 추구하는 사람이 주체자(agent)가 될 수 있도록 촉진하고 힘을 실어주는 것을 목표로 한다. 사실 진로상담의 내러티브 탐구는 내담자의 생애 진로 주체(agency)의 감각을 고양시키는 매개물로 이용될 수 있다. 내담자는 지금-여기에서의 노력이 주체적(agentic) 기능 안에서 의도와 행동을 결합하려는 시도를 보여주는 것을 깨닫게 된다. 진로상담 과정에서 적극적인 참여 경험(Amundson, 1998)은 인간 주체(agency) 감각을 강화시킬 수 있다. 또한, 실제-생애 진로 무대에서 성공을 위한 투사(projection)를 상연(enact)할 때 동일한 기능이 실행되어져야 한다(Super, 1957). 따라서 진로 인간 주체(career human agency)는 추상적인 개념이 아니라 일상생활 속에 사람들(people)을 두는 상식적인 존재의 한 방법이다. 그 사람은(the person) 희생자와 환자의 역할에 갇혀 있는 대신, 생애 진로 현실에서 보다 긍정적이고 건설적이며 성공적인 내러티브들을 만드는 배우와 주체자(agent)가 될 수 있는 잠재력을 깨닫는다(Cochran, 1997). 주체자(agent)가 되려면, 실생활의 진로 드라마에서 희망, 정신력, 의미 있는 방향, 열린 마음, 풍부한 기량을 가지고 인내해야 한다. 지향성과 의미를 잘 정의하고 명확하게 인식하는 맥락 안에서, 인내는 상연(enactment) 과정에서 의지력과 대처 전략 모두를 필요로 한다. 결과적으로, 그 사람은 생애 진로 발달에서 성공하기 위해 더 능숙한 주체자(agent)가 된다(Chen, 1997a).

주체자(agent)는 거의 단독으로 행동하지 않는다. 즉, 그 사람(the person)은 자신의 생애 진로 내러티브가 구성되고 발달된 스토리의(storied) 생태 환경으로부터 받게 되는 직간접적인 영향을 무시하고 행동을 취하기 어렵다. 내레이션에서 그 사람의 주체적(agentic) 기능은 종종 진로 구성 내러티브의 전체론적(holistic) 구성 내의 다른 사람들, 특히 가족, 친구, 멘토, 동료들과 같은 중요한 타인들의 참여에 의해 영향을 받는다. 예를 들어, 진로 변화의 내레이션은 가족 구성원의 견해와 감정을 고려해야 한다. 그 동일한 시나리오는 가까운 친구와 멘토들의 의견을 수렴해야 할 수도 있다. 따라서 공동 행동(joint action)의 개념은 의도 건설과 맥락적 의미 형성의 내러티브 과정에서 놓칠 수 없는 중요한 구성 요소가 된다(Young et al., 2002).

공동 행동의 감각을 촉진하기 위해 상담 만남 자체에서 공동 행동의 노력을 보여준다. 그 과정에서 상담자와 내담자는 미래 진로 투사(projection)를 만들기 위해 함께 노력한다. 더 중요한 것은, 내담자가 자신의 행동이 공동 행동의 맥락에서 실현되어야 한다는 것을 관찰하고 이해하게 된다는 것이다. 앞서 언급한 진로 변화의 예에서 보면, 가족 구성원과 중요한 타인들은 내러티브를 실현하는 플롯들과 공동－배우들을 구성하는 데 있어 공동－저자들이 될 수 있다. 이 공동 행동의 효과는 시간적 구조 또는 전체 스토리 라인의 중요한 발전까지 촉진하기도 하고 방해하기도 한다. 결과적으로, 내러티브가 구성되고 투사되어질 때, 더 나은 조화, 응집력 그리고 일치를 위해 협상이 작동될 필요가 있다. 그러므로, 생애 진로 상연(enactment)에서 한 개인의 주체(agency)는 스토리의 생태 환경에서 행동과 공동 행동의 복잡한 통합의 표현(manifestation)이다.

2.4 결론

내러티브 접근법은 새롭게 떠오르고 진화하는 이론적 틀로서 개인의 생애 진로 발달을 이해하고 설명하는데 뚜렷한 영향을 끼쳐 왔다. 내러티브 진로상담 이론은 포스트모던, 산업화 이후의 직업 세계 내의 직업과 진로 심리학에서 유망한 것 같다(Peavy, 1993; Savickas, 2000). 이는 내레이션의 흐름이 생애 진로 성공을 성취하고 증진시키는 데 필수적인 인간의 의도와 행동의 포착에 도움을 주기 때문이다. 통합적인 스토리의(storied) 생애 진로 생태 환경 내에서 내러티브 접근법은 개인이 의미 형성 및 최적 성장을 위한 전체론적(holistic) 구성에서 자신의 잠재력을 확장하는 주체자(agent)가 되도록 촉진하고 힘을 실어줄 수 있다. 사람들의 주관적인 생애 진로를 풍부하고 생생하게 만드는 것은 내레이션의 전체성(wholeness)이며, 이 것이 더 이상적이고 바람직한 미래의 투사(projection)로 이끈다.

이 장은 이론적 관점들과 연구 증거를 도움의(helping) 개입들과 연결시키면서, 진로 분야의 학자들과 실무자들에게 힘을 실어 줄 수 있는 시사점을 상세히 기술했다. 학자들과 연구자들은 내러티브 진로 이론을 연구 조사와 이론 개발을 위한 적절한 대안으로 고려함으로써 통찰력을 얻을 수 있다. 유사하게, 진로 실무자와 내담자들은 진로상담 및 자기－돕기(self－helping) 실행을 포함하여 생애 진로 발달의 실행을 향상하기 위한 내러티브 접근 방식을 활용하는 혜택을 누릴 수 있다. 구성주의적 사고방식으로서 내러티브 탐구는, 이 분야에서 상대적인 현대성과 최근의 진화에도 불구하고, 개인들의 전 생애 구간에 걸친 다양한 생애 진로 문제를 포함하여 광범위하게 정의되는 직업 및 진로 심리학의 영역을 풍요롭게 해 왔다. 이러한 목적을 위해, 내러티브 이론은 아직 진화의 초기 단계에 있다. 이 이론의 지속적인 발전은 사람들의 주관적인 생애 진로 추구에서 개인의 구성개념들(constructs)과 그들과 관련된 맥락적, 생태학적 영향력에 대한 지식과 이해를 위한 우리의 노력과 탐구를 제공하는데 많은 도움이 될 것이다.

참고문헌

Amundson, N. E. (1998). *Active engagement: enhancing the career counselling process.* Richmond, British Columbia: Ergon Communications.

Amundson, N. E. (2003). *The physics of living.* Richmond, British Columbia: Ergon Communications.

Bandura, A. (1986). *Social foundations of thought and action: a social cognitive theory.* Englewood Cliffs, NJ: Prentice − Hall.

Bandura, A. (2001a). Social cognitive theory: an agentic perspective. *Annual Review of Psychology,* 52, 1 − 25.

Bandura, A. (2001b). The changing face of psychology at the dawning of a globalization era. *Canadian Psychology,* 42(1), 12 − 24.

Bloch, D. P., & Richmond, L. J. (1998). *Soul work: finding the work you love, loving the work you have.* Palo Alto, CA: Davies − Black.

Brown, D. (1996). Status of career development theories. In Brown, D. & Brooks, L. (Eds.), *Career choice and development,* 3rd ed. San Francisco, CA: Jossey − Bass, 513 − 526.

Brown, D. (2002). Introduction to theories of career development and choice: origins, evolution, and current efforts. In Brown, D. (Ed.), *Career choice and development,* 4th ed. San Francisco: Jossey − Bass, 3 − 23.

Chen, C. P. (1997a). Perspectivity, projectivity, and perseverance: the 3P's in career counselling. *Guidance & Counselling,* 13(1), 6 − 9.

Chen, C. P. (1997b). Challenge − preparation: the "3E" approach in career counselling. *Journal of Vocational Education and Training,* 49(4), 563 − 571.

Chen, C. P. (1999). Human agency in context: toward an ecological frame of career counselling. *Guidance & Counselling,* 14(3), 3 − 10.

Chen, C. P. (2001a). Career counselling as life career integration. *Journal of Vocational Education and Training,* 53(4), 523 − 542.

Chen, C. P. (2001b). On exploring meanings: combining humanistic and career psychology theories in counselling. *Counselling Psychology Quarterly,* 14(4), 317 − 330.

Chen, C. P. (2002a). Enhancing vocational psychology practice through narrative inquiry. *Australian Journal of Career Development*, 11(1), 14－21.

Chen, C. P. (2002b). Integrating action theory and human agency in career development. *Canadian Journal of Counselling*, 36(2), 121－135.

Chen, C. P. (2003). Integrating perspectives in career development theory and practice. *The Career Development Quarterly*, 51(3), 203－216.

Chen, C. P. (2006a). Strengthening career human agency. *Journal of counselling & Development*, 84(2), 131－138.

Chen, C. P. (2006b). *Career endeavour: pursuing a cross－cultural life transition*. Aldershot, Hampshire: Ashgate.

Cochran, L. (1985). *Position and nature of personhood*. Wesport, Conn: Greenwood Press.

Cochran, L. (1986). *Portrait and story*. Wesport, Conn: Greenwood Press.

Cochran, L. (1990). *The sense of vocation: a study of career and life development*. Albany, NY: State University of New York Press.

Cochran, L. (1991). *Life－shaping decision*. New York: Peter Lang.

Cochran, L. (1994). What is career problem? *The Career Development Quarterly*, 42, 204－215.

Cochran, L. (1997). *Career counseling: a narrative approach*. Thousand Oaks, CA: Sage Publications.

Cochran, L. (1998). A narrative approach to career education. *Australian Journal of Career Development*, 7(2), 12－16.

Cochran, L., & Laub, J. (1994). *Becoming an agent: patterns and dynamics for shaping your life*. Albany, NY: State University of New York Press.

Collin, A., & Young, R. A. (1986). New directions for theories of career. *Human Relations*, 39(9), 837－853.

Collin, A., & Young, R. A. (1988). Career development and hermeneutical inquiry: part Ⅱ. Undertaking hermeneutical research. *Canadian Journal of Counseling*, 22(4), 191－201.

Collin, A., & Young, R. A. (1992). Constructing career through narrative and context . In Young, R. A. & Collin, A. (Eds.), *Interpreting career: hermeneutical studies of lives in context*. Westport, CT: Praeger, 1－12.

Csikszentmihalyi, M. (1990). *Flow: the psychology of optimal experience*. New York: Harper Collins.

Csikszentmihalyi, M., & Beattie, O. (1979). Life themes: a theoretical and empirical exploration of their origins and effects. *Journal of Humanistic*

Psychology, 19, 45−63.

Freeman, M. (1984). History, narrative, and life−span developmental knowledge. *Human Development*, 27, 1−19.

Gardner, H., Csikszentmihalyi, M., & Danon, W. (2001). *Good work: when excellence and ethics meet*. New York: Basic Books.

Hansen, L. S. (1997). *Integrative life planning: critical tasks for career development and changing life patterns*. San Francisco: Jossey−Bass.

Herr, E. L., Cramer, S. H., & Niles, S. G. (2004). *Career guidance and counseling through the life span: systematic approaches*, 6th ed. Boston: Pearson Education.

Kelly, G. A. (1955). *The psychology of personal constructs*. New York: Norton.

Lincoln, Y. S., & Guba, E. G. (1985). Naturalistic inquiry. Beverly Hills, CA: Sage Publications.

Mead, M. (1975). *Blackberry winter: my earliest years*. New York: Pocket Books.

Miller−Tiedeman, A. L. (1997). The life career process theory: a healthier choice. In Block, D. P. & Richmond, L. J. (Eds.), *Connection between spirit and work in career development*. Palo Alto, CA: Davies−Black, 87−114.

Miller−Tiedeman, A. L. (1999). *Learning, practicing, and living the new careering*. Philadelphia, PA: Accelerated Development.

Miller−Tiedeman, A. L., & Tiedeman, D. V. (1990). Career decision in making: an individualistic perspective. In Brown, D. & Brooks, L. (Eds.), *Career choice and development: applying contemporary theories to practice*, 2nd ed. San Francisco: Jossey−Bass, 308−337.

Neimeyer, G. J. (1989). Personal construct systems in vocational development and information processing. *Journal of Career Development*, 16, 83−96.

Neimeyer, G. J. (1992). Personal constructs and vocational structure: a critique of poor status. In Neimeyer, R. A. & Neimeyer, G. J. (Eds.), *Advances in personal construct psychology*. Greenwich, CT: JAI Press, 91−120.

Neimeyer, R. A. (1995). An appraisal of constructivist psychotherapies. In Mahoney, M. J. (Ed.), *Cognitive and constructive psychotherapies: theory, research, and practice.* New York: Springer Publishing, 163－194.

Niles, S. G., & Harris－Bowlsbey, J. (2005). Career development interventions in the 21st century, 2nd ed. Upper Saddle River, NJ: Pearson.

Peavy, R. V. (1992). A constructivist model of training for career counselors. *Canadian Journal of Career Development,* 18, 215－228.

Peavy, R. V. (1993). Envisioning the future: worklife and counselling. *Canadian Journal of Counselling,* 27, 123－139.

Peavy, R. V. (1996). Constructivist career counselling and assessment. *Guidance and Counselling,* 11(3), 8－14.

Peavy, R. V. (1997). *Socio－dynamic counselling: a constructivist perspective for the practice of counselling the 21st century.* Victoria, British Columbia: Trafford Publishing.

Polkinghorne, D. E. (1988). *Narrative knowing and the human sciences.* Albany: State University of New York Press.

Polkinghorne, D. E. (1990). Action theory approaches to career research. In Young, R. A. & Borgen, W. A. (Eds.), *Methodological approaches to the study of career.* New York: Praeger, 87－105.

Polkinghorne, D. E. (1992). Postmodern epistemology of practice. In Kvale, S. (Ed.), *Psychology and postmodernism.* Newbury Park, CA: Sage Publications, 145－165.

Richardson, M. S. (1993). Work in people's lives: a location for counseling psychologists. *Journal of Counseling Psychology,* 40, 425－433.

Sarbin, T. R. (1986). *Narrative psychology.* New York: Praeger.

Sarbin, T. R. (1992). The narrative as the root metaphor for contextualism. In Hayes, L. J. (Eds.), *Varieties of scientific contextualism.* Reno, NV: Context Press, 51－65.

Savickas, M. L. (1991). The meaning of love and work: career issues and interventions. *Career Development Quarterly,* 39, 315－324.

Savickas, M. L. (1993). Career counseling in the postmodern era. *Journal of Cognitive Psychotherapy,* 7, 205－215.

Savickas, M. L. (1997). Constructivist career counseling: models and methods. In Neimeyer, R. & Neimeyer, G. (Eds.), *Advances in personal construct psychology,* vol Ⅳ. Greenwich, Conn: JAI Press, 149－182.

Savickas, M. L. (2000). Renovating the psychology of careers for the twenty－first century. In Collin, A. & Young, R. A. (Eds.), *The future of career*. New York: Cambridge University Press, 53－68.

Savickas, M. L. (2001). Toward a comprehensive theory of career development: dispositions, concerns, and narratives. In Leong, F. T. L. & Barak, A. (Eds.), *Contemporary models on vocational psychology*. Mahwah, NJ: Lawrence Erlbaum Associates, 295－320.

Savickas, M. L. (2002). Career construction: a developmental theory of vocational behavior. In Brown, D. (Ed.), *Career choice and development*, 4th ed. San Francisco: Jossy－Bass, 149－205.

Schneider, S. L. (2001). In search of realistic optimism: meaning, knowledge, and warm fuzziness. *American Psychologist*, 56, 250－263.

Sharf, R. S. (2006). *Applying career development theory to counseling*, 4th ed. Pacific Grove, CA: Brooks/Cole.

Super, D. E. (1953). A theory of vocational development. *American Psychologist*, 8, 185－190.

Super, D. E. (1957). *The psychology of careers*. New York: Harper.

Super, D. E. (1990). A life－span, life－space approach to career development. In Brown, D. & Brooks, L. (Eds.), *Career choice and development: applying contemporary theories to practice*, 2nd ed. San Francisco: Jossey－Bass, 197－261.

Super, D. E., Savickas, M. L., & Super, C. M. (1996). The life－span, life－space approach to careers. In Brown, D. & Brooks, L. (Eds.), *Career choice and development: applying contemporary theories to practice*, 3rd ed. San Francisco: Jossey－Bass, 121－178.

Touraine, A. (1988). *Return of the actor*. Minneapolis: University of Minnesota Press.

White, M., & Epston, D. (1990). *Narrative means to therapeutic ends*. New York: Norton.

Young, R. A., & Collin, A. (1988). Career development and hermeneutical inquiry: part 1. The framework of a hermeneutical approach. *Canadian Journal of Counseling*, 22(3), 153－161.

Young, R. A., & Collin, A. (Eds). (1992). *Interpreting career: hermeneutical studies of lives in context*. Westport, Conn: Praeger.

Young, R. A., & Valach, L. (1996). Interpretation and action in career counseling. In Savickas, M. L. & Walsh, W. B. (Eds.), *Handbook of career counseling theory and practice*. Palo Alto, CA: Davies－Black, 361－375.

Young, R. A., & Valach, L. (2000). Reconceptualising career theory and research: an action−theoretical perspective. In Collin, A. & Young, R. A. (Eds.), *The future of career.* New York: Cambridge University Press, 181−196.

Young, R. A., & Valach, L. & Collin, A. (1996). A contextual explanation of career. In Brown, D. & Brooks, L. (Eds.), *Career choice and development,* 3rd ed. San Francisco: Jossey−Bass, 477−512.

Young, R. A., & Valach, L. & Collin, A. (2002). A contextual explanation of career. In Brown, D. (Ed.), *Career choice and development,* 4th ed. San Francisco: Jossey−Bass, 206−252.

Zimmerman, J. L., & Dickerson, V. C. (1996). *If problem talked: narrative therapy in action.* New York: The Guiford Press.

Zunker, V. G. (1994). *Career counseling: applied concepts of life planning,* 4th ed. Pacific Grove, CA: Brooks/Cole.

Zunker, V. G. (2002). *Career counseling: applied concepts of life planning,* 6th ed. Pacific Grove, CA: Brooks/Cole.

Zunker, V. G. (2006). *Career counseling: a holistic approach,* 7th ed. Pacific Grove, CA: Brooks/Cole.

진로상담에 대한 해석적-내러티브 접근의 이론적 기본과 실제적 적용

Erin Thrift & Norman Amundson

진로상담에 대한 해석적-내러티브 접근의 이론적 기반과 실제적 적용

Erin Thrift & Norman Amundson

3.1 도입

우리는 내러티브에 대해 거의 생각하지는 않지만, 우리의 삶을 그것에 몰두하며 보낸다. 매일, 우리는 우리의 가장 어린 시절부터 죽음에 이르기까지 듣거나 읽거나 귀 기울이거나 보는 이야기(또는 이 모든 것들이 합쳐진 것)와 이야기들의 바다에서 수영을 한다. 그리고 우리의 죽음은 내러티브로 기록되어지며, 그것은 바로 사망기사이다 (Berger, 1997, p. 1).

내러티브가 우리 삶의 일부분인 정도는 종종 간과되는데, 아마도 아주 보편적이기 때문일 것이다. 이야기는 우리가 하는 일과 우리의 삶, 그리고 세상을 이해하는 데 도움을 준다. 진로 내러티브의 우위는 우리의 일상적 상호작용에서 증명된다. 새로운 사람을 소개받을 때 우리가 가장 먼저 묻는 질문 중 하나는 "당신은 무엇을 하십니까?"이다. 예상되는 답변은 직업이나 직업에 대한 설명이다 − "나는 교사... 또는 의사... 또는 건설노동자... 또는 간호사입니다." 이러한 직함에서 우리는 종종 한 사람의 삶과 그 사람의 진로에 대해 상당한 양의 추론을 할 수 있다.

마찬가지로, 우리 자신의 진로 이야기는 우리가 누구인지, 그리고 세상에 어떻게 적응하고 있는지 알 수 있게 해주며, 우리가 오랜 시간에 걸쳐 경험해 온 일과 관련된 사건들에 대한 전체를 제공해준다(Cochran, 1997; Young & Collin, 1992).

사회과학 분야에서 일하는 사람들은 내러티브에 대한 의존도가 보통 사람들과 다르지 않다. Guignon(1998)과 Held(2001)는 상담자는 물론 그들이 함께 작업하는 내담자들도 사회 세계를 이해하려고 노력할 때 항상 내러티브를 만드는 과정에 관여한다고 언급한다. 그들의 이론적이고 실제적인 성향과 상관없이, 모두는 진로 발달을 설명하기 위해 이야기에 의존한다. 상담자들이 발전시킨 설명은 가정마다 다양하겠지만, 내러티브 형태는 비슷하다. 이 장에서는 내러티브 진로상담을 위한 실행 가능한 접근방식으로서 존재론적, 인식론적 입장을 가지고 해석학을 발전시키고자 한다. 진로상담에 대한 해석학의 함의를 논의하기 전에, 우리는 현대 해석 철학을 형성한 몇몇 영향력 있는 철학자들의 사상을 개략적으로 설명할 것이다.

3.2 해석학

출발점으로서 우리는 매우 일반적인 의미에서 해석학을 "의미 해석의 이론 또는 철학"으로 정의할 수 있다(Bleicher, 1980, p. 1). 해석학은 지난 수백 년 동안 초점이 바뀌어 왔으며, 따라서 우리는 이 접근법에 대한 완벽한 이해를 얻기 위해 시간이 지남에 따라 어떻게 전개되어 왔는지 살펴보아야 한다.

3.2.1 일반 해석학

해석학은 의미나 메시지가 즉시 분명하지 않은 텍스트(예: 법률 및 성서 텍스트)를 번역해야 하는 상황에서 역사 전반에 걸쳐 등장했다. 1800년대 중반에 해석학자들은 모든 형태의 인간 의사소통에 적용할 수 있는 해석 방법을 찾기 위해 노력했다. 한 예로 Schleiermacher의 보편적 해석학을 들 수 있는데, 텍스트에 대한 오해를 피하기 위해 문법적, 심리학적 해석을 안내하는 일련의 "표준(canon)"이 있다(Bleicher, 1980; Richardson, Fowers & Guignon, 1999). 해석학적 방법을 개발하기 위한 노력은 자연과학의 주제와 달리 "목적론, 발달, 그리고 의미...를 특징으로 하는" 인간 경험에 적합한 방법을 찾기 위해 노력한 Dilthey에 의해 더욱 진전되었으며, [그리고] 특정 문화와 역사와 넓은 맥락과 밀접하게 연결되어 있다(Richardson et al., 1999, p. 205). 결국, 일반 해석학은 한편으로는 지식의 맥락적 한계와 다른 한편으로는 방법론의 과학적 기준을 조화시킬 수 없어 탐구에 성공하지 못했다 (Hickinbottom, 2006).

3.2.2 존재론적 해석학

두 번째 주요한 변화는 20세기 초에 Martin Heideger의 연구 결과로서 나타났는데, 그의 작품 **"존재와 시간**(Being and time, 1962)"[1]은 해석학의 초점을 방법론에서 존재론(즉, 이해하는 실체의 존재 방식)으로 바꾸었다. Heidegger 주장의 중심은 문화, 역사적 맥락 그리고 시간 안에 ("세계-내-존재(being-in-the-world)") 사람들이 내재되어 있다는 것이다. Heidegger에 따르면, 우리는 우리보다 앞선 개념, 구조 및 이야기의 세계에 태어나고, 대부분의 경우 암묵적인 이해로 만나는 세계와 상호작용한다. 우리가 기대했던 것과 다를 때 비로소 우리는 일반적으로 당연하게 여기는 것들에 대해 생각하는 것을 멈추게 된다. Heidegger는 세계의 사건과 실체는 어떤 특정한 맥락에서 그들의 의미와 분리될 수 없으며 외부 세계와 주관적인 의미를 구별할 수 없는 경우가 많다고 증명했다. 사실, 우리가 이용 가능한 실존적 가능성(예: 가치, 역할, 성격 특성)은 이미 우리가 태어난 세상에 존재하기 때문에 우리의 자기감각조차도 우리의 맥락과 불가분의 관계에 있다.

우리는 문화에 내재되어 있을 뿐만 아니라, 시간에도 내재되어 있다. Heidegger(1962)가 설명하듯이, 우리의 존재는 과거와 현재 그리고 미래에 묶여 있다. 우리는 우리가 태어난 세상을 벗어날 수 없기 때문에 과거로 "내던져"졌다. 그러나 과거는 존재론적 가능성을 제공하지만, 우리는 현재 내에서 "담론적"이고 이러한 메시지와 함께 지속적인 대화를 시작하기 때문에 결정론적이지는 않다. Heidegger는 무생물과는 달리, 우리는 우리의 삶에 관심을 가지고 있기 때문에 우리에게 맞는 존재의 방법을 모색하면서 지속적인 실존적 프로젝트에 관여하고 있다고 주장한다. 과거로부터 우리에게 "내던져진" 가능성들 중에서, 받아들일 수 있는 방식으로 우리의 삶을 정의하는 데 도움이 되는 것들을 선택한다. 과거와 현재도 중요하지만 살아 있는 시간에 앞서가는 것이 미래 지향이다. 우리는 가능성을 가지고 대화를 시작하고 궁극적으로 미래에 우리의 삶이 어디로 흘러가는지에 따라 결정을 내린다. 다시 말해, 우리는 가능성을 선택하고 미래를 향해 "투영한다". Heidegger

---

1) 이 작품은 최초 1927년에 출판되었다.

는 이러한 미래의 완성에 대한 기대를 "죽음을 향한 존재(being-towards-death)"라고 부른다.

3.2.3 철학적 해석학

Hans-Georg Gadamer의 **진리와 방법**(Truth and method, 1975)[2]은 해석학의 또 다른 주요 발전으로 여겨진다. Heidegger의 연구를 바탕으로 Gadamer는 인식론적 질문에 집중하고 이해의 전제조건을 명확히 한다. 그는 사회 과학에 만연한 방법론에 대한 문제적 가정을 밝히고 무효화하려고 한다(Grondin, 1994). 방법론은 (1) 외부 대상은 그 의미와 분리된 세계에 존재하고, (2) 그 대상을 연구하고 특성을 결정하기 위해 우리는 객관적이고 중립적인 관찰자가 될 수 있도록 모든 사전 가정을 괄호화할 수 있는 방법을 사용해야 한다고 가정한다(Richardson et al., 1999). Gadamer(1975)는 역사와 문화를 벗어난 지식과 해석이 불가능하기 때문에 방법론을 통해 객관성을 갖는 것은 불가능하다고 주장한다. 우리 문화에서 공유된 의미는 우리에게 세상을 이해할 수 있는 기반을 제공한다. 이러한 전제 또는 "편견"이 없다면, 우리는 세상에 대해 어떤 질문을 해야 할지, 현상을 어떻게 연구해야 할지 또는 어떤 종류의 대답이 의미가 있는지를 알 수 없을 것이다. Gadamer(1975, p 240)에 따르면, 우리는 역사에서 결코 벗어날 수 없기 때문에 "편견에 대한 편견"은 근거가 없다. 우리의 편견에서 벗어나려는 노력은 잘못된 것이다. 왜냐하면 그렇게 하는 것은 이해를 가능하게 하는 필요한 조건을 무시하기 때문이다. 우리의 배경 가정에서 벗어나 중립적인 장소로 갈 수 있는 척 하기 보다는, 우리가 가지고 오는 편견을 의식하도록 노력해야 한다.

Gadamer(1975)는 우리의 "편견"에 대한 이해를 높이기 위해서는 공유된 전제에 영향을 주는 문화 이야기를 식별하기 위해 역사를 바라 볼(은유적 용어로 지평을 바라 볼) 필요가 있다고 제안한다. 지평을 바라보는 사람은 바로 눈앞에 있는 것에 제한되지 않고 오히려 "가깝거나 혹은 멀거나, 크거나 혹은 작거나 간에 지평 안에 있는 모든 것의 상대적 중요성 그 이상을 볼 수 있다[그리고 알 수 있다]"(Gadamer, 1975, p. 269). 이는 가장 가까운 것에 초점을 맞추고 결과적으로 시야가 부족한, 지평이 없는 사람과 대조적이다. 철학적 해석학은 사회과학에서 우리의 지식을 증가시키기 위해서는 우리에게 당면한 관심사가 되는 주제 "그 이상을 바라 볼" 필요가

---

2) 이 작품은 최초 1960년에 출판되었다.

있다는 주장을 한다. 여기에는 "영향사(effective-history)3)"(Gadamer, 1975, p. 268)에 참여하고, 우리의 현재 해석을 형성하는 과거의 목소리들과 대화에 참여하는 것이 포함된다. 그러나 Gadamer(1975)는 영향사 의식은 방법이 아니라 오히려 우리가 스스로 발견하는 해석적 상황에 대한 인식이라는 점을 지적한다. 다시 말해, 영향사 의식은 우리의 사회 문화 및 역사적 맥락에서의 사건과 생각이 현재 상황에서 어떻게 우리의 생각을 구성하는지를 인식하고 있는 것이다. 이러한 현실에 주의를 기울이고 우리의 지평을 넓히는 것은 지속적인 도전이다.

> 어떤 상황에 대한 바로 그 생각은 우리가 그 상황의 외부에 서 있지 않기 때문에 그것에 대한 어떠한 객관적인 지식도 가질 수 없다는 것을 의미한다. 우리는 항상 그 상황 안에 처해 있으며, 그것을 밝히는 것은 결코 완전히 완성되지 않은 과제이다. [따라서] 역사적으로 존재한다는 것은 자신에 대한 지식이 결코 완전할 수 없다는 것을 의미한다(Gadamer, 1975, p. 269).

그럼에도 불구하고, Gadamer는 사회과학 분야에서 일하는 사람들에게 "전승된 것의 의미를 이해하기 위한 노력으로" 그들의 일상의 관심을 벗어나 과거의 메시지와 대화를 나누도록 권장한다(Gadamer, 1975, p. 270). 그는 계속해서 지평의 은유를 발전시키고, 역사를 보는 과정을 "지평의 융합"(과거와 함께하는 현재)으로 설명한다.

방법론에 대한 Gadamer(1975)의 비판은 사회과학에서의 진실성에 대한 우리의 이해를 함축한다. 방법을 통해서만 진리에 접근할 수 있다고 믿는 것은 이해의 조건을 무시하는 것이다. 하지만, 우리가 우리의 전제를 없앨 수 없다고 해서 진리가 존재하지 않는다는 것을 의미하지는 않는다. Gadamer는 예술(예: 극적인 내러티브)을 통해 인간 조건에 대한 진리가 어떻게 밝혀지는지의 예를 이용하여 과학적 방법이 진리에 대한 설명을 독점하지 않는다는 것을 보여 준다. 대신에, 그는 다른 방식으로 진리를 해석하고 있다. 진리와 현실에 대한 해석적 관점은 맥락에서 지식의 내재성을 인식하고 있다. 우리가 처한 상황에서 벗어날 수 없다는 것은 우리가 결코 완전히 객관적으로 현실을 바라볼 수 없다는 것을 의미한다.

---

3) 역자 주: 영향 연관으로서의 역사, 영향사 의식은 의식이 역사에 의해 영향 받는다는 사실이 아니라, 이 사실이 의식된다는 점이다.

그러나, 이것은 우리의 지평에서 이용할 수 있는 것이 진리가 아니라는 것을 의미하지는 않는다. 이러한 관점에서, 진리는 독립적인 현실의 그림("사실")이 아니라 "변화 가능성이 있는 현실의 측면에 대한 충실한 표현"으로 간주된다(Richardson et al., 1999, p. 228). 우리는 새로운 지평이 열리면서 진리에 대한 이해를 수정해야 할지도 모른다. 하지만, 미래의 수정 가능성은 세계에 대한 우리의 해석이 단지 상대론적이거나 주관적이라는 것을 의미하지는 않는다.

3.2.4 해석학과 도덕 공간

Charles Taylor의 저술 또한 해석학에 중요한 기여를 했다. Taylor는 1989년에 출판된 그의 저서 **"자아의 원천들: 현대적 정체성의 형성**(Sources of the self: the making of the modern identity)"에서 존재론적 해석학을 발전시켰다. 그는 자아의 개념과 선(good)의 개념이 서로 얽혀 있다고 주장한다. Taylor는 다음과 같은 조건을 확인한다.

- 우리의 정체성은 우리가 중요한 문제에 어떻게 대응하는지, 즉 우리가 도덕적 질문에 어떤 입장을 취하는가에 따라 정의된다.
- 이러한 중요한 문제들, 즉 우리의 정체성은 우리의 해석과 그 표현에 달려있다.
- 도덕적 문제에 대한 우리의 자아 해석과 우리의 입장을 분명하게 표현하는 능력은 공유된 이해(또는 "프레임 워크")에 달려있다.
- 도덕적 프레임과 관련된 정체성 형성의 이러한 과정은 내러티브 형태로 발전한다.

이 주장에 근거하면, 자아는 타인과 관련되거나 Taylor가 말하는 "대화의 망(webs of interlocution)(Taylor, 1989, p. 36)" 안에서만 자아가 될 수 있다. 게다가, 사람들은 항상 도덕적인 공간에서 자신을 지향하려고 노력하는데, 그렇게 하는 것은 "기능적인 인간이 되기 위해 필수적"이기 때문이다(Taylor, 1989, p. 42). 도덕적으로 옳은 것과 관련하여 우리 자신을 배치하기 위해서, 우리는 모두 때로는 명시적이고 그리고 종종 암묵적으로 선이 무엇인지 정의하는 하나 이상의 프레임에 의존하고 있다. 그러므로 우리의 정체성은 시간이 지남에 따라 발전하고 전승되어온 공유된 도덕적 이해의 맥락 안에서 발전하며, 단순히 주관성에 기인하는 것은 아니다. 이러한 주장에 비추어 볼 때, Taylor는 우리 자신을 독립적이고 자율적인 존재로 이해하는 현재의 경향에 비판적이다.

존재론적 주장을 확립한 Taylor(1989)는 현대의 도덕성과 자아에 대한 우리의 사고방식을 알려주는 틀을 탐구하는 데 관심을 돌렸다. 그는 평등, 자유, 자아 성취, 정의 및 자비심과 같은 공통적으로 지니고 있는 이상에 동기를 부여하는 역사적 출처에 대해 논의한다. Taylor는 "높은 기준은 강력한 출처가 필요하기" 때문에 우리의 도덕적 이상을 알려주는 프레임을 인식하고 평가하는 데 노력을 기울여야 한다고 지적한다(Taylor, 1989, p. 516). 게다가 그는 외부의 출처를 참조하지 않고 우리에게 도덕적으로 옳거나 좋은 것을 정의하려는 노력은 잘못되었다고 주장한다. 오히려, 그는 우리가 "자신의 **내면**에 공명하는 언어를 통해 **외부**의 도덕적 출처를 찾고, 개인의 비전과 불가분의 관계에 있는 질서를 파악"하는 데 관여할 것을 제안한다(Taylor, 1989, p. 510).

3.2.5 요약

위의 내용은 해석학의 발달에 대한 간략한 요약이며, 완전한 설명과는 거리가 멀다. 간결성을 위해 우리 Heidegger, Gadamer 및 Taylor의 아이디어에 초점을 맞췄고, 주로 이 세 사상가의 저서를 참고하여 진로상담에서 이야기적 접근에 대한 해석학의 의미를 살펴볼 것이다.

그러나 더 나아가기 전에 다른 작가들도 해석학에 대한 우리의 현재 이해에 기여했음을 주목해야한다. 특히 Ricoeur는 텍스트 해석과 내러티브 해석의 유사성을 이끌어냈고, 삶에서 내러티브의 중요성에 대한 해석적 이해를 확장시켰다(Joy, 1997; Ricoeur, 1976; 1984). 그리고 지난 수십 년 동안, 실천적 치료 전문가와 철학자들은 해석학을 사용하여 상담 기업을 재구상했다(예: Cushman, 1995; Guignon, 1998, 2002; Martin et al., 2003; Richardson et al., 1999; Woolfolk, 1998). 몇몇 작가들은 또한 진로 발달과 진로상담 관행에 대해 구체적으로 살펴보기 위해 해석학을 사용했다(예: Collin & Young, 1988; Hansen & Amundson, 2006; Mkhize & Frizelle, 2000; Thriift & Amundson, 2005; Young & Collin, 1988, 1992). 해석학에 대한 이해를 증진시키는데 관심이 있는 사람들은 의심할 여지없이 이 저서들 중 어느 것이든 가치가 있다는 걸 알게 될 것이다.

3.3 진로이론과 실제에 대한 해석적-내러티브 접근

진로 상담에 대한 대부분의 내러티브 접근과 마찬가지로 해석적-내러티브 접근은 첫째, 사람들이 그들의 역사적, 사회문화적 맥락에서 그 직업 경험에 어떻게 의미를 부여하는지와 관련이 있으며, 둘째, 진로의 생생한 경험에 대한 접근은 이야기를 통해 이루어지는 것으로 간주한다. 진로 상담에 대한 해석적-내러티브 접근과 다른 내러티브 접근을 구별하는 것은 자기, 이야기, 진로 및 상담직의 본질에 대한 가정이다.

3.3.1 자기

모든 유형의 상담에서 가장 기본적인 가정은 아마도 자기의 본성에 관한 것이다. 많은 저자들이 주목한 것처럼(예: Cushman, 1995; Richardson & Zeddies, 2001; Woolfolk, 1998), 상담은 대체로 외부의 영향으로부터 상대적으로 자유로운 선택(진로 선택을 포함)을 하는 독립적이고 자율적이며 자기 결정적인 존재로 간주되는 자기에 대한 개인주의적 관점에 근거한다. 이러한 자기 관점은 개인 안에서 권리, 가치, 의무, 속성 및 도덕성을 정의한다. 이와는 대조적으로, 해석적 접근방식은 자기를 사전에 설정된 의미와 중요 이슈의 맥락 안에서 대화적, 관계적, 상호의존적, 자기 해석적 및 주체적으로 간주한다. 개인의 삶은 미리 정해진 것이 아니며, 사람들은 어떻게 특정한 시간과 장소 안에서 태어나고 발전하는지, 그리고 이 맥락은 삶에 대한 다양한 가능성을 제공한다. 인간은 자신의 삶을 이해하고 의미를 부여하기 위해 적극적으로 노력하지만, 이것은 항상 역사와 문화의 범위 내에서 일어난다.

3.3.2 내러티브

해석 철학은 몇 가지 중요한 방식으로 내러티브에 대한 우리의 이해에 기여한다. 첫째, 해석학자들은 이야기가 인간의 삶에서 피할 수 없는 부분이라고 주장해왔다. —우리는 우리의 세계와 삶을 이해하기 위해 내러티브로 눈을 돌린다(예: Ricoeur, 1984; Taylor, 1989). 둘째, 이 접근은 내러티브가 역사를 통해 전승되고 사회 문화적 맥락에서 순환되는 주제들에 의해 구성된다고 가정한다(Gadamer, 1975; Heideger, 1962). 이 접근 방식으로 작업하면서 진로상담자는 한 개인이 서술한 내러티브가 "역사, 문화, 사회, 관계 및 언어로부터 어떻게 구성되는지 [그리고] 맥락이 구현되는지에 관심을 가질 것이다"(Young & Collin, 1992, p. 8). 셋째, 해석학은 Heidegger(1962)가 설명한 것처럼 모든 내러티브가 3자 시간 구조(tripartite temporal structure)를 가지고 있다고 가정한다. 모든 진로 이야기는 과거로부터 물려받은 주제(개인의 역사와 문화 역사)를 바탕으로 하며, 현재 상황을 이해하려는 시도이며, 가장 중요한 것은 미래에 대한 투사이다. 마지막으로, 해석적－내러티브 접근은 이야기에서 진실을 찾고 내러티브 서술의 진실성을 평가하는 것이 모두 가능하다고 가정한다는 점에서 다른 접근 방식과 다르다. 이러한 주장은 내러티브를 "객관적" 설명과 달리 "과학적" 방법으로 검증할 수 없는 "주관적" 영역으로 강등시키는 실증주의적 접근과는 다르다. 따라서 실증주의자들은 신뢰성이 낮고 진실이 아니라고 간주한다(Guba & Lincoln, 1994). 포스트 모던 접근(예: 구성주의 및 사회 구성주의)은 내러티브의 진실에 대한 관점에서 해석학과 다르다. 포스트 모던 접근은 객관적/주관적 분할의 오류를 인식하고 편견이 없고 중립적인 객관성을 달성할 수 없기 때문에 모든 것이 주관적이며 따라서 상대적이라고 주장한다. 이러한 관점에서 진실 주장을 하는 것은 의미가 없으며 대신 내러티브는 유용성의 관점에서 평가된다. 이와는 대조적으로 해석적－내러티브 접근은 Gadamer(1975)가 제안한 진실의 관점에 근거하여, 이야기에서 객관성과 진실을 찾고, 진실성 측면에서 내러티브를 평가할 수 있다고 가정한다. 따라서 어떤 진로 이야기는 다른 것보다 더 "진실된" 것으로 간주되며, 이 접근을 사용하는 상담자들은 상담 회기에서 이 주장이 갖는 의미와 씨름해야 한다(Guignon, 1998; Thrift & Amundson, 2005).

3.3.3 진로

많은 진로 이론가와 상담자는 개인에게 초점을 맞추고 있으며, 이 "자기"가 존재하는 사회적, 문화적, 역사적 환경에 대해서는 최소한의 관심을 기울인다. 이와는 대조적으로, 해석 철학은 진로 발달이 사회 문화적 맥락과 불가분의 관계라는 것을 인정한다. 비록 개인은 주체적이지만, 해석적－내러티브 접근은 그들의 환경에 의해 정의될 수 있는 선택권을 고려한다. 심지어 사람들이 진로에 대해 가지고 있는 믿음들(예: 다양한 진로 선택에 대한 평가, 일에 대한 적절한 보상, 근로 동기 부여, 진로 관련 가치)은 역사와 문화에 의해 구성된다.

3.3.4 진로상담

심리학은 종종 그 자체와 관련된 관행을 과학적이고 비정치적이며 객관적으로 제시해 왔으며, 상담자들은 내담자의 가치와 삶의 선택에 대해 중립을 지키려고 노력해왔다(Cushman, 1995; Richardson et al., 1999; Woolfolk, 1998). 그러나 해석 철학은 중립이 불가능하며 "세계 – 내 – 존재"(Heidegger, 1962)로 인해 상담자가 완전히 중립적일 없음을 보여 주었다. Taylor(1989)의 연구는 또한 개인의 정체성과 도덕성의 연관성을 보여 준다는 점에서 유익하다. 진로상담자는 사람들이 세상에서 자신이 누구인지, 어떻게 "존재"할 것인지를 정의하는 데 관여하고 있으며, 개인의 정체성은 항상 도덕적 공간에서 그 자신의 위치를 찾는 것과 관련이 있다는 것을 고려하면, 이 관행에는 필연적으로 도덕적 요소가 있을 수밖에 없다. 또한 상담 분야에 대한 해석적 분석(예: Cushman, 1995; Woolfolk, 1998)은 상담 이론과 실제 그리고 문화적 이념 사이의 연관성을 명확히 보여주었다. 상담 이론은 "잘 산다는 것은 무엇을 의미하는가?"와 "좋은 삶이 무엇인가?"와 같은 도덕적인 질문에 대한 암묵적인 답을 제공한다. 이론을 통해 공식화되고 실천을 통해 전파됨에 따라 이러한 '해답'이 반영되고 강화되어, 개인이 세상을 이해하기 위해 사용하는 문화적 내러티브의 일부가 된다.

상담 분야에서 해석적 상황에 대한 인식은 수많은 저자들(예: Cushman, 1995; Mkhize & Frizelle, 2000; Richardson et al., 1999; Thrift & Amundson, 2005; Woolfolk, 1998)로 하여금 이 사회적 관행이 도덕적 기업으로 가장 잘 개념화되었다는 것을 시사했다. 사회 환경에 영향을 미칠 가능성은 상담자들이 사회를 위해 일하는 동안 전달하는 메시지(예: 자기 본성, 진로, 내러티브에 관한 것)의 함의를 신중하게 고려해야 함을 의미하며, 내담자인 개인에게만 해당되지 않는다. 진로상담은 내담자들에게 윤리적인 책임과 함께 더 넓은 사회 환경에 대한 도덕적 책임도 가지고 있다.

3.3.5 진로상담에서 해석적-내러티브 접근 사용

상담에서 해석적 내러티브 접근을 사용하고자 하는 사람들의 출발점은 상담자의 입장에서 관점의 전환이 필요하다는 인식이다. 해석적 가정은 현 상태와 구별되기 때문에, 이 접근을 사용하는 상담자들은 이 개념적 변화를 촉진하고 유지하기 위해 그들 자신과 그들의 관행을 사회문화 및 역사적 맥락 안에 배치하기 위해 지속적인 노력을 할 필요가 있을 것이다. 해석적－내러티브 접근으로 작업하는 진로 상담자는 내담자가 자신의 진로 이야기를 구성하는 역사적, 문화적, 사회적 주제를 확인하는 것을 돕는 데 초점을 맞출 것이기 때문에, 그들은 이러한 틀에 대해 알아야 한다. 그러나 Cushman(1995, p. 248)은 대부분의 치료사들은 사회적 관습이 항상 현상을 재현하는 보다 미묘하고 복잡한 방법들을 이해하는 데 필요한 철학적, 정치적 분석에 대한 훈련은 받지 못했다고 말했다. 이러한 단점을 바로잡기 위해서, 이 접근으로 일하는 것에 관심이 있는 상담자들은 역사와 문화 안에서 진로 발달을 수행할 수 있도록 그들의 레퍼토리에 역사적, 철학적 읽기를 추가해야 한다.

모든 이론은 상담자들이 특정한 주제를 듣고 특정한 방식으로 내담자의 이야기를 해석하도록 안내한다. 해석적－내러티브 프레임에서 일하는 상담자는 내담자의 진로 내러티브가 어떻게 그들의 맥락 안에서 구성되는지에 대해 주의를 기울여야할 것이다. Young과 Collin(1992: 9)은 다음과 같이 설명한다.

우리는 사람들의 내러티브에 귀를 기울이고, 그들이 그들 자신과 맥락에 대해 알고 이해하고 있는 것, 그리고 그들이 반드시 알거나 이해할 필요는 없지만, 작용할 수 있는 맥락에서 해석할 필요가 있다 … 여기에는 보다 넓은 이념, 사회, 경제, 문화, 역사적 맥락이 포함된다.

Cushman(1995, p. 23)은 상담에서 해석적 접근 방식은 "[내담자들] 뒤에 서서 그들이 읽고 있는 문화적 텍스트를 어깨너머로 읽는 것"과 유사하다고 묘사한다. 상담 회기 중에, 상담자와 내담자는 "영향사 의식"의 과정에 참여하고(Gadamer, 1975), 보다 광범위한 "지평"을 개발하고자 전해져 내려오는 진로 메세지에 대한 감각을 얻기 위해 당면한 관심사 이상의 것을 바라볼 것이다. 다시 말해서, 진로상담은 내담자들이 자신의 문화에 내재된 근본적인 이념을 식별하는 데 도움을 줄 수 있으며, 이를 통해 관점을 넓히고 상황을 보다 명확하게 볼 수 있게 된다. 다음은 이 작업을 수행하는 방법에 대한 몇 가지 제안이다.

• 상담자는 내담자에게 자신의 호소 문제가 다른 문화적 맥락에서 어떻게 볼 수 있는지 또는 다른 역사적 시기에 고려되었을 지에 대해 생각하도록 요청할 수 있다.

- 상담자는 내담자가 당연하게 여기는 진로 신념에 대한 비판적 사고를 장려하는 일련의 질문을 사용할 수 있다. 내담자가 자신의 진로를 설명하는 데 사용하는 은유를 인식하는 것은 이러한 암묵적인 가정에 접근하는 한 가지 방법이다. 또한, 우리는 예술이 일부 내담자들이 그 일에 대해 가지고 있는 믿음을 확인하는 데 도움이 되는 좋은 방법이라는 것을 발견했지만, 그것을 구두로 표현하는 데 어려움이 있을 가능성이 있다(Amundson, 2003).
- 상담자는 내담자가 스스로 역사에 자신을 배치할 수 있는 지식과 비판적 사고 기술을 개발하고 "이용 가능한 철학적 선택사항과 그 의미에 대한 이해"를 넓힐 수 있도록 돕기 위해 진로상담에 대한 교육적인 접근 방식을 취해야 할 수도 있다(Saul, 1995, p. 165).
- 상담자는 내담자가 순전히 개인주의적 감각으로 진로 결정에 대한 사고의 함정을 피하고, 자신의 진로 내러티브를 형성하는 다른 목소리를 인식하도록 돕기 위해 내담자의 가족 및 지역 사회의 사람들을 상담 회기에 참여하도록 초대 할 수 있다. 이 작업을 수행하는 방법에 대한 예는 McCormick과 Amundson(1997) 그리고 Mkhize 와 Frizelle(2000)을 참조하라. 이 연습은 확장될 수 있으며, 상담자와 내담자는 자신의 진로 이야기에 통합된 문화적, 역사적 "목소리(또는 주제)"를 식별하기 위해 작업할 수 있다.

내담자의 지평을 넓히는 것은 몇 가지 이점을 가지고 있다. 첫째, 보다 넓은 시야를 가지는 것은 내담자가 자신의 직업 생활에 대한 제약이 되는 이념에 도전할 수 있게 한다. 이념은 정의상 의식수준 아래에 존재하며 종종 "상식"으로 가장하기 때문에 인식하기가 어렵다(Kingwell, 1998). 해석적 – 내러티브 진로상담의 과제 중 하나는 내담자가 진로에 대해 생각하는 방식을 제한할 수 있는 문화적 주제에 도전하게 하는 개념적 "도구"를 제공하는 동시에 이전에는 개인의 지평에 있지 않았던 가능성을 시야에 들어오게 하는 것으로 볼 수 있다. Gadamer(1975)에 따르면, 지평을 넓히면 시야가 넓어지기 때문에 진실한 진로 이야기가 등장할 수 있다고 한다.

내담자가 자신의 진로 발달에 대해 해석적 상황을 인식하도록 돕는 두 번째 이점은 진로의 "자원" 역할을 하는 문화적 내러티브를 인식할 수 있다는 것이다 (Taylor, 1989). 다시 말해, "영향사 의식"에 참여하는 것은 내담자들이 "메타 내러티브"(Thrift & Amundson, 2005, p. 17)라고 부르는 것을 인식할 수 있게 해 줄 것이며, 이것은 자신의 진로 이야기를 뒷받침하는 자료로 사용될 수 있다. 내담자가 외부 요인을 인식하여 이를 자신의 삶에서 제거할 수 있도록 돕는 것이 해석적－내러티브 진로상담의 목표가 아니다. 반대로 해석학은 존재의 의미 있는 가능성에 대해 우리의 맥락에 의존하고 있으며 이 배경과의 분리는 불가능하다는 것을 분명히 한다(Gadamer, 1975; Heidegger, 1962). 따라서 우리는 배경의 출처를 언급하지 않고 자신의 진로 이야기를 스스로 만들고 있다고 생각하는 것은 의미가 없다. 이러한 방식으로 이해하면, 해석적－내러티브 진로상담자의 주요 목표는 개인이 자신의 진로 내러티브에 정보를 준 프레임을 인식하고 평가하고, 자신의 이야기를 개인적인 공명이 있는 메타 내러티브에 연결하도록 돕는 것이다. 예를 들어, 자신의 진로 선택은 지역사회 발전, 환경 보호, 인권과 정의 또는 진보에 대한 더 큰 이야기의 일부로서 이해할 수 있다. 현대의 실존적 곤경 중 하나는 인생이 무의미하다는 감각이며(Taylor, 1989, 1991), 이 느낌은 종종 진로상담에 오는 내담자에게 동기를 부여한다. 개인이 자신의 삶의 해석적 조건(즉, 더 넓은 세계와의 연결성과 소속성)을 인식하도록 돕는 것이 이 상황을 바로잡는 데 도움이 될 것이라고 생각한다.

끝으로, 우리는 진로 내러티브를 평가하는 것에 대한 마지막 이야기를 하고 싶다. 해석 철학은 서구 사회에 스며든 포스트 모더니즘의 도덕적 상대주의와 주관성에 비판적이며 여러 형태의 내러티브 이론과 치료에 반영되어 있다(Guignon, 1998; Held, 2001; Thrift & Amundson, 2005). 개인적인 성취, 자기표현과 선택의 자유는 포스트모던 전환에 동기를 부여한 이상(ideals)이며(Taylor, 1991), 이러한 이상에는 아무런 문제가 없다. 그러나 이러한 이상을 확보하기 위한 노력으로 우리 사회는 도덕적 상대주의를 수용해 왔으며, 여기서 좋은 삶을 사는 것이 무엇을 의미하는지는 각 개인의 재량에 맡겨진다. 상대주의는 자기 패배적 주장일 뿐만 아니라(Kingwell, 1998), 애초에 그 채택에 동기를 부여한 이상을 부정하는 불행한 효과도 가지고 있다. 만약 모든 선택이 다른 선택과 같다면, 가능성에 의미를 부여하기 위해 필요한 것은 오직 한 사람이 그것을 선택했다는 사실일 것이다(Taylor, 1989, 1991). 우리가 이 장에서 제안한 바와 같이, 의미 있고 가치 있는 선택이 있기 위해서는 개인에게 외부에 대한 중요성의 지평이 필요하다.

이 주장은 내러티브 진로상담과 특히 관련이 있다. 상담자는 내담자가 자신의 결정에 따른 도덕적 결과를 고려하지 않고 자신의 삶에 의미있는 이야기를 만들도록 돕는 것은 충분하지 않다. 진로 이야기는 개인의 삶에 개인적 통합을 제공하는 것보다 더 큰 목적을 제공해야 한다. 해석 철학은 인류의 상호 연결성을 강조함으로써 우리의 진로가 우리 자신뿐만 아니라 더 많은 영향을 미치고, 따라서 진로 결정을 내릴 때 더 넓은 맥락에 대한 책임이 있음을 이해하는 데 도움이 된다. 또한, 비록 사람들이 이야기 형태로 자신의 삶을 이해하는 것은 사실이지만, 내러티브 구성이 유일한 존재의 조건은 아니다. 해석 철학에 대한 Taylor의 공헌은 인간존재의 피할 수 없는 부분이 선과 관련하여 자신을 어떻게 배치하고 있는지, 즉 도덕 공간에서 자신을 지향시키는지를 보여주는 것이다(Taylor, 1989). 그러므로 내러티브를 평가하는 것의 일부는 진로 이야기의 도덕적 결과들을 고려하는 것을 포함한다.

진로 내러티브에 대한 다양한 평가 기준이 제시되었다. Plant(1999)는 진로상담자는 내담자가 자신의 진로 결정이 환경에 미치는 영향을 고려할 수 있도록 도와야 한다고 제안한다. 주체성, 주관성과 객관성 사이의 균형과, 과거, 현재 및 미래 사건 간의 통합은 Cochran(1997)이 제안하는 좋은 진로 내러티브를 구성하는 기준이다. Kingwell(1998)은 진로 내러티브가 수행중인 일의 가치와 유용성 측면에서 평가되어야 한다고 제안한다. 가치가 있다고 여겨지는 일은 "우리가 더 편안하고, 더 공정하며, 더 즐겁고, 더 아름답게 살 수 있도록 공동체의 복지에 기여해야 한다"(Kingwell, 1998, p. 311). Guignon(2002)은 좋은 삶의 내러티브는 Heidegger의 진실성에 대한 묘사에 근거해 사람이 진정한 삶을 영위하는 것이라고 제안한다. 이러한 관점에서, 진정한 삶을 영위한다는 것은, 자신의 삶이 전체적으로 무엇을 의미하는지 책임지고 설명할 수 있는 것, 그리고 "자신의 존재에 대해 확고하게 경험되는 이상"에 대해 단호하게 헌신하는 것을 의미한다(Guignon, 2002, p. 98). 따라서 진로 결정은 "특정한 종류의 사람이 되기 위해" 이루어질 것이고, 행동은 "전체로서 인생 이야기를 구성하는데 기여"하는 것으로 경험될 것이다.(Guignon, 2002, p. 98).

3.4 결론

이 장의 목적은 진로상담에서 해석적–내러티브 접근에 대한 명확한 단어를 제공하는 것이 아니다. 그러나 내러티브 진로상담에 대한 해석학의 배경과 이 철학이 시사하는 바를 소개함으로써, 이 분야에서 일하는 사람들이 자신의 관행을 이끄는 기본 가정을 검토하도록 동기를 부여하고 이 접근을 더 깊이 탐구하고 발전시키는 데 관심을 가질 수 있기를 희망한다. 해석학이 인생 이야기 상담에 관심이 있는 사람들에게 많은 것을 제공한다는 것이 우리의 견해이다.

📖 참고문헌

Amundson, N. E. (2003). *Active engagement : enhancing the career counselling process.* Richmond, British Columbia: Ergon Communications.

Berger, A. A. (1997). Narratives : in popular culture, media, and everyday life. Thousand Oaks, CA : Sage Publications.

Bteicher, J. (1980). *Contemporary hermeneutics: hermeneutics as method, philosophy and critique.* London : Routledge & Kegan Paul.

Brown, D. (1996). Brown's values－based, holistic model of career and life－role choices and satisfaction. In Brown, D., Brooks, L. & Associates (Eds.), *Career choice and development* (3rd ed., pp. 337－372), San Francisco, CA : Jossey－Bass.

Cochran, L. (1997). *Career counseling : a narrative approach.* Thousand Oaks, CA : Sage Publications.

Collin, A., & Young, R. A. (1988). Career development and hermeneutical inquiry: part II. Undertaking hermeneutical research. *Canadian Journal of Counselling, 22*(4), 191－201.

Cushman, P. (1995). *Constructing the self, constructing America : a cultural history of psychotherapy.* Boston : Addison－Wesley.

Gadamer, H. G. (1975). *Truth and method* (2nd ed.). New York, NY : The Seabury Press. (Original work published in 1960, translated by Barden, G. & Cumming, J., 1975.)

Grondin, J. (1994). *Introduction to philosophical hermeneutics.* New Haven : Yale University Press.

Guba, E. G., & Lincoln, Y. S. (1994). Competing paradigms in qualitative research. In Denzin, N. K. & Lincoln, Y. S. (Eds.), *Handbook of qualitative research.* Thousand Oaks, CA : Sage Publications.

Guignon, C. (1998). Narrative explanation in psychotherapy. *American Behavioral Scientist, 41*(4), 558－577.

Guignon, C. (2002). Hermeneutics, authenticity, and the aims of psychology. *Journal of Theoretical and Philosophical Psychology, 22*(2), 83－102.

Hansen, F. T., & Amundson, N. E. (2006). *Residing in silence and wonder : career counseling from the perspective of 'Being'.* Manuscript submitted for publication, Vancouver ： University of British Columbia.

Hayes, R. L., & Oppenheim, R. (1997). Constructivism ： reality is what you make it. In Sexton, T. L. & Griffin, B. L.(Eds.), *Constructivist thinking in counseling practice, research, and thinking* (pp. 19－40). New York, N Y ： Teachers College Press.

Heidegger, M. (1962). *Being and time.* New York, NY: Harper & Row. (Original work published in 1927, translated by Macquarrie, J. & Robinson, E.)

Held, B. S. (2001). The postmodern turn ： what it means for psychotherapy and what it doesn't. In Slife, B. D., Williams, R. N. & Barlow, S. H. (Eds.), *Critical issues in psychotherapy ： translating new ideas into practice* (pp. 241－256). Thousand Oaks, CA ： Sage Publications.

Hickinbottom, S. (2006). *Moral decline or moral panic? A hermeneutic analysis of arguments about the Western moral condition.* Unpublished doctoral dissertation. Burnaby ： Simon Fraser University.

Joy, M. (Ed.). (1997). *Paul Ricoeurand narrative: context and contestation.* Calgary, AB ： University of Calgary Press.

Kingwell, M. (1998). *Better living ： in pursuit of happiness from Plato to Prozac.* Toronto, ON ： Penguin Books.

Martin, J., Sugarman, J., & Thompson, J. (2003). *Psychology and the question of agency.* Albany, NY ： State University of New York Press.

McCormick, R. M., & Amundson, N. E. (1997). A career－life planning model for First Nations people, *Journal of Employment Counseling,* 34(4), 171－179.

Mkhize, N. J., & Frizelle, K. (2000). Hermeneutic－dialogical approaches to career development: an exploration. *South African Journal of Psychology,* 30(3), 1~8.

Plant, P. (1999). Fringe focus: informal economy and green career development. *Journal of Employment Counselling,* 36, 131－140.

Richardson, F. C., Fowers, B. J., & Guignon, C. B. (1999). *Re－envisioning psychology ： moral dimensions of theory and practice.* San Francisco, CA: Jossey－Bass.

Richardson, F. C., & Zeddies, T. J. (2001). Individualism and modern psychotherapy. In Slife, B. D., Williams, R. N. & Barlow, S. H. (Eds.), *Critical issues in psychotherapy ： translating new ideas into practice* (pp.

147 – 164). Thousand Oaks, CA ： Sage Publications.

Ricoeur, P. (1976). *Interpretation theory ： discourse and the surplus of meaning.* Fort Worth ： The Texas Christian University Press.

Ricoeur, P. (1984). *Time and narrative,* vol. L Chicago ： The University of Chicago Press. (Translated by McLaughlin, K. & Pellauer, D.)

Saul, J. R. (1995). *The unconscious civilization.* Toronto, ON ： Anansi.

Taylor, C. (1989). *Sources of the self: the making of the modem identity.* Cambridge, Mass ： Harvard University Press.

Taylor, C. (1991). *The malaise of modernity.* Toronto, ON ： Anansi.

Thrift, E., & Amundson, N. E. (2005). Hermeneutic – narrative approach to career counselling ： an alternative to postmodernism. *Perspectives in Education,* 23(2), 9 – 20.

Woolfolk, R. L. (1998). *The cure of souls: science, values, and psychotherapy.* San Francisco, CA: Jossey – Bass.

Young, R. A., & Collin, A. (1988). Career development and hermeneutical inquiry ： part I: the framework of a hermeneutical approach. *Canadian Journal of Counselling,* 22(3), 153 – 161.

Young, R. A., & Collin, A. (1992). I*nterpreting career: hermeneutical studies of lives in context.* Westport, Conn ： Praeger.

자기 돌봄을 통한
진로 내러티브 구성

John Winslade

자기 돌봄을 통한 진로 내러티브 구성

John Winslade

4.1 도입

여기 진로상담에 대한 어떤 접근법에도 적용해볼 수 있는 테스트가 있다. 이 접근법은 종신형을 선고받은 사람에게 어떻게 유용할까? 성노예로 팔린 여성에게는 어떻게 유용할까? 하루종일 술에 취해 방황하는 노숙자에게 어떻게 유용할까? 도시 빈민가의 갱단, 혹은 네 명의 어린 자녀들과 근심한 빈곤 속에서 살고 있는 싱글맘에게는 어떤 도움을 줄 수 있을까? 요점은 진로상담은 다양한 선택권이 있는 사회적 지위를 가진 사람들만을 위한 것이 되어서는 안된다는 것이다. 또한 앞서 언급한 삶의 환경에서 중산층의 생활방식에 들어갈 준비가 되어있는 사람들만을 위한 것도 아니다. 진로상담은 서로 다른 상황 속에 있는 모든 사람들이 의미 있는 방식으로 자신의 삶을 계획하도록 잠재적으로 도울 수 있는 과정이 되어야 한다.

이 장에서 나는 특히 Michel Foucault의 작업에서 도출된 진로 내러티브(career narrative)의 구성에 대해 언급하고 다양한 사람들의 내러티브(narrative) 의도를 존중할 수 있는 상담 과정에 대해 생각해 볼 것이다. 그들의 삶이 "진로"의 주류라고 생각하는 중산층 가정과 잘 맞아떨어지는 것이든 아니든, 예를 들어 위에 언급된 감옥에 있는 사람은 경찰, 법원, 교도소 기록에 새겨진 범죄의 경력에 비해 훨씬 미묘한 삶의 의미를 창조하려는 많은 의도를 접할 수 있다. 나는 Foucault가 자아를 돌보는 데 중점을 두는 것에 초점을 맞추어 열린 진로이야기를 발전시킬 수 있는 가능성을 모색할 것이며, 그것은 삶의 생산에 있어 지배세력을 염두에 두고 앞으로의 이야기를 전개하는 의도적인 과정이다.

만약 우리가 일을 의미 있는 활동으로 생각한다면, 진로는 특정한 활동이 만들어질 수 있는 중요한 목적을 표현하는 조직적인 아이디어다. 진로의 구성은 자아나 정체성의 구성과 연결되어 있다. 그것은 생산의 과정이고, 창작과 표현의 과정이다. 그것은 항상 진행 중인 프로젝트다. 동시에, 개인이 할 수 있는 일에 제약과 제한을 두는 현실 세계에서 일어나는 프로젝트다. 이 세계는 권력 관계에 의해 형성되는데, 이것은 때때로 우리가 설명할 수 없는 방식으로 우리의 삶을 구성한다. 그러므로 우리의 자기 창작 과정은 항상 권력의 영향을 고려해야 한다.

진로가 어떤 종류의 프로젝트인지는 우리가 그것에 대해 어떻게 생각 하느냐에 따라 달라진다. 만약 우리가 이 프로젝트에 대한 내러티브 개념을 가지고 있다면, 우리는 실제 진로뿐만 아니라 우리가 혼란과 모순의 순간에 언급할 수 있는 지속적이고 지도적인 내러티브(guiding narrative)를 발전시킬 수 있을 것이다. 여기서의 가정은 어떤 사건이나 사물의 표현, 그것의 이야기(Story)는 그 사건이나 사물의 생성에 역할을 한다는 것이다. 이야기는 중립적인 거울이나 편향된 시각으로 치부되어서는 안 된다. 내러티브는 현실을 만드는 데 중요한 역할을 한다. 이야기(Story)는 사람들의 삶에 영향을 미친다. 그것들은 단순한 삶의 보고가 아니다. 따라서, 상담에서 우리는 이야기가 전개되는 방식에 영향을 미치기 위해 직접 내러티브를 다룰 수 있다. 진로상담의 과제는 세상에서 의미 있는 행동에 대한 한 개인의 내러티브를 이끌어내는 일 중에 하나가 된다.

4.2 권력 관계를 통해 진로 이야기를 관리하는 방법

내러티브 이론(narrative theory)에서 내러티브가 그 안에 등장하는 사람들의 전유물이 아닌 것은 흔하게 관찰된다. 내러티브는 항상 말과 사회적 상호작용의 어떤 맥락에서 이야기된다. 내러티브는 성격의 구조에 고정되어 있지 않다. 그것들은 문화와 담론의 산물이다. 그들은 언어로 형성되어 언어 공동체의 관계에 참여한다. 심지어 우리가 태어나기도 전에 우리에 대해 말하는 사람들에 의해 우리 정체성의 요소가 이미 형성되고 있다. Valerie Walkerdine은 태어날 때조차도 우리는 "항상 이미 사회적인"상태라고 주장한다(Walkerdine, 1984, p. 16). 우리가 할 수 있는 일은 이미, 우리가 하기 전에, 사회적 관계의 일부이다.

이 관찰에는 두 가지 중요한 의미가 있다. 하나는 타인의 영향과 우리 삶의 맥락의 권력 관계에 의해 형성되는 우리 자신의 요소가 항상 존재한다는 것이다. 위에서 언급한 갱단을 생각해 보라. 그는 학교 시스템 의해 성공적인 정체성을 제공받지 못하는 젊은이들이 갱 문화로 발전하는 것이 자연스러운 환경에서 자랐을지 모른다. 그러므로 우리의 진로 내러티브(career narrative)는 항상 어느 정도 우리를 위해 쓰여 진다.

두 번째 의미는 우리가 항상 우리를 정의하는 상호작용의 참여자이기 때문에, 우리는 우리 자신의 내러티브를 형성할 수 있다는 것이다. 우리는 항상 줄거리나 인물의 발전에 영향을 줄 수 있는 작가들의 위치에 있다. 우리는 결코 다른 사람들에 의해 완전히 결정되지 않는다. 진로를 구성한다는 것은 항상 다른 사람들이 우리가 누구라고 말할지, 그리고 우리가 스스로 주장하기를 원하는 사람 사이의 협상 과정이다. 따라서 상담은 사람들이 이 협상에서 행동할 위치를 설정하도록 돕는 과정이라고 생각할 수 있다(Winslade, 2005).

진로상담은 종종 직업의 궤도에 대해 의식적인 결정을 내리는 한 요소로서 "현실"을 받아들이는 것에 초점을 맞춘다. 그러나 현실 자체는 논란의 여지가 없는 개념이 아니다. 행동해야 할 위치의 확립은 의심할 여지없이 우리의 경험을 만들어내는 세계의 건설된 현실의 기초에서 진행되어야 한다. 구성주의적 관점에서 볼 때 "실제 세계"는 담론으로 성립된 세계다. 나는 우리의 문화적 형성과 우리의 개인적 정체성에 영향을 미치는 일련의 구조화된 생각이라는 Foucauldian적 의미에서 "담론"이라는 용어를 사용하고 있다(Foucault, 1969; Parker, 1992). 따라서, 진로 내러티브(career narrative)는 반드시 일련의 지배적인 경제 담론 — Bourdieu(1990)가 말하는 아비투스(habitus)[1]를 재현하는 학교 및 교육 담론과 가족 담론의 맥락에서 구성되어야한다. 위에서 언급한 네 명의 어린 아이들을 혼자 키우고 있는 젊은 여성은 양쪽 부모가 모두 있는(two-parent) 가정에 특권을 주고 혼자 아이를 키우는 엄마들(sole-parent mothers)에게 최소한의 지원을 제공하는 사회 세계에서 자신의 진로를 쌓고 있다.

---

1) 프랑스 사회학자인 Pierre Bourdieu(1930~2002)가 주장한 개념으로 태도, 외관, 모습, 상태를 의미하는 라틴어. 영어 'habit'의 어원이다.

우리가 살고 있는 사회적 현실은 우리의 머릿속 상상의 구조가 아니다. 그것은 역사적으로 권력관계에 기초한 협상, 즉 담론을 통해 사람들이 서로에 대해 행사하는 영향력의 작용에 있다. Foucault(1978, 1980, 1995)는 현대 권력관계에서 판단을 표준화함으로써 수행한 작업에 대한 우리의 이해를 확장시켰다. 그는 시민의식의 생성에서 감시와 관찰의 기술로 이루어진 '시선'의 역할을 강조한다. 교도소의 수감자, 학교의 아이들, 공장 근로자, 출입국 관리소의 여행자 등은 항상 자신의 성과가 관찰되고, 감시되고, 평가되고, 판단된다는 것을 알고 있기 때문에 이를 확인하기 위해 사회 규범에 맞도록 지속적인 자기검열(self-monitor)을 할 의무가 있다.

학교 교육에서 감시의 역할은 주로 지속적인 평가와 시험 과정을 통해 이루어진다. 그리고 합격점수의 지정을 통해 규범이 확립된다. 아동과 청소년들은 학업 및 사회 규범과 관련하여 점수를 매기는 방법에 따라 상당한 권위를 가진 정체성 특성(우수(bright), 평균, 평균 미만, 학습 장애, 행동 문제, 스포츠직(sporting jock) 등)으로 평가된다. 이것은 젊은이들의 정체성과 진로를 사회 정치 현실에 맞게 단련하는 주요한 방법이다. 시험 결과는 아동들에게 학문적 자신감과 미래에 대한 기대감으로 내재화된다. 또는 그들은 교정 치료가 필요할 때 실패하거나 손상된 정체성의 관점에서 내면화된다. 결국 감옥이나 폭력조직에 들어간 많은 사람들은 그들이 전통적인 경제적 성공을 누릴 자격이 없다고 어떻게 확신했는지에 대한 이야기를 할 수 있다.

Michael White(2002)는 이러한 감시와 정상적인 판단의 기술을 통한 현대 권력 작동의 결과 중 하나로 종종 자기 의심, 죄책감, 실패 또는 불안에 대한 고조되고 널리 퍼진 감각이라고 추측했다. 결과적으로 젊은이들은 진로의 가능성 가운데 선택의 자유가 아니라 사회적 기대의 특정 범위 내에 있는 담론에 의한 실체화를 통해 진로 선택을 고려하게 된다. 진로 선택이 이루어질 수 있는 사회문화적 위치는 학교생활이 끝나기 훨씬 전에 이미 잘 확립되어 있다. 학교를 통한 진로패턴의 제한적이고, 모든 지역에서 상당히 획일적이라고 여겨질 수 있다. 그들은 아동과 젊은이들의 삶을 "성공"과 "실패", "잠재적 지도자" 또는 "공장 노동자", "좋은 시민" 또는 "트러블메이커(troublemaker)"와 같은 차원으로 구성하고 분류한다. 이러한 내러티브 경로의 전체적인 형태와 궤도는 어떤 특정한 개인이 그 경로의 안으로 들어가기 훨씬 전에 만들어진다. 그들은 일단 특정한 개인에게 고정되면 그들만의 삶을 살게 된다. 물론, 이러한 광범위한 주제에는 여러 가지 미시적 변화가 있어서 아동의 학교 교육 과정의 구체적인 결과가 절대로 미리 정해지지 않는다. 그러나 그 아이는 학교생활의 형태에 대한 완전한 선택의 자유도 가지고 있지 않다. 그것은 그들의 개인적 자질, 즉 그들의 학교생활을 지배하는 담론과 그들이 기대할 자격이 있는 것을 그들에게 확신시키기 위해 교육적인 시선에 의해 행해진 내면화 작업 사이의 상호작용에서 확립된다. 이 과정은 기회를 불공평하게 분배한다. 어떤 사람은 특권을 가지고 있고 또 다른 사람들은 제한된 기대를 받아들이도록 설득당한다. 이 장의 시작부분에서 언급된 범죄자를 생각해 보아라. 그러한 상황에 처하게 되는 많은 사람들은 실패에 대한 이야기를 내면화하도록 요구되어 왔다.

개인의 정체성과 진로에 대한 이러한 과정을 강조하는 것은 개인의 내적 잠재력의 단순한 전개로서 개인의 발전과 진로의사결정에 대한 인본주의적인 설명이다. 이러한 인본주의적인 관점에서 진로상담자의 역할은 한 사람이 내적인 잠재력, 재능, 적성 또는 능력을 발산하고 현실 세계에서 이것들과 합리적인 일치를 찾는 것을 돕는 것으로 특징지을 수 있다. Foucauldian의 관점에서 볼 때 그러한 작업의 각 요소는 문제가 된다. 한 개인이 가지고 있는 많은 내적 잠재력과 능력 중 많은 것들은 그들의 세계를 형성하는 담론과 권력관계의 과정에 의해 차등적인 형태로 그들에게서 생성된다는 것을 보여줄 수 있다. "실제" 세계는 담화와 권력관계에 의해 구성되는 것으로도 보여질 수 있다. 위에서 언급한 성노예로 팔린 여성은, 남성을 위한 성적 장난감으로 여성의 대상화와 구조에 관한 강력한 젠더 담론(gender discourses)이 그녀에게 "매춘부(Whore)"의 정체성을 채택하도록 권유했다. 그녀나 그녀를 이용하는 남자들 모두 이러한 정체성을 지어내지(invent) 못한다. 그것은 담론으로 제작되고 그들은 그들이 맡은 역할을 연기한다.

그러나 우리는 이 사건을 너무 강하게 만들지 않도록 주의해야 한다. Foucault(2000) 자신은 자신의 진로 후반에 주관성에 대한 인본주의적 개념을 훼손하려는 열의로 사람들의 삶에서 권력관계의 구성적 효과를 지나치게 강조했을 수도 있다고 판단했다. 결과적으로 너무 결정론적인 느낌이었다. 그의 권력 분석은 매우 포괄적이어서 만연(all-pervasive)해 보였다. 사람들의 삶에 힘이 미치는 영향에 대한 지나친 강조로 인해 배제될 수 있는 것은 개인생활에서의 자유의 가치다. 후기 작품에서 Foucault(2005)는 균형을 회복하고자 했다. 그는 권력관계가 자신의 정체성 구성에 미치는 영향에도 불구하고 개인이 그들 자신의 삶을 지배할 수 있다고 주장할 근거를 찾았다. 이제 사람들이 그들 자신의 삶을 다스리는 데 있어서 발언권을 가질 수 있는 몇 가지 근거와 진로상담에 대한 이 근거의 의미를 간략히 설명하도록 하겠다.

4.2.1 대체이야기의 시작점으로(서) 지배적인 담론의 틈새 발견

자신의 진로 궤도를 지배할 자유의 첫 번째 근거는 모든 지배적인 담론의 불완전성에 있다. Foucault와 Derrida(1976)와 같은 다른 후기 구조주의자들(poststructuralists)을 끌어 들인 내러티브 관점은 모든 권력 관계의 격차에 대한 해체적인 비전을 주장한다. 감시의 과정은 내면화된 정체성을 촉진시키기 위해 작용하지만, 그 범위는 우리가 추측하는 것만큼 광범위하지 않다. 많은 사람들이 개인적인 야망을 품고, "현실적"이 아닌 장래희망(career dream)에 의지하고, 심지어 가장 극단적인 상황에서도 삶을 살아갈 수 있는 새로운 방법을 만들어낸다. 그들은 다른 사람들이 할 수 있다고 말하는 것을 믿지 않기로 선택했다. 그들은 지배적인 담론에 대항하여 동맹을 맺고, 반론을 세우고, 저항(insurrection)의 순간을 공유하기 위해 삶의 여백에서 다른 사람들을 찾아낸다. 그들은 비현실적인 것을 축하하고 특권을 가진 진로에 대한 접근이 거부될 때 탄력적인 정체성 내러티브에 전적으로 매달린다. 그들은 자신에 대해 내면화하기 위해 그들이 생산한 것에 저항한다. 성노예로 팔린 여성은 자신이 선택한 직업과 그녀가 갈망하는 가족의 꿈의 기초가 될 수 있는 덜 도구적인 가치나 덜 착취적인 성적 가치에 기초하는 관계에 대한 욕구를 가질 수 있다. 미묘한 방법으로 그녀는 자신을 이 야망의 표현의 일부로 이용하는 남자들에 대한 경멸을 표현할 수도 있을 것이다.

진로상담자들은 강력한 사회적 생산이라는 과정의 그늘에 존재하는 저항의 표현을 소중하게 여길 수 있다. 그들은 심지어 그것을 찾아내고 표현의 발전을 촉진할 수 있다. 어떤 내담자의 경험에서든, 지배적인 내러티브에 맞지 않기 때문에 개인적인 정체성 이야기에서 제외되는 순간들이 항상 있다. 내담자들이 겉으로 드러내지 않음에도 불구하고 그들이 숨겨둔 고귀한 의도들은 항상 있다. 삶의 복잡성에는 한 사람에 대해 알려진 이야기에 포착되지 않는 모순이 항상 존재한다. 예를 들어, 학교에서 표준화된 시험이나 학교 성적에 의해 만들어진 사람에 대한 이야기는 대개 눈에 띄게 빈약하다. 간단한 대화만으로도 이러한 이야기에 대한 모순을 나타낼 수 있다. 내러티브 관점에서, 상담자의 과제는 대안적 정체성 이야기의 성장 기반을 형성할 수 있도록 이러한 격차와 모순을 찾아내는 것이다. 진로상담의 영역에서, 이것들은 더 "현실적"이라는 암울한 경고에도 불구하고, 역경을 이겨내고자 하는 비밀스러운 야망의 이야기일 수 있다.

4.2.2 더 나은 것에 대한 욕망의 표현으로서의 저항

자신의 진로 궤도를 지배하기 위한 두 번째 근거는 이미 언급된 저항 현상에 있다. Foucault(2000)는 힘을 가하면 어느 곳에서나 자동으로 저항이 발생한다고 주장했다. 때때로 권력이 너무 지배적이 되면 권력 관계는 거의 저항하지 못할 정도로 얼어붙게 된다. 그러나 대부분 저항의 표현은 권력이 강화되는 바로 그 장소에서 일어난다. 어느 정도 수준에서 사람들은 권력관계에서 자신에게 무슨 일이 일어나고 있는지 항상 알고 있다. 그들은 이것을 명확하게 표현하지 못하고 권력을 더 억압하는 방식으로 저항을 표현할 수도 있지만, 반대를 주장하는 방식에서는 종종 창의적이고 용감하다.

진로상담자를 포함한 상담자는 항상 권력관계와 사람들의 삶에 미치는 영향이라는 맥락에서 일하고 있다. 따라서, 그들은 그러한 권력관계에서 그들의 내담자에게 행해지고 있는 것에 대한 저항과 반대의 표현을 정기적으로 듣게 된다. 그러므로 상담자의 역할은 항상 정치적으로 이루어진다. 그들은 권력의 사용이나 저항의 표현에 편승할 수 있다. 그들은 사회현상의 수용을 위해 내담자들과 함께 일할 수도 있고 사회 변화를 위해 일할 수도 있다. 이러한 관점에서, 저항은 삶에서의 권력사용에 대한 개인의 반응을 조사하는 출발점이기 때문에 상담자가 극복해야 할 것이 아니다. 이러한 응답에는 내담자가 소중하게 여기는 암묵적인 인생 프로젝트가 놓여 있는 경우가 많다. 이런 의미에서 저항은 희망의 표현, 더 나은 것에 대한 욕망의 표현이다. 진로상담에서 그것은 야망의 표현일 수도 있고, 종종 제한의 힘에 직면하여 용기의 표현일 수도 있다.

4.2.3 진로이야기 구성의 초점으로서의 자기 돌봄

그러나 권력에 대한 저항은 진로 프로젝트(career project)를 구축하기 위한 제한적인 근거이다. 그 초점은 부정적이며 동기를 부여하는 힘은 권력관계의 지속적인 존재에 달려있다. 훗날 Foucault의 작품(1988, 1991, 1997, 2005)에서 그는 자치권 행사(exercise of self-governance)에 대한 다른 근거를 조사했다. 그것은 잊혀진 고대 자기돌봄 원칙의 회복이었다.

Foucault의 연구는 심리학(특히 상담 분야)을 지배해온 인본주의적 가정에 체계적으로 도전했다. 인본주의적 관점에서, 개인의 발달은 더 큰 자기인식(self-awareness)을 발전시키거나 자신을 더 잘 알게 되는 것이다. 그것은 "너 자신을 알라!"라는 명령어에 표현된 고대 델픽 원리의 가정된 가치를 바탕으로 구성되었다(Foucault, 1997, 2005). 많은 상담 실제(counselling practice)에서는 그러한 자기인식의 증가를 목표로 한다. 자신을 알게 된다는 것은 자신이 알게 될 수 있는 개인 본질의 이전 존재를 전제로 한다. 인본주의 심리학은 개인적 성장에 등장하는 사람에게 중점(central core)을 두고 있다. 따라서 진로발달은 이 내부 본질(정체성)에 대해 배우는 문제가 된다. 진로결정은 개인의 "진정한 본성"을 개인의 만족도를 극대화할 수 있는 진로 경로에 일치시키는 과정에 해당한다. 자신을 알게 되는 것(혹은 자기인식을 발달시키는 것)은 해방이라고 생각되는데, 그 이유는 사회적 맥락의 억압적인 제약으로부터 내면의 더 진실한 자기를 해방시키는 것이 목표이기 때문이다.

Foucault(2005)는 다른 원칙을 주장한다. 그는 자신의 권력 분석에 기초하여 "진정한" 자아를 회의적이며 담론의 내재화된 산물로 본다. 그는 개인의 발달은 억압적인 제약으로부터 진정한 자아를 해방시키는 해방 논리와는 다른 윤리에 기초해야 한다고 주장한다. 대신 그는 (발견이 아니라) 자기를 의도적으로 구성하는 과정에 대해 주장한다. 그는 이 윤리의 표현을 고대적이지만 잊혀진 '자기돌봄'의 실천에서 찾고, 이를 위해 고안된 "자기의 기술"(Foucault, 1988)[2]을 설명한다. 이러한 자기의 기술은 개인이 삶을 생산하기 위해 행동하는 관행이다. 그들은 항상 한 사람을 둘러싼 직장에서의 징계라는 맥락에서 원하는 내적 경험을 쌓기 위한 의도적인 노력을 한다. 그는 이 윤리학의 역사를 고대 그리스, 로마, 초기 기독교 사상의 스토아 전통으로 거슬러 올라가며 계몽주의 이후 "자신을 아는 것"이라는 보다 일반적인 목표 뒤에 숨겨져 있던 자아를 돌보는 "금욕적" 전통을 확인한다(Besley, 2002; Foucault, 1997).

이러한 "자기 돌봄"의 윤리는 진로상담에 직접적인 영향을 미친다. 그것은 현대적인 과학 프로젝트라기보다는 예술 작품을 만드는 것과 같은 미학적 프로젝트로서의 진로를 제시한다. 상담에서 인생 프로젝트(life project)의 생산을 촉진하는 것보다 한 사람에 대해 신뢰할 수 있는 진실을 발견하는 것이 덜 중요해진다. 상담에 대한 이러한 접근 방식은 현실을 만드는 것보다 현실을 직면하는 데 덜 관심이 있

---

2) 2002년에 "자기의 테크놀로지"라는 제목으로 국내 출판

다. 진로상담에서는 자연스러운 성향(또는 적성)의 발견이 덜 강조되고, 자기 자신을 탄생시킬 수 있는 내러티브 관점의 구성이 더 많이 강조될 수 있다.

Foucault(2005)는 고대의 자기 돌봄(care of the self) 관행을 그리스 용어 아스케시스(askesis, 자기수련)로 지정된 일련의 운동으로 언급한다. 자기 돌봄은 자기 발견보다는 자기 창조의 금욕적인 운동이다. 고대 세계에서 이것은 종종 명상과 철학적 연구의 실천을 통해 이루어졌다. 상담에서의 대화는 이 같은 일이 현대에서 행해질 수 있는 맥락이다. 그러므로 나는 이러한 금욕적인 운동을 직업 상담 실제에서 일어날지도 모르는 네 가지에 집중해서 해석할 것이다. 나는 Foucault가 죽기 전 College de France에서 했던 강의를 인용하고 있는데, 그 강의에서 Foucault는 "주제의 해석학"에 관한 일련의 강의 중 많은 부분을 자기돌봄에 집중해 요약했다(Foucault, 2005).

4.2.4 내러티브 작업 전달을 위한 기억의 역할

Foucault(2005, p. 500)가 자기 돌봄의 개요로 강조하는 것은 기억의 역할이다. 그것은 듣기와 쓰기 및 지식 구성을 통한 학습 과정과 관련이 있다. 우리는 학교에서 지정한 것보다 더 넓은 의미에서 이것을 교육이라고 할 수 있다. 세상과 자신에 대한 암기된 지식을 수집하는 동안 사람들은 내면의 부를 창조한다. 이것은 그것의 가치를 실현하기 위해 지속적으로 재검토되어야 한다. Foucault는 이것을 다음과 같이 설명한다: "사람은 때때로 읽을 수 있는 일종의 책을 자기 안에 가지고 있어야 한다."

이 내적인 경험과 지식의 책이 다시 읽히기 때문에 Foucault는 우리가 스스로를 재고하는 활동을 할 것을 제안한다. 기억은 자신이 어떤 사람인가에 대한 상황을 점검(stock-taking)하고 목록작성(inventory)을 위해 기억된다.

그런 다음, 진로상담은 기억하고 상황점검을 유도하는 질문을 강조 할 수 있다. 이력서(curriculum vitae) 또는 이력서 작성(writing of a resume)은 그러한 기억의 예가 될 수 있는 활동 중 하나이다. 이야기 치료(narrative therapy)에서, 회원재구성대화3)(re-membering conversations)는 Barbara Myerhoffs(1978, 1982, 1986)의 영향

---

3) 내담자의 과거,현재,미래 삶에서 중요한 사람들과의 관계, 자신의 현재 모습과 미래 모습에 대해 의도적으로 다시 생각해보고 수정하고 재구성할 수 있도록 돕기 위해 사용하는 이야기 치료(narrative therapy) 용어

으로 슬픔의 맥락에서 회원재구성(re-membering)의 역할을 표현하는 특정 형태를 취했다. 내러티브 애도 상담(Narrative grief counselling)은 죽은 사람과의 관계를 의도적으로 다루는 회원재구성을 강조한다(White, 1989; Hedtke & Winslade, 2004). 정체성 구성은 상대적 위치를 중심으로 회원재구성되며 긴밀하게 유지된다. 더 나아가 회원재구성대화(re-membering conversations)는 진로상담에 유용할 것이다. 그러나 회원 재구성되는 것이 조금 다를 수 있다. 질문은 한 사람이 자신을 지탱하고 활기차게 만드는 의미 있는 활동을 경험한 상황에 대한 이야기를 하는 것에 초점을 맞출 수 있다. 그런 다음, 상담자는 내담자가 그러한 기억과 관련하여 스스로 생산한 것을 재고하도록 유도하는 질문을 해야 한다. 어떤 개인적 자질이 개발되고 있는가? 어떤 가치가 표현되는가? 어떤 삶의 프로젝트를 제안하는가? 어떤 약속이 함축되어 있는가?

4.2.5 미래 상상하기

Foucault(2005)가 자기 돌봄에서 언급하는 또 다른 연습은 미래를 상상하는 것이다. 고대 Stoics는 "praemeditatio malorum, 미래의 악에 대한 명상"(Foucault, 2005, p. 501)이라는 논란의 여지가 있는 명상 연습으로 잘 알려져 있었다. 이것은 일어날 수 있는 최악의 상황을 생각하면서 현재의 악폐를 상상하고 미래로 그것들을 투사하는 훈련이었다. 연습은 고통에 대한 병적인 헌신이 아니라 그러한 두려움이 우리 자신의 구성에 의한 것이며 실현 될 필요가 없음을 깨닫기 위해 행해진 것이라고 Foucault는 설명한다. 그 목적은 미래에 대한 그러한 환영을 그들이 현재를 지배할 수 있는 힘과 분리하는 것이었다. 이것은 현재의 악폐를 상상하고 그것을 미래로 투사하여 일어날 수 있는 최악의 상황을 숙고하는 훈련이었다. 이 연습은 고통에 대한 병적인 헌신에서가 아니라 그러한 두려움이 우리 자신의 구성에 의한 것이며 실현될 필요가 없다는 것을 깨닫기 위해서 이루어졌다고 Foucault는 설명한다. 미래의 비전과 현재를 지배할 수 있는 힘을 분리하는 것이 이 훈련의 목적이었다.

이 고대 명상의 강조는 현대 진로상담의 실제에서 어떻게 실현될 수 있을까? 첫째, Stoics가 언급한 악(evils)은 지금 우리가 "문제"라고 부르는 것을 가리킬지도 모른다. 이것들은 삶의 장애물, 또는 제약, 또는 사람들이 생활하는 과정에서 마주치는 고통의 근원이며, 종종 우리 주변의 권력 관계에서 비롯된다. 상담에서 바람직한 미래 구성은 우리 삶의 프로젝트를 훼손시키는 그러한 문제들의 힘을 다루는 것이다.

외재화 대화(externalising conversations)를 구축하는 내러티브 실제(White & Epston, 1990)는 이 작업에 매우 적합하다. 이 작업에서 문제(또는 악)는 별도의 주체성을 부여받으며, 그것이 만들어내는 효과에 대해 심도 있게 탐구한다. 이러한 효과의 과거, 현재, 미래에 대한 질문이 자주 제기된다. 미래 악의 고대 중재에 대한 문제지도의 상상 가능한 미래 효과와 관련된 질문이 있다. 예를 들어, "만약 이 문제가 당신의 삶에서 계속된다면, 당신에게 어떤 미래가 펼쳐질까? 어떤 직업을 예상할 수 있을까?" 이런 질문들은 사람들이 문제가 되는 이야기들로부터 사람들의 유용성과 진실 가치를 평가할 수 있을 정도로 충분히 상상된 거리(imagined distance)를 만드는 것을 목적으로 않는 부차적인 질문들이다. 그들은 특정한 진로를 추구하는 동기를 강화시킬 수 있는 대안적인 미래를 주장하려는 동기를 확립한다.

4.2.6 경험 세계에서의 자기 시험

다음으로 Foucault(2005)는 실제(Practice)와 경험의 세계에서 자기를 시험하는 것과 관련된 고대 세계의 일련의 수행(ascetic practices)을 말한다. 이러한 것들은 종종 자신의 내적 결심을 시험하고 증명하기 위한 궁핍과 금욕의 연습이었다. Foucault(2005, p. 502)는 이러한 연습의 목적이 "외부 세계와 관련된 개인의 독립성을 확립하고 시험하는 것"이었다고 설명했다.

현대 진로상담의 맥락에서, 이것은 상담자가 내담자들과 협력하여 행동에서 선호하는 정체성을 개발하는 영역이다. 여기에는 의사결정의 구성과 실행, 위험의 감수, 그리고 경험의 세계에서 상상된 미래를 이끌어 내는 것을 포함한다. 또한 우리가 장애물에 부딪히고, 좌절감을 경험하고, 정체성 프로젝트의 실현을 향해 가는 과정에서 사소한 승리를 이룰 것이라는 것을 상기시킨다. 그것은 아마도 한 개인의 지속 의지를 강하게 시험하는 방식으로 한 사람의 삶에서 권력 관계의 가혹한 영향에 부딪치는 것을 의미할 것이다.

내러티브 상담은 정체성의 풍경(landscape)에서 행동의 풍경으로(Bruner, 1986) 다시 돌아가는 질문을 하는 것을 강조한다. 그것은 무슨 일이 일어났는지 이야기를 하고, 생생한 경험의 세부사항을 되돌아보기 위한 초대장을 발행하는 것을 포함한다. 그것은 한 개인이 소중히 여기는 원칙과 가치를 다시 기억하고 이를 실행 가능하게 만드는 방법을 전략화하는 것을 포함한다. 그것은 또한 이야기들이 존재하고 이야기되는 맥락에서 영향을 미친다는 원칙에 따라 내담자들이 구성하는 이야기와 정체성 프로젝트에 만족해하는 관객을 만드는 것을 포함한다.

4.2.7 죽음에 직면한 것처럼 자신의 프로젝트를 평가

Foucault(2005, p. 504)가 정리한 마지막 금욕 수행은 고대 스토아 학자들 사이에서 "melet thanatou 또는 죽음을 위한 훈련"이라고 불리는 유명한 명상을 가리킨다. 이 명상은 죽기 전의 순간으로 자신을 투사하고 "말하자면, 자신의 삶을 미리 되돌아보는 것"을 포함한다. 이러한 관점에서 사람들은 "미덕이 내 말에만 있는 것인지 아니면 내 마음에만 있는 것인지"에 대한 마지막 도덕적 판단에 대한 질문을 스스로에게 할 수 있다(Seneca, quoted by Foucault, 2005, p. 505) 스토아 학자들은 죽음의 순간을 매일의 개인 평가 의식으로 추정한다. Marcus Aurelius가 말하는 것처럼 하루하루를 마지막인 것처럼 살아야 한다. 그리고 "잠들 준비를 할 때, 우리는 기쁨과 밝은 표정으로 말한다. 나는 살아왔다"고(cited by Foucault, 2005, p. 504).

Foucault는 이 관행이 죽음에 대한 집착이 아니라 죽음의 접근을 상상하는 특별한 관점에서 자기평가를 하는 연구였다고 주장한다. 여기에는 '내 인생에서 중요한 것에 집중한 것이 만족스러운가?'와 같은 깊이 있는 질문이 포함된다.

삶의 목적과 프로젝트의 의미를 강화하는 방법으로 죽음에 초점을 맞추는 것은 Victor Frankl(1959)과 같은 실존주의 작가들을 연상시킨다. 이러한 자기평가를 요청하기 위해 질문을 하는 것은 궁극적인 죽음의 순간에 대한 언급과 관계없이 진로상담에 유용하다. 내러티브 관점 안에서 상담자는 종종 문제와 관련하여 또는 대안적인 이야기를 선호하는 입장을 취하도록 요청하는 질문을 자주 한다.

진로상담에서 이것을 하는 한 가지 방법은 "마지막에 인생을 돌아보면 무엇이 자랑스러울까?"와 같은 질문을 하는 것일 수도 있다. Marcus Aurelius처럼 매일 똑같은 질문을 할 수도 있다. "하루(혹은 주, 월, 년 등)가 끝나는 시점에 삶을 돌이켜 볼 때 무엇을 자랑스러워하고 싶은가?"

4.3 결론

Foucault가 고대의 자기 돌봄 윤리에서 찾은 이 네 가지 실천(practice)은 각각 내러티브 상담 실제(narrative counselling practice)에서 그 결실을 맺는 것을 볼 수 있다. 고대인들은 개별 명상(individual meditation)의 실천을 강조한 반면에, 현대의 대화의 실천은 반영적 대화(reflective conversation)라고 생각할 수 있다. 상담자의 질문은 명상할 것을 형성하고 구성한다. 나는 이 사례들 중 몇 가지를 내러티브 진로상담의 초점으로서의 관련성을 위해 여기서 제기하고 있다.

결론적으로, 처음 상상했던 사람들에게 돌아가보자. 네 명의 아이들과 가난하게 살고 있는 한 여성이 자신의 아이들과 자신에 대한 희망의 기억을 떠올리며 대화를 나누는 진로상담을 상상해 보라. 어쩌면 기억에 남는 자신에 대한 질문은 자주 술을 마시며 집도 없이 거리를 떠도는 남자에게 흥미로울 수 있다. 또 도시 빈민가의 갱단에게 갱문화가 그의 삶을 계속 지배한다면 일어날 수 있는 최악의 상황과 그렇게 사는 것이 행복한가에 대해 질문하는 것을 상상해보라. 성노예로 팔린 여성에게 자신의 삶에 대한 만족도와 이를 구체화하고 실제적인 단계로 시험해보는 방법에 대해 질문하는 것이 얼마나 유용할지 생각해보라. 아니면 감옥에 있는 죄수에게 삶의 마지막에 자랑스러워할 만한 것을 평가해 달라고 요청하는 것을 상상해보라. 이러한 질문들은 대화의 시작일 수 있다. 이제 각자의 내러티브를 펼칠 수 있다. 그리고 각각의 이야기는 성장에 적절한 도움을 줄 수 있는 다양한 청중들과 함께 하나의 프로젝트로 발전해 나갈 수 있다. "프로젝트"라는 단어는 문자 그대로 무언가를 앞으로 던지는 것을 의미한다. 앞으로의 삶에서 정체성을 추구하는 것은 잠재적으로 진로의 특성을 가질 수 있다.

📖 참고문헌

Besley, T. (2002). *Counselling youth : Foucault, power and the ethics of subjectivity.* Westport, Conn : Praeger.

Bourdieu, P. (1990). *Logic of practice.* Palo Alto, CA : Stanford University Press.

Bruner J. (1986). *Actual minds, possible worlds.* Cambridge, Mass.: Harvard University Press.

Burr, V. (1995). *An introduction to social constructionism.* London : Routledge.

Davies, B., & Harre, R. (1990). Positioning : the discursive production of selves. *Journal for the Theory of Social Behaviour,* 20(1), 43−63.

Derrida J. (1976). *Ofgrammatology.* Baltimore, MD : Johns Hopkins University Press. (Translated by Spivak, G.C.)

Foucault, M. (1969). *The archaeology of knowledge.* London : Tavistock. (Translated by Sheridan Smith, A.M.)

Foucault, M. (1978). *Discipline and punish.* New York : Vintage Books. (Translated by Sheridan Smith, A.M.)

Foucault, M. (1980). *Power/knowledge : selected interviews and other writings.* New York: Pantheon Books.

Foucault, M. (1988). *Technologies of the self.* In Martin, L., Gutman, H. & Hutton, P. (Eds.), *Technologies of the self.* Amherst, Mass. : University of Massachusetts Press, 16−49.

Foucault, M. (1986). *The care of the self: the history of sexuality,* vol. 3. New York: Random Books. (Translated by Hurley, R.)

Foucault, M. (1991). Governmentality. In Burchell, G., Gordon, C. & Miller, P. (Eds.), *The Foucault effect : studies in governmentality : with two lectures by Michel Foucault.* Hemel Hempstead : Harvester Wheatsheaf.

Foucault, M. (1997). *Ethics : subjectivity and truth. Essential works of Michel Foucault,* 1954−1984, Vol I. New York : The New Press. (Edited by Rabinow, P.)

Foucault, M. (2000). *Power.* New York : The New Press. (Edited by

Faubion, J. ; translated by Hurley, R.)

Foucault, M. (2005). *The hermeneutics of the subject : lectures at the College de France 1981 — 1982.* New York : Palgrave MacMillan. (Edited by Gros, F. ; translated by Burchell, G.)

Frankl, V. (1959). *Man's search for meaning.* New York : Washington Square Press.

Hedtke, L., & Winslade, J. (2004). *Re — membering lives : conversations with the dying and the bereaved.* Amityville, NY : Baywood Publishing.

Myerhoff, B. (1978). *Number our days.* New York : Simon & Schuster.

Myerhoff, B. (1982). Life history among the elderly : performance, visibility and remembering. In Ruby, J. (Ed.), *A crack in the mirror : reflexive perspectives in anthropology*(pp. 99 — 117). Philadelphia : University of Pennsylvania Press.

Myerhoff, B. (1986). Life not death in Venice. In Turner, V. & Bruner, E. (Eds.), *The anthropology of experience*(pp. 261 — 286). Chicago : The University of Illinois Press.

Parker, 1. (1992). *Discourse dynamics : critical analysis for social and individual psychology.* London : Routledge.

Walkerdine, V. (1984). Developmental psychology and the child — centred pedagogy. In Henriques, J., Hollway, J., Urwin, C., Venn, C. & Walkerdine, V. (Eds.), *Changing the subject : psychology, social regulation and the development of language.* London : Wiley.

White, M., (1989). Saying hullo again. In White, M. *Selected papers*(pp. 29 — 36) Adelaide : Dulwich Centre Publications.

White, M. (1991). Deconstruction and therapy. *Dulwich Centre Newsletter,* 3, 21 — 40.

White, M. (2002). Addressing personal failure. *The International Journal of Narrative Therapy and Community Work,* 3, 33 — 76.

White, M. & Epston, D. (1990). *Narrative means to therapeutic ends.* New York : Norton.

Winslade, J. (2005). Utilising discursive positioning in counselling. *British Journal for Guidance and Counselling,* 23(3), 351 — 364.

인생 이야기 상담

: 진로상담의 새로운 정체성

Mary McMahon

인생 이야기 상담

: 진로상담의
새로운 정체성

Mary McMahon

5.1 도입

　새로운 정체성 만들기는 진로상담의 근본적인 목적이자 결과물이라고 볼 수 있다. 최근에 구성주의와 포스트모던 철학의 영향으로 진로상담 실제에서도 정체성 만들기라는 변화가 뚜렷해지고 있다. 이러한 변화는 '검사와 해석'이라는 진로상담 분야에 풍미했던 관행으로부터 '이야기하기', 즉 상담에 대한 포스트모던적인 접근으로의 전환과 관련된다. 이러한 관점과 관련하여 McMahon(2006)은 '이야기꾼과의 작업'을 진로상담이 할 수 있는 은유라고 제시한 바 있는데, 이야기하기는 정체성이 만들어지는, 본질적으로 내러티브적인 과정이기 때문이다.

　이번 장은 인생 이야기 상담을 통해 진로상담에서의 새로운 정체성 만들기에 대해 다룬다. 첫째, 정체성의 구인, 내러티브, 인생 이야기에 대해 탐구할 것이다. 둘째, 인생 이야기 상담에 대해서, 인생 이야기 상담이 어떻게 새로운 정체성을 생산하는지, 그리고 이에 관한 구체적인 예를 제시할 것이다. 마지막으로 진로상담에서 새로운 정체성의 생산이 어떠한 의의를 가지는지에 대해 논할 것이다. 이번 장의 목표는 진로상담의 새로운 정체성으로서 인생 이야기 상담을 제안하는 것이라기보다는 진로상담이라는 다양한 이야기를 다루는 직업에서 여러 정체성 중의 하나로서 인생 이야기 상담의 가능성과 잠재력에 대해 논하고자 하는 것이다.

5.2 정체성, 내러티브, 인생 이야기

근래에 들어서 인간의 행동과 경험을 이해하는데 있어서 자서전 자료, 인생 이야기, 내러티브 접근 등에 대한 관심이 증가하고 있다(McAdams, 2001). 이러한 관심의 증거는 여러 작가들의 저서에서 발견할 수 있다(예: Amundson, 2003; Cochran, 1997; McMahon & Patton, 2006; Peavy, 1998; Savickas, 1993; 1997). 또한 심리학 연구에서 소위 내러티브 정체성이라는 비교적 새로운 하위 분야를 촉진할 만큼 정체성을 내러티브 개념으로 바라보는 관점도 증가하고 있다.

정체성이란 맥락 속에서 생산된다. 예를 들어, Bruner(2004b, p. 4)는 기억, 감정, 생각, 신념과 같은 개인적 자질 및 주관성과 같은 내면으로부터, 그러나 우리가 다른 사람에게서 뽑아내는 기대나 몸담고 있는 문화와 같은 외부 영향이 없이, 내러티브를 생산하는 과정을 기술하기 위해 "내러티브 예술"이라는 용어를 사용하였다. McAdams(2001)는 정체성이란 시간에 걸쳐 형성되고 우리들이 어떠한 주어진 시간에서든 행하고 있는 역할 및 관계와 연관된 맥락 속에서 설정된다고 제안하였다.

정체성은 우리가 세계 속에서 우리 자신을 이해하는 일종의 "내면화된 진화하는 인생 이야기"라고 볼 수 있다(McAdams, 2001, p. 117). 본질적으로 이야기란 우리들이 다른 사람들과 상호작용하고 관계하는 특정한 역사문화적 맥락 속의 개인에 의해 형성되는 사회적 구인이다(Comb & Freedman, 1994). 따라서 인생 이야기는 이야기가 구성되고 구술되며 개인이 살고 있는 문화를 반영하며(McAdams, 2006), 종종 경계를 형성하고 문화의 내부와 외부에서 사람들에 대한 자원을 제한할 수도 있다(Stead, 2004). 사람들이 자신의 삶의 요소들을 분명하게 하고, 설명하고, 이해하기 위해 구성하는 이야기들이 내러티브로 서술되어 왔으며(Antaki, 1998), 개인은 내러티브 속에서 자신을 끼워 넣음으로써 자신의 경험을 이해한다(Habermas & Bluck, 2000). 개인의 내러티브는 "신화, 우화, 문헌, 대중문화, 민속학적인 가족사 등을 토대로 하는 문화적 내러티브"라는 맥락 속에서 구성된다(Singer, 2004, p. 445).

내러티브를 구성할 때, 개인은 포함하고자 하는 (혹은 배제하고자 하는) 사건, 구성하려는 주요 주제, 등장인물과 그 인물의 비중, 이야기를 구술할 때 선호하는 또는 억제하는 목소리 톤 등을 선택한다(Botella et al., 2004). 실제로 이러한 저자들은 개인의 인생 이야기 내용이 그들의 정체성을 구성하며 정체성은 원작자와 동의 어라고 볼 수 있다는 입장이다. 따라서 개인이 "경험으로부터 내러티브를 창작하고, 이러한 이야기를 자기 내면과 타인에게 구술하고, 궁극적으로는 자기, 타인, 그리고 세계 일반에 대한 지식에 이러한 이야기들을 적용하면서 정체성은 만들어진다(Singer, 2004, p. 438)."

내러티브는 서술적이면서 구성적이라고 해석할 수 있다. Gibson(2004, p. 178)이 설명한 바와 같이 "내러티브는 정체성을 묘사할 뿐만 아니라 정체성을 만들어낸다." 이러한 감상은 "정체성이란 자기내러티브 구성의 산물이자 과정(Botella et al., 2004, p. 122)"이라는 주장에서도 반영된다. 우리의 삶과 진로에 대한 이야기를 구술함으로써 우리들은 지금 우리가 행하고 있는 바의 의미를 탐색할 수 있다(Gobson, 2004). 이런 의미에서 내러티브는 "인간 경험을 의미 있게 만드는 기본적인 형태이다(Polkinghorne, 1988, p. 21)." 언어는 이야기의 구술에서 근본이며, 정체성의 생산은 내러티브 능력을 통해 가능해진다(Bruner, 2004a, 2004b).

그러나, 삶은 복잡하고 다면적이며, 하나의 단일한 이야기로 삶의 모든 영역을 아우를 수는 없다. 삶이란 다중적인 이야기이며(Morgan, 2000), 관계를 통해 형성되고 다양한 문화적 맥락 속에서의 경험을 통해 내면화되는 수많은 "진실들"이 존재한다(Stead, 2004). "하나의 고정된, 최종적인 혹은 진실한 인생 이야기는 존재하지 않으며 이를 구술하는 단일한 방법도 존재하지 않고 단지 수많은 가능성만 존재할 뿐이다"(Botella et al., 2004, p. 122). 예를 들어, McMahon(2006)은 사람들은 자신이 구술할 이야기들, 즉 거의 대부분 자신의 지배적인 이야기들을 선택하지만, 그들이 구술하지 않는 이야기, 즉 그들이 알고 있지 않거나 또는 자신이 안다는 것을 알아차리지 못하는 이야기, 망각한 이야기, 침묵하고 있는 이야기들 또한 존재한다고 지적하였다. 이러한 이야기의 다양성 또는 "자기에 대한 선별된 문집(McAdams, 2001, p. 17)"은 정체성이란 단일한 거대 내러티브에서 만들어지는 것이 아니라 개인이 살아가는 그 많은 이야기 속의 내러티브를 통해 생산되는 것임을 보여준다. 개인은 자신이 살아내고 있는 이야기 속에서의 주인공이지만, 항상 자신이 서술하고 있는 이야기의 작가는 아닐 수도 있다(Christensen & Johnson, 2003).

Bruner(2004a)는 이야기란 실제 세계에서 발생하는 것이기 보다는 오히려 내러티브나 이야기를 통하지 않고서는 그들이 "살아낸 시간"을 서술할 수 있는 다른 어떠한 수단도 없는 것 같은 사람들이 구성하는 것이라고 주장하였다. Bruner (2004, p. 708)는 이를 두고 "삶을 살아가는 것과 삶에 대해 구술하는 것을 분리할 수 없다"고 말한 바 있다. 즉, 삶이란 그것이 어떻게 그러 했는가 자체라기보다는 자신의 이야기를 구성하는 개인들에 의해 어떻게 구술되고, 재구술되고, 해석되고, 재해석되느냐라는 것이다(Bruner, 2004a). 개인은 내러티브를 통해서 자신의 삶의 사건과 경험들을 구술하고, 재구술하고, 창작하고, 재창작하면서 자신이 현재 무엇을 하고 있는지, 어떤 사람으로 되어 가고 있는지에 대해 성찰하게 된다(Gibson, 2004). 인생 이야기를 통해 개인은 과거 경험과 사건에 대한 기억들을 조직하고, 자기연속성과 자기이해의 감각을 확립할 수 있다(Habermas & Bluck, 2000). 이야기의 구술과 의미의 정교화는 "삶의 경험에 일관성과 의미 있는 질서를 부여하는 생애 내러티브 또는 이야기의 한 부분으로서 자신이 누구인지를 이해하게 되는" 개인의 독특성에 초점을 둔다(Campbell & Ungar, 2004, p. 20).

5.3 인생 이야기 상담

"이야기는 타인에게 말하기 위해 살아간다"(McAdams, 2001, p. 118). 따라서 많은 진로상담 회기의 초반이 "자신에 대해 얘기해보세요", "제가 당신에 대해 무엇을 아는 것이 도움이 될 것 같으세요?" 또는 "무엇에 대해 얘기하고 싶으세요?" 등으로 시작하는 것은 전적으로 적절하다. 이러한 모든 예들은 내담자를 이야기하기로 초대하는 것이며, 이러한 모든 말 속에는 처음부터 내담자가 말 할 이야기를 가지고 있을 것이라는 기대와 내담자는 그러한 이야기를 할 능력이 있음을 전제로 한다. 많은 상담 회기는 내담자에게 자신의 이야기에 대해 말할 기회를 제공함으로써 시작한다(Amundson, 2003). 이야기하기는 우리가 우리의 삶을 살아가는 방식 자체에 내재되어 있다. 이야기는 우리가 다른 사람들과 그리고 우리가 살아가는 맥락과 관계를 형성하며, 역으로 다른 사람들과의 맥락은 우리의 이야기를 형성한다. 따라서 이야기는 진로상담에서 내담자－상담자 간의 관계 형성 방법이라고 할 수도 있다. 『Working with storyteller』(McMahon, 2006)는 진로상담을 위한 은유로 제시되어 왔다. 따라서 "이야기꾼과의 작업"이 인생 이야기 상담의 핵심이다.

개인이 진로상담에 참여할 때 그들은 "이야기 속에서 살아가는 중"일지도 모른다(Combs & Freedman, 1994, p. 69). 어떤 이들에게 이야기는 미완성의, 불만족스럽고, 고통스럽고, 구속적이며, 혼란되며, 의미를 상실한 것일 수도 있고, 다른 이들에게는 희망적이고, 진취적이며, 성공적인 이야기일 수도 있다. 이들이 살아가는 이야기가 무엇이든 간에, 대부분의 내담자들은 현재의 삶이 그들에게 제공하는 것 이상의 무언가를 원해서 새로운 이야기, 수정된 이야기, 희망과 가능성의 이야기, 새로운 의미가 부여된 이야기를 얻고자 상담자를 찾아온다. 진로상담자는 내담자가 그들의 현재 이야기나 "사건의 기존 상태"와 되어야만 하는 또는 될 수 있는, 즉 "사건의 바라는 상태" 사이의 간극을 메울 수 있도록 하는 데에 초점을 둔다. 이러한 관점에서, Bruner(2004a)는 이야기는 구술 가능한 대안들을 고려함으로써 더 잘 이해될 수 있다고 제안한 바 있다. 따라서 진로상담자의 과업은 내담자가 자신의 삶과 관계를 위해 보다 만족스럽고 힘을 실어주고 희망으로 가득 찬 새롭고 선호하는 이야기들을 재창작할 수 있도록 하고(Morgan, 2000) 이러한 새로운 이야기의 경험을 촉진할 수 있도록 돕는 데 있다(Combs & Freedman, 1994). 이를 통해 진로상담자들은 새로운 정체성의 생산을 촉진하며, 바로 이것이 인생 이야기 상담의 목적이자 과정이라고 볼 수 있다(Botella et al., 2004).

　인생 이야기 상담에서 생산되는 정체성은 종종 이미 개인의 삶에 존재하는 것이지만, 지배적인 이야기의 출현으로 인해 주변으로 밀려나고, 잊혀지고, 깨닫지 못하고, 무시되었을지도 모른다. 또한 Gibson(2004, p. 180)은 "우리들은 이야기를 이끌어가고 이를 통해 우리가 누구인지 그리고 어떤 사람이 될 것인지에 대한 이야기를 쓰게 하는 주제, 집착, 열망을 알아차리지 못한 채 이야기로서의 인생과 진로를 살아갈 수 있다"고 주시한 바 있다. 진로상담자의 과업은 주제와 대안적인 이야기를 드러내어 이것들이 개인 삶의 형성에서 보다 중심이 될 수 있도록 고양하는 것이다(Nicholson, 1995). 전기작가(Savickas, 1997) 또는 "공동작가와 편집자(Savickas, 1993, p. 210)"로서의 협력을 통해 진로상담자들은 내담자가 말하지 않았던, 하찮은 것으로 치부되었던, 인식하지 못했던, 무시되었던 이야기들을 말하게 하고, 이러한 작업을 통해 이야기들을 관통하는 주제를 알아차릴 수 있도록 돕는 성찰의 장을 제공할 수 있다. 이러한 과정은 과거, 현재, 미래 이야기 사이의 연결성(Gibson, 2004)과 직업, 기타 생애 역할, 관계, 경험들로부터 나오는 이야기 사이의 연결성을 밝혀준다는 점에서 매우 중요하다. 따라서 내담자들은 "분류나 역할 또는 직업이 아니라 의미라는 측면에서" 자신이 누구인지를 이해할 수 있게 되며(Gibson, 2004, p. 177) 이는 통찰력 있는 의사결정을 촉진한다.

　문화는 진로상담에서 피할 수 없는 고려 사항이다(Watson, 2006). 진로상담에서 문화적 관점은 내담자와 상담자 모두에 의해 제기되며, 새로운 문화는 진로 문제에 관한 서로의 관점을 교환하고 새로운 의미를 창출함으로써 생성될 수 있다(Arthur, 2006). 따라서 문화는 진로상담 과정에서 상호작용적인 요소라고 볼 수 있다(Watson, 2006). 이러한 과정 속에서 "상담과정의 모든 측면과 상담자가 가정하는 다른 모든 역할에 대한 문화적 알아차림과 민감성을 의식적이고 목적적으로 주입" 할 필요가 있다(Arthur & Collins, 2005, p. 16). 전통적으로는 내담자의 문화적 관점의 탐색을 보다 더 강조해 왔지만, 위와 같은 문화에 대한 보다 확장된 정의에 근거하여 진로상담자는 자기 자신의 문화와 진로상담에서 "문화의" 역할을 탐색하고, 사회화된 신념과 가치가 어떻게 상담자 자신의 전문적 행동과 내담자와의 상호작용에 영향을 미치는지에 대해 성찰할 필요가 있다(Arthur & McMahon, 2005). 진로상담자의 문화는 자신과는 다른 내담자의 상이한 문화 내에서 구성된 인생 이야기를 상담자가 얼마나 잘 이해할 수 있는지에 대해, 그리고 그들이 내담자 인생 이야기의 공동구성과 새로운 정체성의 생산에 어떻게 기여할 수 있을지에 대해 영향을 미칠 것이다. 이와 관련하여 McAdams(2006, p. 122)는 다음과 같이 제안하였다.

주어진 문화 속에서 어떤 종류의 이야기를 말할 수 있고 말해야 하는지, 그리고 주어진 문화 속에서 살아가는 사람들 사이에서 어떠한 이야기가 이해될 수 있으며 가치를 인정받을 수 있는지에 대해 고려해야 한다. 또한 이러한 점들을 고려할 때에 사람들이 어떠한 종류의 삶을 살아야 하는지에 대한 문화적 기대와 단절하는 것은 불가능하다. 살아가는 행위란 내러티브 정체성과 마찬가지로 결코 문화적 해석의 눈을 피할 수 없다. 문화는 생의 마지막 날에 삶이 살아갈 가치가 있었는지 그리고 이야기는 구술할 가치가 있었는지에 대해 평가할 것이다.

5.4. 인생 이야기 상담의 실제

그렇다면, 상담의 실제에서 상담자는 어떻게 이야기꾼들이 새로운 정체성을 만들고, 그렇게 함으로써 "사건의 바람직한 상태"로 이들을 이끌어갈 새로운 이야기를 만들어낼 수 있도록 이들과 건설적으로 작업할 수 있을까(Cochran, 1997, p. 16)? 이야기꾼과의 작업에서 핵심적인 것은 의미를 중심 구인으로 강조하는 내러티브 은유를 선정하는 것이다. "내러티브 은유는 사람들이 이야기에 의해 삶을 살아가며, 이러한 이야기들이 삶의 형성인 동시에 이들이 상상이 아닌 실제적인 영향을 끼치며, 또한 이러한 이야기들이 삶의 구조를 제공한다고 제안한다"(White, 1992,

p. 123). 내러티브 및 구성주의적 접근에 대한 비판은 현재까지 철학적 근거에만 머물러 있으며 실제에 대한 구체적인 지침은 거의 없다는 점이다.

Peavy(1998)는 내담자와 상담자가 문답적 대화(dialogical conversation) 속으로 들어가라고 추천한 바 있다. 이는 내담자 스스로 가능하다는 것을 몰랐던, 그리고 불가능하다고 여겼던 생각들에 내담자가 한걸음 다가갈 수 있도록 하는 진실한 대화다. 내담자와 상담자는 모두 자신들의 전문성을 상담 과정으로 가져와서 문답적 대화 속에서의 어떤 역할을 수행한다(Angus & McLeod, 2004). 특히 내담자는 자신의 이야기에 대해 알려주는 인생 경험과 이야기의 결과인 느낌 및 의미 같은 내적 경험에 대한 그들의 전문성을 [대화의 과정으로] 가져온다. 진로상담자도 그들의 직업 전문성을 대화의 과정으로 가져오는데, 문답적 대화에서 그들의 역할은 흥미롭고 잠정적이며 호기심 많은 질의자인 동시에 존중적이고 주의깊은 청취자이며, 열정적이고 배려하고 지지하는 협력자로 행동하는 것이다(McMahon, 2003). 대화는 주의 깊고 민감한 경청과 [내담자와 상담자 간] 의미와 이해의 공동 생산에 대한 개방성을 통해서 촉진된다(Peavy, 1998). 내담자는 자신의 이야기를 말하면서 또한 상담자의 성찰(되돌아보기)를 통해 다시 그 이야기들에 귀를 기울이며(Angus & McLead, 2004) 다른 관점에서 그 이야기들을 다시 듣는다. "경청이란 이야기들을 진실로 들었다라고 말하는 화자의 내적 확신이다(Goessoftly, n.d.)"라는 개념은 인생 이야기 상담에서 특히 흥미로운 점이다.

Polkinghorne(2004)은 위의 토론을 회상하면서 현장가들에게 유용한 출발점을 제공하였다. 그는 인생 이야기 상담을 이해하는데 적용할 수 있는 내러티브 치료의 네 가지 구성요소를 다음과 같이 제시하였다. (a) 내담자의 강점에 대한 강조, (b) 내담자와 상담자를 파트너로 보는 관점, (c) 의미에 대한 구성주의적 접근의 채택, (d) 의미에 대한 내러티브 또는 이야기 형식의 강조(Polkinghorne, 2004, p. 55). 다음의 발췌 사례는 이상의 네 가지 요소들이 진로상담자와 베쓰라는 내담자의 상호작용 속에서 어떻게 나타나는지를 보여주고 있다.

베쓰: 저는 학교를 졸업한 이후로 계속 사무직 일을 해왔어요. 저도 이게 너무 싫어요. 이건 너무 지루해요. 저는 지금의 직장 전에 세 차례 다른 회사에서 일해 왔고, 또 어차피 결국 사무직으로 돌아올 것이라고 생각하지 않았다면 지금 이 직장도 그만뒀을 거예요. 제가 이것 말고 뭘 더 할 수 있을지 정말 모르겠어요.

진로상담자: 지금 일이 너무 싫고 지루하다고 말씀하시네요. 그런데, 저는 당신이 그 일을 싫어하지 않았고 지루해하지 않았던 시간이 있었는지가 갑자기 궁금해지네요.

베쓰: 글쎄요. 처음 이 일을 시작할 때는 지루하지 않았지요. 그때는 배워야할 게 많았거든요. 제 첫 번째 직장에서 저는 어떤 시스템과 절차를 개발하고 기획하는 큰 프로젝트에 뽑혔었고 저는 그 일을 좋아했어요. 일에서 약간의 위기가 발생하고 뭔가 새로운 일이 벌어질 때면 언제나 저는 한동안은 재미있었어요. 새로운 시스템을 장착하고 모든 것이 다시 규칙적으로 돌아갈 때까지는요.

진로상담자: 당신이 당신의 일을 즐길 수 있게 해주는 시간은 어떠한가요?

베쓰: 도전적일 때, 그때 저는 생각해야 하거든요. 저는 일을 해내는 것을 좋아해요. 그때 저는 책임감을 많이 갖게 되죠. 저는 기본적으로는 스스로 일을 해요.

진로상담자: 그렇다면 당신이 문제를 해결하거나 새로운 프로젝트를 할 때, 그리고 당신이 어떤 도전과 책임감과 당신이 하고 있는 일을 즐길 수 있는 자율성을 가질 때라는 생각이 드는데, 제가 맞게 생각하는 건가요?

진로상담자: 당신의 삶에서 다른 예를 생각해볼 수 있을까요? 이러한 요인들이 언제 당신에게 중요했는지요?

베쓰: 저는 지금 응급상황에 대응해야 하는 서비스에서 자원봉사 일을 해요. 지금은 종종 전략 계획 쪽 일에 참여하고 있는데 정말 보람되고, 제가 또 그 일을 잘합니다.

진로상담자: 이 역할에 어떻게 선정되었나요? 그리고 자원봉사 서비스의 다른 사람들로부터는 당신의 일에 대해 어떤 피드백을 받았나요?

표면적으로 이러한 상호작용은 일견 평범해 보이지만, 연결성, 성찰, 의미 만들기, 학습, 주체성과 같은 인생 이야기 상담에서의 몇 가지 중요한 구성 요소들을 구체적으로 보여주고 있다(McMahon & Patton, 2006). 위 사례와 관련하여 각 요소에 대해 간단하게 논의하고자 한다.

5.4.1 연결성(connectedness)

연결성이란 진로상담에서 여러 수준에 걸쳐 발생하는 다차원적인 구인이다. 첫째, 진로상담자는 다음과 연결되어 있다고 가정할 수 있다:

- 진로상담자 자신의 역사, 가치, 편견, 신념, 선입견을 이해하기 위한 자신의 진로 이야기와 문화, 그리고 자신이 살고 있고 일하고 있는 사회-정치적 제도
- 상담자 자신의 작업과 관련된 이론, 기술, 지식

이론, 기술, 지식의 문화적 적용가능성과 적절함을 이해함으로써 진로상담자는 다양한 문화 집단의 요구에 대응할 수 있다.

둘째, 진로상담자는 베쓰와 지지적인 관계를 통해 연결되었다. 지지적인 관계는 베쓰가 자신의 경험에 대해 명료하게 이야기하고 자신의 욕구를 해석하고 자신의 삶을 형성할 수 있도록 도와준다. 내담자와 연결된다는 것은 시간이 흐름에 따라 상담관계가 깊어지고 단단해지는 반복적인 과정이다(McMahon & Patton, 2006). 내담자는 자신의 삶에 관한 전문가라고 볼 수 있으며 진로상담자의 호기심은 내담자가 자신의 이야기를 말 할 수 있도록 용기를 준다.

셋째, 진로상담자는 베쓰와 그녀에게 영향력을 미치는 맥락이나 제도 및 그와 관련된 이야기들을 연결하였다(McMahon & Patton, 2006). 위 발췌 사례에서 베쓰의 대안적인 직업 이야기 속 주제가 그녀의 자원봉사 일에서도 반복된다는 것을 발견함으로써, 그리고 동료들로부터의 피드백을 성찰함으로써 그 이야기 속 주제의 중요성은 강화되었다. 이러한 방식에서와 같이 진로상담 과정은 협력적이며, 이를 통해 명확해진 주제는 베쓰의 미래 이야기에 반영된다.

5.4.2 성찰

진로상담자는 존중적이고, 호기심이 많고, 잠정적이고, 비전문가적인 접근을 취함으로써 베쓰가 자신의 삶에서 탐험가가 될 수 있도록 격려하였다(Peavy, 1998). 진로상담자가 성찰을 위해 만들어준 공간 속에서, 베쓰는 자신의 이야기를 구술하면서 안전감을 느꼈고, 의미를 이끌어 낼 수 있도록 격려를 받고, 새롭거나 대안적인 이야기를 공동구성할 때 지지를 얻었다. 이러한 과정은 베쓰가 미래의 기회를

위해 자신의 과거 경험과 지위를 지지할 수 있도록 촉진한다 (Amundson, Parker & Arthur, 2002).

5.4.3 의미 만들기

베쓰의 주된 직업 이야기는 그녀의 주변 환경을 피상적으로 묘사하는데, 이는 얄팍한 결론을 생산하고 미래의 가능성을 제한하고 있다. 이는 또한 만족할만한 변화를 만들어내지 못하도록 그녀를 계속 붙들어 왔다. 진로상담자는 베쓰가 이전에는 전혀 말한 적이 없었을 대안적인 직업 이야기를 통해 미래 이야기 속에서 가능할만한 요소들에 대해 통찰하고 의미를 부여하는 과정을 촉진하였다. 이번 사례는 상담자는 "사람들이 피상적인 결론을 부수고 자신의 삶과 관계를 위한 새롭고 보다 선호하는 이야기를 재창작할 수 있도록 도와야 한다"고 말한 Morgan(2000, p. 15)의 제안에 대한 예시라고 할 수 있다.

5.4.4 학습

진로상담은 인간의 잠재력이 계발되는 학습 환경이라고 볼 수 있다. 진로상담자와 베쓰는 "사건의 바람직한 상태(Cochran, 1997, p. 16)"로 베쓰가 이행할 수 있도록 도와주는 능력, 강점, 역량, 희망, 격려의 이야기를 공동구성하기 위해 함께 작업했다. 근본적으로 베쓰는 일을 할 때 자신이 무엇에 만족감을 느끼는지 알게 되었다.

5.4.5 주체성

주체성(agency)이란 "스스로를 위해 행동하고 자기 자신을 위해 말할 수 있는" 내담자의 능력이다(Monk et al., 1997, p. 301). 내용 수준에서 진로상담자는 베쓰 스스로가 원하는 미래를 창출하는 데 도움이 될 수 있는 베쓰의 강점, 지식, 태도와 기술을 밝히고 이를 확인함으로써 주체성을 촉진하였다. 과정 수준에서 진로상담자는 베쓰가 원하는 미래를 만들어낼 그녀의 능력을 확인하고, 지지하고, 격려함으로써 그리고 이에 대한 낙관성을 만듦으로써 주체성을 촉진하였다.

이야기꾼과 작업한다는 것은 무엇을 의미하는가? 앞서의 인생 이야기 상담 발췌록에서 보는 바와 같이, 인생 이야기 상담은 이야기꾼이 [자신의 삶에 대해] 정통하고 유용한 정보를 제공할 것이라고 기대하는 존중적인 과정이다. 성찰을 위한 공간을 만들어줌으로써 상담자는 내담자가 이야기하기, 의미 만들기, 배우기의 과정에 참여할 수 있도록 격려한다. 진로상담자는 이야기꾼들이 말하는 이야기에서의 연결성 또는 일관성을 제공하고, 과거, 현재, 미래 이야기 사이의 통합을 제공하는 [삶의] 주제를 찾을 수 있도록 조력한다. 가장 중요한 점은 인생 이야기 상담이란 이야기꾼의 개인적인 주체성을 고양하는 협력적인 과정이라는 것이다.

5.5 인생 이야기 상담은 진로상담의 새로운 정체성인가?

수많은 이야기들이 내담자에게 가능하며, 진로상담자가 어떻게 일에 대해 이야기할 것인지에 대해서도 수많은 가능성이 존재한다. 내담자의 정체성이 시간의 흐름에 따라 그리고 맥락에 따라 형성되듯이, 진로상담의 정체성 또한 시간의 흐름에 따라 그리고 이론, 연구, 직업 세계의 변화와 같은 맥락에 따라 생산되어 왔다. 진로상담을 단순하게 보자면, 진로상담은 두 가지의 은유, 즉 '**검사와 해석**'이라는 은유와 '**내러티브**'라는 은유로 설명될 수 있다. '**내러티브**'라는 은유는 아주 최근에 들어서 진로상담의 이야기에 대해 얘기하기 시작했다. 이러한 은유들은 진로상담에 대한 주도적인 이야기를 제공하고 있지만, 실제 현장의 상담자들은 이 두 가지 은유의 요소들을 결합하는, 보다 풍부한 이야기들을 만들어낸다. McMahon(2006, p. 16-17)은 상담자의 수만큼이나 많은(더 많지는 않지만) 진로상담에 대한 이야기들이 존재하는 것 같다고 말하면서 "사람들이 삶에 의미를 부여하는 그들 자신의 인생 또는 진로 이야기를 구성하는 것처럼, 진로상담자들 또한 자신의 역할과 작업을 이해할 수 있는 이야기를 구성한다."고 주목하였다.

진로상담자에게 "포스트모던 시대로 나아가는 우리 사회의 행보에 보조를 맞추기 위해" 자신의 역할과 작업의 속성에 대해 다시 이야기하는 것은 도전적인 과제다(Savickas, 1993, p. 205). 따라서 내러티브 은유가 알려주는 상담의 실제에 대한 관심과 중요성은 더욱 높아지고 있다. [그러나] 이는 인생 이야기 상담이 진로상담의 실제에 주도적인 이야기가 되어야 한다는 것을 의미하지 않는다. 오히려 "이야기꾼과의 작업"이라는 은유를 중심으로 형성된 인생 이야기 상담은 진로상담에 새로운 정체성을 만들어낸다고 제안하는 바이다. 내담자들의 삶이 다중적인 이야기인 것처럼, 진로상담 또한 그러하다. 인생 이야기 상담은 하나의 가능한 이야기이자 하나의 가능한 정체성이다.

5.6 결론

"**내러티브**" 은유로 알려져 있는 인생 이야기 상담은 내담자와 진로상담 모두에 새로운 정체성의 가능성을 제공한다. 진로상담에 대한 새로운 정체성으로서 인생 이야기 상담은 진로상담의 새로운 정체성을 생산하는 데 기여할 것이다. 인생 이야기 상담은 내담자들이 자신의 정체성을 형성하는 이야기들을 구성하고 구술할 수 있는 능력이 있음을 인식한다. 또한 이러한 작업을 통해 [인생 이야기 상담은] 내담자들을 진로상담에 적극적인 참여자로서 끌어들이고 자기 삶의 전문가로서 그들의 헌신을 가치롭게 여긴다. 인생 이야기 상담은 내담자가 자신에 대해 보다 깊이 이해할 수 있는 협력적이고 존중적인 과정이며, 결과적으로 이러한 과정은 그들이 공동구성하는 이야기와 그들이 생산하는 정체성이 무엇인지에 대해 알려준다. 진실로 새로운 정체성의 생산은 인생 이야기 상담의 결과물이자 목적이라고 볼 수 있다. 인생 이야기 상담은 진로상담이라는 다중이야기의 직업에서 하나의 새로운 정체성인 동시에 **여러 정체성 중의 하나**라고 볼 수 있다.

📖 참고문헌

Amundson, N. E. (2003). *Active engagement* (2nd ed.). Richmond: Ergon Communications.

Amundson, N. E., Parker, P., & Arthur, M. B. (2002). Merging two worlds: Linking occupational and organisational career counseling. *Australian Journal of Career Development, 11*(3), 26−35.

Angus, L., & McLeod, J. (2004). Self−multiplicity and narrative expression in psychotherapy. In H. J. M. Hermans & G. Dimaggio (Eds.), *The dialogical self in psychotherapy* (pp. 77−90). Thousand Oks, CA: Sage Publications.

Antaki, C. (1988). *Analysing everyday explanations: A casebook of methods.* Thousand Oaks: Sage Publications.

Arthur, H. (2006). Infusing culture in constructivist approaches to career counseling. In M. McMahon & W. Patton (Eds.), *Career counseling: Constructivist approaches* (pp. 57−68). Abingdon: Routledge.

Arthur, N., & Collins, S. (2005). Introduction to culture−infused counseling. In N. Arthur & S. Collins (Eds.), *Culture−infused counseling: Celebrating the Canadian Mosaic* (pp. 3−40). Calgary: Counseling Concepts.

Arthur, N., & McMahon, M. (2005). Multicutural career counseling: Theoretical applications of the Systems Theory Framework. *The Career Development Quarterly, 53,* 208−223.

Botella, L., Herrero, O., Pacheco, M., & Corbella, S. (2004). Working with narrative in psychotherapy. In L. E. Angus & J. McLeod (Eds.), *The handbook of narrative and psychotherapy: Practice, theory and research* (pp. 119−136). Thousand Oks, CA: Sage Publications.

Bruner, J. (2004a). Life as narrative. *Social Research, 71,* 691−709.

Bruner, J. (2004b). The narrative creation of self. In L. Angus & J. McLeod (Eds.), *The handbook of narrative and psychotherapy: Practice, theory and research* (pp. 1−14). Thousand Oks, CA: Sage Publications.

Campbell, C., & Ungar, M. (2004). Constructing a life that works: Part 1: Blending postmodern family therapy and career counseling. *The Career Quarterly, 53,* 16−27.

Christensen, T. K., & Johnston, J. A. (2003). Incorporating the narrative in career planning. *Journal of Career Development, 29,* 149 – 160.

Cochran, L. (1997). *Career counseling: A narrative approach.* Thousand Oks, CA: Sage Publications.

Combs, G., & Freedman, J. (1994). Narrative intentions. In M. F. Hoyt (Ed.), *Constructive therapies* (Vol. 1) (pp. 67 – 92). London: Guildford Press.

Freedman, J., & Combs, G. (1996). *Narrative therapy: The social construction of preferred realities.* New York: Norton.

Gibson, P. (2004). Where to from here? A narrative approach to career counseling. *Career Development International, 9,* 176 – 189.

Goessoftly. (nd). *The healing process listening.* Available at: http://www.goe ssoftlyishere.com/LISTENING.html (accessed on 26 Frebruary 2006).

Haberman, T., & Blucks, S. (2000). Getting a life: The emergence of life story in adolescence. *Psychological Bulletin, 126,* 748 – 769.

McAdams, D. P. (2001). The psychology of life stories. *Review of General Psychology, 5,* 100 – 122.

McAdams, D. P. (2006). The problem of narrative coherence. *Journal of Constructivist Psychology, 19,* 109 – 125.

McMahon, M. (2003). *Life career journeys: Reflection, connection, meaning, learning, and agency.* Paper presented at the 12th National Conference of the Australian Association of Career Counsellors Inc. Adelaide, Australia, 15 – 17 April.

McMahon, M., (2006). Working with storytellers: A metaphor for career counseling. In M. McMahon & W. Patton (Eds.), *Career counseling: Constructivist approaches* (pp. 16 – 29). Abingdon: Routledge.

McMahon, M., & Patton, W. (2006a). *Career counseling: Constructivist approaches.* Abingdon: Routledge.

McMahon, M., & Patton, W. (2006b). The Systems Theory Framework: A conceptual and practical map for career counseling. In M. McMahon & W. Patton (Eds.), *Career counseling: Constructivist approaches* (pp. 94 – 109). Abingdon: Routledge.

Monk, G., Winslade, J., Crocket, K., & Epston, D. (1997). *Narrative therapy in practice: The archaeology of hope.* San Francisco: Jossey – Bass.

Morgan, A. (2000). *What is narrative therapy? An easy to read introduction.* Adelaide: Dulwich Center Publications.

Nicholson, S. (1995). The narrative dance: A practice map for White's

therapy. *Australian and New Zealand Journal of Family Therapy, 16(*1),
23 – 28.

Peavy, R. V. (1998). *SocioDynamic counseling: A constructivist perspective.*
Victoria: Trafford.

Peavy, R. V. (2004). *SocioDynamic counseling: A practical approach to
meaning making.* Chagrin Falls, OH: Taos Institute.

Polkinghorne, D. (1988). *Narrative knowing and the human sciences.* New
York: Sate University of New York Press.

Polkinghorne, D. (2004). Narrative therapy and postmodernism. In In L. E.
Angus & J. McLeod (Eds.), *The handbook of narrative and psychotherapy:
Practice, theory and research* (pp. 53 – 68). Thousand Oks, CA: Sage
Publications.

Savickas, M. L. (1993). Career counseling in the postmodern ear. *Journal of
Cognitive Psychotherapy: An International Quarterly, 7,* 205 – 215.

Savickas, M. L. (1997). The spirit in career counseling: Fostering
self – completion through work. In D. P. Bloch & L. J. Richmond (Eds.),
*Connections between spirit and work in career development: New
approaches and practical perspectives* (pp. 2 – 26). Palo Alto, CA:
Davies – Black.

Singer, J. A. (2004). Narrative identity and meaning making across the adult
lifespan: An introduction. *Journal of Personality, 72(*3), 437 – 459.

Stead, B. G. (2004). Culture and career psychology: A social constructionist
perspective. *Journal of Persomality, 72(*3), 437 – 459.

Watson, M. B. (2006). Career counseling theory, culture and constructivism.
In M. McMahon & W. Patton (Eds.), *Career counseling: Constructivist
approaches* (pp. 16 – 29). Abingdon: Routledge.

White, M. (1992). Deconstruction and therapy. In M. White & D. Epston
(Eds.), *Experience, contradiction, narrative and imagination* (pp.
109 – 152). Adelaide: Dulwich Centre Publications.

포스트모던 진로상담과 그 너머

Charles P. ChenMark Watson
& Wim Kuit

포스트모던 진로상담과
그 너머

Charles P. ChenMark Watson
& Wim Kuit

6.1 도입

포스트모던 진로상담에 관한 어떤 장(chapter)에서도 그 시발점은 용어 포스트모던 그 자체이다. 접두사 'post'는 이전 관점 이후의 진로 행위에 대한 관점을 제시한다. 따라서 포스트모던적 관점을 이해하기 위해서는 이전의 전근대성과 근대성을 살펴봐야 한다. 그렇게 함으로써 특정 역사적 시대의 이론적이고 철학적인 관점의 발달이, 그런 관점들이 등장하게 되는[1] 변화하는 맥락(일의 세계든 더 넓은 심리학 분야든)에 의해 자극되어져 왔다는 것이 자명해진다. 지난 2세기 동안 진로 행위에 관한 관점에 도전하고 변화를 요구하는 중대한 역사적, 맥락적 영향들이 있었다(Blustein et al., 2005). 이 장의 시작 부분에 이러한 영향들이 검토된다. 이어서 진로 이론과 상담의 포스트모던적 관점의 영향에 대한 탐구가 따른다. 그 후, 진로

---

1) 두드러진 역사적 시기에 따라 철학적, 이론적 관점들이 분류된다고 해서 그러한 관점들이 반드시 역사의 특정한 시기와 결부되어 있음을 의미하는 것은 아니다. 이에 따라 우리는 근대성(modernity)과 근대주의(modernism)의 차이를 이끌어냈다. 후자는 근대성 시대에 발생한 지적, 사회−문화적 및 인식론적 관점의 범위를 가리킨다. 전근대성/전근대주의와 후기 모더니티/후기 모더니즘 사이에는 비슷한 차이가 있다. 이것이 시사하는 바는, "이념(ism)"이 출현한 역사적 시기를 넘어 공동체나 이론에서 지지받을 수 있다는 것이다.

심리학에서 포스트모더니즘의 현 상황을 설명하고, 이어서 포스트모던 진로상담 관계에 참여하기 위해 필요한 언어적 자원들을 재고찰한다. 우리는 진로심리학 분야에서 현재 존재하는 이론/실천과 주관적/객관적 이분법들(binaries)을 해결하기 위한 실용적인 자원들이 필요하다는 것을 제안한다.

6.2 모더니즘 이전 시대에서 이후 시대로

*전근대주의*라는 용어는 19세기 이전에 존재한 일과 진로 행위에 대한 관점을 기술하는 데 사용된다. 전근대 사회에 널리 가졌던 믿음은 개인의 합리적 능력, 욕망, 삶의 목적 위에 군림한 초월적 힘의 결정론과 주권에 있었다(Thrift & Amundson, 2005). 이러한 믿음은 당시를 지배하던 노동 및 사회정치적 조건하에서 선택과 주체(agency)의 여지가 거의 없는 상태로 만들었고, 진로 행위의 관점을 주로 외부 통제의 영역으로 만들었다. 어떤 의미에서, 진로 행동에 대한 전근대주의적인 관점은 직업 행동이 대체로 예측 가능하고 종종 미리 정해져 있는 구조화된 직업 세계인 사전결정론을 강조했는데, 이 세계는 식료품 주인은 그의 사업을 아들에게 전가하고 어머니들이 딸들에게 아이들을 키우는 법을 가르쳐 주었기 때문이다.

6.2.1 모더니즘의 부상

그렇다면 무엇이 진로 이론을 전근대적 관점에서 근대적(modern) 관점으로 이동시켰는가? 그 해답은, 시대의 변화는 관점의 변화를 요구한다는 것이며, 특히 "자기(self)"의 개념과 관련해서이다. 모더니즘은 진로 행위의 주관적인 이해에서 객관적인 이해로, 그리고 개인의 개념을 자기-결정적이고 자율적으로 바라보면서 전근대성으로부터의 주요한 전환을 표방한다. 모더니즘의 출현에서 가장 결정적인 것은 *과학적 방식*의 탐구가 자연의 가치중립적이고 객관적인 *진리*와 모든 사물의 목적을 밝힐 것이라는 주장이었다. 따라서 과학, 즉 초기 근대성(modernity)의 *과학주의*는 진실한(true) 표현을 방해할 수 있는 맥락적 요소들로부터 자기를 해방하는 것과 밀접하게 관련되었다.

*낭만주의*의 영향은 자기와 진로 행위에 대한 관점을 전환시킨 더욱 모더니즘적인 실타래(thread)였다. 낭만주의 지지자들은 객관적 진리와 방법에 대한 독점적인 과학적 강조가 일상의 주관적 세계에서 개인이 가지고 있는 열정, 욕망 및 가치를

설명할 수 없다고 제안했다. 초기 모더니즘 정서와 대조적으로 낭만주의는 일의 개념이 개인의 내적 경험 속에서만 이해될 수 있다고 제안했다. 이러한 일에 대한 내면화된 이해의 결과로서 개인의 직장생활에서의 성공과 성취가 자기표현과 개인의 노력에 따라 좌우된다는 직업윤리(Savickas, 1993)가 등장했다. 다른 관점을 대표하지만, 진로 행위에 대한 과학적 및 낭만적인 설명의 중심에는 자기-참조적, 자율적 및 *비맥락화*된 자기의 구성개념이 있다. 모더니스트 세계관의 이 두 가닥은 오늘날에도 여전히 직업 이론에 자주 등장하는 주관적/객관적 이원론을 다른 방식으로 영속시킨다(Thrift & Amundson, 2005). 우리는 나중에 진로 맥락과 *관련하여 자기*를 재구성함으로써 잠재적으로 그러한 이원론을 초월할 수 있는 언어 기반 상담 자원을 탐구할 것이다.

진로 행위와 자기에 대한 모더니스트(modernist) 견해는 진로 행위에 대한 지배적 관점으로 남아있으며(Savickas, 1995), 지난 세기 대부분에 걸친 과학 시대에서 계속되는 표현으로 자리를 잡았다. 진로 행위에 대한 보다 과학적인 이해를 위한 일관된 지원은 직업 세계의 주요한 변화에 의해 유지되었다. 19세기의 산업 혁명은 20세기의 직업 세계에서 안정성과 선택을 증가시켰을 뿐만 아니라 진로 행위에 대한 낭만적인 관점을 쓸모없는 것으로 만들었다. 심지어 모더니스트 관점에서도 개인들이 직면하고 있는 새로운 현실을 반영하기 위해 진로 행위를 재정의하려는 과학적 노력이 계속되어왔다. 이것은 20세기의 직업윤리를 천직(vocation)에서 진로(career)로 즉, Savickas(1993, p. 206)가 간결하게 요약한 것처럼 "신의 부름에서 이웃들이 당신을 부름"으로 옮겼다.

지난 세기 동안 진로심리학에서 지배적인 담론은 거시경제적, 사회적, 정치적 변화를 반영하기 위해 담론의 개념적 틀이 수정되었지만 모더니즘과 논리적 실증주의의 담론으로 남아있다(Watson, 2006). 20세기 후반의 주요한 변화는 주로 정적인 특성-요인 접근에서 보다 역동적인 전 생애(lifelong) 발달적 접근으로의 전환이었다. 그럼에도 불구하고 논리적 실증주의의 핵심 가정과 자율적이고 자기-결정적인 자기에 대한 모더니스트 견해는 여전히 확고한 상태로 남아있다. 진로 행위는 여전히 측정할 수 있고, 관찰할 수 있고, 선형적이며 대체로 탈맥락화된 것으로 인식되었고, 진로 자체의 발전은 그것이 구성되고 표현을 찾는 맥락적 환경과 별개로 계속 여겨져 왔다.

진로 행위와 자기에 대한 모더니스트 관점은 점점 더 비판적인 시각으로 비춰

져 왔다. 모더니스트 관점의 원칙이 변화하는 직업 환경의 도전에 부응하지 못한다는 우려가 커지고 있다. 결국, 자기나 개인이 계속해서 탈맥락적으로 평가되고 보여진다면, 맥락과 직업 환경에서 오는 그러한 도전을 어떻게 충족시킬 수 있을까? 이러한 비판은 최근 수십 년 동안 꾸준히 커져왔다. 그것은 Warnath(1979, p. 38, 40)가 모더니스트 진로 이론들의 타당성에 관하여 일찍이 도전한 바, 다음과 같은 그의 발언에서 엿볼 수 있다.

계속 감소하는 미국 노동력의 비율과 관련된 명제와 가정에 근거한 현 진로 이론들의 가능한 비현실성... 그것은 직업 이론가들과 상담자들이 회피해 왔던 중심 문제다. 그들이 보는 일의 세계는 더 이상 존재하지 않는다.

6.2.2 포스트모더니즘의 부상

그렇다면 무엇이 변했을까? 진로 행위에 대한 모더니스트 관점은 무엇을 수용하지 못하였나? 그 변화는, 근대성(modernity)의 전근대성에 대한 도전과 마찬가지로, 일(work)의 본질에 대한 변화(Savikas, 2003)와 광범위한 심리학 분야의 철학적 전환들에 있다. 전근대적 관점의 진부화에 도전했던 동일한 진로 요소들 자체는 점점 더 쓸모없어지고 있다. 세계화와 기술의 변화, 모두 일의 세계에 영향을 미쳤다. Fournier와 Bujold(2005)는 안정된 급여 고용직이 시간제, 계약직 및 임시직으로 전환되기 시작한 1970년대 후반을 이러한 변화의 시기로 보았다. 이러한 변화는 고용주와 피고용자 사이의 심리적 계약을 재정의하였으며, 고용 보장의 성격은 영구 고용 측면보다 고용가능성 측면에서 더 잘 이해되었다(Watson & McMahon, 2005). 일터에서 변화의 주된 이유는 산업화에서 정보화 시대로의 전환에 따른 것이었다. 후자는 계층조직의 개인 노력보다는 팀워크를, 경쟁보다는 협력을 요구했다. 이 거시-체계적 전환은 모더니스트 진로 행위의 관점과 그들이 생성하여 의지하는 자기에 대한 탈맥락화되고 비관계적인 개념에 의문을 제기한다. 20세기를 마감하면서 이 분야의 저명한 학자들은 진로 개념의 유용성에 의문을 제기했다. 따라서 Savickas(1995, p. 17)는 "밀레니엄 시대가 바뀌면서 진로윤리(career ethic)는 점점 더 쓸모없어질 것 같다"는 결론을 내렸다.

진로 행위의 모더니스트 관점에 대한 주요 도전은 특히 다문화주의와 연관하여 설명하려는 개인 다양성의 증가였다. 다문화 노동력은 우리가 단일 지배 문화의 관점에서 진로 행위를 설명할 수 있게 하지 않는다. 진로 심리학에서 추구해야 할 한 가지 진리는 있을 수 없다. 진리는 개인의 맥락 안에서 확립될 필요가 있다. 다중 맥락은 다중 현실을 암시하며, 이것은 Savickas(1994, p. 105)가 과학적 접근방식에 근거한 "대서사(grand narrative)"라고 불렀던 것에서, 다양한 맥락적 요소를 통합하는 현지화된 내러티브로의 이동을 요구하며, 주어진 상황에 대한 서로 다른 관점이 있음을 보여준다. 우리는 진로 행위에 대한 관점이 객관주의적 독단주의와 모더니스트 이해의 처방들(prescriptions)을 넘어서는 동시에 관계적, 맥락적 영향을 희생시키면서 주관적 경험을 강조하는 특정 진로 이론의 탈맥락화 효과를 피해야 한다는 제안을 지지한다. 우리는 포스트모던 진로이론과 실천을 구성하는 보다 해석적, 관계적, 맥락적 그리고 잠정적(tentative) 이해를 향한 이동을 제안한다. 이러한 이동과 함께 포스트모던 이론적 관점과 포스트모던 실천 사이의 *격차*(gap)를 해소하기 위한 실용적인 전략과 언어적 자원의 필요성이 대두된다. 진로 이론, 실천, 그리고 연구에 관한 현재의 흐름은 거기에 있다.

당신은 무엇이 이론과 실제의 차이를 구성하는지 궁금할 것이다. 21세기 시작하는 즈음에서 철학적 토대를 검토해볼 때 모더니즘과 포스트모더니즘 사이의 긴장만이 진로심리학이 직면하고 있는 유일한 도전은 아니라고 본다. 진로심리학 분야에 포스트모더니즘의 도입 그 자체는 본질적으로 잠정적이며(tentative) 다양하다. 포스트모더니즘은 사회적 구성주의(social constructionism), 후기-구조주의(post-structuralism), 관점주의(perspectivism), 해석주의(interpretism), 구성주의(constructivism)(Savickas, 1995) 등의 다양한 용어로 논의되고 있으며, 후자는 자체적으로 급진적 구성주의(radical constructivism), 비판적 구성주의(critical constructivism), 사회적 구성주의(social constructivism) 등의 다른 용어로 진화하고 있다(Thrift & Amundson, 2005). 포스트모더니즘에 관한 다양한 논의는 근본 가정에 대한 의문으로 인해 더욱 복잡해졌는데, Thrift와 Amundson(2005)은 근래에 어떤 패러다임 전환이 있을 것으로 기대한다. 예를 들어, 몇몇 저자들은 모더니즘의 주관성에 대한 거부를 그들 자신의 객관성에 대한 거부로 대체하려는 어떤 포스트모던 관점에 내재된 주관적/객관적 이분법(dichotomy)의 영속성을 거론했다. 이 이중성(dualism)을 다루기 위해서는 맥락적 환경이 그 경험과 진로 정체성의 발전과 형성에 미치는 진정한 영향을 무시하지 않고 개인의 특정한(particular) 경험을 존중하는 대안이 필요하다. 왜냐하면 특정 가닥의 포스트모더니즘이 제안하는 개인의 자유에 대한 감각을 제한할 수 있는 거대 서사의 현실이나 진리를 무시한 채 개인의 주관적 경험에서만 진리를 찾는 위험도 있기 때문이다.

6.3 포스트모더니즘과 진로 이론

포스트모던 관점이 진로 행위에 미치는 영향을 탐구하기 위하여, Savickas(1994, p. 105)가 "포스트모던 사상을 직업 심리학에 활용코자 하는 것은 어려운 도전"이라고 말한 것을 염두에 두어야 한다. 포스트모더니즘이 직업 심리학에 단일 이론이 아닌 다양한 관점을 제공한다는 인식이 유용한 출발점이 될 것이다. 사실, 어떤 이론은 없으며, "포스트모던"은 맥락과 관계 요인, 내러티브 은유, 생애 스토리 상담 및 구성주의적 접근법을 강조하는 다양한 실천을 포함하는 포괄적 용어로 사용되었다(Chope, 2005).

일관성 있는 포스트모던 진로 이론의 부재는 포스트모던 옹호자들이 스스로 주장하는 것, 즉 진로상담에 적용된 유용성 측면에서 진로 이론에 대한 환멸의 증가를 강화한다(Savikas, 1995). 그러나, 근대적, 논리적 실증주의 진로 이론의 핵심적 근본과는 크게 다른 어떤 포스트모던 가정들이 있다. 독자들에게 Savickas(1995)가 밝힌 6가지 차이점에 대해 탐구할 것을 권장하는데, 이들은 포스트모던 진로 실무의 발전을 위한 근본이 되는 원칙들을 제시하고 있다. 이러한 본질적인 차이점은 다음과 같이 이론적 이동을 강조하는 사항으로 요약할 수 있다.

- 지식 생산의 주요 주체(agency)는 개인에서 이른바 *상황적 지식(situational knowledge)*이라 하는 공동체와 사람들 사이의 관계로 이동한다.
- 과학적 접근에서 객관성이 주관성에 대한 인정을 필요로 한다는 인식을 가진 다관적(multiperspectival) 접근을 하는 지식으로 이동한다.
- 일반적이고 추상적이며 보편적인 원칙에서 국지적이고 차별화된 특정한 실행으로 이동한다. 이는 솔루션에서 전략 추구로 전환하는 것을 나타낸다.
- 지식의 입증에서 그 유용성의 정당화로 이동한다.
- 수렴적, 추상적 이해에서 분산적, 맥락적 이해로 이동한다.
- 개념들(concepts)의 사용에서 구성개념들(constructs)의 사용으로 이동한다. 후자는 의미 형성의 개인적 및 문화적 측면을 인정한다.

6.4 포스트모더니즘과 진로상담

진로상담의 주요 과제는 위에서 설명한 포스트모던 원칙들과 일치하는 실제적인 상담자원을 찾는 것이다(Watson & McMahon, 2005). 진로상담 그리고 상담자와 내담자의 역할은 모더니스트 관점에서 정의하기가 더 쉽다. 이는 주로 안정적이고 일관된 개인 진로 특성으로 간주되는 것에 대한 정량적 평가에 중점을 두기 때문이다. 모더니스트 평가는 개인의 관심, 능력, 가치 및 역량에 대한 결정적이고 서술적인 설명 범주를 생성하며, 이들은 자기 자신 내에 있다고 믿어진다. 자기(self)에 관한 측정은 개인과 일터 사이의 적합성이라는 모더니스트의 목표를 달성하는 것으로 한다. 그러나 모더니스트 상담 접근법은 문화적으로 개인에 관한 규범적인 평가에 이르는 처방적 진로 이론에 기초하며, 이는 다문화 포스트모던 시대의 상담자들에게 윤리적, 도덕적 딜레마를 제기한다(Kuit & Watson, 2005).

포스트모던 상담 접근법은 상담자, 내담자 및 평가의 역할을 크게 재구성하고 대화를 통해 내담자가 선호하는 진로 스토리, 내러티브 및 생애 스토리들을 공동구성하는 방향으로 움직인다. 내러티브 또는 생애 스토리 상담 접근법이 강조하는 바는 공식화된 검사보다 자서전적 자료이다. 상담자의 역할은 검사자로부터 공동저자로, 검사 점수 해석에서 컨텐츠 주제 작업 즉, 내담자 내러티브의 편집으로 바뀐다. 평가의 목표는 절대적이고 측정 가능한 진리를 찾는 것에서 맥락적 의미를 찾는 것으로, 양적 표시에서 내담자가 유용하다고 인식하는 질적 이해로 바뀐다. 포스트모더니즘주의자들은 진로상담에서 일반적으로 내레이션의 책임이 상담자나 정량화된 평가보다 내담자에게 더 있는 내러티브 또는 생애 스토리 상담 접근법을 요구한다. 포스트모더니즘으로의 패러다임 전환과 더불어 진로상담에서 개인들의 일에 관한 *주관적인* 이해의 특권이 다시 부상하게 되었음이 분명하다.

그러나 이것이 주관적/객관적 이분법(binary)을 그대로 두는 것이 아닌가? 진로상담자들은 내담자들이 무엇을 주관적으로 "참"과 "선"이라고 간주하든 이를 지지함에 있어 어떻게 상대론적 입장을 취하는 것을 피할 수 있을까? 그리고 내담자들이 그들의 삶에 의미를 부여하는 제도적 특권과 권력의 관계는 어떨까? 주관주의적 포스트모더니스트 접근이나 객관주의적 모더니스트 접근 중 하나만으로 자기의 경험과 구성에 기여하는 맥락적, 관계적 환경의 고찰이 허용되는가? 상담자가 포스트모던 진로 현실들의 도전에 대처하려면 주관적/객관적 두 측면 이상의 다른 입장과 *실용적인 언어 전략(practical language strategies)*이 필요하다는 것이 본 장의 주장이다.

6.5 모던/포스트모던 이분법(binary)을 넘어서

진로 심리학에 어떤 철학적 관점이 가장 적합한지에 대한 이론적 논쟁은 아직 결말이 나지 않았다고 주장될 수 있다. 그러나 실용적으로 다양한 이론에 의해 촉진된 실천들 사이에 절충적 통합을 요구하는 관점이 등장했다(Borgen, 1995; Savikas, 1995; Walsh, 2001; Watson &McMahon, 2005). 이것이 단기적인 해결책만을 나타내는지는 여전히 우려되는데, Savickas(1994, p. 106)는 양자/그리고(both/and) 관점이 아마도 "현재로서는 최소한" 최선의 접근법일 것이라고 제시한다. 우리는 잠정적인 양자/그리고(both/and)의 단기적인 해결책이, 현실적으로 유용한 면이 있지만, 포스트모던 이론적 관점이 우리에게 경고한 바 있고, 반드시 일상적인 상담 대화로 전환되는 것은 아니라는 진로상담의 측면들을 못보고 넘어갈 수도 있다고 제안한다. 다음 섹션에서는 이 제안을 탐구하고, 이분법들(binaries)을 넘어 언어적 실행 쪽으로 포스트모던 진로상담을 움직이는 잠재력 있는 자원을 소개한다.

6.6 포스트모던 간격에 다리 놓기(Bridging)

앞서 언급했듯이, 다양한 포스트모던 진로상담 접근법이 등장했으며, 그 중 일부는 진로 분야의 양극화가 주관적/객관적 이분법(binary)으로 심화시킬 것이라고 위협한다. 그러나 우리는 진로 행위의 모더니스트 관점에 대한 포스트모던 비평의 특정 측면은 위에서 설명한 주관적/객관적 이분법을 벗어난 위치들을 가리키고 있다고 믿는다. 모더니스트 객관주의의 탈맥락화 효과를 선택하지 않으면 우리를 주관주의적 상대주의의 입장을 취하도록 초대할 필요가 없다. 앞서 말한 포스트모던 비평의 양상은 진로상담자를 아래로 초대한다.

- 내담자와 상담자 사이의 의미와 정체성 구축에 언어의 구성적 효과를 성찰적으로(reflexively) 활용한다.
- 공동체들과 개인들의 진로 정체성에 대한 *관계적* 및 *맥락적 환경*의 기여를 인정하는 자율적, 자기 규제적(self-regulating), 분리된 자기(self)에대한 모

더니스트 관점에서의 대안들을 개발한다.

- 진로발달을 제약하는 권력관계(예: 성별, 문화, 인종, 사회경제적 지위, 공인된 전 문지식 및 기타 맥락적 변수들의 영향으로 인해 특권이나 불리의 관계에 있는 내담 자와 상담자의 위치)가 상담관계 및 진로구성에 미치는 규범적 영향을 폭로하 고 비판적으로 검토한다.

이러한 점들이 이론적으로 흥미롭기는 하지만, 진로상담 관계들을 만드는 *일상적 인 언어 대화*(everyday language conversations)로 그들을 전환하는 데 필요한 *언어적 자원*(linguistic resources)을 충분히 고려하지는 못했다. 우리는 Johnella Bird(2000, 2004)의 선구적인 작업과 아이디어가 포스트모던 이론적 논쟁에서 제시된 사회정치 적 도전들을 다루는 상담관계와 대화를 용이하게 하는 데 관심이 있는 진로상담자들 에게 중요한 고려 사항과 실질적인 자원을 가지고 있을 뿐만 아니라, 내담자들이 상 담 맥락에 가져온 진로 경험의 복잡성과 풍부함을 가지고 있다고 믿는다.

Johnella Bird는 "*마음의 서사*"(The heart's narrative, 2000), "노래하는 대화: 새 로운 언어 열쇠의 치료"(Talk that sings: therapy in a new linguistic key, 2004)에서 자신이 개발한 접근법에 대해 썼다.[2] 후자는 본 장의 이 섹션을 설명하는 데 있어 주요 자원을 형성한다. 다음의 글에서 우리의 희망은 Bird의 저서를 요약하는 것이 아니라, Bird가 상담과 일상 생활 맥락에 가져다주는 *정향*(orientation)과 *언어 전략* (language strategies)을 통해 진로상담자들이 이용할 수 있는 언어적이고 *실용적인* (practical) 상담 자원을 엿볼 수 있도록 특정 측면을 강조하는 것이다. 우리는 이러 한 실용적인 자원들이 주관주의적 그리고 객관주의적 극단을 피하면서 포스트모던 진로상담에서 명백하게 드러난 이론/실제 이분법(binary)의 간격을 해소하는 데 도 움을 줄 수 있다고 믿는다. 이 이론/실제 이분법은, 한편으로 진로와 진로 정체성의 구성에 있어서 언어의 영향, 관계적 및 맥락적 환경, 그리고 특권과 권력의 관계를 기술하는 다수의 포스트모던 이론적 입장으로 구성되어 있다. 다른 한편으로, 그것 은 진로상담자들과 내담자들 사이의 일상적인 언어 대화로 구성되며, 그러한 영향

---

2) 우리는 Bird의 저서가 포스트모던 진로 관점을 보다 완벽하게 실천하는 데 도움이 된다고 제시했지만, 그녀의 저서를 그러한 관점으로 제한하고 싶지는 않다. 당신이 상담을 하면서 당신의 내담자들과 함께 만든 발견들이 포스트모던적인 가정에 의해 인도되든 아니든 간 에, Bird의 저서를 자기고유의 방식으로 유용하게 적용할 수 있기를 바란다.

들을 연구하고 도전하여 원하는 변화를 이끌어낼 수도 있다. 먼저 포스트모던 진로 이론은 상담자들과 내담자들을 어떤 위치에 두었는지 고찰해 보자.

6.7 포스트모던의 입장

포스트모던 진로 이론의 많은 부분은 독자적이고 분리된 "나(I)"의 맥락적 및 관계적 재개념화를 주장하지만, 종종 적절한 진로들로 평가되고 매칭될 수 있는 내담자들의 본질적 특성(traits)과 특징(characteristics)을 확립하는 데 초점을 맞춘 모더니스트 진로 이론의 초점 안에서 구성되기도 한다. 포스트모던 관점들은 자기와 진로 포부의 구성에 외부적, 맥락적 영향의 기여를 고려함으로써 평가 결과들 또는 소위 '객관적' 견해들을 바탕으로 한 개인들의 정체성에 대한 결정적인 설명의 *본질적인 진실(essential truth)* 주장들을 제거하려고 시도한다. 따라서 맥락과 관계가 내담자들의 진로에 영향을 미친다는 인식을 지지하는 것은 포스트모던 상담자들이 내담자들의 진로 경험과 정체성을 보는 방식에 중추적인 역할을 한다. 정체성에 대한 맥락적, 관계적 영향력이 강조되면서 자기의 구성에서 타인들과 *대화(talk)*의 역할을 인식하게 된다. *언어(Language)*는 내담자의 진실한 실제의 자기를 미러링, 평가 또는 발견을 위한 도구가 아니라, 혹은 내담자의 주관적 인식을 반영하는 것이 아니라, *내담자와 상담자 사이(between)*의 대화에서 정체성과 의미를 구성함에 적극적인 역할을 하는 것으로 보인다. 물론 이런 현상은 내담자들이 다른 사람들과 일상 대화에서 자기 자신을 나타내는 경우에도 적용된다. 따라서 진실과 정체성은 순수하게 객관적이거나 주관적이 아니라, 대화(언어)를 통해 경험으로 이해되는 사회적, 관계적, 환경적 맥락에 묶여 있다.

그러나 내담자의 정체성은 확고하게 내면화된 구성 개념이므로 상담자 단독의 이론적 입장에 의해 반드시 해체되는 것은 아니다. Bird(2004)에 따르면, 그것들은 실제로 진로상담 대화들에서 경험을 나타내기 위해 사용되는 *일상적인 언어 (everyday language)*로 재생산된다. 우리가 참여했던 진로 내담자들과의 대화에서, 내담자의 "나"를 형성하는 관계적 및 맥락적 환경에 대한 *이론적 인식(awareness)* (예를 들면, 시스템 이론 틀(Patton & McMahon, 1999)에 의해 조성되는)을 지지하고 발전시키는 것이 반드시 "나"의 관계적 구성 그 자체로 해석되는 것이 아니라는 것을 발견했다. 요구되는 것은 진로상담에서 "나"의 관계적, 맥락적 입장을 구성하고 연구하기 위해, 내담자의 경험을 기술하는 데 사용되어진 어휘와 은유적 표현에서의 *실용적인 언어전략*이다.

6.8 인식(awareness)에서 실행(practice)으로

6.8.1 관계적 언어-만들기

Johnella Bird(2004;3)는 그녀가 지지하며 불러일으킨 정향(orientation)을 "관계 의식(relational consciousness)"이라고 표현한다. 그것은 *실용적인 언어 전략 (practical linguistic strategies)*을 초대하는 정향(orientation)으로, 총칭하여 "관계적 언어-만들기(relational language-making)"(Bird, 2004, p. 6)라고 한다. 아래에 설명되겠지만, 관계적 언어-만들기는, 전통적인 모더니스트와 포스트모던 상담 접근법을 채택하고, 상담과 일상적인 대화, 즉 전통적인 영어를 사용하는 많은 진로상담자들의 사회적, 정치적 함의와 결과에 밀접하게 연관되는 실습이다. Bird(2004, p. 4)는 아래와 같이 제안한다.

전통적 정의를 강조하는 영어는 절대 불변으로 결정되고 형성되는 "나"를 구성한다. 예를 들면, "나는 강력하고 공격적이며 경쟁적이며 친절하고 동정심이 많다" ... 이러한 자기의 절대성 또는 특성은 렌즈 또는 필터를 제공하여 사건, 감정 및 관계에 대한 감각을 만든다.

관계적 언어-만들기는, 먼저 상담자를 초대하여, 내담자들의 "주관적" 설명 (account)들과 상담자들의 "객관적" 평가들, 이 양자가 앞서 언급한 자기에 관한 절대성들과 한정적인 범주들을 재생산한다는 것을 인식시킨다. 감정, 사고, 특성, 성격 특질 및 행동들을 자기 내부에 위치시키는 그러한 전통적인 영어 표현과 달리, 관계적 언어-만들기는 감정, 사고, 특징, 성격 특질 및 행동들과 *관계를 맺으며(in relationship to)* 진로 내담자의 자기(self)에 위치한다. Bird(2004)가 *경험의 중심화 (centralising of experience)*라고 부르는 것은 상담자가 이전에 확정한 자기 범주와 *관련하여(in relation to)* 내담자의 경험을 향해 탐구가 진행되도록 한다. 다음은 Bird(2004, p. 7)가 각색한 몇 가지 기본적인 예로서, 자기(self)는 내담자의 경험을 대표하는 중심화된(centralised) 은유와 관련하여 능동적으로 구성되는 반면, 자기와 관련된 감정, 특성, 행동 또는 흥미가 어떻게 배치되는지를 보여준다.[3]

전통적 언어 사용	관계적 언어-만들기
나는 너무 좌절스러워요.	당신이 느끼는 이러한 좌절감
내가 충분히 야망을 가지고 있다고 생각하지는 않아요.	...과 관련하여 당신이 알아차린 이러한 제한된 야망
나는 더 공부하기로 결심했어요.	더 공부하기로 한 당신이 내린 이러한 결심
그게 바로 나에요. 난 항상 기술적인 것에 흥미가 많았어요.	당신이 개발해 온 기술적인 것(stuff)에 대한 이러한 흥미

6.8.2 "관계적 자기"를 맥락화하기

일단 이전에 확정된 정체성 묘사와 자기(self)가 관계적 위치로 언어화되면, 진로상담자는 중심화된(centralised) 구성개념과 관련하여 내담자의 행동과 경험에 대해 더 자세히 질문(inquiry)할 수 있다. 예를 들어, "일과 관련하여 *경험하는 이 제한된 야망*에 대해 언제 처음으로 불편함을 느꼈나요?". 또한, 질문(inquiry)은 자기의 경험들을 형성해 온 *맥락적 환경 내에(within the contextual environment)* 내담자의 상호 작용들, 영향들 및 경험들을 위치시킨다. 그림 6.1은 Bird(2004)의 도표 중 하나를 각색한 것으로, 맥락적 질문(inquiry)의 영역을 나타낸다. 여기서 우리는 *기술적인 것(stuff)*에 대한 흥미라는 내담자의 진술을 중앙에 두고, 관계적 언어-만들기를 통한 진로 탐색을 위해 개방된 맥락적 질문(inquiry)의 일부 영역들을 나타내었다. 기술적인 것에 대한 흥미를 유발하거나 제한했을 수도 있는 관계적, 맥

---

3) 관계적 언어-만들기는 Bird(2004) 저작의 중심이기는 하지만, 그녀가 글쓰기에서 확장하는 다양한 다른 실무들에 의해 촉진되고 뒷받침된다. 우리는 Bird가 사용한 실제의 복잡성과 풍부함을 포함할 수 없었으므로, 그녀의 *언어적 열쇠(linguistic key)*에 대한 충분한 이해를 더하기 위해 그녀의 저작을 더 읽어 볼 것을 권한다.

락적 환경을 탐색한 다음, 낙담의 시간과 제한된 자원에도 불구하고 내담자가 어떻게 그 흥미를 개발하기 위해 행동했는지 질문하는 것은 그 흥미가 마치 내담자의 내부 구성이나 성격의 일부에 불과한 것처럼 말하는 것과는 전혀 다르다. 자기의 관계적 위치는 위에서 확인된 이분법(binary)을 구성하는 주관적인 초점과 객관적인 초점, 이 둘과는 다르다. 내담자의 주관적 경험에 초점을 맞추게 됨에 따라, 내담자가 사용하는 은유와 어휘(즉, 내담자가 자신의 경험을 표현하기 위해 사용하는 언어)는 관계적 언어 – 만들기에서 특권을 갖는다. 그러나 이러한 은유와 어휘는 내담자가 경험하고 있거나, 경험해 왔거나 또는 경험하고 있을 수 있는 것에 관련되어 있을 뿐 아니라 그러한 경험들을 지지하고 훼손하는 맥락과 관련하여 내담자를 일관되게 배치하는 관계적 구조로 재구성된다.

그림 6.1 진로 경험들의 맥락적 탐색

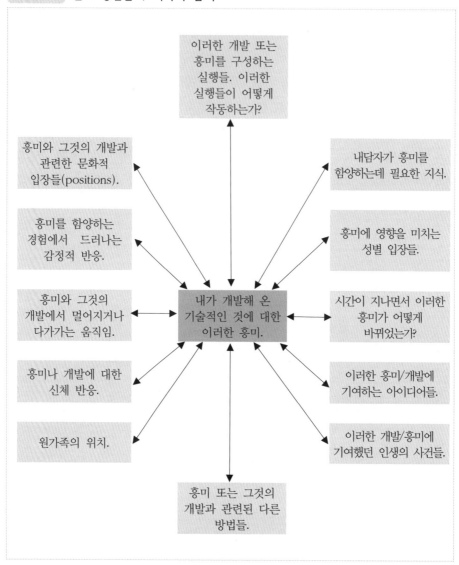

출처: Bird(2004)에서 각색됨

6.8.3 언어–만들기의 관계적 주체(agency)

따라서 상담자의 언어뿐만 아니라 내담자가 삶을 이해하는 맥락은 내담자 경험들의 구성 및 묘사 그리고 이에 따른 자기의 구성에 *중추적인(pivotal)* 것이라고 여겨진다. 그러나 내담자들의 경험에 대한 관계적 재구성 및 맥락적 탐색을 안내하는 상담자의 적극적인 역할이 내담자들을 특정한 전통적 모더니즘－객관주의 평가 프로세스를 연상시키는 수동적인 의미－만들기 역할들에 두지 않는다. 관계적 언어 －만들기는 내담자들의 경험을 나타내는 중심화된(centralised) 은유들 또는 문구들과 관련하여 내담자들의 *주체(agency)*를 구성하도록 권장한다. Bird(2004)의 언어 전략은 맥락에 맞게 자기를 위치시킬 뿐만 아니라 또한, 내담자가 특정한 중심화된 (centralised) 경험들, 상황들, 감정들, 그리고 행동들의 *유지(maintenance of)*와 *저항(resistance to)*에 대한 적극적인 역할을 고려하도록 장려한다.[4] 그리고, 자기를 주체적이고(agentive) 관계적인 것으로 구성하는 더 많은 질문을 제기할 수 있다. 다음은 진로 대화로 짜일 수 있거나 내담자들이 대화에서 보이는 반응에 따라 변화될 수 있는 관계적 언어 질문의 예들이다. 예를 들어, *기술적인 것에 대한 이러한 흥미*의 초기 집중화가 주체를 초대하는 전혀 다른 은유(즉, 개발)를 도입함으로써 어떻게 전환될 수 있는지 주목하라:

- 당신이 개발해 온 *기술적인 것에 대한 이러한 흥미*를 묘사할 수 있는가?
- 기술적인 것에 대한 흥미를 *이렇게 개발*해 오는 데 필요한 행동과 전략은 무엇인가?
- *이렇게 개발하는 과정*에서 당신은 어떤 정서와 감정을 느꼈는가?
- 기술적인 것에 대한 흥미를 *이렇게 개발*해 오는데 무엇이 또는 누가 당신을 지지했는가?
- 당신이 *기술적인 것에서 이러한 흥미*를 개발하도록 격려한 희망은 무엇이었는가?
- *이러한 개발 과정*에서 가족과의 관계에는 어떤 영향을 미쳤는가?
- *이러한 흥미의 개발*에서 당신은 자신에 대해 무엇을 알아차렸는가?

---

4) 일부 독자는 관계적 언어－만들기와 내러티브 치료와 관련된 외재화 실행들(Epston & White, 1989) 사이에 겹치는 부분이 있음을 알아차릴 수 있다. 그러나 Bird는 사람들이 문제들에 따라 행동을 하거나 그에 의해 영향을 받기에 "문제"의 완전한 외재화를 옹호하지 않는다. 관계적 언어－만들기와 외재화 실행 사이의 구별에 관해서 더 알고자 한다면 Bird(2004, p. 17－19)를 참조하기 바란다.

6.8.4 이분법(binary)의 정치학: 사이 공간에 위치한 언어 찾기(finding language for the spaces in-between)

하지만 왜 이러한 과정이 유익하거나 필요한가? 왜 우리는 내담자들의 삶의 경험에 가까운(experience-near) 설명을 맥락적으로 그리고 관계적으로 재구성함으로써 주관적/객관적 이분법을 초월하고자 하는가? 그 해답은 최근의 진로 이론에서 한층 강조되고 있는 상담의 *정치적(political)* 그리고 *윤리적(ethical)* 차원에 있다. 포스트모던 진로이론은 내담자의 주관성과 개인에 대한 국지적 경험에 가까운 지식을 강조하여 진로상담자가 내담자의 삶에 대한 자신의 의미와 문화적 관점을 부과하는 것을 제한하도록 도왔다. 이러한 방식으로 포스트모던 관점은 내담자들의 맥락과 경험에 가까운(experience-near) 견해를 고려함 없이 잠재적으로 내담자들에게 특정 문화적, 전문적 담론을 부과하는 결과를 초래할 수 있는 내담자와 상담자 사이의 권력 관계를 고려하고 도전하는 데 자극을 주었다. 그러나 내담자들의 주관적, 개인적 경험이 개인들의 성격이나 내적 구성 내에서 전통적인 영어 서술 방식에 위치할 때에도, 이는 여전히 모호하며 Bird(2004)가 "특권의 시스템"이라고 명명한 것을 유지한다.

Bird(2004)에 따르면, 그러한 전통적인 서술은 개인을 확정적인 둘 중 하나 또는 범주들의 어느 한쪽에 위치시키는 이분법을 생성하도록 작용한다: "나는 자신이 있거나 그렇지 않다", "나는 야망이 있거나 그렇지 않다". 전통적인 영어는 특권층 개인들이 교육 기회, 재정 자원, 문화 지식 및 지지적 양육 스타일과 같은 맥락적 영향들의 기여에 관계없이 그들의 "진정한 본성"의 일부로 구성된 가치 있는 성격 특성의 *존재(presence)*를 경험할 수 있게 한다. 우리 자신의 실제 삶에서, 우리는 내담자의 지식을 예우하며 우리가 중요하고 필요하다고 여겼던 것들을 부담지우지 않으려 하면서 즉, 강력한 자기-내러티브의 구성을 바라면서, 내담자 자신의 개인적 자질들, 견해들, 지식, 그리고 "긍정적인 속성들"을 포용하도록 구두로 강화하고 장려하는 경향을 경험해왔다. 우리는 전통적 언어 사용을 유지한 채 이것을 수행했다. 따라서 우리는 이분법 중 *주관론자(subjectivist)* 측에 머물렀고 비맥락화된 내러티브를 강화했다. 이러한 실행을 뒷받침하는 이론적 문서들을 전하면서 Bird(2004: 25)는 다음과 같이 제안한다.

이것은 종종 진실에 대한 하나의 주장을 다른 주장으로 대체하거나 다수 문자화된 진실에 대한 주장을 똑같이 진실하게 또는 유효하게 만드는 결과를 낳는다. 이러한 언어의 사용법은 자기(self)가 문화적 의미를 자율적으로 분리하여 조달하는 업자임을 계속 확인시켜 준다. 이와는 대조적으로 관계적 언어 만들기는 자기와 자기를 구성하는 모든 것이 관계적으로 존재한다는 함의를 통해 단어와 의미에 관한 약속 (engagement)을 심오하게 전환시킨다.

Bird(2004)는 여러 입장이나 목소리를 단지 인식하고 검증함으로써 지배적인 진로 담론의 규범적 영향에 도전하는 것이 하나의 목소리나 지위가 계속해서 진실되고 가치 있는 것으로 정당화되고 지지되는 권력 관계를 약화시킨다고 주장하였다. 특히 내담자의 경험들이 야망이 있고, 진로 성숙이 되고, 결정적이며, 잘 차별화된 진로 발달의 특권적 범주로 설명할 수 없는 경우에 그러하다. Bird는 특권이 별로 없고 소외된 집단에 속하는 사람들에게서 가치 있는 성격 특성을 나타내는 서술어를 발견하는 데 한계가 있으며, "나는 자신이 없다", "나는 경력이 부족하다" 또는 "나는 형편없는 학습자다"라는 것과 같이 이분법 내에서 *부재(absence)*의 자리에 초대된다고 말했다. 이와는 대조적으로 관계적 언어-만들기는 상담자들과 내담자들에게 참석 혹은 부재와 같이 분명한 서술이 아닌 맥락적 그리고 *중간적 (in-between)* 경험의 범위에서 "존재로의 언어(language into existence)"(Bird, 2004, p. 7)를 허용한다. 예를 들어, Bird(2004, p. 9-10)는 자신을 "형편없는 학습자", 그리고 "새로운 것을 잘 배울 수 없다"고 말하는 내담자에게 앞서 언급한 이분법을 넘어서 주체(agency)와 맥락적인 경험으로 초대될 수 있는 방법을 보여준다:

- 당신이 경험한 *학습 환경*은 무엇인가?
- 예를 들어, 보고, 행하고, 듣고, 읽고, 실제적 학습을 통한 배움 중에서, 당신에게 더 끌리는 *학습 유형*이 있는가?
- *새로운 어떤 것을 배우게 될 때*, 당신은 어떤 생각과 기분을 느끼는가?
- 나와 함께 *배우면서 당신이 갖게 된 어려움*을 나와 함께 논의하면서 무엇을 알고자 하는가?
- 만약 당신이 "충분히 좋은" 학습자 스타일을 발견할 수 있다면, 당신은 *이 학습자 스타일*을 어떻게 활용하겠는가?

6.9 결론

　우리는 포스트모더니즘의 진로 이론과 실행을 위한 관계적 의식(consciousness) 입장에서 표면만 약간 긁고 지나가는 것임을 인정한다. 그러나 이 표면을 긁고 가는 과정에서 우리가 가지게 된 희망은 포스트모던 진로 이론의 측면으로부터 여전히 상담 대화로 전환할 수 있는 여지를 가진 몇몇의 미개발된 실용적 자원과 해체적 관점에 대해 진로 행위의 분야를 개방하게 된 것이었다. 우리가 가진 두 번째 희망은, 당신이 어떤 이론적 입장을 취하든 간에, 독자로서 당신이 내담자들과 접하는 진로상담 대화를 위해 관계적 의식(그리고 그것의 언어적 실행)의 실용적이고, 윤리적이며, 사회정치적인 함의와 도전에 대해 더 깊이 탐구하게 된 것이었다. 우리는 여기서 포스트모던 진로 이론의 특정 측면을 해석하여 관계적 언어–만들기를 제시했다. 우리는 관계적 의식이 일련의 이론적 어휘에 의해 뒷받침되는 진로상담 대화들을 주관적/객관적 이분법 너머의 장소에서 재언어화 하는 데 유용한 자원을 제공한다고 믿는다.

참고문헌

Bird, J. (2000). *The heart's narrative: theory and navigating life's contradictions*. Auckland: Edge Press.

Bird, J. (2004). *Talk that sings: therapy in a new linguistic key*. Auckland: Edge Press.

Blustein, D. L., Kenna, A. C., Murphy, K. A,, DeVoy, J. E., & DeWine, D. B. (2005). Qualitative research in career development: exploring the center and margins of discourse about careers and working. *Journal of Career Assessment*, 13(4), 351−370.

Borgen, F. H. (1995). Leading edges of vocational psychology: diversity and vitality. In Walsh, W. B. & Savickas, M. L. (Eds.), *Handbook of vocational psychology*, 2nd ed. Mahwah, NJ: Lawrence Erlbaum, 427−441.

Chope, R. C. (2005). Qualitatively assessing family influence in career decision−making. *Journal of Career Assessment*, 13(4), 395−414.

Epston, D., & White, M. (1989). *Narrative means to therapeutic ends*. New York: W.W. Norton.

Fournier, G., & Bujold, C. (2005). Nonstandard career trajectories and their various forms. *Journal of Career Assessment*, 13(4), 415−438.

Kuit, W., & Watson, M. (2005). Postmodern career counseling, theory and training: ethical considerations. *Perspectives in Education*, 23(2), 29−37.

Patton, W., & McMahon, M. (1999). *Career development and systems theory: a new relationship*. Pacific Grove, CA: Brooks/Cole.

Savickas, M. L. (1993). Career counseling in the postmodern era. *Journal of Cognitive Psychotherapy: an International Quarterly*, 7, 205−215.

Savickas, M. L. (1994). Vocational psychology in the postmodern era: comment on Richardson (1993). *Journal of Counselling Psychology*, 41, 105−107.

Savickas, M. L. (1995). Current theoretical issues in vocational psychology: convergence, divergence, and schism. In Walsh, W. B. & Savickas, M. L. (Eds.), *Handbook of vacational psychology*. 2nd ed. Mahwah, NJ: Lawrence Erlbaum, 1−34.

Savickas, M. L. (2003). Advancing the career counseling profession:

objectives and strategies for the next decade. *The Career Development Quarterly*, 52, 87−96.

Thrift, E., & Amundson, N. (2005). Hermeneutic−narrative approach to career counselling: an alternative to postmodernism. *Perspectives in Education*, 23(2), 9−20.

Walsh, W. B. (2001). The changing nature of the science of vocational psychology. *Journal of Vocational Behavior*, 59, 262−274.

Warnath, C. F. (1979). Vocational theories: direction to nowhere. In Weinrach, S.G. (Ed.), *Career counseling: theoretical and practical perspectives*. New York: McGraw−Hill, 38−45.

Watson, M. B. (2006). Career counselling theory, culture and constructivism. In McMahon, M. & Patton, W. (Eds.), *Career counselling: constructivist approaches*. Abingdon, Oxon: Routledge, 45−56.

Watson, M., & McMahon, M. (2005). Postmodern (narrative) career counselling and education. *Perspectives in Education*, 23(2), vii−ix.

다문화 진로상담에서
이야기적 접근

Robert C. Chope & Andres J. Consoli

다문화 진로상담에서
이야기적 접근

Robert C. Chope & Andres J. Consoli

7.1 도입

진로상담 이론, 기술 또는 스타일을 넘어 진로 의사결정과 계획은 궁극적으로 개인의 문화 내에서 의미 있는 특정 요소들과 관련이 있을 것이다. 내담자와의 성공적인 관계를 형성하는 데 있어 진로상담자의 과제는 내담자와 상담자 사이의 공유된 세계관을 개발하는 것이다. 이러한 공유된 세계관은 상담 관계 초기에 고려되어야 한다. 공유된 세계관은 상담 관계를 강화시킬 뿐만 아니라, 내담자가 직업을 찾든, 학교로 돌아가든, 완전히 새로운 진로와 삶의 길을 걷든 간에 성공적인 상담 결과로 나아가는 데에도 사용될 수 있다(Consoli & Chope, 2006).

모든 내담자는 독특한 문화, 라이프 스타일 그리고 맥락에서 비롯된다. 어떤 사람이 선택된 인종 그룹에 속해 있든, 기존 가족에 속해 있든 또는 최근에 이민자가 되었든 관계없이 인종, 계급 및 문화와 같은 요소는 직업 세계가 어떻게 인식되는지에 중요한 역할을 한다. Howard Thurman(2006, p. 1)은 "공동체는 스스로 오래 먹고 살 수 없다. 그것은 오직 저 너머로부터 오는 다른 사람들, 즉 알려지지 않은 미지의 자매와 형제들과 함께 번창 할 수 있다"고 말했다.

진로상담자의 과제는, Bulloc(2006)이 제안한 것처럼, 이론과 상담 과정 모두에서 나타나는 두 가지 모순된 세계관이 있다는 것을 인식하는 것이다. 한 가지 견해는 우리 모두가 개인의 차이나 사회적, 정치적 역사에 관계없이 공통의 인간성에서 비롯된다는 것을 시사한다. 상담과 심리학에서 다문화 운동이 합법화된 제 4의 영향력이 되기 전까지는, 어떤 이론도 상담 과정의 중요한 부분으로서 개인 및 문화적 차이에 대해 립 서비스 이상을 한 경우는 거의 없었다. 서구 사회에서 가르치는 치료 기술은 문화적 차이를 거의 무시했다.

Bullock(2006, p. 9)의 다른 견해는 "우리의 문화, 경험, 역사, 그룹 멤버십 및 정체성에 기초하여" 크게 다르다는 것이다. 삶의 내러티브에 대한 치료적 말하기는 우리의 내담자들에게 일에 대한 생각을 정리하면서 문화적, 지각적 경험을 구조화하고, 개인적 역사를 이용하여 진화하는 직업 정체성에 의미를 부여할 기회를 준다.

7.2 사례

다음의 사례는 이러한 모순된 세계관을 보여준다. Ricardo는 미국 East Los Angeles의 바리오[1]에서 자랐다. 그는 이민자 출신으로 서비스 산업에 종사하는 맞벌이 부모님과 5남매와 함께 자랐다. 그는 중등학교에서 월등히 뛰어났다. 졸업할 때 그는 로스 엔젤레스 캘리포니아 대학에 다닐 장학금을 받았다. 그는 자신의 지도교수가 자신을 훌륭한 잠재력을 가진 성공적인 학부생들의 또 다른 사례로 보았다고 회상한다. 그러나 지도교수는 그의 억양, 집 주소, 구리빛 피부색 그리고 미국의 사회성에 익숙하지 않은 점이 전통적인 로스앤젤레스 비즈니스에서 성공하는 데 어떤 영향을 미칠지 우려했다. 상담자는 Ricardo가 그랬던 것처럼 권한 부여에 관한 이야기를 쓰도록 돕고 싶었지만, 그들은 서로 상반된 세계관을 가지고 있었다.

7.2.1 상담자는 어떻게 진행할 수 있는가?

진로상담자들이 정보를 수집하고 다문화 내담자의 세계관을 이해하는 데 활용할 수 있는 유의미한 틀은 내러티브이다(Howard, 1991). Cochran(1997)은 진로상담에서 내러티브가 내담자의 과거 역사, 현재 상황 및 잠재적인 미래 목표를 공유하도록 도울 수 있다고 제안한다. 많은 문화들은 쓰여진 단어보다 구술 역사와 내러티브를 높이 평가한다.

인생 내러티브의 스스로 말하기는 언어와 문화 모두에서 비롯된 인지적 과정에 의해 형성되며 이 내러티브는 이야기로 진화한다. Sarbin(1986)에 따르면, 어떤 문화에서든 근본적인 은유는 "이야기"이다. "인간은 내러티브 구조에 따라 사고하고,

---

1) 미국 도시에서 주로 스페인어를 사용하는 지역

지각하고, 상상하고, 도덕적 선택을 한다"(Sarbin, 1986, p. 8). 상담자들은 내담자와 상담자간에 일어나는 스토리 텔링에 대한 공유되고 직관적인 경험이 있으며, 이는 상담관계를 강화한다는 것을 이해한다.

Bruner(2002, 1987)는 인생 이야기를 들려주는 데 도움을 주는 문화적으로 결정된 인지적, 언어적 과정이 우리의 지각적 경험에 영향을 미치고 구조화할 수 있는 능력을 가지고 있다고 제안함으로써 이러한 생각을 더한다. 이 과정은 또한 우리가 기억을 유지하고 인생에 목적과 의미를 부여하는 데 도움을 준다. 우리 자신의 인생 이야기를 들려줄 때마다 우리는 실제로 우리 삶의 자전적 내러티브로 "변형"된다. 우리의 이야기는 단지 하나의 사건에 대한 것이 아니라 우리의 문화와 역사의 맥락에서 나온 일련의 사건들을 언급하고 있다.

상담자들에게 다행스럽게도, 적절한 맥락에서의 스토리텔링은 대부분의 사람들에게 매우 친숙한 작업이다. 이야기는 특정한 청중을 대상으로 하며 청중에서 청중으로 변경될 수 있다. 상담자에게 들려주는 이야기는 아마도 가족이나 낯선 사람에게 들려주는 이야기와는 상당히 다를 것이다. 스토리텔러는 이야기를 수정하거나 이야기를 바탕으로 새로운 행동을 조성할 수 있는 힘을 가지고 있다. 이 수정의 과정은 스토리텔링의 주요한 치료적 구성 요소로 보인다. 이야기를 수정하고 새로운 지각 경험을 할 수 있는 것은 내러티브 치료 과정에서 가장 중요한 요소일 수 있다.

7.2.2 이야기적 접근

이 장의 목적은 상담에 대한 이야기적 접근법과 진로상담에 대한 명시적 적용에 대해 논의하는 것이다. 우리는 진로상담자가 내담자의 진로 의사결정 과정에서 가족을 포함한 문화의 영향력을 탐색할 때 고려해야 할 구체적 차원의 템플릿을 소개할 계획이다. 이 템플릿에는 상담자가 진로의사결정과정을 촉진하기 위해 문화, 문화 적응, 언어, 종교 및 문화적 직업 태도 내에서 문화와 문화의 존재를 사용하는 방법에 대한 예가 포함되어 있다.

우리는 내러티브 상담에 대한 개요부터 시작한다. 그리고 나서 스토리텔링 과정에 문화적 맥락이 어떻게 이용 될 수 있는지 설명하고, 마지막으로 상담에서 이야기적 접근 방식을 사용할 때 상담자들이 사용할 수 있는 관련 차원의 예를 제공한다.

7.2.3 내러티브 상담의 입문

Sarbin과 Bruner의 초기 연구 중에서, White and Epston(1990)은 철학적인 스토리텔링 조각을 함께 넣어 내러티브 치료법을 만들었다. 특히 Bruner의 입장과 일치하여, 내러티브 치료는 다음과 같은 기본 지침이 있다: 우리는 타인이 우리에 대해 말하고 우리가 자신에 대해 말하는 이야기에 따라 삶을 살아간다. 요컨대 이야기는 우리의 현실과 직업 생활의 의미를 형성하고 있다. 특히 중요한 것은 이야기의 내용뿐만 아니라 이야기에서 간과되거나 누락 될 수 있는 소재이기도 하다. 그리고 그곳이 상담자가 전문적인 역할을 하는 곳이다. 효과적인 상담자는 지배적이고 문제가 많은 이야기에 의해 간과되거나, 눈치 채지 못하거나, 이해하지 못하거나, 가려져 있는 이야기에서 내용을 끌어낼 수 있어야한다(Monk, 2005).

많은 경우에, 내담자는 가족 대본을 중심으로 구성 할 수 있는 중요한 진술들을 가지고 온다. 내담자는 자신의 의미를 탐색할 기회를 갖지 못한 채 때때로 그러한 진술을 반복하는 경향이 있다. 18세의 라틴계 후안(Juan)은 어머니가 자주 "너는 네 아버지의 아들이야"라고 말한 것을 인용했다. 상담자가 Juan에게 이 진술의 의미에 대해 물었을 때 Juan은 어리둥절하고 확신이 없어 보였다. 이 진술에 대한 탐색은 아버지를 모델로 한 Juan의 교육과 진로 경로에 대한 어머니의 기대와 어머니 자신의 열망을 실현시키고자 하는 소망으로 드러났다.

간단히 말해서, 내러티브 작업에는 세 가지 단계의 이야기 전개가 있다. (1) 구성, 내담자가 상담자에게 정보를 드러내는 단계 (2) 해체, 상담자가 내담자의 삶에 미치는 다양한 힘의 영향을 입증하며 내담자 문제의 기초를 형성하는 문화적 가정을 해체하거나 또는 풀어내는 단계, 그리고 (3) 다시 이야기하기 또는 재구성, 내담자의 내러티브에 의해 그 또는 그녀에게 더 만족스럽고 의미 있는 다른 목적을 부여하는 단계이다.

내러티브 상담자는 관계적 맥락 안에서 문제를 인식하므로, 작업의 초점은 내담자뿐만 아니라 가족, 문화, 그리고 더 큰 사회에까지 있다. 그리고 상담 작업은 단순히 지금 여기에 관한 것만이 아니라 과거, 현재, 미래를 포함하는 역할을 한다.

7.2.4 내러티브 상담과 진로구성의 비교

내러티브 상담의 목적은 내담자가 그들의 생각과 행동을 사로잡은 억압적인 이야기들을 해체하고, 그들의 구성을 용이하게 하고, 때로는 상담자와 함께 더 강력하고 적절한 새로운 이야기와 모델을 공동 구성하도록 돕는 것이다. 진로상담의 맥락과 실습으로 가져오면, 이것은 개인적인 의미가 과거의 기억, 현재의 경험(삶의 주제를 반영하는) 그리고 미래의 열망에 놓여 있다는 구성주의적 관점에서 Savickas(2006)의 제안과 상당히 비슷해 보인다. 그는 진로 이야기가 자신의 선택을 평가하고, 의미 있는 역할을 맡으며, 직업 적응 과정을 시작할 때 내담자가 활용할 수 있는 주제를 드러낸다는 설득력 있는 주장을 한다. 게다가 그는 발달 과업과 직업 전환뿐만 아니라 우호적이지 않은 상황들을 반영하는 자기 정의적 이야기를 찾는다.

내러티브 상담과 진로상담에 대한 Savickas의 진로 구성 접근 방식은 모두 진로상담에서 포스트모던 혁명의 표현이다. 그들은 둘 다 개인의 정보가 실제로 구성된 정보라고 가정한다. 그러므로 진로상담이 부분적으로 내담자의 내러티브 스타일에 세심한 주의를 기울이면서 자신만의 내러티브를 구성하는 방법에 초점을 맞춰야 한다고 제안하는 것은 그리 비약적인 일이 아니다.

의심할 여지없이, 구성된 내러티브는 개인의 삶에 의미를 불어 넣는다. 개인적인 경험은 다른 사람이나 가족 또는 문화적 맥락의 대표자가 의미를 부여할 때까지는 본질적으로 모호하다. 진실은 상대적이며, 정치적 논쟁의 다른 측면에 귀기울이는 사람들 사이에서 거의 간과되지 않는 사실이다. 상담의 틀에서, 개인의 삶에 가장 큰 영향을 미치는 것은 인생 경험에 대한 해석이다. 흥미롭게도 "절대적인 진실"을 아는 것은 이야기를 변화시키거나, 꾸미거나, 풍성하게 할 수 있는 그 이상의 가능성을 제거할 수 있다.

7.3 해체 및 재구성

확실하게, 구성할 수 있는 모든 것은 또한 해체할 수 있고, 물론 재구성할 수 있다. 사람들은 그들 자신을 완전히 새로운 이야기로 쓸 수 있다. 그래서 내러티브 상담 과정에서 주요한 치료적 구성 요소는 내담자가 자신의 인생 이야기를 다시 쓰는 것이다. 그리고 그렇게 하는 동안, 서로 다른 내담자는 그들을 완전히 충족하지 못하게 했던 억압적인 문제들 중 일부에서 벗어날 수 있을지도 모른다. 개인의 정체성은 다른 사람, 제도, 사회, 문화와의 관계 속에서 만들어진다. 만약 이러한 관계에 대한 인식이 다시 쓰여 질 수 있다면, 내담자는 확립된 정체성을 바꿀 수 있는 과정을 시작할 수 있다. 게다가 오랜 시간 동안, 유명한 역사적 인물들은 수필가와 역사학자들이 이들에 대해 내린 평가에 기초하여 다른 정체성을 제공해왔다.

내러티브 상담의 본질적인 진실은 내담자가 상담에 가져오는 문제는 그들이 가지고 있는 것, 때로는 "그들을 가지고 있는" 것이지, 그 자체가 아니라는 것이다. 내담자는 결코 자신의 본성을 바꿀 필요가 없다는 것을 명심해야 한다. 대신 그들의 삶에서 문제의 영향에 맞서 싸워야 한다. 내러티브 작업을 통해 내담자는 거대한 데이터베이스에서 하나를 선택하여, 그 정보를 의미 있는 이야기로 구성할 수 있다. 이런 의미에서 모든 내담자는 일반적으로 흥미롭지만 자신의 신념, 기대, 편견과 일치하는 경험을 알아차리거나 기억할 것이다.

7.3.1 이야기적 접근방식의 고유한 전략

다른 상담 전략과 달리, 내러티브 상담은 상담 과정에서 일종의 정치적 프리즘을 이용한다. 상담자는 내담자가 경험하는 문화, 정치, 민족성, 인종주의 및 다른 형태의 억압을 탐색하는 임상 데이터를 이용할 것을 권장한다. 상담자는 재구성과정을 이용하여 내담자가 그다지 중요하지 않을 수도 있고 앞으로도 그럴 것이라는 생각에 맞서게 한다.

Monk(2005, p. 261)는 내러티브 치료가 내러티브 치료자에게 "지배적인 문화적 관행이나 특정한 주류적 신념 체계가 어떻게 사람들을 정의하고 규제하려 하는지 식별"하도록 요청한다고 주장한다. 외재화, 해체, 독특한 결과 및 지배적인 이야기의 효과 발견 등 다양한 기법을 이용할 수 있다. 상담은 일반적으로 어떤 문제가 개인의 인생이나 진로에 미치는 영향의 성격을 조사하기 위해 고안된 일련의 질문들로 구성되어 있다. 내담자는 자신이 문제로부터 분리되어 있을 뿐만 아니라, 실제로 많은 문제를 해결할 수 있으며 자신이 생각했던 것과 다를 수 있다는 점을 알게 된다.

외재화는 내담자와 문제를 분리하는 상담 기법, 즉 "그 사람이 문제가 아니다"는 것이다. 이 과정을 통해 내담자는 문제로부터 거리를 둘 수 있다. 문제는 별도의 실체로서, 내담자를 넘어서 존재한다. 이 과정에서 상담자는 내담자 목표 실현을 방해하는 문제가 있는 가족, 사회, 문화적 사상을 식별한다. 내러티브는 자기의 맥락이 아니라 공동체의 맥락에서 받아들여진다. 그래서 진로상담자는 "'완벽한 직업'을 찾지 못하는 것이 자신의 가치관에 어떤 영향을 미치는가?"라고 질문할 수도 있다." 마찬가지로, 내담자에게 "가족의 가치관과 부합하지 않는 직업을 택할 때 어떻게 그들의 소망을 충족시킬 수 있을 것인가?"라는 질문을 던질 수 있다.

해체 과정에서, 상담자는 내담자가 직업 세계에서 가지고 있는 기동성을 저해하는 조작된 가정을 알아차리게 하려고 한다. 여기에는 다음과 같은 질문이 포함될 수 있다. "부하 직원을 대하는 방식에 대한 이유를 제시하는 여성 책임자가 되는 것에 대해 어떻게 생각하는가?", "이런 생각이 어디서 비롯되었는지 기억할 수 있는가?", "가족들 중 권력있는 위치에 있는 여성들에 대한 특별한 메시지를 제공한 사람이 있었는가?," "이런 것들이 당신의 행동에 어떤 영향을 미치는가?"

독특한 결과에서, 상담자는 내담자가 자신이 인식하지 못하는 경우에도 문제없이 행동할 수 있었던 때를 알아내고자 할 것이다. Monk(2005: 263)는 이것을 "생동감 있는 내러티브로 이야기될 수 있는... 대안적인 이야기를 모으는데 사용할 수 있는... 반짝이는 이야기"라고 부른다. 여기에는 다음과 같은 질문과 관찰이 포함될 수 있다.

- 심각한 불안감에서 벗어나 영업 사원 앞에 서서 자신이 능력 있고 책임감 있다고 느꼈던 그 시절에 대해 이야기해 보세요.
- 잠에서 깨어나 출근할 생각에 흥분했던 날을 묘사해 보세요.
- 면접관의 질문에 당신이 모두 대답할 수 있을 정도로 창의력이 뛰어나다고 느낀 경우는 언제인가요?

상담자는 다음과 같은 몇 가지 후속 질문을 추가할 수 있다.
- 이것을 할 수 있는 힘은 어디에서 얻었습니까?
- 결과가 그렇게 위험할 수 있다는 것을 알았을 때 그 위험을 감수하게 된 계기는 무엇입니까?

문제 이야기의 영향을 매핑할 때, 상담자는 외재화된 문제가 내담자에게 영향을 미치고 있었던 기간, 내담자의 삶에 미친 영향, 그리고 이것이 지금 현재 일어나고 있으며, 과거에 일어났고 아마도 미래에도 일어날 스트레스 등을 탐색하기 위해 고안된 질문을 해야 한다. 이러한 질문은 다음과 같이 매우 솔직하고 간단할 수 있다.

- 이것이 문제가 된 지 얼마나 되었습니까?
- 언제 그 문제를 인식하게 되었습니까?
- 10이 최악인 경우 1에서 10까지로 문제를 어떻게 평가하시겠습니까?
- 문제가 없는 당신의 삶을 설명해 보세요.
- 이 문제가 다른 사람들과의 관계에 어떤 영향을 미칩니까?

상기의 기법을 통해 얻은 정보로 상담자는 내담자의 재구성된 이야기를 공동으로 작성한다. 그리고 그 과정에서 내담자는 더 유망한 미래를 만드는 데 사용할 수 있는 인생의 초기 성공과 긍정적인 사건을 목격하면서 발견의 여정을 시작한다. 여기서 유의해야 할 것은 상담자가 결점을 부인하려고 하는 것이 아니라 내담자가 보다 포괄적이고 강점에 기반한 내러티브를 구성하도록 돕기 위해 노력하고 있다는 점이다.

이제 우리는 문화적 맥락이 어떻게 내러티브 상담에 이용될 수 있는지를 보여준다.

7.3.2 내러티브 상담에서 문화적 맥락 수용

물론 사람들이 그들의 맥락, 특히 문화적 맥락에 크게 영향을 받는 것은 단순한 사실이다. 이야기나 내러티브가 내담자의 진로 의사결정에 어떤 영향을 미치는가는 이야기가 열망과 진로, 훈련, 교육선택에 대한 잠재적 범위를 형성하는 문화적 맥락에 몰입되어 있기 때문에 종종 문화적으로 특정한 요소와 관련이 있다. 내러티브, 문화적 다양성 및 가족의 영향력 사이의 관계를 탐구하는 것은 상담자들이 모든 내담자의 고유성을 이해하는 데 도움이 된다(Chope, 2006; Consoli & Chope, 2006).

1964년 민권법[2] 제7조와 같은 법률을 제정하면서 미국에서도 여성과 유색인종에게 직업의 기회가 증가했지만, 다른 많은 나라들뿐만 아니라 대다수의 다민족 및 다문화 집단은 백인 동료들보다 경제적으로 더 열악한 상태로 남아있다. 집단 간의 이러한 불균형은 부분적으로 고용 기회 감소, 차별 그리고 평등한 교육기회의 거부로 인한 것이다. 다른 많은 국가에서도 경제적 불균형은 대표성이 낮은 소수민족들에게 존재한다. 더욱이 이러한 것들은 사회적 다원주의가 사업을 운영하고 성공하

---

2) 역자 주: 미국 민권법. 1964년 제정된 법안으로 공공장소 등에서의 인종차별을 금하는 내용을 담고 있음.

기 위한 인식론적 기반으로 지배하는 치열한 경쟁의 글로벌 경제에서 더욱 악화될 수 있다.

지난 20년 동안, 농업에서 공업화로, 서비스 관련 직업으로 현대 노동자들의 뚜렷한 이주가 있었다. 게다가 새로운 무역과 보호법, 세계화된 경제 그리고 직업과 사회 불안으로 인해 많은 사람들이 더 안정적인 직업, 경제적 개선 또는 안전 및 보안을 위해 농촌 환경, 빈곤한 지역 및 전쟁으로 피폐해진 국가를 떠나게 되었다. 최근 미국을 비롯한 다른 선진국들은 수많은 이주민, 이민자 및 난민들이 국경을 넘어 들어오는 것을 목격했다. 이처럼 상당한 규모의 이주 과정에 비추어볼 때, 이민자들이 대응해야 할 문화적 스트레스의 상당한 원천이 있다(Chope & Pang, 1999). 이들 중 일부는 다음과 같다.

- 생물학적 스트레스: 식생활의 변화, 새로운 음식의 유입, 새로운 질병과 세균에 대한 노출에 기인한다.
- 신체적 스트레스: 다양한 유형의 교통수단 및 거주지를 포함하여 다른 인프라를 가진 새롭고 익숙하지 않은 물리적 환경에 적응하는 것은 신체적 스트레스를 유발한다.
- 심리적 스트레스 : 관습, 가치, 신념, 태도 및 "소속감"이 호스트 문화에 의해 도전받거나, 환영받지 못하거나 현저하게 변형될 때 발생한다.
- 가족 스트레스: 호스트 문화와의 접촉으로 세대 차이가 확대되고 연장자가 중요하게 인식되지 않을 때 발생한다. 효도와 노인에 대한 존경을 중시하는 전통적인 사회관계 양식이 반드시 젊은 세대들이 따르는 것은 아니다. 게다가, 이민자 자녀가 진로상담을 받을 때 3세대나 4세대로만 돌봐줄 수 없다. 그들은 서로 다른 가치를 지니고 있을 수고 있고 그들 자신의 부모의 진로 재구성을 목격했을 수도 있다. 그들은 부모도 이해하지 못하고 지지하지도 않는 분야에서 기회를 엿볼 수도 있다.
- 사회적 스트레스: 주식 시장이 붕괴할 때 투자자들이 경험하는 지위 강등이나 국가의 정권 교체가 있을 때 정부 지도자들이 경험하는 직위의 급격한 강등과는 달리 고용과 교육 및 지위의 엄청난 변화에 의해 비롯된다.
- 문화적 스트레스: 새로운 관습, 정치, 언어, 종교와 구매력의 만남은 이런 종류의 스트레스로 이어진다.

두 가지 추가적인 스트레스 요인이 고려되어야 한다. 첫 번째는 이민자, 이주자 또는 난민들의 법적 지위에 관한 것이고 두 번째는 때때로 낯선 맥락에서 꿈꿔온 야망을 실현하는 잔인한 현실에서 생겨난다.

모든 내담자들에게 해당되는 사실이지만, 진로상담자는 일에 대한 야망이 다문화 내담자의 삶에서 다른 사람들의 삶만큼 중요하지 않을 수도 있다는 사실을 알아야 한다. 다문화 및 다민족 내담자가 더 편안하게 여길 수 있는 영역 중 하나이기 때문에 진로상담자는 가족, 공동체 및 영성을 우선시하는 내담자에게 개방적이어야 한다. 희생은 가족과 공동체를 위해 이루어질 수 있지만 고용주를 위해 반드시 그런 것은 아니기 때문이다.

최근에, 진로 발달 전문가들에 의해 사람들이 성장하고 살아가는 맥락을 이해하는 데 도움을 주는 접근법을 개발하려고 시도했다. 이러한 접근방식에는 내러티브 구성 또는 재구성 그리고 진로 발달의 맥락화를 포함한다(Bujold, 2004; Reid, 2005). 게다가, 2005년 미국 상담협회 윤리강령은 진로상담자들에게 진로 발달에서 내담자의 문화를 신중하게 고려할 것을 요구한다. "필요한 경우, 진로 발달에 적절하게 훈련된 상담자는 내담자, 고용주 및 대중의 관심, 문화 및 복지와 일치하는 위치에 내담자를 배치하는 데 도움을 줄 것이다(American Counseling Association, 2005: A.l.e.).

7.4 다문화 진로상담의 내러티브 구성을 위한 관련 차원 개요

우리는 상담자들이 진로상담과정에서 맥락적 요인을 인신하도록 제안하는 Niles와 Harris-Bowlsbey(2022, p. 89)의 이론을 지지한다. 이것은 다문화 상담에 특히 중요하다. 문화 수준, 가족 가치, 문화 유산, 경제 문제, 차별의 역사 그리고 특이한 직업 기회 등이 진로상담에서 내러티브에 통합될 수 있다.

구성, 해체 및 재구성의 내러티브 과정에서, 우리는 상담자가 가족, 문화 및 맥락의 영향을 탐색하기 위해 다음과 같은 차원의 템플릿을 고려할 것을 제안한다. 상담자는 일부 영역을 탐색할 때 불편감을 느낄 수 있지만, 그것이 상담 과정에서 포괄적이고 공유된 세계관을 확립하는 데 필요한 과정의 일부라고 확신한다.

우리는 개인에서부터 가족을 거쳐, 사회에까지 이어지는 연속적인 범위에서 차원을 구성해 왔다. 차원은 상호 작용뿐만 아니라 내담자가 한 번에 모든 것을 구현한다는 사실을 충분히 인식하기 때문에 분석 목적으로만 분리된다.

7.4.1 문화적 페르소나

내담자로 하여금 자신의 문화적 정체성과 가족의 정체성에 대해, 그리고 이것이 진로 결정에 어떤 영향을 미치는지 되돌아보게 하는 것이 가장 중요하다. 이러한 성찰은 먼저 내담자를 초청하여 관련 영화를 관람한 후 상담자와 함께 그 내용에 대해 성찰함으로써 촉진될 수 있다. 이 전략은 상담자가 상담 과정에서 이야기 기법을 쉽게 사용할 수 있도록 한다. 라틴계 내담자와 함께 작업할 때의 예시 영화에는 다음이 포함될 수 있다: *El Norte, La Ciudad, Mi Familia, Real Women Have Curves, Stand and Deliver.(이민자를 다룬 영화)*

상담자는 내담자가 문화적 관점에서 일과 고용을 어떻게 보는지에 대한 정보를 수집해야 한다. 자신의 문화를 대표하는 사람이 없는 영역에서 일자리를 찾으려 할 때, 가족 내에서 일이 어떻게 인식되며 내담자는 어떤 경험을 하고 있는가?

7.4.2 일에 대한 태도

일과 관련된 가족과 문화에 대한 세계관을 고려해야한다(Consoli & Chope, 2006). 어떤 가족은 자녀가 돈을 벌고 독립하기를 원하며 다른 가족은 성공하기를 원하지만, 또 다른 가족들은 아이들이 자신에게 관심 끄는 것을 자제하기를 원한다. 일에 대한 태도는 또한 수입과 관련이 있을 수 있다. 돈, 저축, 친구들의 자산과 비교, 타인의 지원 대출, 기관 대출, 금융 기관의 신뢰도에 대한 가족의 태도는 많은 것을 말해 줄 수 있다. 이 정보에 관한 질문은 Chope(2005)가 개발한 프로토콜을 사용하여 질문할 수 있다. 여기에는 가족이 제공하는 실직적인 도움에 관한 질문과 내담자가 수익성이 높고 가족을 자랑스럽게 만드는 일에 참여하지 않았다면 정서적 지원이 어떻게 제공되지 않았는지에 대한 질문이 포함된다.

7.4.3 가족체계의 규칙

가족마다 대가족의 권력과 영향에 대해 서로 다른 규칙을 가지고 있을지도 모른다. 조부모, 숙모, 사촌 그리고 삼촌은 다른 문화와는 차별화된 진로 선택 및 교육에 관한 역할을 할 수도 있다. 부모와 대립하거나 반대하는 것은 무례한 것으로 보여질 수 있다.

가족의 규범과 문화의 규범 모두에 부합해야 한다는 압박감이 크다. 그러나 가족의 평판이 가장 큰 관심사다. 내담자는 학업적 성과가 저조하고 직업적으로 실패하는 것이 가족에게 수치심을 안겨주는 변수라는 것을 알게될 지도 모른다. 자녀는 가족에게 자부심을 심어줄 차세대이며, 자녀가 실패하면 가족은 수치심을 느낄 수 있다.

미국에서, 많은 이민자 가족과 유색인종 가족은 기동성과 특권을 가지고 있다고 느끼는 가족보다 그 자녀들의 진로 결정 과정에 더 엄격한 관점을 취할지도 모른다. 따라서 보다 문화적으로 다원화된 가족은 어떤 교육 및 진로 목표를 추구해야하는지에 대해 가족의 지시를 따르도록 요구함으로써 자녀를 보호하려고 할 수 있다. 앞에서 언급한 프로토콜은 이 정보를 수집하는 데도 사용될 수 있다.

- 가족은 어떤 종류의 진로 정보를 제공 했습니까?
- 어떤 유형의 정서적 지원이 제공 되었습니까?
- 당신의 진로 선택이 가족에게 미치는 영향은 무엇입니까?
- 당신의 진로 탐색을 돕는 것을 자제해달라고 요청하는 가족들의 행동은 어떠했나요?

진로 가계도를 사용하면 그외의 정보를 수집하고 내러티브 과정을 향상시킬 수 있다(Dagley, 1984; Okiishi, 1987). 이 진로 가계도는 매우 유용 할 수 있지만 대가족 구성원으로부터 관련 정보를 수집해야 한다. 좋은 후속 질문을 동반한 가계도는 가족과 문화에서 진로에 대한 기대를 이해할 수 있게 해준다. 상담자는 내담자가 진로 선택과 성공의 정의에 대한 가족 판단을 정확하게 하는 것을 도울 수 있다. 하지만 가계도를 사용할 때는 주의가 필요하다. 일부 진로상담 내담자는 가계도와 그것이 드러내는 정보의 사용이 너무 개인적이거나 방해가 되며, 진로상담에 대한 그들의 기대와 일치하지 않을 수도 있다. 따라서 진로상담자는 이러한 개입에 대해 내담자를 준비시켜 내담자가 작업의 목적과 근거를 이해하도록 하는 것이 중요하다. 이것은 아마도 상담자의 전문적인 세계관과 내담자의 개인적 세계관이 어떻게 조화를 이루고 서로 영향을 줄 수 있는지에 대한 가장 적절한 예 중 하나일 것이다. 상담자는 진로 의사 결정을 내리는 데 있어 역사적, 가족적, 문화적 힘의 개념을 받아들이는 한편, 내담자는 자신의 진로 내러티브에서 일치와 부조화를 적극적으로 탐색한다.

7.4.4 성별 고정관념

대부분의 문화는 남성과 여성이 일과 관련된 역할, 교육 경험, 그리고 가족의 책임에 관해 일부 성 고정관념을 긍정하는 경향이 있다. 관계 지위에 대한 시각도 문화와 가족의 영향을 받는다. 파트너가 서로에 대해 갖는 태도는 종종 가족과 문화에 의해 주입된 고정 관념에 의해 영향을 받을 것이다.

진로상담자는 각 성별에 따른 직업의 적절성에 대한 내담자의 차별화된 기대를 인식해야 한다. 그러나 그들은 또한 다른 성별을 위한 특정한 직업에 대해 가족과 문화가 말하는 것을 알아야 한다. 상담자는 또한 파트너 또는 남편과 아내가 어떻게 서로의 직업을 수용할 수 있는지에 대해 잘 알고 있어야 한다. 양육 역할에 대한 기대에는 문화적 차이가 있으며 임산부를 바라보는 시각과 대우도 문화마다 다를 것이다.

7.4.5 문화적 맥락

내담자의 문화적 페르소나는 문화적응 과정을 통해 표현된다. 더욱이, 문화적응은 다른 문화에 대해 긍정적이고 지지적이거나 차별적이거나 주변적일 수 있는 주류 문화적 맥락을 포함한다(Berry, 1997). 내담자의 진로 발달에 대한 이해를 구할 때 개인(문화적 페르소나), 가족, 사회적 환경 또는 문화적 맥락 사이의 이러한 변증법을 고려해야 한다. 내담자가 그들의 문화에 대해 어떻게 느끼는지 알면 상담자는 그들의 문화적 적응 과정과 그들의 진로 선택을 이해할 수 있다. 서로 다른 내담자는 자신의 문화를 부끄러워하거나 자랑스러워 할 것이다. 어떤 이들은 그들 자신의 민족과 분리되기를 원하는 반면 다른 이들은 고용과 진로 열망을 형성하는 주류문화를 거부할 것이다. 상담자는 내담자가 주류 문화를 어떻게 보고 있으며, 그것을 환영하는지 아닌지를 이해할 필요가 있다. 또한 내담자가 주류 문화의 일부인 일에 대한 태도와 갈등을 느끼는 부분을 알고 싶어 할 것이다.

7.4.6 문화집단 내의 다양성

상담자가 문화 내부의 변화에 민감하게 반응하는 것도 중요하다. 예를 들어, "라틴계" 또는 "히스패닉"의 광범위한 분류는 남미, 중앙아메리카, 이베리아, 쿠바,

카리브해, 멕시코 그리고 다른 문화들 사이의 문화적 차이에 대해 더 명확하게 설명할 필요가 있다. 중동 민족들은 가족의 중요성, 영성 및 집단주의적 사회적 기대치를 포함한 많은 전통을 공유하고 있다. 그러나 그들은 언어(예: 아랍어, 페르시아어, 파르시어, 이라크어 및 아르메니아어), 종교, 인구통계학적 환경 및 법적 지위를 포함하는 많은 차이점을 가지고 있다. 소규모 문화 집단에서 가족의 태도와 전통도 다를 가능성이 높으며 이해해야 할 필요가 있다.

7.4.6.1 언어

언어는 모든 문화권의 사람들에게 정체성의 원천이다. 정체성에 대한 감각은 언어 사용과 함께 발달하며, 그것은 문화의 이원성을 반영할 수 있다. 언어 내에서 주어진 방언도 중요할 수 있고, 내담자는 특정한 방언이 어떻게 그들의 정체성을 더 잘 나타내는지 표현할 수 있다. 게다가, 내담자가 집에서 사용하는 언어는 직장이나 학교에서 사용하는 언어와 대조적일 수 있다. 현재 시장의 힘은 많은 상황에서 꼭 필요한 것은 아니지만 다국어 능력을 부가가치로 전환하고 있다. 그러나 내러티브 상담자는 이 정보를 알고 싶어 할 것이다. 상담자는 다음과 같은 질문을 할 수 있다.

- 몇 개의 언어를 사용하십니까?
- 당신의 억양이 구직 활동에서 당신 자신을 인식하는 방식에 어떤 영향을 미칩니까?
- 당신이 말하는 방식에 대해 사람들은 어떤 반응을 보입니까?
- 당신은 그 언어로 교육을 충분히 받을 수 있을 만큼 주류문화의 언어를 잘 이해할 수 있습니까?
- 업무 지원을 위해 다국어 능력의 사용을 촉진하려면 어떻게 해야 합니까?
- 기대했던 승진을 얻지 못한 것을 언어 사용 탓으로 돌리십니까?

7.4.6.2 종교

종교적인 가치는 많은 사람들의 진로 선택에 중요한 역할을 한다. 미국에서는 개신교의 직업윤리가 경제의 많은 부분을 좌우한다. 이러한 윤리는 종종 다문화적 적용가능성이 제한적인 반여성적이고 반이민적인 것으로 보여진다. 비주류 종교를 따르는 사람은 누구나 직장에서 불편함을 느낄 수 있다. 예를 들어 미국의 유대인 노동자들은 수 년 동안 고성일과 욤 키푸르[3] 기간 동안 휴가를 요청할 수 없다고 느꼈다. 종교적 가치에 대한 민감성의 필요는 여전히 만연하다. 일부 조직에서는 특정 종교에 가입하는 것이 조직 내 승진을 위해 필요하다고 간주될 수 있다. 상담자는 종교가 내담자의 자기 감각과 개인적 가치에 어떤 영향을 미치는지 알 필요가 있다.

7.4.6.3 인구통계학적 환경

내담자가 거주하는 지역의 인구 특성과 그것이 내담자의 문화를 얼마나 대표하는지를 이해하는 것은 중요하다. 이것은 내담자들이 자신의 공헌에 대해 인정하고 감사함을 느끼는 분위기를 조성하는 데 도움을 줄 수 있다. 상담자는 내담자가 거주 지역에서 얼마나 편안한지, 그리고 이웃이나 직장에서 대표되지 않은 소수 집단의 일원인지 알고 싶어 할 것이다.

7.4.6.4 법적 지위

이것은 특히 이 시대의 이민자들에게 민감한 주제가 될 것이다. 미국과 같은 국가의 시민들은 합법적인 이민자들과 불법이민자들을 어떻게 대우해야 하는지에 대해 많은 상반된 의견 차이를 공유하고 있다. 미국의 일부 의원들은 모든 불법 이민자를 추방하기를 원하고, 다른 의원들은 그들에게 초청노동자 지위를 부여하기를 원하며, 또 다른 일부는 이 두 가지 입장 사이에서 타협점을 찾기를 희망하고 있다. 그럼에도 불구하고, 개인의 법적 지위는 진로상담에 중요한 의미를 가진다. 다음과 같은 기본적인 질문들은 합법적으로, 그리고 민감성과 기밀성을 가지고 질문해야 한다.

- 당신의 이민 상태는 어떻습니까?
- 당신은 초청노동자 카드가 있습니까?
- 당신은 방해받지 않고 다른 지역으로 여행 할 수 있습니까?
- 당신은 국외로 여행을 떠나고 돌아올 수 있습니까?
- 당신의 직업 관련 문제는 이민 상태와 어떤 관련이 있습니까?

---

3) 역자 주: '속죄의 날'이라는 뜻으로 유대교 최대의 명절임.

- 당신의 진로는 주변 사람들의 이민 신분에 따라 어떻게 영향을 받습니까?
- 당신이 이 나라를 쉽게 돌아다닐 수 있다면 진로 선택에 대해 어떻게 느끼십니까?

예를 들어, 캘리포니아에서 불법 이민자들은 운전면허를 신청할 수 없고, 이로 인해 그들은 차량에 대한 의무적 책임 보험을 가입할 수 없다. 그러나 캘리포니아는 대중교통 시스템이 극도로 제한적이며, 노동자들이 자가 교통에 크게 의존하는 서비스 경제와 생활양식으로 악명이 높다

위와 같은 질문들은 내담자의 이야기를 해체하는 데 사용될 수 있지만, 또한 추가적인 지원 시스템을 만드는 데 도움을 줄 수 있다. 예를 들어, 상담자는 법률 서비스 상담을 제안할 수 있다. 이 점을 염두에 두고 상담자는 잠재적으로 피해를 줄 수 있는 이민 문제가 해결될 수 있다면 이야기를 다시 쓰기 위하여 내러티브 상담 과정을 이용할 수 있다.

7.5 결론

진로 의사 결정과 관련하여 가족과 문화에 영향을 미치는 요소를 평가하는 것은 진로상담에 대한 진화하는 포스트모던 접근방식과 일치한다. 문화적 다양성과 가족의 영향을 탐색하는 것은 내담자들과 그들의 출신, 현재 속해 있는 문화의 고유함을 더 깊이 이해할 수 있게 해준다. 사람들과 그들의 반응에 대한 차이점을 인식하는 것은 모든 진로상담자가 점점 더 문화적으로 유능해질 필요가 있다는 필수적인 지식과 인식을 더해준다. 우리는 진로상담 내담자의 내러티브를 구성, 해체 및 재구성하는 데 도움이 될 것으로 생각되는 차원의 템플릿을 만들었다. 맥락적 변수는 진로 발달과 내러티브 상담 과정에 영향을 미친다. 우리가 만든 템플릿이 진로 내담자가 겪고 있는 정서적인 다문화 문제를 다루고 있다고 생각한다. 이 템플릿을 사용함으로써, 상담자는 다문화 출신자뿐만 아니라 모든 내담자로부터 복잡한 데이터를 이끌어낼 수 있는 강력한 수단을 가지게 된다.

📖 참고문헌

American Counseling Association. (2005). *Code of ethics.* Alexandria, VA : American Counseling Association.

Berry, J. W. (1997). Acculturation and health. ln Kazarian, S. & Evans, D. (Eds.), *Cultural clinical psychology* (pp. 39 − 57). New York : Oxford.

Bruner, J. (1987). Life as narrative. *Social Research,* 54, 11 − 32.

Bruner, J. (2002). *Making stories : law, literature, life.* New York : Farrar, Straus and Giroux.

Bujold, C. (2004). Constructing career through narrative. *Journal of Vocational Behavior,* 64, 470 − 484.

Bullock, M. (2006). Toward a global psychology. *Monitor on Psychology,* 37(5), May, 9.

Chope, R. C. (2005). Qualitatively assessing family influence in career decision making. *Journal of Career Assessment,* 13, 395 − 414.

Chope, R. C. (2006). *Family matters : the influence ofthe family in career decision making.* Austin, Tex : Pro − Ed.

Chope, R., & Fang, F. (1999). Career counseling for new Chinese immigrant s : clinical issues and practical recommendations. *College of Education Review,* 10, 54 − 59.

Cochran, L. (1997). *Career counseling : a narrative approach.* Thousand Oaks, CA : Sage Publications.

Consoli, A. J., & Chope, R. C. (2006). Contextual integrative psychotherap y : a case study. In Strieker, G. & Gold, J. (Eds.), *A casebook in psychotherapy integration* (pp. 185 − 197). Washington, DC : APA.

Dagley, J. (1984). *A vocational genogram* (mimeograph). Athens, GA : University of Georgia.

Howard, G. S. (1991). Cultural tales: a narrative approach to thinking, cross − cultural psychology, and psychotherapy. *American Psychologist,* 46, 187 − 197.

Monk, G. (2005). A narrative therapist's perspective on Ruth. In Corey, G. (Ed.), *Case approach to counseling and psychotherapy* (6th ed., pp. 259 − 276). Belmont, CA : Thomson Brooks/Cole.

Niles, S. G., & Harris−Bowlsbey, J. H. (2002). *Career development in the 21st century.* Upper Saddle River, NJ : Merrill Prentice−Hall.

Okiishi, R. W. (1987). The genogram as a tool in career counseling. *Journal of Counseling and Development,* 66, 139−143.

Reid, H. (2005). Narrative and career guidance : beyond small talk and towards useful dialogue for the 21st century. *International Journal for Educational and Vocational Guidance,* 5, 125−136.

Sarbin, T. R. (1986). The narrative as a root metaphor in psychology. In Sarbin, T. R. (Ed.), *Narrative psychology : the storied nature of human conduct.* New York : Praeger.

Savickas, M. L. (2006). Career construction theory. *Proceedings of the 15th Annual Careers Conference.* Sydney : Australian Association of Career Counselors.

Thurman, H. W. (2006, May 23). http://www.glendalenewspress.com/news/centennial/story/42021p−57326c.html

White, M., & Epston, D. (1990). *Narrative means to therapeutic ends.* New York : Norton. 100.

진로구성

: 원리와 실제

Paul J. Hartung

진로구성

: 원리와 실제

Paul J. Hartung

8.1 도입

　진로구성은 직업행동(vocational behaviour) 및 상담 모델을 이해하기 위한 이론적 틀과 여러 개인들이 자아의 완성에 도달하고 일을 통해 사회적 기여를 하도록 돕기 위한 방법들을 제시한다(Savickas, 2002, 2005a). 진로구성이론은 D. E. Super가 자신의 전생애(life‒space), 생애‒공간이론(life‒space theory)에서 처음 설명했던 직업선택 및 직업적응에 관한 발달적 관점을 신중히 갱신(updates)하고 발전시킨다(1957, 1990). 이에 따라, 진로구성은 한 개인이 감당하는 삶의 다양한 역할들을 통합하는 포괄적 이론 즉, 생애‒공간 접근법을 제시하려는 목표를 실현한다. 이 이론은 직업 행동과 그 행동의 발달의 네 가지 기본 차원들: (1) 개인의 생애를 형성하는 일과 그 밖의 역할들의 배열을 구성하는 생애 구조, (2) 여러 개인들이 생애 경로를 거쳐 발생하는 발달과제 및 환경변화들을 다루기 위해 사용하는 대응 메커니즘들에 수반하는 진로 적응성 전략들, (3)삶의 패턴을 형성하는 동기, 추진력 및 노력을 포함하는 주제별 생애 이야기들, (4)개인의 자기개념을 특징짓는 여러 능력, 욕구, 가치, 관심 및 기타 속성을 구성하는 성격 스타일에 주의를 기울임으로써 이 목표를 달성한다. 진로구성이론은 내러티브 패러다임을 사용하여 이러한 네 가지 차원을 구성주의 진로상담모델과, 내담자들이 자신의 생애진로 이야기를 작성하도록 촉진하는 방법의 형태인 실제로 전환한다. 그런 과정을 통해 개인적으로 의미 있는 맥락으로 강화하고 사회적으로 관련된 노력을 통해 일에 대한 그들의 경험을 발전시킨다.

철학적 차원에서 사회구성주의와 논리실증주의 같은 겉으로 보기에 서로 양립할 수 없는 관점들에 기반을 둔 진로구성이론과 실천은 진로에 관한 여러 주요 관점들을 통합하고 다시 다음과 같은 사항들을 고찰한다. (1) 생애 구조와 진로적응성 즉, 한 개인이 자신의 생애 역할들을 정리하고 진로발달 과제들을 다루는 방법, (2) 생애 주제들 즉, 한 개인이 특정한 생애－진로 방향을 지향하는 이유, (3) 직업적 성격들(vocational personalities) 즉, 한 개인이 어떤 특성을 지니고 있는지에 대한 것이다. 직업 행동에 관한 하나의 거대한 이론에서 이런 세 가지 핵심 진로이론의 전통들(개인의 발달, 정신역학적 동기, 개인의 차이)을 종합함으로써, 진로구성 이론은 진로선택 및 발달의 과정, 패턴, 내용에 주의를 기울여 진로발달 이론들의 통합에 대한 요청에 효과적으로 반응한다(Savickas & Lent, 1994). 발달 과정, 내러티브, 개인적 성향에 기반을 둔 진로개입을 위한 실천적 방법들을 명확히 설명함으로써, 진로 구성은 오랫동안 엄청난 간격만큼 분리되어 있다고 여겨진 진로발달의 두 가지 주요 요소인, 이론과 실천 간의 매우 필수적인 화해(rapprochement, *상호접근, 합병－프랑스어 사전)를 제안한다(Savickas & Walsh, 1996).

진로 구성 이론과 실천에 대한 독창적이고 명확한 진술들은 저술가이자 숙달된 실무자(master practitioner)인 Savickas가 기록한 논증 및 두 개의 챕터에 등장한다. 이번 장은 진로발달을 위한 생애 이야기를 토대로 진로구성의 핵심 개념들과 중심 원칙(central tenets, 중심이 되는 주의(主義), 중심주의), 상담 방법들을 설명한다. 이번 장은 진로 구성 이론을 역사적 관점 안에서 들여다보면서 시작한다. 그리고 해당 이론의 네 가지 기본 요소인 생애 구조, 진로 적응성 전략, 생애 주제 이야기 및 성격 스타일을 명확히 설명한다. 이번 장은 내담자들이 자신의 진로를 이해하고 구성하며 자신의 생애를 설계하도록 돕기 위해 상담자들이 이론을 어떻게 이용하는지 고찰하면서 결론을 낸다.

8.2 진로구성 이론을 위한 맥락

8.2.1 개인차

미국의 진로발달 및 상담역사의 중요한 분수령(watersheds)이 되는 세 가지 뚜렷한 에피소드는 (1) 20세기 초 진로지도 운동 ,(2) 20세기 중반의 진로 발달에 대한 강조, (3) 진로에 대한 내러티브적 접근의 현대적 진보이다. 이러한 발달이 처음 이뤄진 시기는 1900년대 초 미국의 직업지도(vocational guidance)분야의 창립과 직업에 대한 개인차 관점(Parsons, 1909)의 시작으로, 변별적 혹은 개인-환경 적합성(person-environment fit) 심리학으로도 확인된다. 해당 분야(field)가 생겨난 첫 100년 동안 직업지도를 위한 주요 패러다임 역할을 했던 변별적 관점은 그들의 성격 스타일에 맞는 직업에 사람을 매칭하는 데 초점을 맞추고 있다.

직업적 자기분석(vocation self-analysis), 직업 분석, 진실한 추론(true reasoning)의 현명한 선택을 위해 Parson(1909)의 독창적인 공식(original formula, 특성-요인이론)으로부터 파생된, 이 변별적 접근법은 직업 선택과 업무 조정에 관한 객관적 관점을 취하는 직업지도를 축약적으로 나타낸다. 변별적 틀(framework) 내에서 진로 상담은 심리검사로 도출된 점수와 해석방법을 이용하여 한 개인이 어떤 특성을 지니고 있는지 판단하고 그러한 특성에 적합한 직업 정보를 결정한다(Savickas, 1992). Holland(1997)의 RIASEC 모델과 진로검사 및 상담에 사용하기 위한 해석은 진로에 대한 본질적인 변별적 심리학 접근법을 구체화한다.

8.2.2 개인의 발달

진로 발달과 상담에 있어 두 번째로 중대한 분기점이 될 사건은 20세기 중반에 진로에 대한 발달 관점이 등장하면서 발생했다(Super, 1957). 생애 역할들의 배열 내 하나의 역할로서 '근로자'와 진로단계들에 추가적인 주의를 기울였던 발달 관점은 사람들이 생애과정(life course) 동안 일(직업)을 중심으로 구성하는 의미를 강조한다. 이런 발달 모델은 개인들이 서로 어떻게 다른가에 집중하는 대신, 개인들이 생애주기(life-cycle)를 거쳐 나아감에 따라 스스로를 얼마나 차별화시키는지에 집중한다. 진로발달 이론과 상담은 개인들이 스스로에게 부여하는 의미와 신념에 따라 자신이 소유한 것을 어떻게 발전시킬 수 있는지를 검토한다(Super, 1983; Super, Savickas & Super, 1996). 변별적 진로 심리학이 객관성과 진로선택 내용을 중시하는 반면, 진로발달 심리학은 전생애를 거치며 진로선택과 조정의 바탕이 되는 적응의 과정들과 주관성을 강조한다.

발달적, 변별적, 현상학적 이론과 학습 이론, 진로이론과 상담을 발달적 측면에서 융합한 Super(1990)의 분절적 접근의 반영은 직업 행동에 관한 객관적, 주관적 관점 모두를 포함한다. 그것은 기질적 성격 특성, 맥락화된 진로 관심, 진로 내러티브 및 발달 매커니즘에 실질적인 주의를 기울임으로써 이를 완성한다 (Savickas,2001). 변별적 전통에서 성향들은 직업 성격 스타일을 다룬다. 진로 관심 (concern)들은 발달적 전통 내 문화적 맥락, 생애 단계, 사회적 역할에 초점을 맞춘다. Super(1954)의 주제 외삽법(thematic extrapolation method)에 의해 생성된 진로 내러티브들은 패턴과 주제가 어떻게 그들의 삶의 이야기에 전달되는 목표와 의미를 표현하고 형성하는지를 강조하는 구성주의 이론과 정신역동적 이론들에 가깝다. 발달 매커니즘들은 학습과 인지는 물론 의사결정 태도, 역량, 장애물 같은 직업 과정 변수들(vocational process variables)에도 초점을 맞춘다. Super(1996)의 전생애(life–span), 생애공간 이론(life–space theory)과 진로상담에서 활용하기 위한 이론의 명료화는 진로발달 심리학(developmental career psychology)의 접근법을 대표한다.

8.2.3 정신역동적 동기

변별적, 발달적 운동 이후, 포스트모더니즘적 진로 구성주의 모델들과 방법들의 등장 및 발전은 진로분야에서 세 번째 중요한 분기점의 발달에 해당한다. 이런 모델들과 방법들에는 내러티브 진로상담(Cochran, 1997), 진로에 대한 맥락주의 설명 (Young 외, 2020), 진로에 관한 내러티브 관점 및 정신역학 관점을 포용하는 구성주의적 접근법들(Savickas, 2002, 2005a)이 있다. 종합적으로 보면, 이런 접근법들은 권위 있는 매칭 모델을 강화하고, 이야기로서 삶의 주제와 진로를 강조하는 발달적 접근법들을 Super(1990)가 그의 전생애, 생애–공간 접근법에서 달성한 수준보다 훨씬 더 심사숙고하여 정밀하게 향상시킴으로써, 21세기 동안 진로 발달과 상담을 변화시킨다. 진로 심리학의 역동적인 전통과 일치하는 내러티브와 구성주의 관점들은 개인들이 스스로 발달시켜온 속성을 어떻게 이용할 수 있는지 이해하기 위해 개인의 성격 패턴, 동기 및 추진력에 대한 개인의 의식과 이해의 발달을 강조한다 (Watkins & Savickas, 1990).

특히, 정신역동 접근법들은 초기 부모–자녀 관계, 아동기 기억, 가족 역동 및 일과 진로에 대한 개인적인 의미에 따라 진로 선택과 발달을 개념화하기 위한 주관적 관점을 강조한다. 내러티브 및 정신역동적 틀(frameworks) 내에서 진로 이론과 상담은 개인들이 자신의 특성을 어떻게 이용할 수 있는지, 그들이 일과 그 밖의 삶의 영역들을 통해 자신의 삶과 정체성에 어떤 의미를 부여할 수 있는지 탐구한다. 개인에게서 비롯된 이야기와 패턴 인식은 의미 만들기(meaning-making)를 촉진하기 위해 개인의 생애진로(life career)를 해석하는 주된 수단을 제공한다.

8.2.4 이론의 통합

Savickas(2002, 2005a)는 진로발달의 역사에서 이러한 세 가지 중요한 전환점(watershed)개발의 결실들을 효과적으로 조합함으로써, Super(1990)가 전생애, 생애-공간 이론에서 오랫동안 모색했던, 진로에 대한 변별적, 발달적, 역동적 혹은 내러티브적 접근법들의 조정과 통합을 제안했다. 그는 본질론적, 전체론적 패러다임에서 상호주의적, 맥락적 패러다임으로 이동하기 위한 메타 이론으로 사회적 구성주의를 이용함으로써 이러한 통합을 이뤄냈다. 진로 구성은 개인의 경험 안에서 일의 의미와 개인들이 자신만의 진로진로 이야기를 의미 있게 진전시키고 자신과 지역사회에 중요한 사회적 기여를 하기 위해 일을 어떻게 이용할 수 있는지 고려함으로써, 직업들에 대한 개인의 성격을 매칭시키는 일을 다룬다. 진로 구성은 진로 선택과 발달을 자서전적 의미 만들기와 개인 및 사회적 문제의 과정으로 개념화하기 위해, 개인적 성향, 발달 과정, 개인 삶의 내러티브들을 의도적으로 통합하고 동시에 주목하는 것으로 구별된다.

요약하면 진로 구성 이론과 실제는 진로에 관한 변별적, 발달적, 역동적, 그리고 학습 기반의 관점들을 통합했다. 그 과정에서 진로 구성 이론과 실제는 개인이 어떤 특성을 지니고 있는지, 개인이 생애과정(life course)을 거치며 개인적, 환경적으로 위급한 상황에서 일어나는 변화와 전환에 어떻게 적응하는지, 그리고 개인들은 왜 그들이 하는 방향대로(in the direction that they do) 행동하고 움직이는 이유를 고려한다. 그렇게 함으로써, 진로 구성은 도화선을 만들고, 의미를 부여하고, 자신과 사회적 세계의 모든 것을 중요한 것으로 만드는 유동적인 과정으로 직업 선택, 조정 및 개발에 대해 이해하고 주의를 기울인다.

이번 장의 다음 섹션들에는 전생애, 생애-공간 이론을 변형시킨, 진로 구성 이론의 핵심 요소들에 대한 개요가 담겨 있다. 진로구성 이론과 이 이론의 16가지 핵심 가정들 및 전생애, 생애-공간 이론으로부터의 진화에 대한 포괄적 설명에 관심이 있는 독자들은 그 이론의 독창적인 진술 및 진로 교육과 상담 실천에 대해 구체적으로 서술된 설명을 연구해 보는 게 좋을 것이다(Savickas, 2005a). 진로 구성 이론의 네 가지 주춧돌들 즉, 생애 구조, 진로 적응성 전략, 생애 주제 이야기들과 성격 스타일에 대한 설명들을 통해 다음과 같은 논의가 이뤄진다. 이번 장에서는 그 이론의 필수 요소들을 설명한 후, 그 이론이 개인들이 자신의 생애－진로를 구성하고 진전시키도록 도움을 주는 데 목표를 둔 진로상담의 실천으로 어떻게 전환되는지 고찰한다.

8.3 진로구성 이론의 기초(cornerstones)

8.3.1 생애 구조

Super(1990)는 일을 통해 생계를 유지하는 동안 사람들은 다양한 문화적 영역 혹은 '극장' 안에서 행하는 역할들의 배열 내에서 삶을 살아간다는 것을 인식했다. 이 개념을 발전시킨 진로 구성 이론은 사회적 역할을 직업 행동과 직업 행동이 개인에게 주는 의미를 이해하기 위한 하나의 기초(cornerstone)로 지정한다. 이에 따라 이 이론은 진로 선택과 발달을 재해석해서, 일(직업)을 개인이 행하고, 인간의 생애 구조의 기반을 형성하는 사회적 역할들의 그물망 안에 위치한 작업으로 진로 선택과 발달을 재해석한다(Richardson, 1993; Super & Sverko, 1995). 이런 관점을 통해 진로 실제는 심리학적 모델에서 심리사회적 모델로 이동하게 된다.

일반적으로, 여러 개인들은 역할 변화의 시점에 그리고 자신의 생애 구조들을 어떤 다른 패턴의 생애 역할들로 재구성하고 싶을 때 진로상담을 원한다(Savickas, 2002). 이에 반응하여, 상담자들은 일의 역할이 내담자의 문제들 및 고민들의 주요 초점이라고 가정하기보다는, 내담자가 다양한 삶의 역할에 부여하는 상대적 중요성을 인식하고 다루어야 한다. 다양한 저자들은 진로상담을 진로구성 이론에서 그것의 활용법에 부합하는 생애 구조에 특별히 주의를 기울이는 것으로 기술해 왔다(e.g. Hartung, 1998; Niles & Usher, 1993; Super, 1983; Super et al., 1996).

사회적 역할들 면에서 개인의 행동은 성별, 나이, 사회 계층 같은 변수에 따라 구성원들이 이용할 수 있는 행동 역할 옵션들의 범위가 다르다. 진로 구성 이론은 직업 역할에 우선순위를 두기보다 개인들이 가족, 놀이와 여가, 학교, 직장, 지역사회, 기타 영역에서 여러 역할들에 부여하는 상대적 중요성에 주의를 기울인다. 일반적인 문화적 가치 지향성, 일의 변화하는 특성, 사회의 점차 증가하는 다양성, 전세계의 경제와 시장, 직업 및 기타 장애물들이 개인의 역할 두드러짐(salience)이나 역할 생존력의 수준들에 영향을 미친다(Richardson, 1993).

사람들이 역할들의 핵심 가치 실현에 대해 행동 차원에서 참여하고, 정서 차원에서 투자하며, 예측하게 되는 정도의 측면에서 자신들에게 가장 중요하고 가치 있다고 여기는 역할 면에서 차이가 있다. 성별 기대, 사회적 계층, 차별, 개인의 선택과 가족 기대 같은 개인적, 구조적, 문화적 요소들은 역할 몰입 및 역할 참여에 영향을 미친다. 생애 역할들을 경쟁하고 다투는 것으로 보는 만연한 관점을, 이런 영역들 내 활동을 보완적이고 수렴적(convergent)인 것으로 보는 관점으로 변경하는 것이 바로, 진로구성 이론의 생애 구조 요소의 특징이다. 이 이론은 문화적 세력이 개인들이 인간 발달의 여러 맥락에 비해 일(직업)을 이해하고 경험하는 방식을 형성시킨다.

8.3.2 진로 적응성 전략들

발달 이론으로서 명시적 위치(명백한 입장)를 반영하는 진로구성은 진로 적응성을 직업 행동과 직업행동의 진화를 이해하기 위한 두 번째 기초(cornerstone)로 사용한다. 아래에서 설명되었듯 이 이론의 기질적 요소는 직업 행동의 개인 차이에 초점을 맞추는 반면, 이 이론의 발달적 맥락(thread)은 시간이 지남에 다른 직업 행동의 성장 및 변화를 다룬다. 구성의 초기 정의(Super & Knasel, 1981)와 최근의 정교화(Savickas, 1997, 2001)에 따라(Super & Knasel, 1981) 진로구성 이론의 진로 적응성 차원은 개인들이 직면하는 발달 과제들 및 역할 전환과 그들이 그런 변화를 다루기 위해 사용하는 대응 전략들에 주의를 기울인다. 발달된 경력 단계와 과제는 개인의 자기 인식 향상, 직업 탐색 및 의사 결정, 안정된 약속 확립, 역할 관리 및 역할 해제에 대한 직업적 우려로서 개인이 경험하는 사회적 기대치를 구성한다(Savikas, 2005b).

진로구성 이론은 성장, 탐색, 확립, 관리(전생애, 생애 – 공간 이론의 유지)와 쇠퇴의 지표를 이용해서 Super(1990)의 발달 진로 단계들을 통합하고 발전시킨다. 이 이론은 여러 전환들이 이어지고, 개인들이 전생애에 걸쳐 이런 단계들을 순환하고 재순환 할 수 있다는 관점을 진전시켜 재탐색과 재확립을 촉진시킨다. 아래에 설명한 각 경력 단계와 그에 수반되는 발달 과제는 1차 적응 목표를 수반한다. 각 단계와 연관된 모든 과제들을 완료하면 성공 및 미래의 적응성에 대한 토대가 구축되고 이후의 단계에서 어려움을 겪을 가능성이 줄어든다.

▌성장(GROWTH)

초기 진로 성장단계(4~13세)는 초기 및 사실적 자기-개념을 형성하려는 목표에 집중한다. 이런 자기개념은 '내가 누구인가?'라는 질문에 대한 개인의 고유 답변을 반영하며, 자신의 강점, 한계, 관심 사항, 가치, 능력, 성격, 재능에 대한 정신적 표상을 포함한다. 진로 성장 중, 개인은 미래를 계획하는 것이 중요하다는 인식을 하게 되는 미래 지향성을 획득해야 한다. 이 과정에서 한 가지 중요 요소는 다양한 역할을 수행하는 자신을 상상해 보고 자신의 생애에서 이런 역할들의 상대적인 중요성을 이해하는 것이다.

▌탐색(EXPLORATION)

두 번째 진로 탐색단계(14~24세)는 궁극적으로 '하나의 진로를 구성하는 매칭되는 선택을' 하기 위한 자기와 직업들에 관한 정보수집에 초점을 맞춘다(Savickas, 2002, p. 172). 진로탐색 중 개인은 일(직업)세계의 여러 기회에 관해 학습해야 하고, 자신의 자기-개념을 초기에 이행하며 직업들을 광범위하게 탐험해야 하는데 이것은 주위를 돌아보는 역량을 반영한다(Savikas, 1997). 탐색을 통해, 직업 역할들에 관해 계획을 세우고 호기심을 갖게 되며, 탐색을 하려는 의지가 있고, 진로 의사결정 원리들 및 직업 세계에 대해 지식을 쌓아감에 따라, 진로 성숙도가 발달한다.

▌확립(ESTABLISHMENT)

세 번째 진로 확립단계 (일반적으로 25~44세)의 핵심은 직업 역할 안에서 자기-개념을 이행함으로써 '자신의 내면의 세계와 외부 세계 간의 응집성'에 영향을 미쳐서, 직업을 통해 생계를 유지하고 생애에 의미를 더하는 것이다(Savikas, 2002, p. 178). 의미나 만족감이 없는 하나의 직업으로서의 일을 하려면 노동자는 부모, 배우자, 지역사회 구성원, 여가 주체로서 다른 생애 역할들 안에서 자신의 자기-개념을 실현해야 한다. 진로 확립 중, 개인은 일(직업) 세계 안에서 하나의 자리를 안정화시키고 확보해야 하며, 긍정적 태도 혹은 생산적인 업무 습관을 투영함으로써 자신의 입지를 공고히 하며, 외부 세계의 현실과 더욱 잘 맞물리기 위해 자기개념을 다듬어야 한다. 그러한 정교함으로 개인의 삶의 이야기가 깊어지고 구체화되며, 그 이야기의 생존성, 생명력, 일관성이 증가한다.

▌관리(MANAGEMENT)

네 번째 진로 관리단계(45~65세)는 지금까지 얻은 것을 유지하고, 더욱 잘 하기 위해 지식과 기술을 갱신하고, 일을 진부하지 않은 상태로 유지하기 위해 혁신을 거듭하는 데 집중해야 한다. 이 단계에서 관리를 통해 조기에 질문을 촉진해야 한다. "나는 현재 위치를 유지해야 할까? 아니면 새로운 위치를 다시 설정해야할까?" 이 선택을 하게 되면 직업 역할로부터 은퇴 혹은 해방(쇠퇴)을 하기 전까지 자신의 현재 일을 하고 싶은지 하기 싫은지 충분한 시간을 들여 숙고하게 된다. 자신의 자리를 떠나기로 한 사람들은 탐험 및 확립을 통해 재순환함으로써, 주로 새로운 위치 혹은 직업 분야로 전환한다. 자신의 확립된 위치에 머무는 사람들은 자신의 지위(niche)를 보존하고 향상시키려 노력한다. 경력 관리 중에 사람들은 자신들의 위치를 보존하고 혁신하거나 새로운 위치에서 재탐색 및 재확립함으로써 자기와 직업 면에서의 변화에 적응해야 한다.

▌쇠퇴(DISENGAGEMENT)

최종단계인 진로 쇠퇴(65세 이상)는 직업 역할을 떠나는 목표에 초점을 맞추며, 일반적으로 다른 극장(theatre)에서 여러 역할들에 더 많은 시간을 할애하게 된다. 생산성 수준은 악화되기 시작하고, 직업 활동은 점차 감소하며, 은퇴와 직업 이후의 생애 관련 문제들이 점점 더 뚜렷하게 떠오른다. 사람들은 이 단계에서 스스로에게 "은퇴가 내게 무슨 의미가 있을까? 혹은 내가 은퇴에 어떻게 적응할까?"하는 질문을 던질 수 있다. 진로 쇠퇴기에, 노인은 경제 상태를 체계화하고, 일상의 활동들의 일정을 잡으며 새로운 라이프스타일을 확립하는 은퇴 계획 과제들을 다뤄야 한다. 업무 역할의 쇠퇴로 살기 위해 하나의 자리에 정착하기, 의미 있는 여가 활동 추구하고, 에너지를 가정과 가족 혹은 다른 생애 영역으로 이동시키기 같은 은퇴 생활 과제들이 촉구된다. 생애 기대, 조기 은퇴 옵션들 및 생활비 고민이 증가해도, 이 단계로부터 역으로 순환하여, 탐색을 통해 대안적인 직업 가능성을 식별하게 되고 확립을 통해 새로운 위치에서 자기개념을 이행하게 된다.

▌진로 구성의 ABC

진로 적응성은 진로 단계 및 과제들을 포괄하는 동시에, 별도의 태도, 믿음, 역량 즉, 자신의 직업적 자기 개념을 생애 경력을 거치며 직업 역할들에 맞춰 정렬시키기 위해 채택하는 행동과 문제들을 해결하기 위해 사용하는 전략들에 영향을 미치는 '진로 구성 ABC'를 수반한다. 표 8.1에 나타나 있듯, 진로 적응성의 구성은 직업 발달의 네 가지 기본 차원들로 구성되며, 각 차원은 특정한 발달 과제들을 다룬다. 진로 관심(concern)은 미래에 대한 자신의 방향을 정하고 그것에 관해 긍정적인 느낌을 받는 문제들을 다룬다. 진로 통제는 진로 의사결정을 통해 자기-조절 증가시키기와 미래에 대한 주인의식에 대한 책임지기와 관련이 있다. 경력 호기심은 생산적인 경력 탐험에 대한 참여와 미래에 대한 실질적인 접근이 수반된다. 진로 확신은 문제해결 능력과 자기효능감에 대한 믿음 획득을 다룬다. 요약해 보면, 고민은 어떤 미래를 맞이하는 일을 다루고, 통제는 미래를 소유하는 일을 다루며, 호기심은 가능성 있는 자기(자아)를 탐험하는 일과 관련이 있고, 확신(자신감)이란 선호하는 미래를 구성하고 장애물을 극복하는 능력을 일컫는다. 진로구성 상담의 1차 목표는 내담자들의 진로 적응성 수준을 증가시켜서 그들이 자신만의 발달을 더욱 효율적으로 생성할 수 있게 하는 것이다.

표 8.1 진로 적응성의 차원

적응성 차원	진로 질문	태도와 신념	역량	진로 문제	대처행동	관계 관점	진로 개입
관심	미래가 있는가?	계획적인	계획하기	무관심	알아차리는 관여하는 준비하는	의존적	방향성을 잡는 활동
통제	누가 내 미래의 주인인가?	결정적인	의사결정	미결정	주장적인 훈육된 의도적인	독립적	의사결정 연습
호기심	미래에 대해 원하는 것이 무엇인가?	궁금해 하는	탐색하기	비현실성	실험적인 위험감수 탐구하는	(상호) 의존적	정보탐색 활동
확신 (자신감)	내가 할 수 있는가?	효과적인	문제 해결	억제	지속하는 노력하는 근면한	동등한	자아존중 감 향상

출처: Savickas, 2005b

8.3.3 생애주제(life theme) 이야기

진로구성이론의 세 번째 기초(cornerstone)는 진로 이야기로부터 도출된 생애 주제들을 구성하는 것이다. 성격 스타일이란 한 개인이 달성한 것을 가리키고 진로 적응성 전략들은 그가 그것을 달성한 방법을 반영한다. 이 이론의 생애 주제 요소는 사람들이 자신들이 일하는 특정 직업 방향으로 이동하는 이유를 다룬다. '왜'라는 질문에 주의를 기울인 생애 주제들은 직업 행동에 의미를 부여하는 욕구, 가치관, 관심 사항의 형태로 동기와 노력에 초점을 맞춘다. 진로구성 이론은 진로 이야기로부터 발생한 생애 주제들을 개인의 생애 구조, 직업 성격 스타일 경력 적응성 전략들을 설명해주는 '개인적 의미'(Savickas, 2005b, p. 2)로 본다. 직업 발달 과제, 진로 전환, 성공경험, 그리고 트라우마(외상)에 대한 자기 정의는 자신과 사회 사이에서 일어나며, 개인의 삶에서 일(직업)의 역할을 구체화하는 생애 주제들을 가리킨다.

이 이론의 생애 주제 부분(segment)은 진로가 직업 행동에 의미와 방향을 부과하는 자기개념화활동(self‐conceptualising activity)임을 인식한다. 이러한 자기조직화(self‐organisation)와 의미만들기(meaning‐making)를 통해 개인은 직업 안에서 자기 개념을 이행하고, 스스로 되려고 지각한 대상을 파악하며 직업 역할 안에서 그런 이미지를 실현한다. 진로를 구성하는 데 있어서 개인들은 지속적인 적응 과정에 참여하여, 자기와 상황 간의 조화를 향상시키고 직업 안에서 자기‐개념을 실현한다. 이 이론은 사람들이 이런 식으로, 사람들이 자기와 사회 모두에게 중요한 방식으로 사회의 진흥(promotion)과 자기의 발달을 위한 맥락으로서 일(직업)을 이용한다고 주장한다. 상담에서 생애주제를 확인하는 것이 강조되는 이유는 (생애주제가) 삶의 목적, 의미, 방향, 일관성을 부여하는 것을 나타내기 때문이다.

8.3.4 성격 스타일(Personality style)

진로 구성은 이 이론의 네 번째 기초(cornerstone)로서 성격발달과 개인‐환경 심리학의 유용성을 고려하고 포용한다. 진로지도에 대한 차별적 패러다임과 위치(지위)에 맞는 개인을 매칭시키는 것에 대한 강조로부터 파생된, 진로구성 이론의 성격 스타일 혹은 기질적 요소는 가치관, 능력, 욕구, 관심 사항 면에서 개인의 차이에 주의를 기울인다(Savickas, 2005a).

이 이론의 관점에서 보면, 원가족에서 형성된 성격은 이후 개인이 학교와 지역 사회의 맥락 안에 역할들에 참여하면서 사회 안에서 점차 발달한다. 개인들은 아동기와 청소년기의 공통적이고, 문화적이며 가족에 의해 보강된 활동들에 참여함으로써, 이런 속성들을 실천하고 가다듬으며 자신의 성격들을 형성한다. 성격 스타일이 공고해지면서, 개인들은 자신이 시작한 직업을 통해 직업 역할 안에서 자신의 자기-개념들을 표현한다. 이러한 자기-개념 이행의 과정은 일반적으로, 파트타임 일자리를 통해 직업의 세계를 처음 탐험하는 청소년기에 시작된다. 몇몇 직업들은 직업적 성격 스타일과 업무 환경 간의 적합도, 일치도에 따라, 다른 직업들보다 개인들이 자신의 성격을 더욱 충분히 표현하고 자기-개념들도 충분히 수행할 수 있게 해줄 것이다(Holland, 1997).

한 개인이 흥미나 다른 특징의 형태로 발달시키는 직업 성격 '특성들'은 적응적 대응 전략들에 해당한다(Savikas, 2002). 이런 대응 전략들은 본질적으로 수동적이기보다는 능동적이다. 진로구성이론은 관심 사항과 기타 속성들을 안정적, 정적, 객관적으로 유형적인 실체보다는 사회적 세계에 대한 적응의 역동적, 유동적, 주관적(개인적)으로 경험된 가능성들로 본다. 심리검사(Psychometric inventories)들을 이용해서 흥미, 가치관, 능력의 형태로서 자세히 설명되고 굳건해진 대응 전략들을 측정하고 범주화할 수 있다. 그럼에도, Holland(1997)의 RIASEC 모델 내 범주들과 같이, 경험적으로 파생된 특성 범주들은 그것들의 활용성(사용)과 의미를 유지하는 독특하고 특별한 시간적, 상황적, 문화적 맥락 안에서 사는 사람들이 사회적으로 구성한 것으로 인식된다. 직업적 성격 유형과 직업적 흥미는 "사회적으로 구성된 집단의 태도와 능력에 대한 유사점"(Savickas, 2005b, p. 3)으로 구성되어 있으며 이는 사람들 유형 간의 유사성을 나타낸다. 진로 구성 이론의 기질적 차원 및 그 이론의 실질적 이행의 핵심(중심)은 개인들이 상황적 요구에 따라 특정 적응적 대처 전략들을 사용하여 유지하거나 중단할 수 있다는 믿음이다.

8.3.5 요약

진로구성 이론은 변별적, 발달적, 역동적, 학습 기반 접근법들을 직업 행동에 관한 하나의 거대 이론 안에 통합한다. 그렇게 하는 과정에서, 진로구성이론은 직업 행동 및 직업 행동의 발달을 (1) 생애(삶, 인생)를 구성하는 역할들을 포함하는 구조, (2) 전생애에 걸친 변화를 다루고 전환을 탐색하기 위해 사용하는 적응적 전략들, (3) 자기 개념을 패턴화하고 형성하고 정의하는 생애 주제와 생애 주제의 사회와의 맞물림을 드러내는 이야기들, (4) 사회 및 직업 세계와 상호작용하고 적응하는 성격을 특징짓는 스타일의 측면에서 이해한다. 진로선택과 발달에 관한 이론들 중에 독특한(독창적인), 진로 구성 이론은 상담 모델의 형태로 실천(실행)하고 사람들이 자신의 경력을 구성하도록 돕기 위한 평가 및 중재를 위한 방법들로 전환된다. 다음 섹션에서는, 경력 구성 이론으로부터 직접적으로 파생된 진로구성상담의 기본 요소들을 명확히 설명한다.

8.4 진로구성 상담

진로구성 상담은 진로평가 및 개입의 실천(실행)에 진로구성이론의 원리를 적용한다. 진로 구성 상담은 내담자들이 '직업적 자기-개념들을 업무 역할과 연결 짓는 진로이야기(career story)를 작성하고 다시 쓰도록 돕는다. 내담자들이 직업으로 인해 보다 어떻게 더 완전해질 수 있는지 설명하며 사람들을 직업에 맞추기보다는 그들의 삶에 맞는 일을 맞출 수 있도록 돕는다'(Savikas, 2002, p. 192). 이 과정에는 진로구성 이론의 네 가지 기초들을 고려하기 위한 평가 및 상담 방법들이 포함된다(Savickas, 1998, 2002, 2005a). 시청각 기록(Savickas, 2006)은 관심이 있는 독자를 위한 완전한 설명(묘사), 상세한 사례 연구들, 진로구성 상담의 시연을 제공한다.

8.4.1 진로유형(양식) 면접(Career style interview)

진로구성 상담은 상담 과정의 평가 요소로 구성된 진로유형(양식)면접(Career style interview)으로 시작된다(Savickas, 1998). 이런 평가를 통해, 내담자로부터 생애 구조(역할의 중요성), 진로적응성 전략들(관심, 통제, 호기심, 확신), 생애 주제들(동기, 노력), 성격 스타일(RIASEC 유형)에 관한 자기-정의적 이야기 형태로 데이터를 모은다. 상담자는 은유적인 언어를 사용하고 극적인 형태로 내담자의 이야기를 일관되고 응집력 있는 내러티브 방식으로 해석함으로써 평가에서 개입으로 과정을 전환한다.

첫 면접에서, 상담자는 다른 극장(theatre)(가령, 학업, 가정과 가족, 지역사회, 여가)에서의 생애 역할들과 관련된 일의 중요성에 관한 단서들을 주의 깊게 듣는다. 상담자는 내담자의 업무 역할의 명확성(salience) 수준을 확인함으로써 추가 경력 평가 및 상담이 의미가 있을지 (높은 진로 명확성) 아니면 없는지 (낮은 진로 명확성) 알게 된다.

진로 명확성이 높은 내담자들은 추가적인 진로평가를 통해 최대의 이익을 얻을 수 있는 준비가 되어 있음을 나타낸다. 진로 명확성이 낮은 내담자들은 그들의 고유한 생애 상황(Status, 상태)에 따라, (1) 추가 평가를 하기 전에 직업 세계에 대한 방향을 잡거나 (2) 다른 생애 역할을 탐구하고 준비하는 데 도움이 필요할 수 있다.

진로유형(양식)면접(Career style interview) 자체는 내담자들의 상담목표를 이끌어내는 도입 질문으로 구성된다. 6가지 영역의 주요 질문들이 내담자들의 생애이야기를 이해하고 구성하기 위한 내담자의 내러티브를 이끌어낸다. 이 인터뷰를 통해, 직업 발달의 단계와 과제에 대한 내담자의 현재 진로관심들을 파악하고, 진로구성의 네 가지 요소인 (1) 생애 구조, (2) 진로 적응성, (3) 생애 주제,(4) 성격 스타일에 주의를 기울인다.

표 8.2는 오프닝 질문(상담에 대한 내담자의 준비도를 파악하고 상담의 목표를 설정하기 위한 질문) 외에도, 상담자가 진로유형(양식)면접(Career style interview)을 진행하기 위해 사용하는 여섯 가지 핵심 질문들을 목록으로 제시한다. 이런 핵심 질문들은 역할 모델, 선호하는 사회적 환경, 명백한 흥미, 선호하는 직업 환경, 생애－이야기 선정(designations), 핵심 문제들을 다룬다. 표8.3은 각 질문 영역에서 유도된 이야기들이 내담자에 관해 무엇을 드러내주는지 설명한다. 역할 모델들에 관한 질문들은 내담자의 이상적 자아(ego ideals)를 드러내고, 핵심적인 생애 목표를 가리키며, 내담자의 핵심적인 생애 문제에 대한 실행 가능한 해법들을 제시한다. 여러 잡지들과 텔레비전들 쇼들은 내담자의 스타일에 부합하는 선호하는 환경들을 가리킨다. 여러 서적들은 내담자와 동일한 문제에 직면한 주요 인물을 드러내고 그 인물이 문제를 어떻게 다루는지 보여준다. 여가 활동들은 자기표현을 다루고 명백한 관심사를 드러낸다. 좋아하는 속담(favourite saying, 격언, 명언)은 생애 이야기에 하나의 제목을 부여한다. 교과목은 선호하는 업무 환경을 가리킨다. 생애초기 기억들은 개인이 직면한 핵심 문제를 드러낸다.

내담자가 진로유형(양식)면접(Career style interview)에서 그런 질문들에 대한 응답의 형태로 자기정의 이야기들을 엮을 때(relate), 상담자는 집중하여 듣고, 명확히 파악하기 위한 질문을 한 다음, 성찰적 진술을 하고, 해석에 이용하기 위해, 그리고 내담자가 간직할 설명으로서, 응답들을 기록한다. 면담자료는 내담자의 적응성 고민, 생애 주제와 직업적 성격 스타일(RIASEC 유형)을 나타낸다. 이 과정에서 핵심진로문제는 표 8.1에 열거된 목록에서부터 (1) 미래에 관한 무관심, (2) 어떤 방향을 취할지에 대한 미결정(우유부단), (3) 대안탐색에 대한 비현실주의, (4) 과제들에 대한 접근과 문제 해결에 관한 억압 같은 형태로 표면화된다. 일반적으로, 하나의 핵심 진로문제가 등장하지만 때로는 이런 문제들이 조합되어 나타나기도 한다. 예를 들어, 문제해결에 대한 자신감 부족과 함께 의사결정에 대한 통제력도 부족함을 느낄 수 있다.

표 8.2 진로유형(양식)면접 질문(Career style interview questions)

당신의 진로를 구성하는 데 제가 어떤 도움이 될 수 있습니까? (당신의 진로를 만들어 나가기 위해 저와 만나는 이 시간을 어떻게 활용할 수 있을까요?
1. 자라면서 가장 존경했던 사람은 누구인가요? 어떤 사람의 삶을 따라서 살고 싶은가요? 세 명의 영웅/역할 모델을 이야기 해보세요(목록으로 작성해주세요).   (a) 역할모델들의 어떤 면을 특히 존경했나요?   (b) 이 사람들을 각각 얼마나 좋아하나요?   (c) 당신은 이 사람들과 어떻게 다른가요?
2. 정기적으로 구독하는 잡지가 있나요? 그 잡지의 어떤 점이 좋은가요?   정말 좋아하는 TV프로그램은 무엇인가요?   그 이유는 무엇인가요? 당신이 좋아하는 책이나 영화에 대해 얘기해주세요
3. 여가시간을 어떻게 보내고 싶은가요? 취미는 무엇인가요?   취미생활의 어떤 점이 좋은가요?
4. 좋아하는 명언이나 좌우명이 있나요? 기억하고 있는 명언이 있으면 얘기해주세요.
5. 중학교와 고등학교 때 좋아하는 과목은 무엇이었나요? 이유는?   싫어했던 과목은 무엇인가요? 그 이유는?
6. 가장 어릴 적 기억은 어떤 것인가요? 3~6세 시기에 당신에게 일어났던 일 중 기억에 남는 일 세 가지를 듣고 싶습니다.

표 8.3 진로유형(양식)면접 영역

역할 모델들	이상적 자아, 핵심적인 생애 목표를 나타내고 핵심적인 생애 문제에 대한 해답을 제시한다. 누구를 존경했는가보다 어떤 점을 존경했는가에 초점을 둔다.
잡지/책 TV 프로그램	개인의 생활양식에 맞는 환경에 대한 선호를 나타낸다. 책들은 개인(내담자)와 동일한 문제에 당면해있는 주인공을 드러내고, 그 주인공이 어떻게 문제를 다루어나가는지를 보여준다.

여가(와 취미)	자기표현(self-expression)을 다루고 겉으로 드러난 흥미가 무엇인지 나타낸다.
좋아하는 명언	생애 이야기(life story, 생애사)에 제목을 제공한다.
교과목	선호하는 업무 환경(직무와 근로환경)을 나타낸다.
생애초기기억	개인이 직면한 핵심 문제를 드러낸다.

진로유형(양식)면접(Career style interview)으로부터 수집된 이야기들은 과거에 관한 각색된 이야기를 나타낸다. 내담자들의 이야기는 자신의 현재 상황과 미래의 움직임(movement)을 뒷받침하기 때문에, 개인이 알아야 할 이야기를 이전 생애사건의 회상과 재구성 결과물로 내담자와 상담자 모두에게 알려준다. 인터뷰 중 상담자의 주요 과제는 '생애 전체를 구성하는 주제 혹은 비밀을 들으려 노력할 때, 사실이 아닌 사실들을 함께 엮어주는 접착제'를 찾는 것이다(Savickas, 2005b, p. 4). 그런 과정에서, 상담자는 개인의 생애 이야기를 구성하는 사건들의 순서를 나타내는 하나의 플롯 안에서 면접 질문에 대한 내담자의 응답을 일관성 있게 하는 핵심적으로 몰두해야 할 사항 및 문제의 주제(테마)에 귀를 기울인다.

진로 구성 시, 플롯은 내담자가 다른 무엇보다 해결하고자 하는 문제와 하나의 직업으로 전환될 수 있는 사항(preoccupation)을 가리킨다.

8.4.2 진로구성 이야기

진로구성 상담의 기본 사항과 일상적 사항을 보여주기 위해, 로스쿨 진학과 전문적인 상담자 자격증 사이에서 '고착된' 진로문제에 갇힌 23세 대학원생인 Emma의 이야기(사연)를 생각해 보자. 그녀는 이런 상황을 스트레스로 지각했고 자신이 충분한 구조(much structure) 혹은 구체적인 계획을 지니고 있지 않다고 말했다. 이 논의에서, Emma는 그녀의 경력 열망은 판사나 아동 전문 변호사가 되는 것이라고 말했다. 다음은 진로유형(양식)면접(Career style interview)중 Emma의 답변을 요약한 것이다.

▌진로유형(양식)면접(Career style interview)

당신의 진로를 구성하는 데 제가 어떤 도움이 될 수 있습니까?

"저는 로스쿨(큰 소리로 말함)과 전문적인 상담사 자격증(취득) 사이에 갇혀(빠져) 있어요. 이런 상황이 스트레스를 줘요. 저는 체계적이지도 않아요. 저는 구체적인 계획을 세우는 도움이 필요해요."

세 가지 역할 모델들:

(1) Aunt Hazel - 독립적, 사회적, 스트레스가 많음, 개방적, 히피족 같은 부류. 그녀는 미혼이고 No라고 말하지 못함(난 쉽게 말할 수 있음)

(2) Beth(이웃) - 배려하고, 애정이 많고, 아니라고 말 못하고, 쉽게 통제되며, 목소리를 높이지 않음

(3) Jim(이웃) - 집안의 가장, 직장에서 친구들을 위해 큰 파티를 열어줌, 분별력 있고, 큰 소리로 말하며, '백과 흑'을 구별해' 말함(내 경우는 회색에 가까움). "나는 독립적이고 꽤 사교적이며, 아니라고 쉽게 말한다."

잡지:

사람들(스타들 즉, 유명한 사람들의 삶)

건강&체력(스트레스를 완화하는 법에 관한 기사들)

좋아하는 영화:

뛰는 백수 나는 건달(Office Space) - 사무실에서 내가 일 하지 않는 동기가 된다. 주요 인물이 설득력 있는 주장을 함

좋아하는 책:

누가 내 치즈를 옮겼나?- 변화와 적응을 다루며, 빠르고 쉽게 읽힘

좋아하는 텔레비전 프로그램:

Forensic Files(미국 과학범죄수사 다큐멘터리), Psychic Detectives(내셔널 지오그래픽 세기의 미스터리 심령수사), 예술과 엔터테인먼트 쇼- 사람들의 프로필.

뉴스, O'Reilly Factor(번역서: 좋은 미국 나쁜 미국 멍청한 미국) -보수적 관점, 사람들이 자신의 마음을 말함

취미:

쇼핑, 먹기, 운동, 글쓰기, 수다

좋아하는 속담:

"진정한 친구는 앞에서 욕한다." (정직하고 개방적이며 생각한 것을 말하는 사람이 되라.)

"나는 두 사람 즉, 내 자신과 신에게 대답한다."

학교에서 좋아한 과목이 무엇이었습니까?

수학을 좋아했다. (당신의 답이 맞는지 틀린지 체크할 수 있다.) 선생님은 젊고 재미있었고 농담을 자주 하고 한가롭게 지냈다. 천문학은 싫어했다ー첫 날은 수업을 안 듣고 결국 더 나은 두 과목을 들었다. 물리학ー지루하고 유용하지 않다. 생물학ー 심하다(총체적이다)

세 가지 생애초기기억과 헤드라인

(1) 내 말을 듣지 않아서..대가를 치렀다!

(5세) 아침에 깨어나서 계단을 뛰어 내려갔다. 아빠가 잠에서 깼다. 아빠는 나를 들어 올렸고 나는 아빠한테 하지 말라고 했다. 나는 아빠 머리에 토했다. 아빠에게 하지 말라고 했지만 듣지 않았다. 기분이 나빴다.

(2) 새벽에 신이 남

아침에 깼다. 엄마가 내 생일 잔치를 위해 집을 장식했다. 놀랍고, 행복하고 신이 났다.

(3) 믿을 수 없는 진실 혹은 내가 너보다 강하다.

(9세) 언니가 차도에 오일을 쏟았다. 그녀는 나를 비난했다. 아빠와 엄마는 내가 자백할 때까지 소파에 앉아있게 했다. 나는 절대 자백하지 않았다. 혼이 났지만 고집 부렸다. '왜 나지?'라고 생각했다.

*내러티브 구성하기

생애 구조에 관한 단서들을 듣고, 진로 적응성, 생애 주제들, 성격 스타일에 관한 구체적인 이야기들을 이끌어 낸 후 상담은 '내담자의 성격을 보다 나은 힘(agency)과 자기ー의식을 재구성하는' 내러티브 형태로 데이터를 해석한다(Savickas, 2002, p. 190). 이 과정은 진로유형(양식)면접(Career style interview) 질문에 대한 내담자의 답변을 분석하는 과정이 포함된다. 해석 과정은 내담자의 다음 사항에 주의를 기울이는 7단계의 절차(Savickas, 2005b)를 거쳐 체계적으로 이동한다. (1) 상담 목표를 확인하기 위한 개방적 진술, (2)생애 주제를 구성하는 선입견(편견)과 핵심 문제를 인식하기 위한 초기기억, (3) 내담자가 상담 시 다루고 싶어 하는 생애 주제와 즉각적 문제에 관해 세밀하게 표현한, 좋아하는 명언(좌우명),

(4) 핵심 문제를 잠재적 해법과 연결하기 위한 첫 번째 초기기억 및 역할 모델들, (5) 문제를 해결하기 위해 내담자가 사용하거나 사용하고자 하는 구체적인 특징과 특성을 이해하기 위한 역할 모델들, (6) 관심통제, 호기심, 확신(자신감)으로 이뤄진 진로적응성 전략들의 측면에서 성장을 위한 영역들을 밝히기 위한 전반적인 이야기들, (7) Holland(1997)의 RIASEC 유형들에 따라 직업적 성격 스타일을 나타내기 위한 전반적인 이야기들을 나타낸다.

다음 설명은 다른 곳에서 보다 상세히 기술된 진로구성 과정을 단순히 묘사할 목적으로, Emma의 이야기들에 관한 한 상담자의 관점을 나타낸 것이다(Savickas, 2002, 2005). 상담 실제에서와 같이 독자들은 데이터의 다양한 측면에 주의를 기울일 것이다. 그런 과정에서, 그들은 자신들만의 분석을 토대로, 여기에 전달하지 않은 Emma의 이야기에 관한 추가적인 개념, 가설, 결론을 형성할 것이다. 진로구성에서 상담자의 목표는 항상 전체적으로 정교하고 맞는 답을 제시하기보다 내담자에게 유용한(도움이 되는) 것에 집중된다(Savickas, 2005b). 상담자의 결정적인 목표는 내담자가 바람직한 생애 구조를 설계하고 발달 과제 및 전환들에 적응하며, 생애 주제를 이해하고 자신의 직업적 성격 스타일과 선호하는 직업 환경을 실현하도록 돕는 것이다.

*Emma의 이야기

Emma의 첫 번째 진술은 그녀가 상담을 받는 목적이 처한 상황에서 '빠져나올' 계획을 세우려는 것임을 시사한다. 그녀는 지금까지 해온 것보다 더 성공적이고 계획적으로 나아가도록 도움을 줄 수 있는 구체적인 계획을 세우고 자신의 생애를 구조화하는 데 도움을 받고 싶어 한다. 진로에 대한 열망을 지닌 대학원생으로서, 일과 학생의 역할이 현저하게(도드라지게) 나타난다. 그녀의 이야기들은 그녀의 생애 구조의 일부로서 여가와 함께 가정 및 가족의 역할의 중요성도 암시한다. 20대 초반으로 이제 막 성인(Arnett, 2004)이 된 Emma는 그녀의 자기 개념을 외부의 사회 세계와 보다 충분하게 통합하고 맞물리게 하기 시작하고 있다. 그녀가 아마도 원하는 것은 초기 성인의 생애 구조를 발달시켜야 하는 '스트레스를 주는' 생애 전환을 다루는 과정에서 도움을 받는 것일 것이다. 이를 통해 그녀는 그녀에 대한 사회의 기대에 맞물리는 방식으로 자신의 자아의식을 잠정적으로 표현할 수 있게 될 것이다.

Emma의 이야기를 그녀의 진로고민과 연결시키기 위해, 상담자는 그녀의 어린 시절의 기억(초기기억)을 조사하여, 핵심적 행동과 그녀가 이 세상에서 어떻게 움직이는지 확인한다. 그녀가 사용하는 동사들(예: 깨우기, 달리기, 앉기)는 그녀의 이야기에 생명을 불어넣고(animate) 그녀가 이 세상에서 어떻게 움직이는지 제시한다. Emma의 이야기들은 그녀가 자신의 이야기를 말하기 위해 생애의 깨어남(life waking up)을 통해 달린다는 점, 어떤 하루가 그녀를 통제하기 위한 시도들과 타인의 부주의(아버지가 말을 들어주지 않은 점 - 역주)로 인한 고통과 좌절 혹은 어떤 파티로 인한 신나는 기분이 들게 할지 확인하기 위해 매일 아침 깨어난다는 점을 시사한다. 상담을 하는 시점에, 그녀는 학기의 마감일보다 미리 실천 과목의 필수 수강 시간을 충족하기 위해 '달리고 있었다.' 중간고사까지 그녀가 워낙 빨리 달려와서 실천 과목의 필수 수강 시간을 거의 전부 채웠다. 상담자는 보다 세심한 움직임 즉, 그녀가 조절할 수 있는 움직임을 늦추는 일을 시작할 적기가 언제로 보이는지에 관해 그녀와 논의했다.

Emma의 이야기는 그녀를 자주 깨우지 않고(때로는 너무 늦게 깨우고) 그녀의 말도 들어주지 않는 타인들을 그녀가 깨우고 싶어함을 시사한다. 그녀가 진로고민 즉, 고민에 갇힌 느낌에 관해 말할 때 그녀가 사용하는 말을 들어보면 그녀는 이 두 가지 옵션 사이에 갇혀있는 느낌을 받는 것 같지만 실제로는 그렇지 않다. 보다 더 큰 문제는 그녀가 구체적인 '흑과 백(black and white)' 계획 없이 고민에 갇혀있기 때문이다. 마치 Jim처럼 그녀의 역할 모델에는 회색 영역이 거의 없는 듯 하다. '고민에 갇힌 상태(stuckness)'란 사실은 계획을 세우는 데 시간을 들이는 방법을 모르거나 시간을 들이고 싶지 않아서 생기는 것일 수 있다. 그녀는 구체적이고 고정된 계획을 세우기보다, 그녀가 '깨어나서' '누군가 자신의 치즈를 옮겼다는 점을' 깨달았을 때 변경할 수 있는 충분한 회색 영역과 명확한 요소들을 지닌 좀 더 유연한 계획을 세울 수 있다.

자기 의견을 말할 수 없는 타인들을 위해 목소리를 높이고, 들어주고, 교육하는 일(nurturing)은 그녀의 문제에 대한 Emma의 지속 가능한 해법을 나타낸다. 그녀의 영웅인 Beth와 Helen 숙모는 그녀에게 타인을 돌보는 법, 독립적이게 되는 법, 상호의존적이고 사회적이게 되는 법을 보여준다. 그들과 달리, Emma는 생애의 소파(couch of life)에 조용하고 얌전하게 앉혀지고, 갇힌 느낌을 받으며, 강력히 변호하고, 자신을 표현하지 못하게 되는 상태를 원치 않는다. 실제로 그녀는 자신처럼 부당한 대우를 받아왔을 타인들을 위해 강력히 변호함으로써 이 문제를 극복하려 하는 듯 보인다. Emma는 이로 인해 지각된 고통에 반향하면서(resonate), 타인에 의해 통제받지 않으려면 필요하다고 생각한 만큼 너무 크게 강력히 변호하면서 (speak up: 소리를 높이다) 고통에 맞서 싸웠을 것이다. 그녀의 고민거리는 자신의 의사 결정을 통제하는 일인듯 하며, 이는 그녀가 부모의 압박과 같은 잠재적인 외부 장애물의 형태로 느끼는 스트레스를 반영할지 모른다. 그녀는 자신의 예술적, 사회적, 진취적인 직업 성격 스타일에 맞춰, 그녀의 독립성을 보다 적극적으로, 사전에 관리하고, 기르고, 보여주고 싶어 한다.

상담자는 Emma에게 소파에 조용히 앉아서 자신의 진로고민에 대한 해결책을 무작정 기다리기보다는, 이야기에 결말에 도달하기 위해 서두르지 않고 천천히 앞으로 나아가는 것이 최선일 수 있다고 제안했다. 그것은 퍼즐조각을 모아서 하나의 일관된 전체를 만들고 그녀 인생의 다음 장에 대한 수수께끼를 해결하는 '심리탐정'의 역할을 맡게 되는 것이다. Emma가 생애의 경로를 잡고 자신만의 이야기를 저술하기 위해 자신의 독립적 본성을 이용할 경우 '쉽게 통제 당하는 것'에 대한 그녀의 저항에 대해 아는 것이 아마 최선일 것이다. 그녀는 자신의 생애를 이 지점까지 형성해온 패턴들과 그녀가 구성하고 싶은 궁극적 자기(self), 즉 아마도 선호하는 텔레비전 쇼인 A&E Biographies의 향후 에피소드들에 적합할 자기를 염두에 둬야 한다.

Emma는 상담자에게 자신이 사무실이나 하나의 장소 안에 갇히고 싶지 않다고 말했다. 두 사람은 그녀가 교실과 재판장(judge's chamber)과 다른 장소들 사이를 어떻게 움직일 수 있는지 논의했다. 그녀가 하나의 학위에 '갇혀있고' 싶어 하지 않은 이유는 그녀가 법학 학위와 상담을 맞물리게 할 수 있었기 때문이다. Emma와 상담자는 그녀가 (자격증을 딸 필요 없이) 상담 학위를 이용하여 어떻게 법률 경력을 보완할 수 있을지 고찰했다. 대안적으로, 그녀는 로스쿨과 함께 혹은 로스쿨 졸업 후 상담 자격증을 따려 노력할 수 있었다. 다양한 학위를 획득함으로써, 그녀는 그 학위들을 동시에 이용하여 더 강력한 진술을 하고, 더 열렬히 변호하고, 그녀의 이야기들이 시사하듯, 그녀가 원하는 강력한 목소리를 낼 수 있었다.

상담자는 Emma가 상담과 법률 실천(law practice)을 혼합한 역할 모델을 찾기 위해 직업 협회(professional association)들에 어떤 기대를 걸 수 있는지 그녀와 논의했다. 판사들은 공직자로 선출된다. 이런 측면에서, 그녀는 강력히 변호하고, 정치적 기술, 외교술과 협상(그녀는 이런 기술을 다듬어야 한다는 것을 인정한다.)으로 (때로는 아주 솔직하게) 자기주장을 할 수 있는 능력의 균형을 맞춰야 할 수 있다. 그녀는 보다 분별력 있고 냉정한 삶을 사는 법을 보여주는 Jim이라는 역할 모델에 기대를 걸 수 있다. 그렇게 함으로써, 궁극적으로 그녀는 신나는 감정에 대한 자신의 욕구(파티를 열기)와 생애를 재미있고 명랑하게 유지해야 할 수 있는 길을 혼합할 수 있다.

8.5 결론

진로구성은 직업 심리학의 현저함을 진로상담의 실천과 맞물리게 하여 이론과 실천 간의 간격을 좁힌다. 진로이론의 지배적 모델과 전통을 혼합하고 정교하게 설명함으로써, 진로구성은 직업 행동과 시간이 지남에 따른 직업 행동의 발달을 보다 충분히 이해한다. 이 이론을 실천적 모델과 방법으로 전환시킴으로써, 진로구성 상담은 사람들은 일과 기타 역할들을 통해 스스로를 발달시키도록 보조한다. 내러티브 방법들을 이용하여, 진로에 관한 주관적 관점을 추가하고 개인들의 개인적 진로 현실을 탐색함으로써, 일과 직업에 개인적 의미를 부여한다.

진로구성은 의미 만들기, 매칭 이루기와 중요하게 여기기(mattering)에 주의를 기울임으로써, 사람들을 직업에 맞추는 데 초점을 맞춘 진로발달의 일차원적 개념들을 변화시킨다. 실제로 진로구성은 진로상담을 단순하고, 객관적인, 특성−요인(trait−factor) 매칭 추구로부터 보다 확고하고, 주관적이고, 치유적인 노력으로 전환하여, 개인의 직업 생애에 의미와 만족을 새겨 넣는다. 그런 과정에서 진로구성의 이론과 실천은 사람들이 자신의 생애 이야기를 구축할 때 그들을 이해하고 돕는 포괄적 접근법을 제공한다.

참고문헌

Arnett, J. (2004). *Emerging adulthood: the winding road from the late teens through the twenties.* New York, NY : Oxford University Press.

Cochran, L. (1997). *Career counseling : a narrative approach.* Thousand Oaks, CA : Sage Publications.

Cook, E. P. (1994). Role salience and multiple roles : a gender perspective. *Career Development Quarterly,* 43, 85－95.

Fitzgerald, L. F., & Betz, N. E. (1994). Career development in cultural context : the role of gender, race, class, and sexual orientation. In Savickas, M.L. & Lent, R. W. (Eds.), *Convergence in career development theories : implications for science and practice*(pp. 103－107). Palo Alto, CA : Consulting Psychologists Press.

Hartung, P. J. (1998). Assessing Ellenore Flood's roles and values to focus her career shopping. *Career Development Quarterly,* 46, 360－366.

Holland, J. L. (1997). *Making vocational choices,* 3rd ed. Odessa, FL : Psychological Assessment Resources.

Niles, S. G., & Usher, C. H. (1993). Applying the career－development assessment and counseling model to the case of Rosie. *Career Development Quarterly,* 42, 61－66.

Parsons, F. (1909). *Choosing a vocation.* Boston : Houghton－Mifflin.

Richardson, M. S. (1993). Work in people's lives : a location for counseling psychologists. *Journal of Counseling Psychology,* 40, 425－433.

Savickas, M. L. (1992). New directions in career assessment. In Montross, D. H., & Shinkman, C. J. (Eds.), *Career development : theory and practice*(pp. 336－355). Springfield, III : C.C. Thomas.

Savickas, M. L. (1997). Career adaptability : an integrative construct for life－span, life－space theory. *Career Development Quarterly,* 45, 247－259.

Savickas, M. L. (1998). Career style assessment and counseling. In Sweeney, T. (Ed.), *Adlerian counseling : a practitioner's approach,* 4th ed. Philadelphia, PA : Accelerated Development.

Savickas, M. L. (2001). Toward a comprehensive theory of career development : dispositions, concerns, and narratives. In Leong, F.T.L. & Barak, A. (Eds.), *Contemporary models in vocational psychology: a volume in honor of Samuel H. Osipow*(pp. 295 – 320). Mahwah, NJ : Lawrence Erlbaum.

Savickas, M. L. (2002). Career construction : a developmental theory of vocational behavior. In Brown, D. (Ed.), *Career choice and development*, 4th ed. San Francisco, CA : Jossey – Bass, 149 – 205.

Savickas, M. L. (2005a). The theory and practice of career construction. In Brown, S., & Lent, R. (Eds.), *Career development and counseling: putting theory and research to work*(pp. 42 – 70). New York : John Wiley.

Savickas, M. L. (2005b). Career construction theory and practice. Paper presented at the annual meeting of the American Counseling Association. Atlanta, GA, April.

Savickas, M. L. (2006). *Career counseling* (digital video disk presentation). Washington, D.C.: American Psychological Association.

Savickas, M. L., & Lent, R. L. (Eds.). (1994). *Convergence in career development theories : implications for science and practice.* Palo Alto, C A : CPP Books.

Savickas, M. L., & Walsh, W. B. (Eds.). (1996). *Handbook of career counseling theory and practice.* Palo Alto, CA : Davies – Black Publishing.

Super, D. E. (1954). Career patterns as a basis for vocational counseling. *Journal of Counseling Psychology*, 1, 12 – 20.

Super, D. E. (1957). *The psychology of careers.* New York : Harper and Row.

Super, D. E. (1983). Assessment in career guidance : toward truly developmental counseling. *Personnel and Guidance Journal*, 61, 555 – 562.

Super, D. E. (1990). Career and life development. In Brown, D. & Brooks, L., (Eds.), *Career choice and development*, 2nd ed. San Francisco, CA : Jossey – Bass, 192 – 234.

Super, D. E., & Knasel, E. G. (1981). Career development in adulthood : some theoretical problems. *British Journal of Guidance and Counseling*, 9, 194 – 201.

Super, D. E., & Sverko, B. (Eds.). (1995). *Life roles, values, and careers: international findings of the work importance study.* San Francisco, CA : Jossey – Bass.

Super D. E., Savickas, M. L., & Super, C. M. (1996). The life—span, life—space approach to careers. In Brown, D. & Brooks, L. (Eds.), *Career choice and development : applying contemporary theories to practice*, 3rd ed. San Francisco, CA : Jossey—Bass, 121—178.

Watkins, C. E., & Savickas, M. L. (1990). Psychodynamic career counseling. In Walsh, W. B., & Osipow, S.H. (Eds.), *Career counseling: contemporary topics in vocational psychology.* Hillsdale, NJ : Erlbaum, 79—116.

Young, R. A., Valach, L., & Collin, A. (2002). A contextualist explanation of career. In Brown, D. (Ed.), *Career choice and development,* 4th ed. San Francisco, CA : Jossey—Bass, 206—252.

구성적 진로상담의
이론적 토대와 현장 적용

Wendy Patton

구성적 진로상담의
이론적 토대와 현장 적용

Wendy Patton

9.1 도입

안정적이고 단선적인 진로라는 생각이 더 이상 표준이 아닌 지금의 세상에서는 진로에 대한 이해와 우리 삶에서 진로가 갖는 역할이 변하고 있다. 이러한 시대에 살고 있는 진로상담자는 내담자와의 작업에서 끊임없이 새로운 방법이 필요하다. 구성주의 접근은 우리의 삶에서 행동에 부여된 다양한 의미를 이해하는 대안적인 방법을 제안한다. 구성주의 접근 자체는 새로운 것이 아니지만, 진로상담 문헌에서 신뢰를 얻고 있다. Savickas(1997)는 이러한 구성주의에 대한 관심이 증가하는 이유로 사실과 성격에 초점을 두었던 20세기와는 달리 의미, 정체성, 중요성 등에 집중하는 21세기 특징과 연관된다고 보았다.

이번 장에서는 구성주의에 근거하는 세계관의 복잡성을 다루고, 구성주의의 핵심 요소들이 도출된 이론 분야에 대해 서술할 것이다. 진로상담의 실제와 관련된 구성주의의 주요 구인들에 대해 개괄하고 이어서 구성주의 원리와 밀접하게 관련되는 진로상담의 실제에 대해 논할 것이다.

9.2 구성주의의 세계관

Young과 Collin(2004, p. 375)은 구성주의(constructivisim)와 사회적 구성주의 (social constructionism)의 정의를 특히 진로 발달과 연관하여 명쾌하게 제시하기 어렵다고 인식했다. "[구성주의]는 개인적 및 인지적 과정을 통한 의미 만들기와 사회적 및 심리적 세계의 구성에 초점을 두는 반면, [사회구성주의]는 심리적 및 사회적 세계가 사회적 과정과 상호작용을 통해 현실로 만들어 진다(구성된다)는 점을 강조한 다". 요컨대, 구성주의 이론은 개인의 내생적 관점을 강조한다면, 사회구성주의 이론 은 외생적 관점을 강조한다. 구성주의와 사회구성주의는 개인의 내적 주체성(구성주 의)와 사회적·맥락적 관여와 연결을 반영하는 주체 사이의 차이점을 각기 강조한다. Young과 Collin은 이러한 간단한 구분이 두 개념의 이해에 대한 복잡성을 줄일 수 있다고 강조하였다. 그러나 진로발달 분야에의 토론을 보다 용이하게 하기 위해 Young과 Collin은 구성주의와 사회구성주의 모두를 "구성주의들(복수)"라는 용어 아 래에 포함하였다. 이러한 접근에 대해 이하의 내용에서 논하고자 한다.

Lyddon(1989)는 세계관의 목적은 일상의 경험 자료를 조직하려는 데 있다고 했다. 수많은 작가들은 구성주의의 근본적인 세계관은 바로 관점이라고 제안해왔 다. Lyddon(1995)은 이와 관련하여 구성주의는 맥락주의와 유기체론이라는 두 가 지 인식론적 세계관에서 도출되었다고 주장하였다. 세계관이라는 관점에서 볼 때 형식적과 최종적이라는 두 가지 형태의 구성주의가 존재한다는 것이다. 형식적 구 성주의는 맥락적 세계관에 근거하는 것으로서 맥락적 세계관에 따르면 이론은 "시 간에 걸쳐 그리고 맥락 내에서 드러나는 사회적 행동과 상징적 상호작용(예: 언어) 형태의 지속적인 흐름 또는 정형화로부터 의미가 발생한다는 생각에 근거한다"고 제안한다(Lyddon, 1995, p. 516). 맥락적 세계관에 따르면 발달은 단계 안에서 성숙 하거나 펼쳐지는 것이라고 여기지 않는다. 오히려 발달이란 개인과 그의 독특한 환 경 사이의 끊임없는 상호작용 또는 반복과정이라고 본다. 이러한 과정 속에서 무선 적인 혹은 우연한 사건들은 끊임없이 개방적이고 역동적인 존재의 상태에 영향을 끼친다. 반면, 최종적 구성주의는 인간을 전생애에 걸쳐 개방적, 활동적, 자기구성 적인 시스템으로 작동하는 목적론적인 종말의 목적을 가진 존재로 가정하기 때문 에 유기체론적 세계관에서 도출된 것이라고 할 수 있다. 구성주의에 대한 Mahoney와 Patterson(1992)의 접근은 유기체론적 세계관과 최종적 구성주의 개념을 반영하는데, 이들은 인간을 목적을 향해, 즉 평형상태를 향해 움직이는 존재라는 생각에 지나치게 초점을 두고 있기 때문이다. "구성주의적 관점에서 볼 때 인간의 앎이란 개인적 경험이 정돈되고 조직화되는 '의미 만들기' 과정이다"(Mahoney & Patterson, 1992, p. 671). 한편 구성주의에 대한 사회적 구성주의 관점은 맥락적 세계관과 형식적 구성주의 개념을 반영한다(Lyddon, 1995). 구성주의와 사회구성주의의 핵심적인 차이점은 의미 만들기, 자기 구조화, 평형화를 지향하는 개인의 추동이란 내부적이라기 보다는 맥락적이라고 주장하는 Collin의 사회구성주의에 대한 개념화에서 엿볼 수 있다(1996, 1997).

구성주의적 인식론은 전통적인 객관주의적 또는 실증주의적 인식론과는 매우 다르다. Young과 Collin(2004, p. 375)은 구성주의는 그 기원에서 인지적, 유심론적 심리학이라고 언급하면서 다음과 같이 제안하였다.

이[구성주의]는 논리실증주의의 과학적 정설과는 달리 세계는 직접적으로 알 수 없으며, 마음에 의해 그에 부과된 구성에 의해 알 수 있다고 본다. 그러나, 일반적으로는 이원론적인 인식론과 존재론에 대한 구성주의적 관점을 채택하는 것으로 보인다. 따라서 이는 인식론적 관점을 나타내며 우리가 아는 방식과 관련하여 우리가 의미를 어떻게 발전시키는지에 대한 시사점을 제공한다.

따라서 구성주의에서 이론이란 객관적인 "바깥의" 현실에 부합한다는 실증주의적 관점을 배격하고 대신에 지식이란 개인의 환경과 연계된 마음의 구성이라고 본다. Mahoney와 Patterson(1992, p. 671)는 다음과 같이 구성주의의 세 가지 핵심 구성요인을 제안하였다. (1) 선행적 인식(proactive cognition), 즉 모든 인간의 앎은 활동적이며 구성적이다. (2) 자기구성적 과정(self-organising process), 즉 모든 학습과 앎은 자기가 구성되는 복잡한 발달적 및 역동적 과정으로 구성된다. (3) 구조의 최우선성(primacy of structure), 즉 모든 앎은 암묵적, 무의식적, 또는 깊은 구조를 포함한다.

구성주의자들은 절대적 진실의 가능성을 반대하며 세상 사건들의 "현실"은 개인 자신의 사고와 과정을 통해 "내부로부터" 구성된다고 주장한다(Mahoney & Patterson, 1992).

9.3 사회적 구성주의

사회적 구성주의자들은 구성주의에 대한 이해와 관련하여 [사회적] 구성이란 개인-환경 간 상호작용에서 형성된 관점들 간의 상호작용에 대한 개인의 인식에 근거한다고 제안한다. 사회적 구성주의에서는 개인적 현실의 구성에 대한 가능성은 개인적 또는 사회적인 신념의 체계와 관련된 일관성에 근거한다는 점을 강조한다. 이러한 점에서 환경은 실증주의자들의 생각처럼 "외부에 존재하는" 것이라기보다는 사회적 구성주의자들의 생각에서는 맥락이란 사회적으로 구성된다는 것이다(Collin, 1996, 1997).

Patton과 McMahon(1999, p. 142)은 "현실이란 관찰대상과 관찰자의 기능"이라고 강조했다. 이들은 사회구성주의의 맥락적 인식론을 강조하는데, 상호연관성은 구성주의적 진로상담 과정의 한 부분이어야 한다는 것이다. 구성주의는 절대적 진실을 배격하며(Patton & McMahon, 1999), 진로상담 과정에 주관적이며 참여적인 방식으로 깊이 몰입하지 않으면서 진실을 관찰하는 것은 불가능하다고 주장한다. 구성주의의 핵심적인 가정은 개인은 활동적으로 그리고 끊임없이 자신의 현실을 생산하거나 구성하며(Warwar & Greenberg, 2000), 궁극적으로는 그들의 독특한 사회 환경과 활동적으로 참여하는 반복적인 상호작용을 통해서 구성된다는 것이다(Young & Valach, 1996). 구성주의는 개인들은 사회적 맥락, 장소, 시간에 뿌리를 박고 있는 그들의 삶에 의미를 가져온다고 가정한다. 구성주의와 사회구성주의 간의 밀접한 연관성을 설명하기 위해 사회구성주의 가정에 관한 Brown(2002, p. 14)의 다음과 같은 요약을 제시하고자 한다.

- 우주의 모든 것들은 서로 연결되어 있다. 사물과 땅을, 주제와 객체를, 사람과 환경을 분리하는 것은 불가능하다.
- 절대적인 것은 존재하지 않는다. 따라서 사람의 기능성은 법이나 원칙으로 환원될 수 없으며, 원인과 결과는 추론될 수 없다.
- 인간의 행동은 오직 그것이 발생한 맥락에서만 이해될 수 있다.
- 인간에 대한 주관적인 참조틀만이 지식의 유일한 합당한 원천이다. 사건은 인간의 밖에서 발생한다. 개인이 그들의 환경을 이해하고 이러한 사건에 참여하면서, 그들은 자기자신과 환경을 정의한다.

따라서 구성주의는 개인을 끊임없이 환경과 상호작용하고 계속되는 변화를 통해 안정성을 추구하는 개방적인 시스템으로 본다. 결과가 아닌 과정이 강조되며, 인간발달단계론의 관점에서와 같이 한 단계의 완성과 다음 단계로의 도착은 존재하지 않는다고 본다. Mahoney와 Lyddon(1988, p. 209)는 다음과 같이 변화와 안정의 개념을 강조했다. "자기안정성은 자기변화에 뿌리를 두고 있다. 우리들 모두는 항상 변화하며 동시에 일관성을 유지한다".

9.4 구성주의 관련 이론

맥락주의의 인식론적 접근과 구성주의 간의 밀접한 관련성은 운동이론이나 체계이론과 같은 여타 이론과의 연관성 내지 유사성을 시사한다. 예를 들어, 선행적 인식이라는 생각은 운동이론에서 도출된 것인데, 운동이론에서는 마음이란 그것이 수용하는 투입에 부가하여 산출을 생산할 수 있는 활동적인 체계라고 주장한다. 개인은 항상 환경과 상호작용하면서 동시에 내적으로는 그것의 의미를 해석하고 구성한다.

체계이론과 구성주의는 많은 핵심적인 내용에서 서로 연결되어 있다. 특히 개인은 자기조직적이며, 모든 학습과 지식은 평형상태를 얻기 위해 자기 스스로 구성하고 재구성하는 복잡한 역동적인 과정으로 구성되어 있다는 것이다. 인간의 체계는 목적적이며 끊임없이 진화하며 영속가능한 것이라고 여겨진다. 그 과정은 상호작용적이며, 인간의 체계는 다른 체계(예: 가족, 직장)와 상호독립적으로 작동한다. Ford와 Ford(1987, p. 1)은 '살아있는 체계 틀(Living Systems Framework)'을 설명하면서 구성주의와 관련된 체계이론의 핵심 원리에 대해 묘사하였는데, 이에는 목표, 감정, 사고, 행동, 생물학적 과정과 같은 개인의 내적 및 외적 "파편"의 활동적인 작용을 포함하며, 이는 또한 "독특하고 자기 구성적인 역사와 성격을 생산하기 위해" 서로 상호작용하며, 정체됨과 유연함의 유지에 도움이 되는 변화를 생산하고 이에 반응한다.

9.5 진로상담에서의 구성주의

진로발달에 대한 이해가 깊어지고 전생애 진로발달이라는 개념이 보다 널리 받아들여지면서 진로상담에 대한 전통적인 접근이 적절한지에 대한 의문이 제기되었다. Savickas는 진로상담은 "진실을 찾으려는 것에서 대화로의 참여로, 즉 객관성에서 주관성으로" 이행할 필요가 있다고 주장하였다(Savickas, 1993, p. 205). 구성주의가 자기조직화와 선행적 앎을 강조하는 인식론적 위치를 나타냄에 따라 이는 진로에 대한 변화된 생각을 개념화하는 관점을 제공한다. Herr(1997, p. 84−86)는 시간의 흐름에 따라 진화된 진로상담에 대한 몇 가지 주요한 이해를 다음과 같이 정리한 바 있다.

- 진로상담을 어떻게 정의하더라도 그 주요 내용은 사람들이 외부 환경과의 상호작용에서 경험하는 인식, 불안, 정보 부족, 직업 성격, 역량, 동기이다.
- 진로상담은 하나의 과정이 아니다. 전문 문헌에 따르면 이 용어는 개인과 집단 모두에 적용되는 일련의 개입들을 요약하기 위해 사용된다.
- 진로상담은 더 이상 청소년들이 첫 직업을 현명하게 선택하는 것에 주된 초점을 두는 과정이 아니다.
- 진로상담은 언뜻 많은 사람들이 선호하는 개입인 것 같지만, 사람들이 진로 문제를 해결하려고 할 때 경험하는 많은 문제들을 고려해보면 이는 정서 혹은 행동 장애를 다루기 위한 진로지도, 재교육, 재정 보조, 심리적 지지 과정, 정보의 획득과 평가를 포괄하는 개입 프로그램들의 한 요소일 뿐일지도 모른다.
- 진로상담은 자기와 직업에 대한 인식 촉진부터, 가능성의 탐색, 진로설계 기술의 학습, 그리고 진로상담과 개인상담의 융합이 필요한 스트레스 감소나 분노 관리, 미결정 문제, 직업 적응에 이르는 연속적인 개입 과정으로 보는 게 가장 적절할 것이다.

진로상담에 대한 이러한 이해는 단선적인 하나의 과정으로부터 다음과 같은 과정으로 전환되었음을 보여준다:

전문 상담자와 내담자는 역동적이고 협력적인 관계 속에서 내담자의 목표를 확인하고 이에 따라 행동함에 초점을 두며, 상담자는 다양한 기술과 과정을 적용하여 내담자가 자기 자신을 이해하고, 관련된 진로 문제와 가능한 행동들을 이해하도록 돕고 더불어 자기 자신의 행동에 책임감을 갖고 있는 내담자의 의사결정 과정을 돕는 언어적 과정이다(Herr et al, 2004, p. 42).

이 마지막 정의는 진로상담에서 구성주의의 영향을 강조하는데, 이는 진로상담의 협력적 관계 측면, 진로 및 개인 문제의 반복적 특성, 진로 문제에 대한 개인의 적극적인 의미 만들기의 중요성 등에 초점을 맞춘다. 이는 또한 [내담자와 상담자가] 진로 내러티브 또는 이야기의 구성 및 공동구성을 목적으로 작업하면서 양자 간의 언어적 과정임을 확인해준다. 구성주의적 관점 안에서의 진로상담 작업은 사회적 및 환경적 맥락과 상호작용하고, 상담자와 생애 진로 의미 만들기의 공유 과정에 함께 참여하는 개인에 초점을 맞춘다.

진로상담에서 구성주의 관점의 가장 근본적인 것은 인간의 앎에 대한 선행적이며 자기상상적이며, 진화적인 속성이다. 진로상담에서 내담자는 상담자와의 언어와 대화를 통해 현실을 구성하고 재구성하면서 작업한다. 언어는 의미와 지식을 생산하는 데 토대가 된다. 지식은 진로 상담자와 내담자 간의 대화를 통해 구성되는데, 이는 내담자 현실의 구성과 공동구성을 통합하는 과정이다. 이와 같이 진로상담의 핵심 요소는 상담관계 내에서의 의미 만들기의 속성과 과정, 언어, 감정, 개인행동의 활용, 측정의 역할 등과 같이 구성주의의 영향을 받아왔다. 이들 각각에 대해 간단하게 논하고자 한다.

9.6 상담관계에서 의미 만들기의 속성과 과정: 의미의 공동구성

내담자와 상담자의 관계는 구성주의 진로상담에서 핵심 요소이다. 이러한 상담에는 내담자가 공동 창작자인 상담자의 도움을 통해 자기 삶에서 창조해 내는 의미 만들기 과정이 수반된다(Bujold, 2004; Collin & Young, 1986; Peavy, 2000; Reid, 2006).

내러티브의 공동 저자이자 편집자로서 상담자는 내담자가 (1) 일관성 있으며, 연속적이고 신뢰로운 이야기를 구술함으로써 자신의 진로에 권한을 부여하고, (2) 이야기 줄거리에 주제와 긴장을 확인함으로써 진로에 의미를 부여하고, (3) 이야기의 다음 예화를 수행하는데 필요한 기술을 배우도록 도울 수 있다(Savickas, 1999, p. 213).

이 과정에서 내담자와 작업하는 상담자의 적극적인 현존성은 각 개인의 체계 간 상호연관성을 강조하고 확장된 체제, 즉 Patton과 McMahon(1999, 2006a)이 서술한 치료적 체계를 창출한다. 구성주의 상담자는 한 개인의 이야기를 공동구성 작업하는 이러한 수준의 참여를 이해하고, 상담자 자기 자신의 영향력 체계, 그리고 그것이 상담과정과 대화에서 어떻게 작용하는지를 알아차리는 것이 중요하다.

개인 현실의 구성에서 언어의 중요성(Warwar & Greenberg, 2000)은 우리들이 구성주의적 진로상담을 이해하는 데에 중요한 기여를 한다. Savickas(1995, p. 22)는 "언어적 개념과 그것의 정의는 현실을 반영하지 않는다. 그것들은 의미를 새겨 넣는다"고 강조하였다. 진로상담에 대한 Peavy(2000, p. 20)의 사회역동 접근(SocioDynamic approach)은 사회적 맥락에서 정체성을 형성하는 데 언어가 핵심적인 역할을 한다는 가정에 근거한다. 즉 "인간의 삶은 언어의 삶이다. 우리들이 삶의 인간적인 형태를 구성하기 위한 도구는 인간의 발언, 문장, 말, 상징이다." Peavy는 한 개인의 자기자신에 대한 이야기는 결말이 없는 재작성 과정이라고 제안하였다. 이야기 또는 내러티브는 체계이론 사고의 독특한 파생어이며 구성주의 접근의 열쇠이다(Chen, 2002; White & Epston, 1990; Patton & McMahon, 2006a). 이야기를 통해, 한 개인의 삶의 형태와 주제는 드러날 수 있으며, 과거에는 연결되지 않았던 이야기들 간의 상호연결이 구축된다. "주의를 끌고 의미를 전달하는 이야기의 힘은 진로상담의 중요한 구성요소로서 다시 부상하고 있다"(Krumboltz et al., 1994, p. 60).

Dewey와 Bentley(1949)는 **이름을 붙이는 것이 아는 것**(to name is to know)이라고 강조하면서 언어와 현실에 대한 인식 간의 중요한 관계를 역설하였다. 이들은 언어와 현상에 대한 우리의 지식과 이해 간의 불가분의 얽힘에 주목하였다. 공동구성 과정을 통해 상담자와 내담자 간의 공유된 의미는 공유된 맥락과 공유된 언어의 사용 속에서 발달할 수 있어야 한다.

9.7 정서

수많은 학자들은 진로상담 대화에서 핵심적인 구성요소로서 정서에 대한 논의가 결여되었음을 안타까워했다(Kidd, 1998; 2004; Meijers, 2003). 정서 논의의 누락은 진로의사결정이란 인지적이며 합리적인 과정이라는 기존의 오래된 생각을 반영하는 것 같다. 그러나 주관적인 진로와 정체성의 관점에서 보면, 개인과 진로 간의 관계, 의미 만들기와 정서 간의 관계는 중요하다(Chen, 2001). 최근에는 **정서**를 진로정체감의 자기 구성과정에서 내재적이며 외현적인 부분으로 강조하는 관점이 부상하고 있다(Meijers, 2003; Young & Valach, 2000; Young et al., 2002).

9.8 행동

언어적 지향에도 불구하고 진로상담에서 구성주의적 접근은 맥락 속에서의 개인 행동과 주체성을 간과하지 않는다(Christensen & Honhston, 2003; Reid, 2006). 진로 정체성의 발달을 위해서는 환경에 대한 학습에 적극적으로 참여할 필요가 있기 때문이다(Amundson, 2006; Young & Valach, 2004). 진로 의사결정 과정은 가능한 미래로 개인을 인도할 수 있는 이상적이자 선택적인 내러티브의 발달과 관련되며, 따라서 언어와 행동은 불가분으로 연결되어 있다.

진로에 대한 맥락행동이론(Young & Valach, 1996; 2000; 2004; Young et al., 2002)에서는 자기구성과 내러티브를 행동과 정서 과정에 연결한다. Young과 Valach(2000)는 맥락적 행동이론은 사회적 과정에서 행동의 역할을 강조하기 때문에 사회적 구성주의를 조작화한다고 제안하였다. 이 이론은 시간에 걸쳐 **개인적 행동**(individual action)에서 시작하여 그 다음으로는 **연결 행동**(joint action), 그 다음으로는 **투사**(project)로 이어지는 연속성 체계 위에 행동을 위계적으로 상정하였으며, 이러한 연속성 체계는 **진로**에 대한 상위의 전생애적 행동에 의해 포괄된다.

9.9 구성주의 진로상담에서의 평가

구성주의 진로상담에서 평가와 상담과정은 불가분하게 연결되어 있다(Mahoney, 2003; McMahon & Patton, 2006b; Schultheiss, 2005). 평가는 진실로 상담적이며 단순히 사실을 수집하는 것이 아니다. 이는 상담과정 속에서 질적인 평가 과정을 통합함으로서 가장 잘 예시될 수 있으며(McMahon & Patton, 2002a, 2002b; McMahon et al., 2003; Savickas, 1992), 이러한 과정에는 가계도, 인생 곡선 및 인생 공간 구성하기, 카드 분류법(Brott, 2004), career—o—gram(Thorngren & Feit, 2001), 은유(Meijers, 2003; Mignot, 2004), 상담 대화과정의 반구조화 면담 (Schultheiss, 2005) 등과 같은 일련의 접근들이 포함된다. 이러한 접근들은 구어, 문어, 시각적 및 창의적 기술 등의 사용을 촉진한다(McMahon & Patton, 2006 참조).

9.10 구성주의 진로상담 예시

진로상담에서 가능한 일련의 접근과 활동은 구성주의적 관점 내에서 일관성있게 작동할 수 있다. 이는 Amundson(2006)의 적극적 참여 과정, 진로 내러티브 (Grant & Johnson, 2006), 사회역동적 진로상담(Spangar, 2006) 등을 포함한다. 진실로, 내담자와 상담자는 적절한 접근을 함께 선택하기 위해 적극적이고 협력적으로 작업할 수 있다. Patton과 McMahon(2006a)은 진로상담자들이 실증주의에서 구성주의에 이르는 연속선에서 상담의 실제를 활용하고 있으며, 진로상담 경험을 구성하는 주체는 바로 개인이 되어야 한다고 강조했다.

이번 절에서는 진로상담에서의 구성주의 접근에 대한 역사적 관련성을 특히 강조하면서 여러 가지 접근들을 소개할 것이다. Frank Parsons의 저서(2005)는 전통적으로 실증주의 전통으로 이해되고 있다. 하지만, Spokane과 Glickman(1994, p. 298)은 "Parson은 구성주의적 입장을 예견하였다"고 제안하였다. 그의 저서를 보다 면밀하게 분석해보면 수많은 구성주의적 진로상담의 요소들이 발견된다는 것이다. 첫째, 진로상담 면담에 앞서 내담자는 100개 문항의 설문지를 작성해야 한다는 것은 진로평가 과정에서 내담자의 적극적인 참여를 강조한다는 것을 의미한다. Jones(1994)는 Parson의 자기평가라는 개념과 내담자가 완성해야 하는 쓰기 과제는 오늘날 가계도나 인생곡선 같은 쓰기 작업, 직업 카드 분류 등에서 사용되는 자기평가 기술을 반영한다고 제안하였다. 적극적 주체성 또한 Parson의 저서에서 언급되고 있는데, 이에 따르면 그는 내담자 스스로 수집한 정보를 분석하고 통합하도록 촉진하였다. Parsons(2005, p. 4)는 또한 내담자는 스스로 현명한 의사결정을 해내야 한다고 권고하였는데, 이는 내담자 스스로 자신의 진로를 기획하고 구성한다는 것을 시사한다. 그는 또한 진로 의사결정에서 맥락적 영향의 관련성을 인식하고 있었으며, 젊은이들이 가족, 친구, 고용주, 교사 등과 같이 자기와 관련된 체계 내의 사람들에서 상담자를 찾아보고, 가족, 건강, 재정상태, 생활양식, 이동성 등과 같은 상이한 맥락적 영향의 관련성에 반영해보라고 권고하였다.

구성주의적 진로상담 과정의 역사적 전통이라는 정신에서 보면, 여기서 Super(1957)의 주제외삽방법(thematic extrapolation method: TEM)을 포함하는 것은 흥미롭다. 그 당시에는 양적 패러다임의 전통이 우세했다는 것을 고려해 볼 때, Super는 TEM을 적극적으로 발전시키지는 않았다. Parsons의 초기 저서와 마찬가지로, TEM은 Super 이론에서의 다양한 요인에 따라 개인의 역사와 세부적인 것들을 포괄하여 자료로부터 관련된 패턴 또는 경향을 공식화한다. 질적인 접근임에도 불구하고 TEM은 경험주의적 전통이라고 알려져 있다.

진로 문헌에서 구성주의가 출현한 초기에 Savickas(1992)는 진로상담 과정을 통해 내담자가 인생의 주제를 이해할 수 있도록 촉진하는 수단으로서 자서전 방법, 기억, 구조화된 인터뷰, 카드 분류 등의 가치를 중요하게 생각했다. 그의 생애 주제 상담 모형(life theme counseling model)은 진로의사결정을 다루는 과정으로 제안되었으며, 이는 진로 양식 면담(career style interview)에 적용되었다(Savickas, 1995, 1997, 2002, 2005). 비록 과정에서는 차이가 있지만, Parsons와 Super와 유사하게, 진로 양식 면담은 생애 주제를 드러내기 위해 내담자에게 이야기를 수집하는 과정을 포함하며, 상담자는 내담자에게 주제를 재진술해주고, 드러난 생애 주제의 맥락 속에서 내담자의 현재 문제(예: 진로 미결정)의 의미를 토론하고, 생애 주제를 미래로 확장하고, 진로 선택의 구체화와 실행을 위해 필요한 행동을 연습한다.

일 경험에 관한 진로 이야기에 대해 구술하면서 내담자는 자기가 살아낸 내러티브 진실을 만들어 내기 위해 특정한 경험을 선택적으로 강조한다. 진로 구성 이론을 사용하는 상담자는 직업 성격, 진로 적응성, 생애 주제 등의 이야기 줄거리를 위해 내담자의 내러티브에 귀를 기울인다 (Savickas, 2005, p. 43).

이러한 접근은 명백히 상담자가 내담자를 위해 의미를 공동구성하도록 하는 구성주의 상담의 수많은 구성요인들을 포함한다. 이때 상담자는 생애 주제를 주의깊게 경청하고, 내담자가 어떻게 자신의 주제를 이해해왔고, 어떻게 정체성을 구성하기 위해 그러한 경험들을 취해왔는지, 그리고 이러한 구성 속에서 내담자가 그의 개인적 및 사회적 맥락의 관련성을 확인할 수 있도록 적극적으로 도울 필요가 있다. 이러한 방법 속에서 면담은 생애 주제를 구성하기 위한 기본적인 수단이 된다 (Savickas, 2002).

진로상담에 대한 Brott(2001)의 이야기 접근에서는 개인의 정체성은 그/그녀의 인생 진로 이야기와 밀접하게 관련 있다는 명제에 토대를 둔다. Brott(2001, 2004)는 과정이란 **공동구성(co-construction), 탈구성(deconstruction), 구성(construction)** 을 포괄하는 것으로 서술하면서, 이야기는 내담자와 상담자 간 연결된 작업의 역동적 과정이라고 강조하였다. 이야기의 구성은 양적 및 질적 정보 모두를 포함할 수 있지만, 정보 그 자체보다는 내담자를 위해 이를 의미 있는 단위로 해석하고 형성하는 것이 더욱 중요하다.

자기진로영향체계(My Systems of Career Influences: MSCI)라는 성찰 활동 (McMahon et al., 2005; McMahon, Watson, & Patton, 2005)은 체계이론틀(Systems Theory Framework: STF)(Patton & McMahon, 1999, 2006a)에서 명시한 개인의 진로 영향에 대한 넓은 체계적 평가를 제공한다. career-o-gram이나 인생 역할 원형 (life roles circles)과 같이, 이는 관련 영향요인들을 체계 도표와 위치로 설정하고, 주제들을 의미있는 전체로 연결하는 작업을 포함한다. 참여자들은 진로 영향요인들에 대한 전체 그림을 조심스럽게 구성해가면서 수많은 쓰기 작업들을 체계적으로 수행해나간다. MSCI는 공식적인 평가작업이 이루어진, 질적인 진로 평가 과정의 몇 안되는 예이며, 체계이론을 구성주의 진로상담에 적용한 조작화라고 할 수 있다.

진로체계면담(Career Systems Interview)(McIlveen et al., 2003)과 이의 인쇄본인 '나의 진로챕터(My Career Chapter)'(McIlveen et al., 2005)는 특히 내담자가 자기 이야기를 보다 수월하게 구술할 수 있도록 제작되었다.

진로체계면담은 반구조화된 면담 과정으로 상담자와 내담자 간의 자연스러운 토론을 촉진한다. 토론의 자극제는 체계이론틀(Patton & McMahon, 1999, 2006a) 내에서 제시된 영향요인들이다. 면담은 내담자가 각 진로영향요인들을 어떻게 이해하는지 그리고 각 영향요인이 내담자의 삶과 진로에 어떤 영향을 준다고 생각하는지에 대해 토론할 수 있도록 고안되었다. 과정의 목표는 대화를 촉진함으로써 내담자가 자신의 관련 주제를 해석할 수 있도록 하는 것이다. 어떠한 형식적 해석이라도 그것은 생애 주제 상담 과정과 잘 맞출 수 있을 것이다(Savickas, 1992, 1995).

일부 내담자들은 자신의 이야기를 표현하는데 도움이 필요할 수도 있다는 Reid(2006)의 언급과 일치하는 것처럼, '나의 진로챕터'는 상담에 적극적이지 않거나 말하기보다 쓰기를 선호하거나 개인 약속을 지키기 어렵거나 전화나 서신으로 작업하는 것을 선호하는 내담자를 위해 개발되었다. 본질적으로, '나의 진로챕터'는 진로체계면담의 쓰기 버전이라고 볼 수 있다. 이는 문장 완성 양식으로 구성되어 있으며, 개인은 쓰기 시간에 자신을 위한 가장 의미있는 진로 문제들에는 부분-문장 자극에 반응할 것이라는 가정에 근거한다. 내담자는 핵심적인 영향요인들(이들 중 많은 것들이 체제이론틀에서 도출되었다)에 반응하며, 진로에서 각각의 영향요인들과 관련하여 과거, 현재, 미래의 진술들에 대해 작성할 필요가 있다. 그리고 나서 마치 5년 전의 자신에게 그 이야기를 소리내어 크게 읽고, 자신의 이야기에 편집자적인 논평을 하도록 한다. 끝으로, 그들은 그 이야기에 대한 편집자 논평과 그것이 지금 갖는 관련성에 대해 5년 전의 자신에게 말하도록 요청받는다. McIlveen(2006, p. 1)은 확인된 영향 요인들의 상호연관성과, 과거, 현재, 미래의 관련성을 강조하면서 모든 과정은 "당신의 진로 전기의 현재 챕터를 완성하는 방향으로 나아갈 것입니다"라고 내담자에게 조언한다.

9.11 결론

구성주의 원리와 밀접하게 연관된 진로상담은 내담자와 상담자가 협력하는, 상담에 대한 사적이며, 의미있고, 정서적이며 행동 지향적인 접근이다. 이것의 핵심적인 특징은 언어(음성대화와 필담 모두)를 통한 의미의 개발, 개인적인 문제와 진로 문제 간의 밀접한 관계, 정서와 행동의 포괄성, 평가와 개입의 얽히고 설킨 성격, 의미의 구성을 위해 내담자와 함께 작업하는 협력자로서의 상담자 역할 등에 대한 초점을 포함한다.

📖 참고문헌

Amundson, N. E. (2006). Active engagement and the influence of constructivism. In M. McMahon & W. Patton (Eds.), *Career counseling: Constructivist approaches* (pp. 85−93). Abingdon: Routledge.

Brott, P. (2001). The storied approach: A postmodern perspective for career counseling. *The Career Development Quarterly, 49,* 304−313.

Brown, D. (2002). Introduction to theories of career development and choice: Origins, evolution, and current efforts. In D. A. Brown (Ed.), *Career choice and development* (4th ed., pp. 3−23). San Francisco, CA: Jossey−Bass.

Bujold, D. (2002). Constructing career through narrative. *Journal of Vocational Behavior, 64,* 470−484.

Chen, C. P. (2001). Enhancing vocational psychology practice through narrative inquiry. *Journal of Career Development, 11*(1), 14−21.

Christensen, T. K., & Johnston, J. A. (2003). Incorporating the narrative in career planning. *Journal of Career Development, 29*(3), 149−160.

Collin, A. (1996). New relationships between researchers, theorists, and practitioners: A response to the changing context of career. In M. Savickas & W. B. Walsh (Eds.), *Handbook of career counseling theory and practice* (pp. 377−399). Palo Alto, CA: DAvies−Black Publishing.

Collin, A. (1997). Career in context. *British Journal of Guidance & Counseling, 25*(4), 435−446.

Collin, A., & Young, R. A. (1986). New directions for theories of career. *Human Relations, 30,* 837−853.

Dewey, J., & Bentley, A. (1949). *The knowing and the known.* Boston: Beacon.

Ford, M., & Ford, D. (Eds.). (1987). *Humans as self−constructing living systems: Putting the framework to work.* Hillsdale, NJ: Lawrence Erlbaum.

Grant, E., & Johnston, J. (2006). Career narratives. In M. McMahon & W. Patton (Eds.), *Career counseling: Constructivist approaches* (pp. 110−122). Abingdon: Routledge.

Herr, E. L. (1997). Career counseling: A process in process. *British Journal of Guidance & Counseling, 25*(1), 81−93.

Herr, E. L., Cramer, S. H., & Niles, S. G. (2004). *Career guidance and counseling through the lifespan* (6th ed.). Boston: Pearson.

Jones, L. K. (1994). Frank Parsons' contribution to career counseling. *Journal of Career Development, 20,* 287−294.

Kidd, J. M. (1998). Emotion: An absent presence in career theory. *Journal of Vocational Behavior, 52,* 275−288.

Kidd, J. M. (2004). Emotion in career contexts: Challenges for theory and research. *Journal of Vocational Behavior, 64,* 441−454.

Krumboltz, J. D., Blando, J. A., Kim, H., & Reikowski, D. J. (1994). Embedding work values in stories. *Journal of Counseling and Development, 73,* 57−62.

Lyddon, W. J. (1989). Root metaphor theory: A philosophical framework for counselling and psychotherapy. *Journal of Counseling and Development, 73,* 57−62.

Lyddon, W. J. (1995). On the relation between philosophical worldviews and theories of counseling and development: A comment. *Journal of Counseling and Development, 73,* 515−517.

Mahoney, M. J. (2003). *Constructivist psychotherapy: A practical guide.* New York: Guildford Press.

Mahoney, M. J., & Lyddon, W. J. (1988). Recent development in cognitive approaches to counseling and psychotherapy. *The Counseling Psychologist, 16,* 190−234.

Mahoney, M. J., & Patterson, K. M. (1992). Changing theories of change: Recent developments in counseling. In S. D. Brwon & R. W. Lent (Eds.), *Handbook of counseling psychology* (2nd ed., pp. 665−689). NY: John Wiley.

McIlveen, P. (2006). *My Career Chapter: A dialogical autobiography.* Unpublished manuscript.

McIlveen, P., Ford, T., & Dun, K. (2005). A narrative sentence−completion process for systems career assessment. *Australian Journal of Career Development, 14*(3), 30−39.

McIlveen, P., McGregor−Bayne, H., Alcock, A., & Hjertum, H. (2003). Evaluation of a semistructured Career Assessment Interview derived from Systems Theory Framework. *Australian Journal of Career Development,*

12(3), 33−41.

McMahon, M., & Patton, W. (2002a). Assessment: A continuum of practice and a new location in career counseling. *International Career Journal, 3*(4), Available at http://www.career−cafe.com

McMahon, M., & Patton, W. (2002b). Using qualitative aassessment in career counseling. *International Journal for Educational and Vocational Guidance, 2,* 51−66.

McMahon, M., & Patton, W. (2006a). *Career counselling: Constructivist approaches.* London: Routledge.

McMahon, M., Patton, W. (2006b). Qualitative career assessment. In M. McMahon & W. Patton (Eds.), *Career counseling: Constructivist approaches* (pp. 163−175). London: Routledge.

McMahon, M., Patton, W., & Watson, M. (2003). Developing a qualitative career assessment processes. *The Career Development Quarterly, 51*(3), 194−202.

McMahon, M., Patton, W., & Watson, M. (2005). *My Systems of Career Influences.* Camberwell: ACER Press.

McMahon, M., Watson, M., &Patton, W. (2005). Developing a qualitative career assessment process: The My System of Career Influences reflection activity. *Journal of Career Assessment, 13,* 476−490.

Meijers, F. (2003). Career learning in a changing world: The role of emotions. International *Journal for Educational and Vocational Guidance, 24,* 149−167.

Mignot, P. (2004). Metaphor and "career". *Journal of Vocational Behavior, 64,* 455−469.

Parsons, F. (2005). *Choosing a vocation.* Boston: Houghton Mifflin. (Original work published in 1909.)

Patton, W., & McMahon, M. (1999). *Career development and systems theory: A new relationship.* Pacific Grove, CA: Brooks/Cole Publishing Company.

Patton, W., & McMahon, M. (2006a). *Career development and systems theory: Connecting theory and practice* (2nd ed.). Rotterdam: Sense Publishers.

Patton, W., & McMahon, M. (2006b). Constructivism. What does it mean for career counseling. In M. McMahon & W. Patton (Eds.), *Career counseling: Constructivist approaches* (pp. 3−15). Abingdon: Routledge.

Peavy, R. V. (2000). A SocioDynamic perspective for counseling. *Australian Journal of Career Development, 9*(1), 17−24.

Reid, H. L. (2006). Usefulness and truthfulness. Outlining the limitations and upholding the behefits of constructivist approaches for career counseling. In M. McMahon & W. Patton (Eds.), *Career counseling: Constructivist approaches* (pp. 30−42). Abingdon: Routledge.

Savickas, M. L. (1992). New directions in career assessment. In D. H. Motross & C. J. Shinkman (Eds.), *Career development: Theory and practice* (pp. 336−355). Springfield, Ill: Charles Thomas.

Savickas, M. L. (1993). Career counseling in the postmodern era. *Journal of Cognitive Psychotherapy: An International Quarterly, 7*, 205−215.

Savickas, M. (1993). Constructivist counseling for career indecision. *Career Development Quarterly, 43*(1), 363−373.

Savickas, M. (1997). Constructivist career counseling: Models and methods. *Advances in Personal Construct Psychology, 4*, 149−182.

Savickas, M. (2002). Career construction: A developmental theory of vocational behavior. In D. A. Brown (Ed.), *Career choice and development* (4th ed., pp. 149−205). San Francisco, CA: Jossey−Bass.

Savickas, M. (2005). The theory and practice of career construction. In S. D. Brown & R. W. Lent (Eds.), *Career development and counseling: Putting theory and research to work* (pp. 42−70). Hokoben, NJ: John Wiley & Sons.

Schultheiss, D. E. P. (2009). Qualitative relational career assessment: A constructivist paradigm. *Journal of Career Assessment, 13*(4), 381−394.

Spangar, T. (2006). SocioDynamic career counseling: Constructivist practice of wisdom. In M. McMahon & W. Patton (Eds.), *Career counseling: Constructivist approaches* (pp. 137−149). Abingdon: Routledge.

Spokane, A. R., & Glickman, I. T. (1994). Light, information, inspiration, cooperation: Origins of the clinical science of career intervention. *Journal of Career Development, 20*, 295−304.

Super, D. (1957). *The psychology of careers.* New York: Harper & Row.

Thorngren, J. M., & Feit, S. S. (2001). The career−o−gram: A post−modern career invervention. *The Career Development Quarterly, 49*, 291−303.

Warwar, S., & Greenberg, L. S. (2000). Advances in theories of change and counseling. In S. D. Brown & R. W. Lent (Eds.), *Handbook of counseling psychology* (3rd ed., pp. 571 – 600). New York: John Wiley & Sons.

White, M., & Epston, D. (1990). *Narrative means to therapeutic ends.* New York: NY: W.W. Norton.

Young, R. A., & Collin, An. (2004). Introduction: Constructivism and social constructionism in the career field. *Journal of Vocational Behavior, 64,* 373 – 388.

Young, R. A., & Valach, L. (1996). Interpretation and action in career counseling. In M. L. Savickas & W. B. Walsh (Eds.), *Handbook of career counseling theory and practice* (pp. 361 – 375). Palo Alto, CA: Davies – Black.

Young, R. A., & Valach, L. (2000). Reconceptualising career theory and research: An action theoretical perspective. In A. Collin & R. A. Young (Eds.), *The future of career* (pp. 181 – 196). Cambridge: Cambridge University of Press.

Young, R. A., & Valach, L. (2004). The construction of career through goal – directed action. *Journal of Vocational Behavior, 64,* 499 – 514.

Young, R. A., Valach, L., & Colling, A. (2002). A contextualist explanation of career. In D. Brown (Ed.), *Career choice and development* (4th ed., pp. 206 – 252). San Francisco, CA: Jossey – Bass.

"내 이야기를 들어봐

: 진로상담에서
패턴과 목적
파악하기

Marie Sacino

"내 이야기를 들어봐"

: 진로상담에서
패턴과 목적
파악하기

Marie Sacino

이 논문은 LaGuardia Journal on Teaching and Learning, 2005년 가을 1권 1호에 처음 게재되었으며, 허가를 받고 재인쇄하였다.

지역사회 대학 교육자로서, 우리는 학생들의 학습 경험을 향상시키고, 학습의 가치를 강력한 방법으로 모델링하기 위해 끊임없이 노력하고 있다. 일상적인 교실 실습에서 우리는 의미있고 중요하며 학생들이 주위의 세계를 더 깊이 바라볼 수 있도록 교육과 학습 활동을 설계하고 개발해야 하는 것에 도전한다.

진로교육과 상담의 실제는 현장에서 진로의 성장과 발달 단계에 있는 학생들을 만난다. 학생들은 자기 지식과 이용 가능한 진로 정보를 바탕으로 직업적 의사결정을 내리는 데 도움을 줄 수 있는 탐색 활동에 참여한다. 학생들은 자신의 직업적 성격, 즉 진로 관련된 능력, 흥미, 가치, 욕구뿐만 아니라 자기 개념과 개인의 정체성을 파악하기 위해 노력하고 있다. 우리는 어떻게 학생들이 패턴을 확인하고, 목적을 찾고, 특정한 진로의 가능성을 고려하도록 도울 수 있을까? 우리는 어떻게 그들에게 동기를 부여하고 영감을 주어 그 과정을 계속하고 집중하여 그들에게 많은 선택이 가능하다는 것을 알게 할 수 있을까? 그리고 그들이 혼자가 아니며, 다른 사람들이 그들의 삶에서 다양한 진로 단계에 비슷한 문제로 어려움을 겪고 있다는 것을 어떻게 알릴 수 있을까?

진로 발달 이론과 실제를 소개하는 강력한 방법은 (종종 복잡하고 다면적인) 학생들이 자신의 개인적, 학업적, 진로 성장을 되돌아보게 하는 사람들에 대한 기사를 읽을 기회를 제공하는 것이다. 자신의 삶과 진로 딜레마에 대한 창의적이고 풍부한 해결책을 고안해 낸 사람들의 인생 이야기는 진로 이론과 개념을 보완하는 데 활용될 수 있다.

뉴욕 타임즈는 훌륭한 자료로 학생들이 공감하고 즐길 수 있는 동시대의 기사들을 제공한다. '보스(The Boss)'와 '공공생활(Public Lives)'을 포함한 다양한 기사와 칼럼을 통해 학생들은 자기 정체성, 직업적 선호, 진로 구성에 어려움을 겪은 사람들의 인생 이야기를 읽고 이미지를 볼 수 있다. 이야기와 이미지는 학생들이 상담 과정에서 평가 단계를 시작하는 데 도움이 되는 모델을 제공한다. 교육자와 상담자는 평가 결과를 사용하여 학생들이 삶의 주제와 목표를 이해하도록 도울 수 있다. 만약 우리가 그들 자신과 그들의 선택을 더 명확하게 보도록 도울 수 있다면, 그들은 직업인으로서의 그 삶을 더 잘 통제할 수 있게 되며 더 나은 결정을 내릴 수 있을 것이다.

Mark Savickas의 진로 구성주의 접근은 커리어 스타일 인터뷰로 시작한다. 이 인터뷰를 설명하면서, Savickas는 상담자는 중요한 라이프 스타일에 대해 질문할 것을 제안한다. 롤 모델, 좋아하는 책과 잡지, 여가 활동, 학교 과목, 좌우명, 포부, 그리고 의사 결정과 관련된 질문은 상담자에게 학생들의 인생 목표에 대한 단서를 제공할 수 있다.

커리어 스타일 인터뷰를 시작하기 전에, 우리는 생각을 안내하고 모델을 제공하기 위해 몇 가지 인생 이야기를 읽는다. 이탈리아 트리에스테에 본사를 둔 커피 회사의 최고 경영자 Andrea Illy는 "보스"칼럼에 실린 "나는 커피 의사입니다"에서 "어릴 때 나는 스포츠 드라이버나 신경외과 의사가 꿈이었습니다. 그것은 욕망의 이상한 조합으로 보일지 모르지만, 두 가지 모두 내가 즐기는 어떤 것을 공유하고 있습니다."(Illy, 2001) 라고 말했다. 자기 평가에 관한 작업을 시작하기 위해, 우리는 다음과 같이 질문할 수 있다. "어렸을 때 어떤 직업을 꿈꾸었나요? 이 직업이 당신에게 매력적이고 흥미로운 이유는 무엇인가요? 가장 좋아하는 활동에 참여한 당신의 사진을 찾을 수 있나요? 사진에서 느껴지는 회상과 감상을 쓸 수 있나요?" 진로 구성 이론에서, 우리는 패턴과 생애 주제를 찾는다. 이 연습은 두 가지 모두를 발견하고 확인하는 데 도움이 될 수 있다. 학생의 글쓰기의 예는 다음과 같다.

내가 어렸을 때 나는 예술가가 되는 것을 꿈꿨다. 나는 7~8살 때 미술 수업을 떠올릴 수 있는데, 선생님은 박물관에서 온 유명한 작품의 엽서를 우리에게 주었다.

우리의 임무는 엽서를 노트에 붙이고 각 카드 아래에 작품 제목과 예술가를 쓰는 것이었다. 나는 실수로 펜이 미끄러지지 않도록 숨을 참으면서 가능한 아름답고 신중하게 제목과 예술가를 썼다. 이 작은 노트는 내가 아끼는 물건이었다. 그것은 마치 내 작은 노트에 어떤 비밀스런 지식과 특별한 세계를 가지고 있는 것 같은 느낌이었다.

예술가가 되고 예술작품에 둘러싸여 있는 꿈은 여전히 나에게 있다. 박물관이나 도서관에 들어서면 흥분이 시작된다 -나는 다시 숨을 참는다.

인생 이야기는 우리가 과거를 돌아보고 미래를 바라보며 더 깊은 의미를 찾을 때 이미지, 목적 및 장소가 수면 위로 떠오르기 시작한다. **진로 구성 이론과 실제**에서 Savickas(2005, p. 62)는 "언어와 이야기는 의미를 만들기 위한 구성 도구"라고 말한다. 이것은 매우 풍부한 내용의 영역이며, 차이를 만들고, 영향을 미치고, 학생들이 사려 깊고 성찰하게 만드는 읽기 및 쓰기 과제에 참여할 수 있는 멋진 기회다. "내 이야기를 들어봐"라고 말할 때 서로 친밀한 관계를 맺는다. Illy는 또한 다음과 같이 썼다. "나의 가장 영향력 있는 롤 모델 중 한 사람은 스위스에서 학교에 다닐 때 함께 살았던 미망인 노인이었다. 그녀는 돈이 거의 없었지만, 식사는 격식을 차렸다. 서비스는 항상 완벽했고, 그녀는 완벽해 보였다. 그녀는 나에게 존엄성은 돈과 아무 상관이 없다고 가르쳤다."(Illy, 2001). Savickas는 "만약 한 사람에 대해 단 한 가지만 알 수 있다면, 나는 그 사람이 누구를 존경하는지 알고 싶다"고 말한다(Bloch & Lee, 1997, p. 14). Illy의 글을 모델로 삼아 학생들은 자신의 롤 모델에 대해 글을 썼다. 한 학생은 이렇게 썼다.

브루클린에서 자라면서, 나는 이웃 중 한명인 M부인을 가장 존경했다. M 부인은 근처의 초등학교에서 일했다. M 부인은 항상 멋지게 차려입고, 항상 미소를 짓고, 매우 행복해 보였고, 또한 평화로워 보였다. 어느 휴일에 M 부인은 학교 강당에서 열리는 큰 파티에 나를 초대했다. 나는 감격스러웠고 매우 특별하고 어른이 된 기분이었다. 아이들의 음악 공연과 그 다음 두 번의 특별 게스트 출연이 있었다. 한명은 Sammy Davis, Jr.이고 다른 한 명 Robert Kennedy, Jr.였다. 나는 그들 둘 다 보았고 그들이 말하는 것을 들을 수 있었다. M 부인은 나에게 주위의 세상에 눈을 뜨라고 가르쳤다. 그녀는 내가 어울릴 수 있고, 내가 속할 수 있으며, 더 큰 것의 일부가 될 수 있다고 가르쳐 주었다.

Brent Staples의 "독서와 학습이 어려운 어린이 옹호(Championing children for whom reading and learning are difficult)"에서 우리는 읽기 장애가 있는 교육 변호사인 Peter W. D. Wright에 대해 배웠다(Staples, 2003). 어린시절 교사, 동료, 학교 직원들은 Wright를 조롱했다. Wright는 부모님과 독서 전문가들의 많은 지원과 격려로 학습 장애 학생의 권리를 옹호하는 성공적인 변호사가 되었다. 그의 가장 유명한 승소는 학습장애 아동들이 사립학교에서 필요한 교육을 공교육비로 받을 수 있는 권리를 확장한 획기적인 대법원 판례였다.

그 기사를 읽은 후, 우리는 개인의 선입견과 공공 직업의 관련성에 대한 수업을 시작했다. 우리는 어린 시절부터 끝내지 못한 일 때문에 진로를 선택하게 될 수도 있다는 점을 고려했다. 우리는 개인적인 선입견을 인식하거나 가능한 진로 경로를 탐색하는 것과 관련될 초기 기억을 떠올릴 수 있을까? 이 질문에 대해 한 학생이 다음과 같이 썼다.

> 나는 브롱크스에서 친밀한 가족 안에서 성장한 어린 소년이었다. 난 뭔가 잘못됐다는 걸 알고 있었다. 어두컴컴하고 비가 오는 밤이었고 형은 친구들과 함께 운전을 하다가 사고가 났다. 우리는 많은 정보를 가지고 있지 않았다. 부모님은 망연자실했다. 우리는 형의 차가 브롱크스 강 근처의 공원 도로를 벗어났다는 것을 알게 되었다. 비번인 뉴욕시의 한 경찰관이 집으로 차를 몰고 가던 중 사고를 목격했다. 그는 돕기 위해 멈췄다. 그리고 내 형을 제 시간에 병원에 데려갔고, 목숨을 구했다.

이 기억을 쓴 학생은 뉴욕 경찰 간부 후보생이다. 그는 앞으로 경찰학교에 가기를 희망한다. 집에서 만든 미술책을 소중히 여긴 학생은 교육, 미술치료, 박물관에서의 진로를 고려하고 있다. 교사를 존경한 학생은 교육학 학사학위를 받고 졸업하며 학생들을 가르치겠다는 목표를 갖고 있다.

인생 이야기와 회상에서 패턴과 목적을 발견해내는 진로 발달 이론의 지원을 받아, 학생들은 진로 가능성을 정의하는 데 도움이 되는 주제를 인식할 수 있다. 이러한 접근과 협력을 통해, 학생들은 그들의 삶의 목적과 삶에서 일을 고려할 수 있는 새로운 기회를 얻을 수 있었다. 우리에게 의미 있고 다른 사람들에게 중요한 직업 선택을 하기 시작하면서 흥분과 에너지가 우리 사이에 존재했다.

참고문헌

Illy, A. (2001, March 28). I'm a coffee doctor. *New York Times,* sect. 8, C10

Savickas, M. L. (2003). Life portraits from Donald Super's career pattern study. Paper presented at the International Association for Education and Vocational Guidance. Berne, Switzerland, September.

Savickas, M. L (2005). The theory and practice of career construction. In Brown, S. D. & Lent, R. W. (Eds.), *Career development and counseling : putting theory and research to work* (pp. 42−70). New Jersey : John Wiley & Sons.

Sharf, R. (1992). Applying career development theory to counseling.

Bloch, D., & Richmond, L. J. (1997). The spirit in career counseling. In Bloch, D. & Richmond, L. J. (Eds.), *Connections between spirit and work in career development* (pp. 3−25). California : Davies−Black..

Staples, B. (2003, June 26). Championing children for whom reading and learning are difficult. *New York Times,* sect 1, 76, A32.

인생 이야기 말하기, 해체하기, 다시 말하기를 통해서 학습공동체 구성하기

Larry Cochran

인생 이야기 말하기, 해체하기, 다시 말하기를 통해서 학습공동체 구성하기

Yvonne Sliep
& Elmarie Kotze

11.1 도입

학생들의 생생한 경험과 작업하며, 우리는 정치적, 경제적, 문화적 요인 간의 상호 관계와 같이 직업적 삶에 직접적인 영향을 미칠 우리가 살고 있는 사회의 복잡성을 탐구한다. 인생 이야기를 말하고 목격하면서, 우리는 개인적인 담론이 어떻게 우리의 직업 생활과 우리가 돌보는 사람들의 생활과 연결되어 있는지를 추적한다. 우리는 인생 이야기를 통해 어떻게 우리가 권력과 지배적인 담론에 참여하고 의도하지 않게 기여 하는지를 보여주고, 이러한 담론이 일상생활에 미치는 영향을 조사한다. 이러한 방식으로 작업하는 것은 우리가 수행하는 성찰적 관행이 결코 끝나지 않는다는 것을 알기 때문에 평생 학습을 향한 긍정적인 단계가 된다. 교육 환경과 같이 돌보는 집단 내에서 권력의 작동을 가시화할 수 있는 능력을 향상시킴으로써, 우리는 평생 여정에 대한 긍정적인 불확실성으로 행동과 발전의 가능성을 열 수 있다. 교육적 맥락에서 우리는 이러한 행동과 발전을 촉진하는 돌봄과 취약성의 관행에 전념한다.

11.2 인생 이야기를 말하고 목격할 수 있는 공간 만들기

교육자로서 우리는 학생들의 인생 이야기와 가까운 경험을 활용할 수 있는 공간을 만들어 교육과 학습을 촉진한다. 이 장에서는 이 관행이 대학 환경에서 남아프리카공화국의 맥락적인 상황에 어떻게 발생하는지에 초점을 맞춘다. 우리는 많은 다양한 학문 분야에서 내러티브가 적합하다는 것을 인정하면서 건강 증진학 석사 과정을 예로 들 것이다(Bruner, 1990; Clandin & Connely, 2000). 이 석사 과정은 아프리카에서만 볼 수 있는 것으로, 대륙의 다른 지방과 국가에서 온 학생들을 선발한다. 학생들은 매우 다양한 문화적, 직업적 배경과 다양한 진로 발달 단계에 있기 때문에 이것은 중요하다. 풍부한 다양성은 우리로 하여금 학생들을 압도하는 것이 아니라 신축적인 방법에 대해 생각하게 한다. 다양성은 또한 서로에게서 배우는 매우 풍부한 맥락을 제공하기 때문에 이 도전을 중요하게 여긴다.

이 과정을 시작할 때 학생들은 자신의 역사적 뿌리와 이것을 형성한 것, 개인적, 직업적 차원에서 이룬 성취의 결실, 그리고 미래에 대한 희망의 꽃을 보는 "추가(tree of life)"의 형태로 자신에 대한 정보를 공유한다. 나중에 이 이야기들은 사회 구성주의적 관점을 사용하여 역사적, 정치적, 문화적 맥락에서 이해하려는 목적으로 재검토된다. 우리가 취하는 접근법에는 문화적 맥락에서의 "자기"에 대한 조사, 그리고 권력과 지식이 개인 내러티브를 형성하고 정당화하며 구성하는 방식이 포함된다. 여기서의 권력은 담론과 관련하여 "자기"가 어떻게 위치하는가에 관한 것이다(Foucault, 1980; Besley, 2002). 여기에서 우리는 주로 Foucauldian의 권력관계에 대한 관점을 참조하며 (Foucault, 1980, p. 96-102), 다음과 같은 내용이 포함된다.

- 모세관이 되는 지역 상황에서의 권력 조사(남아프리카공화국 맥락에서 서민(grass roots) 계층으로 읽음)
- 각 학생의 인생 이야기에서 권력의 작동을 풀어냄으로써, 권력이 어떻게 억압적이고 부정적 일뿐만 아니라 긍정적이고 생산적인지에 대한 이해
- 각 학생이 일상생활의 권력 관계 내에서 취한 작은 저항의 단계 인식
- 사람들 사이의 협상 방식 측면에서 권력 고려; 권력의 미시적 관행에서 힘없는 대상 또는 희생자로 행동하기보다는 권력을 경험하고 행사하는 개인들을 어떻게 순환시키고 생성하는지에 대한 고려
- 권력, 지식 및 학문 간의 연결 검토

우리는 또한 성별, 인종, 계급에 관한 담론이 어떻게 우리의 현실을 다차원적인 방식으로 형성하는지 이해하기 위해 Crenshaw(1989)가 말하는 "상호교차성(intersectionality)"에 대해서도 언급한다. Crenshaw(1989, 1991)는 Besley(2002)가 언급한 바와 같이, "구조적" 및 "정치적"인 상호교차성을 추가로 언급하여 시스템과 구조가 어떻게 일부 사람들에게는 특권을 영속화하고 다른 사람들에게는 제한적일 수 있는지, 그리고 어떻게 법적 지침과 정부 정책이 지배적인 문화적 관점에서 재현될 수 있는지 설명한다. 이러한 영향은 우리가 처한 맥락에 따라 관계적이고 유동적인 것으로 이해되어야 한다(Fernandes, 2003).

인생 이야기를 말하고 다시 말하는 것, 그리고 그 안에 내재된 지배적인 담론을 해체하는 것은 목격자 공동체에 참가자를 초대함으로써 가능하다. 우리는 이야기를 말하고 다시 이야기하는 과정에서 타인을(Weingarten, 2005) 통해 자기를 동정적으로 목격하는 공동체를 형성한다(Weingarten, 2005). Foucault가 강조한 것처럼, 우리를 형성한 것뿐만 아니라 현재 우리가 어떤 상태인지 인식하고 가시화함으로써 우리는 우리에게 효과가 있는 것과 그렇지 않은 것을 분리하는 전략을 개념적으로 그리고 실질적으로 개발할 수 있다.

이를 위해 Heshusius(1994, p. 19)의 아이디어로 들어가 보자. 그녀는 "객관성으로부터 자유로워지려면 우리는… 참여적 의식모드로 전환해야 한다. 참여적 의식모드는 어떤 것 혹은 누군가에 '대한 것'이 아니라 어떤 것 혹은 누군가와 '함께 있는 것'이다"라고 제안한다. Weingaerten(2003)은 우리가 공동체에서 자기와 타인을 위한 자비로운 목격자가 되도록 초대한다. 목격공동체는 자기와 타인 사이의 보다 깊은 유대감에 대한 인식과 일시적인 통합, 책임감을 내려놓는 연결성, 그리고 "참여 의식"을 향한 초대를 반영하는 "자기-타인" 경험을 촉진한다(Heshusius 1995, p. 122).

교육 환경에서, 우리는 우리와 공유된 인생 이야기가 이 과정이 제공하는 목적과 목격자와의 관계적 맥락에 의해 영향을 받는다는 점을 특히 염두에 두어야 한다. 우리는 또한 우리가 사용하는 교과서가 배우고 실천하는 맥락과 거의 관련이 없다는 것을 알고 있다. 우리는 자신의 이야기를 보는 것으로 학습을 맥락화하고 계속 직면하는 변화의 역동을 다룰 수 있다. 말하기와 목격하기에 대한 우리의 이해를 뒷받침하는 다양한 이론들이 우리의 학습에 구성되어 있으며, 이것에 대해 간략히 다룰 것이다.

11.3 사회 구성주의

사회 구성주의 관점은 지식의 공동 기반을 강조한다. Gergen(1985, p. 270)은 "지식은 사람들이 소유하고 있는 것, 머릿속 어딘가에 있는 것이 아니라 사람들이 함께하는 것"이라고 말한다. 우리는 특정한 환경, 맥락, 문화 속에서 사람들과 지식을 공동 생산한다. 지식의 공동 생산에 대한 우리의 입장을 되돌아보는 것은, 우리가 공동 생산하는 지식의 본체에 대한 공헌에서 보다 비판적이고 구성적인 것을 가능하게 한다. 사회 구성주의 관점은 계급, 인종, 성별과 같은 지배적인 담론에 의해 특권화된 당연하고 본질적인 진실에 도전할 수 있게 하고, 소외된 지식을 표면화할 수 있는 공간을 제공한다(Gergen, 1985, 1991, 1999). 담론, 해체 그리고 자기/타인에 대한 구성은 사회 구성의 특징이며 우리의 실행에 필수적이다. 우리는 우리의 경험을 특정한 순서와 맥락으로 표현하여 설명하기 위하여 인생 이야기 은유를 사용한다. 내러티브는 여러 층으로 이루어져 있으며, 여러 가닥과 스토리 라인을 통해 함께 짜여 있는데, 그 안에서 우리는 우리 자신과 다른 사람들을 다시 새겨 넣는다. 이것이 어떻게 일어나는지에 대한 더 깊은 의식을 발전시키기 위해 우리는 해체를 이용한다.

11.4 담론

담론은 "어떤 방식으로 함께 사건에 대한 특정한 설명을 만들어내는 일련의 의미, 은유, 표현, 이미지, 이야기, 진술 등의 집합"으로 정의할 수 있다(Burr, 1995, p. 48). 초점은 사회적 세계가 구성되고 유지되는 과정과 우리가 이러한 과정에 어떻게 기여하고 그 과정에서 어떻게 행동하느냐에 있다(Gergen, 1999).

담론을 이해함으로써 우리는 우리의 현실과 경험을 이해하게 되고, 그렇게 함으로써 우리가 말하는 이야기에 대한 조사를 통해 자신과 타인에 대한 이해에 도달하게 된다. 담론을 분석함으로써 담론과 현실의 관계(Phillips & Hardy, 2002)와 이것이 사람들의 삶에 미치는 영향을 탐구한다. Davies(1991)는 담론 내에서 그리고 담론 사이를 이동할 수 있으며, 이를 의식함으로써 타인의 주관성에 대한 대응뿐만 아니라, 우리 자신의 경험적 주관성의 관점에서 하나의 담론을 사용하여 대응, 수정, 반박 또는 다른 담론을 넘어설 수 있게 된다고 지적한다.

사람들은 담론뿐만 아니라 공동 구성 담론으로 구성된다. 반대되는 담론은 종종 서로 긴장하게 하며, 서로 경쟁하는 여러 층의 모순된 의미를 사람들에게 제공하여 우리가 실제로 경험하는 것의 불완전하거나 양립할 수 없거나 모호한 버전을 만들어낸다(Phillips & Hardy, 2002; Lowe, 1991).

일상생활에서 대화와 텍스트는 우리가 경험하는 사회적 현실을 만들어낸다. 남아프리카 공화국의 시골 흑인 여성과 같은 소외 계층은 담론적으로 구성되었으며, 그들의 경험은 특권적인 담론에 의해 침묵되었다. 권력 관계는 특정 종류의 대화에 특권을 부여하고 누가 말할 수 있는 힘을 가지고 있는지 정의하는 반면 다른 사람들을 소외시키기 때문에 모든 경험에 대해 말할 수 있는 것은 아니다. 비록 이것이 인종차별정책에 의해 시행된 열등 교육 기관에 강제로 다니게 된 이유일지라도 학생들은 이전의 학업 투쟁에 대해 이야기하고 싶어하지 않을 것이다. 해체는 우리가 아직 "아직 말하지 않은" 것들을 위한 공간을 만드는 것을 고려하도록 도움을 준다.

11.5 해체

문학 연구에서 해체란 텍스트를 "분해하는" 것을 말한다. 텍스트는 하나의 고정된 의미가 없다고 가정한다. 해체하는 것은 "파괴하는 것이 아니라 되돌리는 것"이다(Sampson, 1989, p. 7). Derrida(1978)는 서양사상을 지배하는 전통과 관련된 이해의 "뿌리"를 되돌리기 위해 해체의 관행을 도입했다. 그는 전통을 해체하면서 동시에 전통의 도구를 사용하여 이 작업을 수행했다. Sampson(1989, p. 8)은 "가능한 텍스트의 의미 내에는 반대되는 텍스트도 있다"고 말하고, 텍스트를 듣는 것은 말하지 않은 것을 듣는 것 또는 "말한 것 안에서 반대되는 의미를 듣는 것, 말한 것과 말하지 않은 것을 검증하고 질문하는 것"이라고 언급했다(Sampson, 1989, p. 8). Davies(2000, p. 14)는 "문제(trouble)" 또는 "문제제기(troubling)"의 이원성을 이야기 하는데, 여기서 "문제제기"는 뒤흔들거나 주장하는 것을 의미한다. "문제제기"라는 용어를 사용하면 담론을 해체할 때 발생할 수 있는 이원성을 피할 수 있다. 담론은 그렇게 쉽게 해체되지 않으며, 해체는 때때로 이원성이 어떻게 사람들의 삶을 구성하는지에만 관심을 끌 수 있다. 사람들은 이원성을 넘어 다른 입장을 취할 수도 있지만, 이것이 이원성에 유지하는 권력 관계를 되돌리지는 않는다. "문제제기"는 우리가 자신의 주관적인 해석을 넘어서서 우리 자신을 확장하고 비판적 사고를 강화하기 때문에, 우리의 가르침에서 무엇이 가능한지에 대한 더 자세한 설명을 제공한다.

해체는 당연하게 받아들여진 개념들에 의문을 제기하거나 혼란시키는 중요한 작업을 수반하며(Davies, 1993, p. 8), 대안적 아이디어와 이야기를 위한 공간을 마련한다. 담론은 대부분 보이지 않거나 투명하기 때문에 해체할 필요가 있으며, Davies(1993, p. 15S)가 언급한 것처럼 우리가 "창밖의 전망을 보기 위해 유리창을 분리하기 때문에, 우리는 일반적으로 담론을 분리한다. 유리 파열이나 파손이 되어서야… 우리는 다르게 초점을 맞춘다." 해체는 "언어가 의미를 창조하기 위해 일상적인 인식수준 이하에서 작동하는 방식을 조사하는 수단"을 제공한다(Hare−Mustin & Marecek, 1988, p. 460). Parker와 Shotter(1990, p. 4)는 해체를 "숨겨진 가정을 풀고 억압된 의미를 밝히기 위한 것이 아니라, 관련 담론에 포함된 것과 완전히 다른 문제를 표면화시키기 위한 것"이라고 언급한다. 문제를 제기하거나 또는 해체하는 것은 결국 "다른 방식의 대화, 즉 우리가 누구인지 또는 무엇을 하고 있는지를 이해하는 것"으로 이어질 수 있다(Davies, 1998, p. 139). 이 저자들의 공통점은 텍스트가 결코 타고난 의미를 갖지 않는다는 사실을 드러내는 것이다(Norris, 1988, p. 7). 다만 해체는 아이디어에 대한 거부 또는 부정이 아니라 새로운 관점을 만들기 위해 직위와 위계를 불안정하게 할 수 있는 "이중 판독"(Reynolds & Roffe, 2004, p. 5)을 요구하는 것이다.

이와 같은 전략이 도움이 되기는 하지만, Derrida(1978)는 해체가 적용되는 경우 특정한 결과로 이어질 단순한 방법론적 도구로 간주하지 말 것을 경고한다. 동시에 한 번에 파악할 수 있는 개념이 아니라 특정 맥락에서의 경험으로 볼 수 있어야 한다(Royle, 2003). 우리의 작업에서 해체는 문학과 철학적 텍스트를 연구하는 것보다 더 광범위한 적용을 나타낸다. 여기에 설명하는 작업에서 해체는 학생들의 삶뿐만 아니라 그들이 직업적으로 함께 일할 사람들의 삶의 측면에서도 다양하고 풍부한 이해를 조사하기 위한 단계로 사용된다.

11.6 말하기에서 자기/타인 구성

인생 이야기를 사용하여 학생들이 개인적/직업적 성장뿐만 아니라 변화를 위해 자신의 목소리를 찾도록 도울 때, 교육자로서 우리는 특권과 권력 측면에서 비판적인 관행을 반복하지 않도록 경계해야 한다. 우리가 학생들에게 권하는 것은 주체적인 입장에 서면서, 우리에게 내재되고 기여한 복잡한 담론적 관행을 옹호, 저항 또는 변화시킬 수 있는 권력/지식의 가능한 영역으로 자기를 인식하는 것이다(Foucault, 1994, p.461). 인생 이야기를 말하는 것은 개인이 선택에 대한 책임을 지는 것으로 보는 진보적 인본주의자들의 생각에 도전하는 사회 구성주의적 관점에 있다.

우리는 자기 자신이 자기 및 타인에 의해 관찰되고 분석되어야하는 주체가 되는 것을 원하지 않고, 이 담론을 공동 해석한다는 점을 고려하여 지배적 담론에 의한 주관의 영향을 인식하는 주체가 되기를 원한다. 자기와 타인의 관점에서, 우리는 담론을 통해 "자기"를 존재로 말하고 "타인"에 의해 존재로 대화되는 것을 진지하게 고려한다(Davies, 1993, p. 12-14). 따라서 자기, 자기-타인 및 학습 공동체를 초대하여 인생 이야기들을 목격하고 이러한 담론이 자기와 공동체에 미치는 영향을 방해하거나 반박하는 입장에 서도록 하는 것이 가능하다(Davies et al., 2002).

우리는 학생 공동체가 이러한 담론에 저항하고, 뒤집고, 변화시킴으로써 담론을 볼 수 있게 촉진하기 위하여 "자기-타인"에 대한 아이디어를 사용한다(Davies, 2004). 우리는 또한 자기, 자기-타인, 그리고 공동체의 담론적 구성으로부터 결코 자유로워질 수 없다는 것을 인정한다. 학생들이 인생 이야기를 말하는 과정에서, 저자들 중 한 명은 "담론을 변화시키는 것은 적어도 현재로서는 자신을 변화시키는 것이다." 라는 점에서, 개인과 공동체 삶에 미치는 영향을 가시적으로 표현하기 위해 개인적인 이야기를 사용할 것을 권했다(Davies et al., 2006, p. 90).

11.7 교육환경에서 내러티브 사용

사회 및 인문 과학 분야에 입학하는 학생들은 다양한 직업 배경을 가지고 있으며, 연령, 문화, 역사, 정치 및 경제 분야에 따른 다양성 등 다양한 생활 경험을 가지고 있다. 여기에는 심리학자, 의사, 연구원, 간호사, 물리 치료사, 교사 그리고 학력이 낮은 사람들이 포함될 수 있다. 대화를 통해 사람들은 그들이 경험하는 것으로부터 의미를 만들고 그들의 지역적인 지식의 본체에 추가한다. 실제로 이것은 직업적인 자기에 대한 성찰을 위한 공간과 시간을 만들어야 함을 의미한다. 성찰의 과정은 실제에 뿌리를 두고, 이론적인 틀 안에서만 가르치는 것이 아니라 경험적 학습의 일부로서 교육 과정에 내재되는 것이 중요하다. 우리는 학생들이 현실을 사회적으로 구성되고 본질적인 진실을 포함하지 않는 것으로 볼 것을 권한다. 사람들이 살아가면서 특정한 문화적, 맥락적 현실 안에서 현실을 구성하기 때문이다. 이 것은 "무엇이든 허용된다"는 것을 의미하지 않는다. 그것은 이러한 구성이 사람들 의 삶에 미치는 실절적인 영향을 고려하도록 요구한다는 것을 의미한다. 책임감, 투명성 및 신뢰는 이러한 작업 방식을 확고히 뒷받침하며, 따라서 학습 공동체를 위해 특정한 종류의 기풍이 제공된다.

이러한 이론적 관점에서 보면 지식을 구성하는 것이 우리가 살고 있는 사회적 현실에서 필수적인 부분이라는 것이 명백해진다. 일상의 현실에 대한 사회적 담론 을 해체하는 것의 일부는 관계와 사회가 작동하는 권력의 개념을 이해하는 것이다 (Foucault, 1980).

대학원 과정에 등록하는 학생들은 대부분 전통적인 교육 방식을 거친 성숙한 학생들로, 어떤 형태나 형식으로든 권력 관계에 의문을 제기하지 않는 위치에 있 다. 권력 관계를 지속적으로 전면에 배치하는 것은 학습이 상호적이며, 우리가 집 합적으로 지식의 본체를 구성한다는 것을 보여준다. 지속적으로 지식을 공동구성 하는 입장을 취함으로써 학생들이 교육과정에 적극적으로 기여할 수 있는 기회를 열어준다. 또한 제공되는 자료가 맥락적으로 적절한지를 확인하고 이러한 이해를 교육 관행과 학생들의 미래 직업 관행으로 전환할 수 있는 가능성을 만들어낸다. 남아프리카 공화국에서 의료 서비스는 인종차별이 제기된 아파르트헤이트[1] 이후의 맥락의 변화를 반영해야 하지만, 계급의 차이는 여전히 "문제가 없는" 상태로 남아 있다. 프로그램에 참가한 대부분의 학생들은 국가의 통제와 자원이 부족한 분리되 고 열등한 교육을 받았다.

이런 종류의 접근법을 수용하는 것은 도전을 수반한다. 학생들이 가져오는 모 든 풍요로움과 함께 다양성은 매우 다른 학습 관행을 확장하고 포함할 필요가 있 는 특정한 종류의 촉진제가 필요하다. 개인 생활 경험을 적극적으로 과정에 포함시 킴으로써 학생들이 지식과 능력을 갖추게 된다는 생각을 뒷받침한다. 그들의 인생 이야기를 말하고 문제화하는 것은 이러한 경험들을 직업적인 관행에 대한 성찰의 기회로 바꾼다. 자신의 경험을 말함으로써 이것이 어떻게 이루어지는지를 보여주 면 지식의 공동 구성을 가시화한다.

사람들은 자신의 삶을 이해하기 위해 내러티브 형태로 표현하고, 이것은 또한 타인의 삶을 이해할 수 있도록 한다는 점이 강조된다(Czarniawska, 2004). 이러한

---

1) 역자 주: 남아프리카 공화국의 극단적인 인종차별 정책과 제도

내러티브는 개인의 전문성을 보여주는 데 사용된다. 이 경험은 비판적 사고를 강화하고, 담론의 힘에 대한 인식을 구축하며, 모든 사람이 인생 이야기를 목격할 수 있는 기회를 열어주는 동시에 학생들의 인생 이야기에 영향을 주는 담론을 어지럽히는 데 이용된다.

Pragashnee[2)는 30세의 인도계 여성이다. 그녀는 저자들 중 한 명의 "학교" 에서 건강증진학 석사학위에 등록했다. 과정의 첫날에 학생들은 2인 1조로 작업하고 인생나무를 그리도록 요청받았다. 그것은 그들이 경험해 온 공식적이고 비공식적인 교육을 반영하고 그들의 학습에 영향을 준 개인의 역사를 뿌리와 줄기를 통해 묘사하고, 그들의 삶의 다른 측면은 가지, 성과를 나타내는 과일 그리고 이상을 표현하는 꽃으로 묘사한다. 작업이 끝난 후, 그들의 나무는 학급 전체에 소개하고 모두가 볼 수 있게 한다. 마지막으로 그들은 자신만의 포트폴리오를 위해 이야기를 쓴다. 이 과정은 그들의 인생 이야기를 세 번 말하는 것과 관련이 있다고 볼 수 있다. 세 번째 이야기는 여기서 공유된다.

▌Pragashnee가 공유하는 "인생 나무"

나는 세 아이들 중 맏이다. 우리 가족은 북부 나탈 [현재의 콰줄루 나탈 (KwaZulu – Natal)]에 있는 사탕수수 농장에서 일하기 위해 인도에서 남아프리카로 건너온 4세대 노동자이다. 우리 부모님은 인도에서 남아프리카로 가는 항해에서 우리 가족의 혈통을 상세히 기록하는 데 성공했다. 나의 아버지의 조상은 1860년 16살 소년으로 캄팔라호를 타고 포트 나탈(Port Natal)에 도착했으며, 통가트(Tonggaat)에 있는 사탕수수 농장에서 일하기로 되어 있었다. 그는 일생을 노동자로 살았고 그리고 자신의 땅을 구입하는 데 성공했는데, 그곳은 내가 나중에 태어난 곳이다. 이곳은 통가트 마을 외곽의 한 설탕 농장에 있는 시골 땅이었다.

나의 증조할아버지도 할아버지도 교육을 받지 못했고, 농부와 목수로서의 삶을 살았다. 아홉 자녀 중 막내인 아버지는 자녀들을 기르는 자질인 교육을 받은 유일한 사람이 되었다. 나의 아버지는 선생님이 되셔서 영어와 종교에서 명예학위를 받으셨다. 어머니도 교육학 학위를 가지고 계신 선생님이다. 따라서 나의 형제들과 나는 항상 법률이나 의학 같은 "직업"을 가지도록 격려 받았는데, 부모님은 이러한 직업들이 "안전"하고 "실용"적이라고 보았기 때문이다. 나의 남동생은 현재 물리치료학

---

2) Pragashnee는 학생의 실제 이름이 아니다.

석사과정을 마치고 의과대학 마지막 학년에 재학 중이며, 여동생은 로스쿨에 재학 중이다. 반면에 나는 다른 길을 택했다.

초등학교와 고등학교에서 나는 항상 성취도가 매우 높았고, 모든 과목에서 A를 받았다. 그러나 나는 또한 부모님을 끝도 없이 걱정시키는 아주 끈질긴 "창의적인" 행진을 선보였다. 그들은 나의 창의성을 저항의 표시로 보았다. 그리고 정말로 그랬다. 체제에 대한 반항이라는 주제가 아직도 나를 따라다닌다. 우리 문화에 따르면, 어린 소녀는 "괜찮은" 진로를 따르는 것이 허락되지 않으며, 입학한 후에 결혼 준비를 시작해야 한다. 나는 80년대 후반에 간호사라는 올바른 직업을 따르도록 훈련받았다. 그것은 올바른 여자들의 직업으로 힘을 가질 수 있게 해 주었으며, 영리한 젊은 의사를 잡을 수 있게 해 주었다!

눈에 띄는 성취의 형태로 나는 사람들의 시선을 끌었고, 가장 똑똑하고 자격을 갖춘 젊은 의사와 결혼했고, 내가 선택한 연구 분야인 물리치료를 계속했다. 부모님과 대가족은 매우 자랑스러워했다. 그러나 반복되는 저항이라는 주제는 모든 것이 그림처럼 완벽했던 그 시기에 도래했다. 나는 내 문화가 요구하는 생활 방식에 순응할 수 없다는 것을 알게 되었는데, 내 직업에서는 오직 내 자신의 정체성이나 목소리가 없는 "존경하는 의사"에게 립 서비스만 제공하는 것이었다. 나는 성 불평등은 말할 것도 없고, 사회규범과 그리고 물질만능주의, 사회 계급 제도에 대해 내가 속한 공동체 안에서 만연하고 있는 것에 반감을 느끼고 있다는 것을 알았다. 사회적 양심을 키우면서 나는 "레이디스 클럽"과 "저녁 파티"에서 배척당했다. 나는 2001년 9월 11일에 완벽한 남편과 이혼하고 '아름다운 작은 상자'를 떠났다.

나는 사람들이 항상 인종, 종교 신념에 대한 편견에 대해 이야기한다는 것을 발견했다. 하지만 남아프리카 인디언 공동체에서 매우 젊은 이혼녀로서의 나의 경험은 극단적인 형태의 편견을 갖게 했다. 나는 많은 미묘하고 총체적인 형태로 내 공동체로부터 여전히 배척당하고 있다. 그래도 나는 끈기 있게 버텼다. 나는 내 힘으로 생활하고, 더반 주변의 지방 병원에서 일하며, 그것을 깊이 즐겼다. 사회적 계급의 편견과 판단에 대한 나의 경험은 더반의 공공 및 민간 보건 분야에서 사람들이 직면하는 그러한 경험에 민감하게 만들었다. 나는 때때로 나의 임무가 이러한 잘못된 것들을 바로잡는 것이라고 믿는다.

11.8 토의

건강증진학 과정에 참여한 학생들은 그들의 이야기를 역사적, 사회 정치적 맥락에서 발견하고, 이야기하는 사람과 목격자 집단이 그들의 경험에 영향을 미치는 다양한 담론의 영향에 대해 말할 수 있는 공간을 제공하도록 요청받았다. Pragashnee와 같은 학생들의 인생 이야기 안에서 우리는 이야기에 내재된 담론 관행과 그것이 문화적으로 어떻게 수용되었는지 살펴본다. 다른 학생들은 이야기하는 사람을 위한 목격자 그룹을 형성하는 동시에 공유된 이야기로부터 배우게 된다. Welch(1990, p. 135)는 "공감과 연민의 힘이 있을 때... 타인의 말을 듣고 고통과 저항의 이야기를 함께 견디는 연대의 힘이 있을 때" 상호 변화가 일어난다고 제안한다. 이러한 가능성은 눈에 보이는 것과, 보이지 않는 지배적이 담론의 억압적인 영향이 문제가 될 때 자기-타인의 목격 안에서 이루어진다. Welch(1990, p. 135)는 참가자들 사이에 진정한 대화가 일어날 때 자기의 확대와 이것이 어떻게 일어나는지에 대해 다음과 같이 이야기한다. "사람은 타인의 말을 듣는 데서 기쁨을 발견하며, 심지어 과거와 현재의 의미 세계가 도전받았음에도 불구하고, 복잡성이 나타나는 것에서 즐거움을 경험한다." 이 점에서 우리는 결코 우리 이야기의 유일한 저자가 아니며, 모든 내러티브에서 자리매김은 우리가 반응하는 곳에서 일어나고 있다는 것을 강조하고 있다(Davies & Harre, 1990).

인종과 성별 권력 관계의 더욱 복잡한 교차점에 대해서도 관심이 모아진다. 예를 들어, Pragashnee의 경우 문화적 맥락 안에서 가부장적 독재가 여성에게 어떤 영향을 미치는지 알 수 있다. 다른 주요 영향들에 대해 물었을 때, 그녀는 힌두교가 그녀의 삶에서 가장 중요한 영향을 미쳤지만, 그 당시 그것을 언급할 생각조차 하지 않았을 정도로 그것은 "자연화"되었다고 말했다. 그녀는 또한 그녀의 이민자 배경이 가족들로 하여금 그들을 결속시킬 수 있는 관행을 찾기 위해 깊이 파고드는 결과를 낳았다고 생각했다. 학습과 목격 공동체로서, 우리는 이야기 속의 배우가 누구인지, 배우들 사이의 관계는 어떠한지, 그리고 지배의 사회-정치적 관행이 이러한 관계를 어떻게 정의하는지 살펴본다. 이러한 담론을 문제 삼는 것은 저항 행위를 말하는 것을 가능하게 한다. 이야기 속에서 Pragashnee는 1860년 그녀의 아버지가 16세의 사탕수수 노동자로서 나중에 그녀가 태어난 땅을 겨우 손에 넣었을 때 그녀의 가족에게 여행이 어떤 의미인지 그녀 스스로 이해하는 데 어려움을 겪었다. 이것은 또한 저항의 행위로 해석될 수 있다.

담론과 그것이 그녀의 가족에 끼친 영향을 맥락화함으로써 Pragashnee는 그녀의 가족을 위치시킨 몇몇 담론적 관행과 그들이 가족으로서 살아남기 위해 취한 조치들로부터 거리를 두는 감정들을 다루게 되었다. 하지만, 그 가족의 관행은 이제 남아프리카의 새 천년에 전문직 여성으로서 그녀의 발전을 가로막고 있다. 만약 우리가 Pragashnee의 이야기를 50년 전이나 50년 후로 가져간다면, 그것은 배우들과 배우들 사이의 관계는 어떻게 바뀔까? Ricoeur(1984)는 이것을 시간과 내러티브의 관계라고 부른다. 그녀의 증조할아버지와 할아버지가 경험했던 것과 그들에게 영향을 준 것은 Pragashnee의 증손자들이 그녀에 대한 이야기를 읽었을 때 경험하게 될 매우 다를 것이다.

구체적인 이야기에 초점을 맞추면, 우리는 사용된 특정 구절의 변화들을 풀 수 있다. 예를 들어, "나는 2001년 9월 11일에 완벽한 남편과 이혼했고, '아름다운 상자'를 떠났다." 이런 말은 한 번도 공개 발표 한 적이 없고, 또한 외부 청중에게 자신의 사연을 밝힌 적이 없는 한 학생에게서 나온 말이다. 그럼에도 불구하고 진심에서 우러나오는 말을 하면서, Pragashnee는 듣는 사람들을 그녀의 현실로 옮겨 그녀가 경험했던 딜레마들을 유머로 다루었고, 그녀가 요구받은 입장을 비평할 수 있는 능력을 다루었다. 그녀는 우리에게 2001년 9월 11일 뉴욕의 쌍둥이 빌딩 그리고 그들이 상징하는 모든 것들이 무너지면서 일어난 사건들로 인해 세상이 뿌리까지 흔들렸다는 것을 상기시켰다. Pragashnee에게 있어서 이것은 법정에서 개인적인 차원에서 일어났다. 세계는 안전과 보안에 대한 인식을 바꿔야 했다. 그녀는 보완적이고 엄청난 효과를 내며 자신의 규정된 지위에 도전하는 급진적인 단계를 밟았다. Pragashnee는 "다른 방식으로 내 말을 듣기" 시작했을 때 "침묵하는 타인"으로서의 자신의 위치를 고민했다.

이 동정어린 목격은 그녀의 삶에서 지배적 담론의 관행을 보여 주었다. 그녀는 이 모임에서 가족들이 노예로서 힘든 삶을 살았고 먼 여정 끝에 구입 한 땅에서 자신이 태어난 것에 대해 가능한 설명을 제공했다. 프레젠테이션 동안 그녀는 그녀의 아버지가 교육을 얼마나 중시했는지에 대해 이야기했다. 그녀는 자신이 받은 바로 그 교육이 그녀가 독립하여 "아름다운 상자"에서 벗어날 수 있는 가능성을 제공했다고 말했다. "아름다운 상자" 또는 현대 노예 제도는 이 이야기에서 성별에 대한 흥미로운 토론의 기회를 제공했다. 하지만 이혼 후 자신은 따돌림 당했다고 계속 묘사하면서 그녀의 행동은 그녀의 삶에 실질적인 영향을 끼쳤다. 그녀는 "남아프리카 인도 공동체에서 매우 젊은 이혼녀로서의 경험 또한 극단적인 형태의 편견을 갖게 해주었다. 나는 많은 미묘하고 총체적인 형태로 지역 사회에서 여진히 배척당하고 있다."라고 말했다.

교육적 맥락 안에서 학습 공동체는 동정적인 목격자로 반응한다(Weingarten, 2003). 이것은 Pragashnee에게는 "저항적이고 창의적인 성향"을 갖는 것에서 "세상에서 그녀의 행동으로 존중받을 수 있는 사람"으로 거듭나는 새로운 지위를 제공하게 되었다. 이야기의 전개에 있어서 자신을 다르게 배치함으로써, 그녀는 자신을 다시 쓰고 타인들에 의해 다차원적인 방식으로 다시 쓰여진다(White, 1997). 우리는 개인의 여정에서 장애물이 아니라, 우리가 일하고 살아가는 맥락의 복잡성을 가시화하기 위해 개인의 이야기에서 강조되는 다양성을 가지고 작업한다. 요인뿐만 아니라 우리의 삶도 교차하고 있으며, 이런 일이 일어나는 방식은 보다 넓은 사회적 관점에서 비판적 사고와 실천을 자극할 수 있는 창조적인 가능성을 제공한다(Burman, 2004).

억압에 대한 담론적 관행은 참가자들의 소소하고 일상적인 경험에서 정의된다. 살아 있는 경험을 인정하고 눈에 보이지 않는 몇 가지 담론적 관행을 인식하는 것 또한 저항에 대한 이야기를 가능하게 한다. Pragashnee가 관찰한 바와 같이, "사회계급의 편견과 판단력에 대한 나의 경험은 더반의 공공 및 민간 의료 분야에서 사람들이 직면하는 경험에 민감하게 만들었다. 이런 잘못을 바로잡는 것이 내 임무라고 믿기도 한다"고 말했다. 저항 이야기는 개인적인 경험을 이원적으로 만드는 것이 아니라, 목격자들이 이전에 소외되었던 지역적 지식을 이끌어낼 수 있는 기회를 만드는 것이다. 말하기는 Pragashnee의 현재 정체성을 구성했으며, 그녀가 경험한 차별로 인해 통찰력 있는 전문가가 될 수 있게 해 주었다. 그것은 또한 그녀가 삶의 임무를 완수할 수 있는 지혜와 지식과 도구를 갖추게 할 것이라고 믿었던 석사학위를 취득하도록 동기를 부여했다.

11.9 중요한 여정의 시작

Pragashnee의 이야기는 우리 사회의 위대한 내러티브(메타-내러티브, 메타-담론)와 어떻게 교차하는가? 역사적, 정치적, 문화적 맥락에서 학생들의 인생 이야기를 이해하는 것은 어떻게 자신과 타인을 존재하게 만드는 데 기여하는 다양한 주제의 입장을 열어줄 수 있을까?

Pragashnee의 이야기는 남아프리카에서 식민지화의 영향을 강조한다. 그녀에게 역사는 식민지 시대 나탈의 사탕수수 농장에 일하기 위해 인디아에서 온 노예 노동자들의 유입으로 시작되었고, 오늘날에도 여전히 그녀가 살고 있다. 처음부터 사회에서 더 높은 지위와 인정을 얻기 위한 열정적인 투쟁이 있다. 처음에는 토지를 확보함으로써, 나중에는 교육을 통해 이루어진다. 여성의 교육은 그 지위를 높이기 위한 수단으로서 장려되지만, 가족의 지위를 더욱 높여줄 남자를 끌어들이기 위해서만 권장된다. 그 후 그녀는 자신의 권리에 맞는 전문인이 아니라 다시 종속적인 지위로 돌아가 아내와 어머니의 역할을 맡을 것으로 예상된다. 소외는 지배적 담론에 다시 새겨져 있다. 자신의 삶과 가족 내에서 반복되는 억압에 대한 Pragashnee의 저항은 이 가족이 가까스로 얻은 지위에 대한 직접적인 모욕이다. Pragashnee의 이야기에서 그녀의 해방을 위한 투쟁은 가족의 가치와 규범과의 분리가 필요하며, 이것은 외로운 여정으로 이어진다.

청중의 한 사람으로서 그 이야기를 목격하면서, 저자들 중 한 명인 백인 여성은 이 나라 역사에서 특권 계급의 일원이라는 위치에 놓였다. 그녀는 자신의 지위와 권력/지식 특권에 고민하면서 억압과 그 영향에 대한 논의에 자신을 위치시켰다. 프레젠테이션은 학습자 공동체 사이에서 흥미로운 권력 이동에 기여했다. 비 아프리카 사회 특권층으로서 이 저자는 "모든 것을 아는" 강력한 학자로서가 아니라 사회의 평범한 구성원으로서, 그리고 자신의 권력 역학관계와 지식 관행의 구성에 의문을 제기할 수 있는 기관의 일원으로서 자신을 재정립해야 하는 도전을 받았다. 그녀는 다른 모든 사람들과 마찬가지로 선호하는 지식과 관행의 공동 제작에 대한 책임을 맡게 되었다.

이러한 종류의 학습을 촉진시키는 안전하고 존중하는 맥락을 만드는 것이 중요하다. 우리는 연결에서 가장 잘 성장하고 발전하며, 이것이 공감, 취약성 및 참여를 촉진할 것임을 강조하는 관계형 학습 맥락에서 작업한다(English, 2006). 연말 집단 성찰에서, Pragashnee는 우리를 프레젠테이션 순간으로 다시 데려 갔다. 그녀는 한 해 동안 프레젠테이션뿐만 아니라 다양한 환경에서 자신의 목소리를 좋아하게 되었고, 자신감도 갖게 되었다고 설명했다. 그녀가 이 과정에 가져온 지식을 신뢰하게 되면서 Pragashnee는 과정의 범위를 넘어설 수 있을 뿐만 아니라 자신이 정한 기준에 따라 공식적으로 평가되고 과정 코디네이터와 협상 할 수 있는 개별 학습 목표를 인식할 수 있었다. 그녀는 개인적인 이야기에서 시작하여, 직업적인 이야기로 발전했다. 이런 방식으로 작업하는 것은 학생들에게 과정이 제공하는 교육 공간을 직업적이고 실질적인 요구에 맞게 조정할 수 있는 방식으로 사용할 수 있게 한다. 모든 학생들은 이 과정 동안 그들이 시작한 연구를 서로에게 제시했고, 모두가 책에서 배운 것만큼 서로에게서 많은 것을 배우는 매우 풍부한 학습 맥락에 공동으로 기여했다. 이 그룹은 개인과 집단의 변화의 순간을 추적하고, 그들이 삶에서 행동하는 방식의 변화와 의식의 고양으로 이어지는 중요한 순간을 살펴보았다(Ginsberg, 1989).

Foucault의 권력에 대한 관점은 제도적 구조와 역사적 경험의 측면에서 매우 광범위할 뿐만 아니라, 권력이 관계와 인생 이야기에서 일상적인 미시적 관행에 어떻게 고정되어 있는지를 살펴봄으로써 권력을 이해할 수 있게 해준다. 이러한 방법론적 관행은 학생들이 거시적 및 미시적 교차 지점 모두에서 권력의 작동을 추적하도록 안내했다. 이 장에서 이것이 어떻게 수행되는지 자세히 설명하는 것은 불가능하지만, 다음과 같은 유형의 질문들은 학생들이 스스로와 서로에게 물어볼 수 있다.

당신 자신의 이야기에서;
- 어디에서 권력이 작동하는지 알 수 있습니까?
  - 개인적 차원에서, 당신의 인생에서 다른 중요한 사람들과 관련해서?
  - 인종, 성별, 계급, 종교, 성별, 이주 또는 다른 형태에 관한 현재의 담론을 통해 구조적 차원에서?
  - 제도, 법률, 정책을 통해 사회가 일부에게는 특권을 주는 반면 다른 일부에게는 제한적이 되는 결과를 초래하는 정치적 수준에서?
- 당신은 내재화되거나 구체화된 습관들, 그리고 당신이 자신에게 제한적이거나 억압적이게 되는 일상생활의 존재와 행동방식을 가지고 있다는 것을 알고 있는가?
- 당신의 이야기에서 억압적인 권력 관행에 대한 저항은 어디서 발견할 수 있으며, 무엇이 이 저항을 가능하게 했다고 생각하는가?
- 생산적이거나 긍정적인 권력의 관행을 발견하는 곳은 어디인가?

일단 학생들이 그들 자신의 이야기에 대해 성찰적인 반대 의견을 취하게 되면, 이러한 경험들을 그들의 직업적인 관행과 연결시키기 위한 연습이 가능하게 된다.

학생들에게 개인이나 그룹으로 전문가에게 상담을 받는다고 상상해보라고 요청한다. 예를 들어, 각 학생은 자신의 직업적 맥락에서 전형적인 시나리오를 설명해야 한다. 개인의 인생 이야기와 마찬가지로 비판적인 "직업" 의식을 향상시키기 위해 동일한 해체 과정이 사용된다. 이 연습에서 우리는 권력을 부정적이고 억압적일 뿐만 아니라 잠재적으로 긍정적이고 생산적인 것으로 보기를 원한다는 점을 다시 강조하는 것이 중요하다. 논의에는 권력의 작동과 이 작동이 학생들과 상담하는 사람들에게 미치는 영향을 모두 검토해야 한다. 선호하는 직업적 관행을 탐구하여 풍부한 인식과 적절한 행동과 책임을 연결한다. 이것은 학생들의 삶에서 개인적이고 직업적인 수준에서 이루어지며, 특히 정책의 형성을 통해 그들의 직업이 제도적, 국가적 수준에서 할 수 있는 기여의 측면에서도 볼 수 있다.

11.10 결론

학생들의 실제 인생 이야기를 다루는 목적은 치료가 아니라, 모든 이야기가 이해와 존경을 받는 청중들과 공유한다면 (비록 그들의 이야기가 치료효과를 줄 수 있지만) 사람들이 자신의 현재 이해를 넘어 그 이상을 탐색할 수 있다는 것이다. 그 목적도 그들의 진정한 자기를 발견하는 것은 아니다. Frank의 스토리텔링 개념은 우리의 관행을 반영한다.

> 스토리텔링은 자기 자신을 위한 것만큼 타인을 위한 것이다. 스토리텔링이라는 상호관계에서, 화자는 자신을 타인의 자기 형성의 지침으로 제공한다. 지침을 받은 타인은 화자를 인식할 뿐 아니라 가치 있게 여긴다. 스토리텔링의 도덕적 재능은 화자와 청자가 각각 상대방을 위한 이야기의 공간으로 들어가는 것이다. 포스트모던 시대에, 그리고 아마도 항상, 이야기를 하는 것은 타인의 삶에 영향을 줌으로써 자신의 인생을 변화시키려고 시도 한다 (Frank, 1995, p. 17).

이러한 방식으로 가르치고 배우는 것은 흥미진진하고 연결되는 과정이다. 일단 지배적인 담론이 자기와 관련하여 문제를 일으키면, 건강이나 학생들이 비판적 이해를 발전시키고자 하는 다른 주제에 대해서도 같은 일이 일어날 수 있다. 학습이 직업적인 학업 관행뿐만 아니라 일상적인 경험에도 적용되면, 접근성이 향상되고 관련성이 높아질 뿐만 아니라 모든 사람이 볼 수 있는 경각심과 에너지를 만들어 낸다. 학생들의 증가하는 주체성과 자신감을 목격할 수 있는 위치에 있는 것은 뿌듯하고 보람된 일이다. 지식과 이해를 총체적으로 구성하는 여정의 일부가 되는 것은 적절성을 보장한다. 이 지식을 우리 주변 사람들과 우리가 봉사하는 사람들에게 도움이 되는 방식으로 사용하는 것은 지속적인 도전으로 남아있다. 우리는 우리의 행동을 통해 미래에 이야기의 일부가 될 것이고, 우리는 그 이야기가 무엇을 반영하기를 원하는지 알고 있다.

📖 참고문헌

Besley, A. (2002). Foucault and the turn to narrative therapy. *British Journal of Guidance and Counselling,* 30(2), 125−143.

Bruner, J. (1990). *Acts of meaning.* Cambridge, Mass : Harvard University Press.

Burman, E. (2004). From difference to intersectionality : challenges and resources. *European Journal of Psychotherapy, Counselling & Health,* 6(4), 293−308.

Burr, V. (1995). *An introduction to social constructionism.* London: Routledge.

Clandinin, D., & Connelly, F. (2000). *Narrative inquiry: experience and story in qualitative research.* San Francisco, CA : Jossey−Bass.

Crenshaw, K. (1989). Demarginalizing the intersection of race and sex: a black feminist critique of anti discrimination doctrine, feminist theory, and antiracist politics. *University of Chicago Legal Forum,* 139−167.

Crenshaw, K. (1991). Mapping the margins : intersectionality, identity politics, and violence against women of color. *Stanford Law Review,* 43(6), 1241−1279.

Czarniawska, B. (2004). *Narratives in social science research.* London : Sage Publications.

Davies, B. (1991). The concept of agency : a feminist post−structural analysis. *Social Analysis,* 30, 42−53.

Davies, B. (1993). *Shards of glass : children reading and writing beyond gendered identities.* St Leonards : Allen & Unwin.

Davies, B. (1998). Psychology's subject. In Parker, I. (Ed.), *Social constructionism, discourse and realism* (pp. 133−145). London : Sage Publications.

Davies, B. (2000). *(In)scribing body/landscape relations* (pp. 133−145). London : Sage Publications, Walnut Creek, CA : Alta Mira Press.

Davies, B. (2004). Introduction : poststructuratist lines of flight in Australia. *International Journal of Qualitative Studies in Education,* 17(1), 3—9.

Davies, B., Browne, J., Gannon, S., Hopkins, L., McCann, H., & Wihlborg,

M. (2006). Constituting the feminist subject in *poststructuralist discourseFeminism & Psychology,* 16(1), 87−103.

Davies, B., Flemmen, A., Gannon, S., Laws, C., & Watson, B. (2002). Working on the ground. A collective biography of feminine subjectivities: mapping the traces of power and knowledge. *Social Semiotics,* 12(3), 291−313.

Davies, B., & Harre, R. (1990). Positioning : the discursive production of selves. *Journal for the Theory of Social Behaviour,* 20(1), 43−63.

Derrida, J. (1978). *Writing and difference.* London : Routledge & Kegan Paul.

English, L. (2006). A Foucauldian reading of learning in feminist, nonprofit organizations. *Adult education Quarterly,* 56(2), 85−101.

Fernandes, F. (2003). A response to Erica Burman. European *Journal of Psychotherapy, Counselling & Health,* 6(4), 309−316.

Foucault, M. (1980). *Power/knowledge : selected interviews and other writings.* New York : Pantheon Books.

Foucault, M. (1994). *Aesthetics, method and epistemology.* New York : New Press.

Frank, A. (1995). *The wounded storyteller : body, illness and ethics.* Chicago : Chicago University Press.

Gergen, K. (1985). The social constructionist movement in modern psychology. *American Psychologist* 40(3), 266−275.

Gergen, K. (1991). *The saturated self.* New York : Basic Books.

Gergen, K. (1999). *An invitation to social construction.* London : Sage Publications.

Ginsberg, S. (1989). *Contested lives : the abortion debate in an American community.* Berkeley : University of California Press.

Hare−Mustin, R., & Marecek, J. (1988). The meaning of difference: gender theory, postmodernism and psychology. *American Psychologist,* 43(6), 455−464.

Heshusius, L. (1994). Freeing ourselves from objectivity: managing subjectivity or turning toward a participatory mode of consciousness? *Educational Researcher,* 23(3), 15−22.

Heshusius, L. (1995). Listening to children : what could we possibly have in common? From concerns with self to participatory consciousness. *Theory into Practice*, 34(2), 117−123.

Lowe, R. (1991). Postmodern themes and therapeutic practices : notes towards the definition of family therapy : part 2. *Dulwich Centre Newsletter,* 3, 41−52.

Norris, C. (1988). Deconstruction, post−modernism and visual arts, in Norris, C. & Benjamin, A. (Eds.), *What is deconstruction?* (pp. 7−55). London : Academy Editions.

Parker, I., & Shotter, J. (1990). *Deconstructing social psychology.* London : Routledge.

Phillips, N., & Hardy, C. (2002). *Discourse analysis: investigating processes of social construction.* Los Angeles, CA : Sage Publications.

Reynolds, J., & Roffe, J. (2004). An invitation to philosophy. In Reynolds, J. & Roffe, J. (Eds.), *Understanding Derrida.* New York : Continuum.

Ricoeur, P. (1984). Life in quest of narrative. In Anonymous, *Narrative and Interpretation.* London : Routledge.

Royle, N. (2003). *Jacques Derrida.* London : Routledge.

Sampson, E. (1989). The deconstruction of the self. In Shotter, J. & Gergen, K. (Eds.), *Texts of identity.* London : Sage Publications.

Weingarten, K. (2003). *Common shock : witnessing violence everyday : How we are harmed, how we can heal.* New York : Dutton.

Welch, S. (1990). *A feminist ethic of risk.* Minneapolis : Fortress Press.

White, M. (1997). *Narratives of therapist's lives.* Adelaide : Dulwich

회상(reminiscences) 활용

: 메모리 박스를 구성하여 이야기를 전달하고 삶을 선택한다

Liesel Ebersöhn

회상(reminiscences) 활용

: 메모리 박스를 구성하여
이야기를 전달하고 삶을 선택한다

Liesel Ebersöhn

12.1 서론

이 장에서는 MBM(memory box making, 기억 상자 만들기)을 이용해서 내담자들로부터 이야기를 이끌어내어, 진로심리학(career psychology)의 목적을 달성하는 방법을 제안한다. 진로심리학분야의 포스트모던 구성주의(postmodern constructivist) 방법들을 적용하는 근거들을 기술하는데 지면을 할애하지는 않을 것이다. 여기서는 이론과 실제를 융합한 방법이 이미 규명된 방법이라는 전제하에 그 방법을 제안한다(Brott, 2001; Watson & Stead, 2006). 대신에 진로심리학(career psychology)에서 스토리텔링을 촉진하는 한 가지 방법을 중점적으로 다루고자 한다. 먼저, 지면에 메모리 박스들을 몇 가지 구성해서 이 장에서 전개하는 내용의 준거틀로 삼겠다. 이어서, MBM(memory box making)이 무엇인지에 대해 설명하고, 진로심리학(career psychology) 분야에서 MBM 활용을 고려하게 된 이유에 대해 서술할 것이다. 결론에서는 내러티브 진로심리학(진로 내러티브 심리학, narrative career psychology)과 MBM 간에 유사점(parallels)에 대해 언급할 것이다.

12.2 메모리 박스 스토리 구성하기(Constructing memory box stories)

12.2절에서는 메모리 박스 사례들을 제시한다. 이 메모리 박스들은 "진짜" 메모리 박스들은 아니며, 이야기들을 모아서 구성한 메모리 박스들이다. 내가 그동안 본 메모리 박스는 정체성, 선택, 상상(imaginings), 대화로 이루어진 사적(private)이고 사사로운 하나의 연대기(chronicle)이기 때문이다. 따라서 진로 심리학에서 이 기법의 활용에 대해 구체적으로 설명하기 위해 다차원적 메모리 박스들을 직접 "지면에" 1차원으로 구성하여 설명한다. 예시를 통해 그동안 내가 직접 보고, 말하고, 내담자와 함께 구성해서 결정을 내리는 과정에서 바탕으로 삼았던 다양한 종류의 메모리 박스들을 간단하게 묘사하고자 한다.

12.2.1 단순 카드보드 박스(simple cardboard box)

카드보드 박스는 장식이 없다. 이 박스는 복사기 용지를 담아 두던 박스다. 박스 표면에 제품 표시도 그대로 있다.

박스를 연다. 박스 안에는 3개의 물건이 들어있다. 사진 2장과 성적표 한 장이다. 사진 한 장은 낡아서 모서리들이 닳았다. 사진에는 졸업식에서 찍은 3명의 남성들(서로 팔짱을 끼고 있다)이 등장한다. 9살쯤 되어 보이는 남자 아이가 카메라를 보면서 수줍게 미소 짓고 있고, 30대로 보이는 남성은 (졸업식 가운을 입고) 자랑스럽게 카메라를 응시하고 있으며, 노인은 카메라를 정면으로 바라보고 있다. 또 한 장의 사진에는 아기를 안고 있는 젊은 남성이 등장한다. 성적표는 한 어린 소녀가 다닌 유아원에서 보낸 소녀의 발달 사항에 대한 성적표이다.

12.2.2 복잡한 병(busy bottle)

이 상자는 장식이 있는 큰 병(bottle)이다. 여러 가지 사진, 그림, 구슬, 끈, 리본 밑에 있는 초록색 유리는 거의 안 보인다. 사진들에는 미소를 머금은 사람들이 집단으로 껴안고 있는 모습이 보이고, 카메라 렌즈를 바라보며 어릿광대 커플들도 있고, 장난을 치는 사람들도 보인다. 병은 닫혀 있지 않다. 열린 병의 주둥이로 내용물이 흘러나온다. 나는 많은 색들 그리고 질감들을 마주한다. 부드러운 털로 짠 목도리의 초록색이 붉은색 발렌타인데이 카드 그리고 밝은 노란색 껌 포장지와 경쟁하듯 관심을 끈다. 얼핏 보기에도 교재를 급하게 찢어낸 조각에 쓴 사랑 노래 가사를 작은 곰 인형이 안고 있다. 많은 추억들이 눈에 들어온다. 느긋하게 앉아서 꼼꼼히 살펴보고 싶다.

12.2.3 여행가방(suitcase)

오래된 갈색 여행가방에 놋쇠 잠금장치가 달려있다. 이 여행가방 재료의 거친 재질과 금속 클립 잠금장치의 차가움이 느껴진다. 가방을 연다.

바다풍경 수채화가 한 장 보인다. 수채화는 큰 다이어리 옆에 있다. 다이어리 표지에는 "내 생각들(My thoughts)..."이라는 문구가 흰색으로 도드라지게 새겨져있다. 손으로 쓴 레시피들을 모은 작은 파일도 찾아낸다. 사진 뭉치가 나온다. 사진들은 중요한 사건별로 분류한 것처럼 보인다. 사진들은 끈으로 깔끔하게 묶여있다. 2-3명의 동일인들이 다양한 장소들을 배경으로 함께 찍은 사진들이다. DIY 인터넷 교재가 눈에 들어온다. 시집을 하나 집어 든다. 페이퍼백 범죄 시리즈 소설도 집어 든다. 커다란 봉투가 눈에 들어온다. 봉투 안에는 오려낸 장식, 건축, 정원에 관한 몇 가지 기사가 있다. 휴대용 CD 플레이어가 보인다. 작은 병이 하나 있는데, 모래가 가득 들어있다. 조약돌 하나와 조개껍데기도 하나있다. 비닐봉지 안에 압착한 꽃들과 자수로 장식한 책갈피(북마크)도 있다.

12.3 (나의) 구성물들 안에 있는 나의 구성물들

위에 묘사한 내용은 내 눈에 들어오는 것들을 내가 구성한 것이다. 나의 인식(epistemology), 진로발달과 심리학에 대한 나의 이론적 지식, 내가 상담하면서 관찰한 것들, 나 자신의 시간, 공간, 경험 내력이 나의 묵상을 형성한다. 나는 무엇을 볼 수 있나? 무엇을 볼 수 없나? 내가 보는 것에 대해 나는 어떤 생각을 하는가? 그것은 무슨 의미인가? 어떤 생각이 들며, 내가 아는 것은 무엇인가? 내 마음 속에서 구성되는 것은 무엇이며, 그 메모리 박스를 만든 사람이 구성한 의미는 무엇인가?

이 카드보드 메모리 박스를 만든 사람은 무의미하지 않은 실용주의적인 사람이라는 생각이 든다. 조용함(quietness), 즉 고요함(stillness), 신중함(watchfulness)이 느껴진다. 학업적 성취를 자부하는 집안 전통도 있는 것 같다. 직업윤리가 강하고 과업 지향적인 사람일 것 같다고 상상해본다. 이 박스를 만든 사람은 가족과의 연락을 즐기며 소중히 여기는 사람임이 감지된다. 이 사람은 집안의 기대에 책임감을 가지고 완수하려하며 (어쩌면) 일가친척들을 실망시키지 않으려는 사람이라는 생각이 든다.

병 안에서는 행동, 에너지, 말이 감지되는 것 같다. 다양한 세팅들에서 다양한 사람들과 소통하고, 연락한다는 것을 알게 된다. 이러한 활력과 다양성은 사람들과 장소들에서 머무르지 않고 행동, 흥미, 경험으로 이어진다. 삶의 자발성(spontaneity)과 물리적 즐거움이 보이는 것 같다. 정서와 이상, 세부사항과 가능성에 대한 강한 흥미, 그리고 (아마도) 임의적인 의사 결정도 엿보인다.

이 여행 가방을 만든 사람은 세상에 대한 다른 관점에 관심이 있는 차분한(평온한, serene) 사람인 것 같다. 그 또는 그녀는 혼자 있는 것을 좋아하거나 친한 친구들과 함께 있는 것을 좋아할 것 같다. 그 또는 그녀는 사색을 즐기는 사람인 것 같다. 창의성이 느껴진다. 타인들의 다양한 형태들에서 창의성을 인정하든 아니면 경험에서 우러나는 자기표현의 기쁨이든, 창의성이 느껴진다. 나는 질서정연, 계획, 구조화 등의 인상을 받는다.

내가 아는 것은 무엇인가? 이런 메모리 박스들을 만든 사람들과 그 박스들에 대하여 이야기해보면 (부분적으로나마) 알게 되겠구나 하는 것이 내가 아는 것이다. 내담자마다 자신만의 박스 속에 담긴 회상(recollection)들에 대해 나에게 얘기해줄 때, 나는 어떤 이야기에 귀를 기울이게 될까? 그들이 들려주는 이야기들을 진로이론에 어떤 식으로 연관시킬 수 있을까? 그들이 들려주는 이야기들을 진로 결정이나 인생 결정에 어떤 식으로 적용할 수 있을까? 내가 아는 것은 연관 타당성 있는 진로 세부사항들을 추론할 수 있을 것이고, 그럼으로써 인생 이야기 논의를 촉진할 수 있을 것이며, 나아가 향후 인생의 진로선택들을 함께 결정할 수 있을 것이라는 점이다.

12.4 메모리 박스 제작(memory box making)이란?

Swanepoel(2005, p. 21)이 정의한 바에 의하면, 메모리 박스란 "개인의 내력과 관련 있는 편지, 사진, 테이프 혹은 다른 물건을 보관하기 위하여 만든 물리적 객체(physical object)"이다.

메모리 박스 제작(Memory box making, MBM)은 메모리 작업(memory work)이

라는 광범위한 개념에 해당되는 많은 기법들(히어로 북(hero book), 트레이싱 북 (tracing book), 메모리 바스켓(memory basket), 메모리 북(memory book) 등) 중 하나 이다(Denis et al., 2003; Morgan, 2004; Winkler, 2003). 메모리 작업(Memory work, 기억 작업)은 흔히 치명적 질환이 있는 상태에서 가족 구성원들 간에 관계들을 강화 하기 위한 심리적 목적들을 추구하는 "지지 전략(supportive strategies)"들을 대표하 는 방법이다(Williamson et al., 2004, p. 23).

MBM은 애초에 HIV 보균자인 어머니들이 자신의 HIV 상태를 자녀들에게 공개할 때 도움을 주기 위해 설계된 기법이다(Morgan, 2004; UNICEF, 2005). 사별과 비탄 (grief) 상담에서도 MBM은 상실(loss)에 대한 준비를 수월하게 해주는 방법이기도 하 다(Inger, 2002). 따라서 MBM은 치료법으로서 가치 있고(therapeutic value), 자기이해 (self-understanding)를 강화시킬 수 있으며(potential to enhance self-understanding), 정서, 선택, 경험에 대한 논의를 수월하게 해주는 수단이기도 하다.

MBM은 정체성(identity), 인지(cognition)와 정서(emotion), 의미있는 관계(연결 성, connectedness), 형성적인(formative) 삶의 순간들을 지지적(supportive)으로 탐색 할 공간을 마련해준다. 메모리 박스는 한 사람을 어떤 맥락(context) 상황 안에 위 치시킨다. MBM을 활용해서 전문가들은 사람들이 자신의 인생 이야기를 하도록 도 울 수 있다. 상담기법의 하나로서 MBM의 근간이 되는 것이 의사소통 능력이다. 건강한 관계확립과 신뢰형성은 메모리 박스에는 중요한 사람들(가족, 친구 등), 인생 이야기, 내담자의 연대기적 역사(chronological history)에 대한 정보가 들어있다.

이러한 암묵적인 목표들 외에, MBM의 핵심적인 목표는 개인의 과거, 현재, 미 래의 정보를 저장하는 용기(container)를 구성해 복원력(resilience)을 구축하는 것이 다. 이처럼 메모리 박스는 한 사람의 삶에 대한 "기록"을 제공한다(Viyoen, 2004, p. 37). 메모리 박스 안에는 시간 경험(temporal experiences)이 구체적으로 묘사된다 (concretely portrayed). 이런 시간성(characteristics of temporality)은 진로(직업)심리 학 실제(career psychology practices)와 매력적으로 연결되며, 내러티브(narrative, 이 야기) 측면들은 스토리텔링 접근방식들을 나타낸다. Viljoen (2005, p. 37)은 메모리 박스 안에 들어있는 내러티브적 측면과 시간적 측면에 대해 다음과 같이 설명 한다:

아동의 기억과 기존의 기록들을 통해서 과거를 다룬다. 경험에 대해
적고, 일상 속에서 발견되는 소중한 물건들을 수집함으로써, 일상 이벤트들(현재)의

일기가 모아진다. 이상, 꿈, 의사결정은 미래의 일부를 형성한다. 이 기록은 (메모리 박스의 형식으로 된 기록) 과거를 깨뜨리는데
유익하며, 과거의 내러티브를 구성해서 현재에 통합시킬 수 있는 기회가 되며, 그럼으로써 희망, 꿈, 열망, 자유가 있는 미래를 가능하게 만든다.

메모리 박스를 구성하는 과정은 역동적이며, 지속적이며, 재고(revisiting)와 성찰(reflection)을 요한다. 메모리 박스 구성 과정의 특징은 활동(activity)이다. 여기서 활동이란 개별 활동이 될 수도 있고 공동구성(co-constructing)이라는 협력 활동이 될 수도 있다. 이 과정은 사람들이 자신을 표현하는 기회가 된다. 이 과정의 결말은 메모리 박스를 "만든 사람"이 그 "결과물"에 만족하는 시점이다. 메모리 박스 자체를 있는 그대로 보존하거나, 미래의 기억 보관소를 만들어도 된다.
어떤 용기든 메모리 박스가 될 수 있다. 당연히 박스일수도 있지만 봉투, 책, 캔, 병, 바스켓, 여행가방, 뚜껑달린 통 등도 메모리 박스로 활용할 수 있다.
메모리 박스를 만드는 데 이용할만한 테크닉들은 포스트모던 구성주의 실천 방법들로 가득하다: 인생곡선(lifelines), 인생이야기(life stories), 드로잉(drawings), 콜라주(collages), 바디맵(body maps), 가계도(family trees), 심리학적 가계도(genogrammes) 등이 그런 방법들이다. 메모리 박스를 만드는 사람이 메모리 박스에 넣을 정보를 결정한다. 메모리 박스에 들어가는 내용물로는 그림, 사진, 비디오 녹화물, 증명서(예: 출생증명서, 혼인증명서, 사망증명서 등), 그 외 기억을 환기시키는 물품들이 될 수 있다.
나는 HIV/AIDS 환자들의 심리사회적 대처(psychosocial coping)에 대한 연구를 하면서 MBM에 관심을 가지게 되었다. 당시 나는 여러 건의 연구들에 참여해서 MBM 활용에 대하여 탐색했다. 가령, 자원봉사자들이 이 기법을 활용해서 HIV/AIDS 환자들을 보살피고 지지하는 방안에 대해 모색하는 연구를 했다 (Swanepoel, 2005). 또, MBM을 활용해서 취약 아동에서 자산(assets in vulnerable children)을 파악하는 방법(Viljoen, 2005)도 모색했다. 또, 바디맵(body map)을 이용해서 교육자들의 조언 역할을 지지하는 MBM 기법도 탐구했다(McCallahan, 2006). 상담기술과 MBM 간에 관계를 탐색한 연구도 있었다(Mnguni, 2006). 연구 결과 (Ebersohn & Eloff, 2006; Ebersohn & Ferreira, 2006; Eloff & Ebersohn, 2006), MBM 프로세스의 핵심은 상담임을 확인했다. 이 연구결과는 MBM의 치유적 활용 (therapeutic use)뿐만 아니라 MBM의 촉진자의 역할과 상담역량을 갖추어야 할 필

요성이 내포되어 있다.

아래 제시한 그림들은 위에서 언급한 연구들 중 일부 연구에서 MBM을 활용한 방법을 보여주는 그림들이다.

그림 12.1 메모리 박스

그림 12.2 메모리 박스 열기

그림 12.3 (주변) 환경 그리기

그림 12.4 인생곡선

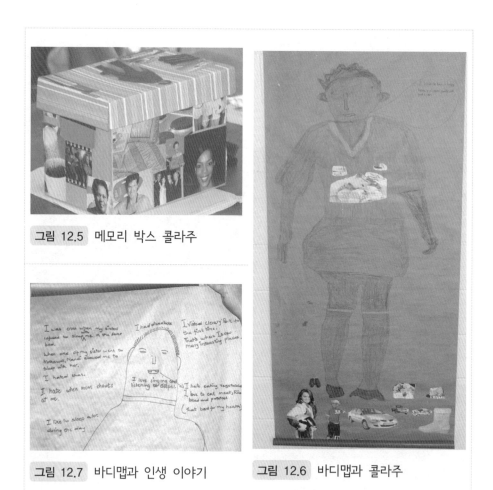

그림 12.5 메모리 박스 콜라주

그림 12.7 바디맵과 인생 이야기

그림 12.6 바디맵과 콜라주

나는 이 치유양식(therapeutic mode)이 제시하는 접근성(accessibility)에 주목했다. 이 절에서는 진로심리학(career psychology) 영역에서 사람들이 자신의 인생 이야기를 하도록 유도하기 위해 MBM을 활용하는 방안을 고려하게된 과정에 대하여 설명하고자 한다.

12.5 왜 진로 심리학(career psychology)에서 MBM을 활용하는가?

석사과정 학생들을 지도하면서 내담자의 이야기를 끌어내느라 애쓰는 학생들을 종종 보았다. 학생들이 이 수준의 임상 교육을 받을 때쯤 그들은 내담자와 함께 구조화되고 표준화된 진로 평가를 수행할 수 있는 능력에 대해 자신감과 만족감을 느낀다. 학생들은 수련 중인 전문가들로서 자신의 "전문성"에 따라 학습기술, 의사결정 기술, 커뮤니케이션 기술, 또는 스트레스 관리 기술 등 내담자들이 "습득해야 하는" 사전에 형성된(preconceived) 기술들을 중심으로 상담회기들을 구조화하는 유사하고 공식화된 상담 루틴(counselling routine)을 따르는 경우가 많다.

석사과정에 초기에는 학생들이 진로심리학(career psychology)에서 내담자들을 평가하고 상담하기 위해 대안적인 구성주의 경로들을 활용한다는 생각에 대해 기대감도 높고 매료되어있다. 하지만 실무에서 내담자들의 참여를 유도해야 하는 때가 되면, "구조 없이" 작업하는 자신의 역량에 대해 신중하게 고민하고, 의식하며, 자신감이 떨어진다.

학생들에게 인생 이야기들과 관련 있는 이론 중 일부를 활용하는 방법을 보여주기 위해서, MBM을 활용하는 방안을 생각하게 되었다. 특히, 앞에서 언급한 바와 같이 관련 연구에도 참여했었기 때문에 그 방법을 활용해보기로 했다. 나는 MBM이 포스트모던 평가의 여러 가지 주의(tenets)를 반영하고 있다고 전제했다. 또한 가시적인 인생 이야기(visible life story)를 구체적으로 공동구성하는 방법이 학생들에게 덜 부담스러울 것이라고 생각했다: 그런 평가 주의는 구조가 느슨한 편이고, 내담자와 함께 진행할 활동이 있고, 스토리텔링에 참여하도록 내담자와 자신 간에 매개 역할을 해주는 구체적인 어떤 것도 있기 때문이다.

나는 MBM의 과정에 대해 설명하고, 학생 개개인에게 자신의 메모리 박스를 만들라고 요청했다. 개별 작업 중에 학생들은 나에게 자신이 만든 메모리 박스를 설명했다. 그런 다음 학생에게 (진로 이론들에 대한 학생의 지식을 바탕으로) 학생의 메모리 박스에서 관찰한 진로 관련 패턴들과 구성개념(진로 이론들에 대한 학생의 지식을 바탕으로)들을 찾아내라고 요청했다. 그리고 나서, 학생에게 진로 이론과 메모리 박스 내용물 간에 연결 관계에 근거해서 학생 자신의 "진로 이야기(career story)"를 서술(narrate)하도록 요청했다.

대부분의 학생들은 자신이 습득한 진로 이론 지식을 MBM에 자리잡고 있는 내용에 연결시킬 수 있었다. 그 이전에는 이론과 실무가 서로 분리된 것 같았지만, MBM을 적용한 후에는 이러한 지식 기반이 통합되는 것 같았다. 따라서 특정한 스토리틀 안에 위치한 진로구성개념과 패턴들에 대한 학생들의 인식이 MBM을 활용함으로써 상승되었다고 볼 수 있다.

학생들이 지각하는 구성주의 내러티브 접근법의 비구조성(perceived unstructuredness of constructivist narrative approaches) 내에서 학생들에게 어떤 (바람직한) 구조를 부여해준 방법이 MBM이었다고 본다. 학생들은 MBM의 유연한 구조를 활용해서 인생곡선, 콜라주, 내러티브 에세이, 물품 등의 기법들을 창의적으로 적용해서, 내담자로서의 자신을 파악했다. 이렇게 고양된 자신에 대한 이해를 추정해서(extrapolate) 이론을 통합했다. 학생들이 진로 구성개념 및 패턴들을 통찰한 내용(예: 내담자는 어떤 사람이고, 무엇을 중시하며, 무엇을 열망하는가 등)에 연관시켜 "깨닫게 되면서", 미래의 삶(인생)과 진로 가능성들을 재구성하는 것에 대한 자신감을 갖게 되었다.

학생들이 자신의 메모리 박스를 구성할 때 가장 애용한 기법들은 인생곡선, 자신의 인생에 대한 내러티브, 여러 가지 콜라주(메모리 박스 외부 콜라주와 메모리 박스 안에 별도로 넣은 콜라주), 그림, 삶에서 의미 있는 순간들을 나타내는 물건(책, 영화 티켓, 자동차 열쇠, 머리카락 뭉치, 자신과 자신에게 의미 있는 타인들의 옷, 음악 CD, 액자에 넣은 인증서, 성적표, 다양한 카드와 편지, 소설, 조리법 등)이었다.

학생들은 자신이 만든 메모리 박스에 대해 뿌듯해하면서도, 누가 그 메모리 박스를 볼 것인지, 어디에 보관해야하는 지, 그 상자를 계속 "소유할 수 있는지"에 대해서는 방어적인 입장이었다. 즉, 그들의 소중한 소지품을 내가 안전하게 보관하도록 나에게 넘기지 않으려는 듯 했다.

따라서 신뢰와 비밀유지라는 상담원칙은 메모리 박스를 만들고 공유하고 보관하는 강도(intensity)에 따라 강화된다고 볼 수 있다. 여기서 시사점은, 상담기술을 훈련받은 유능한 실무자들이 이런 테크닉을 사용할 만 하다는 점이다. 따라서 삶의 이야기를 기술하고 구술하는 방법의 장점들에 대한 많은 견해들이 메모리 박스를 구성하는 방법의 치료법적 가치(therapeutic value)를 지지해준다(Folkman & Moskowitz, 2003; Niederhoffer & Pennebaker, 2002).

이어지는 절에서는 내러티브 진로 심리학(narrative career psychology)과 MBM 간에 접점(interface)에 대한 견해를 논의한다.

12.6 내러티브 진로 심리학(Narrative career psychology)동향도 MBM의 특징

진로 심리학(career psychology)에 MBM을 적용하는 방안을 생각했을 때, 그 이유는 여러 가지였다. 이 절에서는 잘 알려진 진로이론(career theory)의 측면들을 활용하여, 여러 가지 타당한 진로 구성개념들에 대해 조명하겠다. 내가 볼 때, MBM은 상담의 구성주의적 접근법에 해당된다. MBM에서 하나의 삶에 대해 공동구성(the co-construction of a life)한다는 점에서 이는 "구성주의"가 된다. 개인의 진로발달(career development)이 발생하는 맥락은 물론, 그 맥락과 개인 간의 상호작용에 관심을 기울여야 한다는 지속적 요구에 대응한 해법이 구성주의이다(Watson & Stead, 2006).

시간성(temporality)은 MBM의 기초가 되는 철학의 중심(핵심)이다. 전문가(상담자)는 내담자가 과거와 현재의 시간, 공간, 소재(locality)에 대해 회상(reminisce)할 수 있는 공간을 마련한다. 마찬가지로 이러한 시간적 경험의 영향은 미래의 경험에 외삽될 가능성이 가장 크다. 진로심리학 실제(career psychology practice)의 다양한 인생-기억-시간성(Various life-memory-temporality) 측면(facets)들이 작용하며 결정된다: 누가 어떤 공간을 차지했는가? 역동적 시공간 변화 속에서 시간을 어떻게 할애했으며 결정은 어떻게 내렸는가? 적응성패턴(의사결정, 정서적 기준선(emotional baseline), 자원풍부성(resourcefulness), 자아에 대한 일치성(congruence in terms of self)은 무엇인가? 일관된 이상과 목표들(consistent ideals and goals)은 무엇인가?

진로심리학(career psychology)에서 MBM과 내러티브 접근법(narrative approach)의 핵심 전제(central premise)는 삶이 다차원적이며 진로가 삶의 한 측면(one aspect)을 구성한다는 것이다(Stead & Watson, 2006). 따라서 진로심리학(career psychology)에 MBM을 적용하는 것은 진로심리전문가(career psychologist)가 진로를 선택할 때만이 아니라 살아갈 삶을 결정하는 데 있어서도 내담자들을 돕기 위해 노력한다는 사실에 경의를 표한다.

메모리 박스는 내담자의 추상적이고 접근하기 어려운 개인의 내적 측면을 접근 가능하고 구체적인 방식으로 반영한다. 학생들의 메모리 박스는 학생의 성격, 흥미, 가치관, 인생역할, 추론 방식(mode of reasoning), 창의력 수준, 적응성 패턴을 어떤 식으로든 나타냈다.

성격(그리고 어쩌면 자기인식)은 메모리 박스의 형태와 내용물에서 핵심적으로 나타나는 것 같다. 우리의 과거를 구성할 때 우리가 넣는 요소들은 우리가 어떤 사람인가를 보여준다. 메모리 박스를 만드는 사람은 의도치 않게 자기 자신에 대한 단서들을 포함한다. 앞서 내가 지면에 구성했던 메모리 박스를 떠올려보자면, 카드보드 박스를 만든 사람은 내성적이고, 어느 정도 의지가 강인하고 과업 지향적인 사람일 것 같다. busy−bottle−box를 만든 사람은 다른 사람들과 함께 있을 때 활력이 넘치는 사람일 것 같다(외향성). 여행가방 메모리 박스를 만든 사람은 다양한 삶의 선택지들과 가능성들에 대해 숙고하는 비교적 성찰적(reflective)인 사람일 것 같다. 이런 사람들이 전달하는 이야기를 경청하면서, 우리는 이러한 이론적 가정을 세울 수 있다. 스토리텔링과 경청은 내레이션(narration)을 반영하지 않는 것은 버리고, 자신에 대한 새로운 가설들을 구성하고, 정체성에 대하여 떠오르는 관념들(emerging ideas)을 구축하고 탐색하는 프로세스를 촉진해준다. 메모리 박스 내용물을 스토리텔링으로 설명할 때, 내담자와 진로 전문가(career practitioner)는 그 이야기에 관련된 타당한 자기인식(self−knowledge) 수준을 함께 결정할 수 있고, 그럼으로써 향후 정체성과 조화를 이루는 의사 결정의 토대를 마련할 수 있다.

메모리 박스 스토리텔링에서 확연히 드러나는 또 한 가지 진로 구성개념(career construct)은 의사 결정 패턴과 관련 있는 구성개념이다(Amundsen, 1995; Gati et al., 1996). bottle box는 비구조화된 비체계적(unstructured, unsystematic) 의사결정을 나타낸다고 볼 수 있는 반면, 카드보드 박스와 여행가방 박스는 비교적 질서정연하고 계획된(카드보드 박스의 경우에는 심지어 단순화된) 의사결정을 나타낸다고 볼 수 있다. 이는 내담자와 협력해서 내담자의 라이프스타일 선택지들을 수용하고 전체론적(holistic) 스토리들을 심층 탐색하는 소중한 지식 기반이 된다.

과업 접근(task approach), 집행(execution), 완료(completion) 면에서의 정신적 특징(mental characteristics)들은 의사결정과 밀접한 관련이 있다. 과업 접근, 집행, 완료는 모두 각 메모리 박스의 최종 산물(end product)에 묘사된다. 메모리 박스에 대한 이야기를 할 때 정신적으로 어떤 상황이 발생하는 지를 구체적으로 관찰할 수 있다는 점에서 메모리 박스는 유익한 배경막이라 할 수 있다.

메모리 박스들이 흥미(interests)를 드러내는 하나의 출구(outlet) 역할을 한다고 가정할 수 있다(Holland, 1997). 학생들은 자신에게 동기와 영감을 불어넣어준 기쁨

(joy)의 원천들(sources)을 (메모리 박스에) 당연히 포함시켰다. 특히, bottle 메모리박스는 사회적 흥미(social interests)와 예술적 경향(artistic inclination)을 보여준다. 여행가방(suitcase) 메모리 박스는 파헤치고 체험하는 현실적 흥미(realistic interests)를 나타내는 것 같다. 카드보드 박스에서는 관습적(관행적)이며 현실적인(conventional and realistic) 진로 유의성(career significance)을 얼핏 볼 수 있다. 하지만 여전히, 심층적인 서술(narration)을 통해서 이러한 진로이론 추론(가정)들을 확인할 수 있는 경우도 있고 그렇지 않은 경우도 있을 것이다.

생애 역할(life roles)과 가치관도 메모리 박스에서 볼 수 있다(Super et al., 1995). 카드보드 박스는 가족 역할 및 책임과 관련 있고, bottle 메모리박스는 일상생활 속에서 직업, 취미, 친구, 이상을 추구하기 위해 분투하는 뒤얽힌 역할들을 다룬다. 마찬가지로 스토리텔링 에피소드 중에 명확한 의미 수립 양상들(삶의 목적, 영성 등)이 가치관과 인생 역할들을 드러내기도 한다.

메모리 박스는 인생 경험도 보여준다. 메모리 박스에서는 강렬한 감정들이 변화(change), 성장(growth), 적응성(adaptability), 탄력성(resilience)을 함의하는 경험들로 이어졌다(Ebersohn, 2006; Snyder & Lopez, 2002). 소중한 관계들의 끝을 표시하는 편지들도 넣을 수 있다. 메모리 박스에 고인이 된 사랑하는 사람의 머리카락 뭉치를 넣기도 한다. CD에 담은 음악은 특히 통렬했던 시기를 환기할 수 있다. 이런 기억마다 관련된 스토리를 이야기할 때, 실무자는 대처 전략(coping strategies), 복원력 패턴(patterns of resilience), 지각하는 성패 지표(indicators of perceived success and failure)에 접근할 수 있다. 이는 가장 소중한 항목들이며, 이런 항목들에 맞춰서 향후 인생 경로를 공동으로 구성할 수 있을 것이다.

MBM은 또한 진로심리학(career psychology) 분야의 시스템 이론 및 시스템스 이론 프레임워크(Systems Theory Framework)의 일부 원칙과 겹치는 부분이 있는 것 같다(McMahon, 2005). 메모리 박스에 대한 이야기를 경청한다는 것은 그 메모리 박스를 만들고 서술하는 사람이 경험한 다양한 상호 연결된 시스템들 간에 관련된 방식에 대한 이야기를 경청한다는 뜻이다. 이는 심리내적 체계(intrapsychic system)의 내부 밀실(inner sanctum)에 대한 이야기를 듣는 것이다. 이는 가족 및 공동체 시스템 내의 관계들을 경청하는 것이다. 우리는 성별과 인종이라는 더 큰 사회경제적 이슈 및 주변적 이슈들에도 유념하면서 경청한다. 메모리 박스를 만든 사람의 메모리 박스 시스템들에 근거해서, 우리는 이런 시스템들 간에 역동적 상호

작용(interplay)에 주목하고, 미래의 관련성(relatedness)을 위해 실행할만한 방안들을 함께(공동으로) 결정한다.

12.7 결론

진로심리학(career psychology)에서 내러티브 작업(narrative work)이라는 미지의 세계에 도전하는 전문가(practitioners)들을 위한 초기 구조(initial structure)이자 안전망으로서 MBM을 제안한다. 또한 전문가가 내러티브 작업(narrative work)에 익숙해지고, 그 과정에서 성공을 경험하고, 자신감이 늘면서, MBM 활용 빈도가 감소할 수도 있을 것이다. MBM에 의해 입증된 몇몇 기법은 삶의 의미를 공동구성(co-construct)하고 가능한 진로방향(career directions)에 대해 공동결정(co-decide)하는 데 단독으로 사용될 수 있다.

결정적 사건, 경험, 감정과 결정과 같은 기억들은 우리 삶의 파편들이다. 메모리 박스를 만들 때 우리는 이 배열에서 우리가 누구인지를 선택한다. 우리는 우리가 안심할 수 있는 극소수의 사람과 공유하고 그들에게 보여줄 만한 측면들을 선택한다. 우리는 이 에너지의 장을 독특한 포맷 안에 가둔다. 요청이 있을 경우, 우리는 다른 사람들에게 우리의 메모리 박스에 있는 삶의 내용에 대해 말할 수도 있고 그렇지 않을 수도 있다. 만약 메시지가 나타나면 우리는 우리의 미래를 구성하기 위해 우리의 기억을 그릴 수 있다.

📖 참고문헌

Amundsen, N. E. (1995). An interactive model of career decision making. *journal of Employment Counseling*, 32, 11−21.

Brott, P. E. (2001). The storied approach: a postmodern perspective for career counseling. *Career Development Quarterly*, 49, 304−313.

Denis, P., Mafu, S., & Makiwane, M. (2003). *Memory boxes and the psycho−sociat needs of children : trainer's manual.* Sinomlando Project. Available at: http://www.hs.unp.ac.za/theology/sinomlandomemory%20box es.htm (accessed on 16 June 2005).

Ebersöhn, L. (2006). Life−skills facilitation. In Ebersohn, L. & Eloff, I. (Eds.), *Lifeskills and assets*(pp.50−63). Pretoria : Van Schaik.

Ebersöhn, L., & Eloff, I. (2006). *Exploring volunteers' application of the memory−box−making−technique to support coping with HIV& AIDS.* Paper presented at the Education Association of South Africa (EASA) Conference. Bloemfontein, South Africa, 18−20 January.

Ebersöhn, L., & Ferreira, R. (2006). *Reflecting on educators' use of memory−box−making in their pastoral role.* Paper presented at the Education Association of South Africa (EASA) Conference. Bloemfontein, South Africa, 18−20 January.

Eloff, I., & Ebersöhn, L. (2006). *Identifying assets during the memory−box− making process with vulnerable children.* Paper presented at the Education Association of South Africa (EASA) Conference. Bloemfontein, South Africa, 18−20 January.

Folkman, S., & Moskowitz, J. T. (2003). Positive psychology from a coping perspective. *Psychological Inquiry*, 14(2), 121−125.

Gati, I., Krausz, M., & Osipow, S. H. (1996). A taxonomy of difficulties in career decision making. *Journal of Counseling Psychology*, 43, 510−526.

Holland, J. (1997). *Making vocational choices : a theory of vocational personalities and work environments.* Odessa, FLA: Psychological Assessment Resources.

Inger, J. (2002). Memories of the past provide hope for the future. International Federation of Red Cross and Red Crescent Societies.

Available at : http://www.ifrc.0rg/docs/news/02/02112001/ (accessed on 16 on 16 June 2005).

McCallahan, M. (2006). *Educators' application of body maps in their pastoral role*. Pretoria : University of Pretoria. (Unpublished master's dissertation in process.)

McMahon, W. (2005). Career counseling: applying the Systems Theory Framework of career development. *Journal of Employment Counselling*, 42, 29 – 38.

Mnguni, M. (2006). *The relationship between counseling and memory work with children*. Pretoria : University of Pretoria. (Unpublished master's dissertation in process.)

Morgan, J. (2004). Memory work. *AIDS Bulletin June 2004*. Available at : http://web.uct.ac.za/depts/cgc/Jonathan/index.htm(accessed on 19 August 2004).

Niederhoffer, K. G., & Pennebaker, J. W. (2002). Sharing (jne's story: on the benefits of writing or talking about emotional experience. In Snyder, C. R., & Lopez, S.J. (Eds.), *Handbook of Positive Psychology*(pp.573 – 583). London : Oxford University Press.

Snyder, C. R., & Lopez, S. J. (Eds.). (2002). *Handbook of positive psychology*. London : Oxford University Press.

Stead, G. B., & Watson, M. B. (Eds.). (2006). *Career psychology in the South African context*. Pretoria : Van Schaik, xi – xiii.

Super, D.E., Sverko, B., & Super, C. M. (1995). *Life rotes, values and career s : international findings of the work importance study*. San Francisco, C A : Jossey – Bass.

Swanepoel, A. (2005). *Exploring community volunteers' use of the memory – box – making technique to support coping with HIV and AIDS. Unpublished master's dissertation*. Pretoria: University of Pretoria.

UNICEF (2005). *Memory boxes. HIV&AIDS – care and support for orphans and families affected by HIV&AIDS*. Available at: http://www.unicef.org/ai ds/indexorphans.html (accessed on 16 June 2005).

Viljoen, J. (2004). *Identifying assets in the memory – box – making process with vulnerable children. Unpublished master's dissertation*. Pretoria : University of Pretoria.

Watson, M. B., & Stead, G. B. (2006). An overview of career theory. In

Stead, G. B., & Watson, M. B. (Eds.), *Career psychology in the South African context*(pp.13−34). Pretoria : Van Schaik.

Williamson, J., Cox, A., & Johnston, B. (2004). *Conducting a situation analysis of orphans affected by HIV/AIDS.* Washington : US Agency for International Development Bureau for Africa.

Winkler, G. (2003). *Courage to care : a workbook on HIV/AIDS for schools.* Southdale : Catholic Institute of Education.

이야기하기와 꿈의 실현에 내담자의 참여 촉진

Elzette Fritz & Litha Beekman

이야기하기와 꿈의 실현에
내담자의 참여 촉진

Elzette Fritz & Litha Beekman

꿈을 향하여 자신있게 나아가라
상상했던 삶을 살아라
(헨리 데이비드 쏘로)

13.1 도입

진로상담에서 내담자의 적극적인 참여를 이끄는 작업은 내담자를 자신과의 대화적 관계에 그리고 상담자와의 대화적 관계로 연결하는 것을 의미한다. 이 참여 과정은 구성주의적 접근으로서 내담자는 상담자의 촉진적 참여를 통해 탈구성(deconstruct), 구성(construct), 공동구성(co-construct) 과정에 참여하게 된다. Okun(2002, p. 148)에 따르면, 구성주의 상담자는 "내담자가 과거의 발달과정에 대해 깊이 생각하도록 함으로써 내담자의 과거, 현재, 미래의 사고, 감정, 행동 간 관계를 탐색하는 무의식적 과정"을 허용한다.

내담자의 욕구는 내담자가 처한 문화적 맥락과 환경을 이해하는 대화를 통해 개인적 수준과 직업적 수준에서 동시에 이해되어야 한다(Thrift & Amundson, 2005). 진로 미결정 수준, 진로탐색, 변화와 선택의 책임에 대한 적극적인 수용 뿐만 아니라 성격, 학습양식, 경험, 정서적 준비, 내적 강점, 두려움에 맞서 이를 극복하려는 자발성 등이 고려될 필요가 있다. 진로상담 참여 과정에서 정서적 힘은 진로선택 상황에서 목적 및 목표와 얼마나 연결되어 있는지, 그리고 진로상담 과정에 내담자가 얼마나 깊이 참여하는지에 대한 지표가 될 수 있다. 만성적으로 우유부단한 내담자는 자신의 능력, 성격, 흥미, 가치, 경험, 의사결정 기술, 꿈의 실현을 방해하는 장벽 등의 탐색 작업에 대해 정서적인 어려움을 느낄 수 있다(Stead & Watson, 2006, p. 102).

본질적으로 내담자를 진로상담 활동에 참여시키려는 목적은 내담자의 내적 감정, 자원, 지혜를 적절히 활용하고 대화를 통한 정서적 참여와 자기 탐색을 촉진하려는 데에 있다. 따라서 이번 장의 목표는 이야기 기법을 통해 내담자가 선호하는 존재 방식에 따라 진로를 선택할 수 있도록 내담자 자신과 진로에 대해 탐색할 때 적극적인 참여를 이끄는 데 도움이 될 만한 실용적인 사례와 제안들을 독자에게 제공하는 것이다.

13.2 이야기, 일화, 은유로 통한 대화

Milton H. Erickson은 Gilligan(1994, p. 80)에 따르면 "깊은 수준에서 어떠한 내담자에게도 맞춰주었던 변신의 고수인 치유 마법사로서", 모든 문제적인 이야기는 내재적으로 해결책을 함께 제시하고 있으며 모든 개인은 난제처럼 보이는 것을 극복할 수 있는 독특한 힘을 소유하고 있다고 믿었다는 점에서 시대를 앞서는 혜안을 가졌던 것 같다. Erickson은 사람들이 자신의 어려움을 설명할 때 사용하는 언어 패턴에 주의를 기울이고, 문제로 가득 찬, 그러면서도 희망을 심고 변화를 출발하는 데 사용하는 이야기 속의 함축적인 은유에 경청하는 것이 중요하다고 강조하였다. Erickson의 이야기하기 능력과 관련하여, Godin과 Oughourlian(1994, p. 186)은 다음과 같이 설명하였다:

만약 어떤 이야기 구조가 환자의 문제 구조와 상당히 유사하다면, 이는 일련의 사건에 영향을 미칠 수 있을 것이다. 어떤 문제나 어려움을 상징적으로 표현하는 이야기는 내담자가 이전 같았으면 경직되었던 구조를 되살림으로써 그 문제들을 극복할 수 있도록 조력할 수 있다.

이와 같이 "유추(analogy)"는 이야기와 내담자의 어려움 간의 유사성을 드러내며, 반면에 "은유(metaphor)"는 이야기와 넌지시 암시했을 뿐인 문제 간의 관계를 의미한다. 은유는 무언가를 묘사하지만 유추에 의해 다른 무언가를 암시하는, 그리고 그 과정 속에서 기억을 환기하고 다양한 의미를 암시하는 단어나 문장, 또는 이야기 등이다.

내러티브 진로상담의 열쇠는 Erickson식으로 말하자면 상담자가 내담자와의 대화 속에서 내담자와 공명하는 언어를 사용하면서 내담자를 얼마나 몰입시킬 수 있는가에 달려 있다. 예를 들어, 내담자가 "갇혔다"는 것을 어떻게 느끼는지에 대한 질문을 받게 되면 "갇힘"에 대한 연상과 이미지가 즉각적으로 떠오르고, 이때 "갇힘이 풀릴" 가능성도 함께 동반될 수 있다. 따라서 상담은 이성을 뛰어 넘는, 움직이는 경험이다. 이때 상담자의 목표는 바로 내담자와 공명하는 이야기로 엮어낼 수 있는 해결의 실마리를 찾기 위해 문제로 가득한 이야기를 풀어내는 것이다.

그러나 상담자는 해결책을 제시할 때 내담자의 발달 단계와 언어 능력에 주의를 기울어야 한다. 언어 표현력이 좋은 내담자들은 내재된 은유적 메시지를 잘 알아차릴 수 있지만, 섬세한 언어 기술이 덜 발달된, 보다 구체적인 사고형 내담자들은 뭔가를 손에 만질 수 있게 제시해줘야만 보다 접근 가능한 해결책을 찾을 수 있을 것이다. 청소년 내담자에게는 동물, 건물, 나무, 집 등과 같은 물건 중 하나를 선택하고 그것에 대해 얘기하라고 하면 이들은 설문지를 채우라고 하거나 자신의 이야기를 해보라고 하는 것보다 훨씬 더 자기 자신을 그리고 자신의 흥미를 잘 드러낼 수 있을 것이다. 따라서 내담자가 자신의 이야기를 표현하고 자신의 진로 선택과 관련된 은유를 제시하는데 필요한 방법이 무엇이든 간에 진로상담자는 이를 잘 활용할 수 있어야 한다.

13.3 성찰 저널 쓰기

"이야기 접근"은 저널 쓰기를 포스트모던적인 방식으로 다시 다룰 수 있는 기회를 제공한다. 저널을 통해 내담자는 자신의 일반적인 삶과 일하는 삶, 선별된 이미지, 성찰 등에 관한 풍부한 기록물과 일상 존재의 본질에 대한 질문에 접근할 수 있게 된다. 개인 자료는 이미지의 기록장과 같다. 중요한 사람을 만난 경험이라든가 화, 좌절, 상실 등과 같은 짧막한 감정에 관한 자서전적인 조각, 사적인 또는 직업적인 삶 속에서의 느낌 탐색 등이 포함될 수 있다. 상담자들이 흔히 하는 방식은 내담자가 자신의 삶과 일 속에서의 영향 및 경험에 대해 성찰할 수 있도록 질문을 던지는 것이다. 이를 통해 내담자가 저널이나 일기 속의 주제와 패턴을 스스로 분석할 수 있도록 인도하는 것이다.

성찰 저널 쓰기는 여러 가지 방식을 취할 수 있다. 진로나 생애 전환에 대해 다루기, 삶이나 일에서 놓친 것에 대해 명확히 하기, 또는 심층에 자리한 삶과 일의 가치를 추출하기 등과 같이 내담자는 특정한 목적을 가지고 저널을 작성한다. 이는 상담자가 부과하는 숙제 형태가 될 수도 있고, 저널 쓰기 습관이 잘 형성된 내담자의 경우에는 의도적인 노력일 수 있다. 저널 쓰기라는 형식의 목적은 깊은 수준의 탐색에 참여하는 것으로, 보다 깊은 의식 수준을 관통하여 탐색의 초점이 되는 상황 요소들을 명확히 함으로써 주제와 패턴을 발견할 수 있도록 끊임없이 질문을 만들어내고 갱신한다. 성찰 저널에 대하여 Scholes-Rhodes (2002, p. 13)은 "창의적인 탐구 기술의 출현과 본능적인 발달"이라고 말한 바 있다. 그는 저널쓰기를 통해 자기 삶의 여정에 대해 다음과 같이 언급하였다.

나는 내 자신의 재생 이야기, 내 글쓰기의 복잡한 기술, 내 목소리의 생생한 경험에 대해 쓸 수 있는 방식을 발견했다... 그것으로부터의 움직임은 나를 또하나의 더욱 의식적인 세계로 이끈다(Scholes-Rhodes, 2002).

이러한 집중적인 저널 쓰기 방식을 통해 내담자는 "주의깊은 담화적 학습의 자기변형적 상태"(Scholes-Rhodes, 2002)를 유지하고 발전시키는 법을 배워야 한다. 그리고 이러한 상태는 상황에 대한 질문을 지속하려는 의도(intention)와 주의(attention)를 허용한다.

저널 쓰기는 담화와 일인칭 탐구라는 독특한 방식을 통해 내담자가 자기 내면의 목소리, 질문의 전개, 직관적인 구조화, 의도적이고 주의깊은 패턴 짜기, 언어를 통해 표현하는 기술 등에 사려깊게 경청함으로써 의미를 구성(construct) 및 탈구성(deconstruct)할 수 있게 한다(Scholes-Rhodes, 2002, p. 15). 내면 깊숙이 묻혀있는 꿈도 깊은 수준의 탐구를 통해 발굴해낼 수 있다. Cameron의 인용(1995, p. 6)에 따르면 Emerson은 다음과 같이 말했다: "우리의 뒤에 있는 것과 우리의 앞에 있는 것은 우리 내부에 자리잡은 것에 비하면 사소한 것이다." 저널은 내담자의 사적인 소망, 두려움, 꿈, 희망, 환희의 내적 세계로 들어가는, 그럼으로써 감정의 만화경에 접근하도록 하는 창을 상담자에게 제공한다. 이때 상담자의 역할은 이러한 탐구 과정을 촉진하고, 내담자가 인생 이야기의 공동구성, 탈구성, 구성의 과정을 통과할 때 깊은 수준의 탐구 중에 경험할 수 있는 정서적 혼란에 대해 지지를 제공하는 것이다.

13.4 꼴라지

꼴라지는 내담자가 주제의 어떤 측면이든지 이를 묘사하는 그림, 물체, 사진, 단어카드, 표어, 카드, 상징물의 혼합물을 자유롭게 선택할 수 있기 때문에 그림 이야기 형태로 효과적으로 사용할 수 있다. 내담자는 "이것은 나입니다(This is me),""이것은 내가 아닙니다(This is not me),""이것은 내가 잘하는 것입니다"와 같이 제목이 붙여진 꼴라지를 만든다. 내담자가 따라야할 규칙이나 경계는 없으며, 탐색할 주제를 시각적으로 만들 뿐이다.

내담자가 꼴라지의 내용에 대해 말하다보면 필연적으로 자신의 이야기를 말하게 된다. 내담자가 선택한 그림, 소재, 경험과 그것들을 꼴라지 형태로 조직하고 제시한 방식은 그들 자신의 통합적인 이야기를 표현한다. 그리고 나면 내담자와 상담자는 주제와 패턴을 확인함으로써 의미를 발견할 수 있다. 그림 13.1의 두 개의 꼴라지는 어떤 뚜렷한 주제를 드러내는데, 첫 번째는 나무 은유와 주제어를 통해, 두 번째는 그림 선택과 주제어를 통해 표현한다. 두 꼴라지의 발표자들은 "확신하는", "노력하는 일꾼", "자랑스런", "예민한", "열정적인" 등과 같은 단어를 통해 그림의 의미에 대해 토론하면서 주제에 대해 자세히 설명하였다. 초점 질문을 통해 상담자는 정보를 더 많이 추출하고, 개인적 특징, 흥미, 가치, 능력 등에 관한 주제를 드러낸다. 첫 번째 꼴라지의 발표자는 자기 자신을 "단단한", "기초가 탄탄한", "봉사하는" 등으로 바라보기 때문에 나무를 골랐다고 설명했다. 그녀는 작은 조각의 신문지를 꼴라지에 붙여서 삶 속에 더 많이 집어넣을수록 더 많은 보상이 있다는 신념과 교육의 중요성을 표현했다. 그녀는 자신을 세부적인 것에 열중하는 꼼꼼한 사람이며 사회적 가치가 강한 사람이라고 표현했다. 그녀는 자신이 현재 그대로의 자신을 자랑스럽게 여긴다고 간주했다. "이것은 내가 아니다" 꼴라지의 발표자는 그 주제에 대한 꼴라지를 만드는 것이 얼마나 어려웠는지에 대해 설명했다. 그녀는

"그녀인 것"과 닮은 많은 그림은 찾았지만, "그녀가 아닌 것"을 결정하기 위해 두 번 생각하는 것은 어려웠다는 것을 깨달았다. 이러한 작업은 그 자체로 자기에 대한 더욱 깊은 탐색의 문을 열었다.

이렇듯 자기를 나타내는 그림 탐색을 통한 개인 특성, 흥미, 가치에 대한 확인, 분석, 해석, 판단, 평가의 과정은 이전에는 생각해보지 않았던 자기 정보에 대한 개인적인 직면을 통해 자기에 대한 지식을 촉진한다. 따라서 이러한 전체적인 과정은 개인적인 알아차림 및 성장과 관련하여 발달적 측면이 있다. 꼴라지를 붙이는 경험에 대해 내담자에게 질문을 하고 이러한 경험이 내담자의 자기에 대한 생각에 어떻게 영향을 미쳤는지에 대해 내담자가 말할 수 있도록 허용하는 것은 중요하다. 그러나 모든 내담자가 꼴라지를 통해 자기자신을 표현할 수 있는 것은 아니며 따라서 상담자는 행동 절차와 목표 설정에 대해 결정하기 전에 내담자의 욕구와 기대를 확고히 해야 한다.

그림 13.1 "This is me"와 "This is not me" 꼴라지

13.5 여러 물건을 활용한 이야기하기

이번 절에서는 이야기를 이끌어내는 도구로서 내담자가 저널 쓰기나 꼴라지에 대해 불편해하는 경우에 여러 물건을 어떻게 활용할 수 있을지에 대해 설명하려 한다. 이와 관련하여 Elaine 사례 연구를 설명하겠다. Elaine은 30대 후반의 전문

직 여성으로서 최근에 회사의 중요 직급에서 사직하고 나서 향후의 진로방향을 결정하는 데 어려움을 겪고 있다. 상담자는 그녀의 곤경 상황을 상담자에게 설명하는 데 도움이 될 만한 물건들을 모아보라고 요청했다. 그녀는 다음의 물건들을 골랐다: 사진, 장난감 코끼리, 논문, 금융잡지, Mind light[1] 카드, 다니엘 골맨의 책[2], 짐 콜린스의 책(Good to great), "영성"에 관한 뜻이 담긴 두 권의 책 등. (그림 13.2)

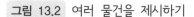

그림 13.2 여러 물건을 제시하기

그리고 나서 그녀는 각 물건을 설명하면서, 이를 자신의 흥미, 성격과 연결하고 두 개의 이야기를 발표했다. 이야기 하나는 창업에 관한 아이디어를 가지고 노는 것이고 다른 이야기는 다른 사람의 개인 개발을 도울 수 있는 팀 안에서 일하는 즐거움에 관한 내용으로, 이는 그녀가 처음에 그녀의 논문에서 연구했던 주제이다. 사람들에게 힘을 북돋워주는 것이 목표인 관리직에 참여하는 것은 모든 사물에 대한 설명을 관통하는 주제였고, 이는 코끼리 은유에서 정점을 찍었다. "제가 가장 좋아하는 동물이고, 코끼리는 가족 내 여자 가장으로서 가족들을 한데 모이게 하는

---

1) 역자주: 불안이나 두려움 등에 관한 감정 탐색 카드
2) 역자 주: 다니엘 골맨의 『정서 지능』

책임을 맡고 있습니다" Elaine은 자신의 현재 상태에 대해 "뱀이 허물을 벗을 필요가 있는" 상태라고 설명하였는데, 이는 전환과 변형 과정의 경험을 분명하게 드러냈다. 그녀가 고른 물건들은 가족내 그녀의 역할과 정체성, 현재 및 미래와 연결된 과거, 공통의 실마리 등의 탐색을 위한 수많은 가능성을 열어줬다. 여러 물건들은 그녀 자신의 여러 상이한 목소리들을 낼 수 있도록 허용했고, 상담자는 이들 서로 다른 부분과 해결책을 탐색할 수 있는 가능성을 열었다. 각 물건에 초점을 맞추는 작업은 그녀가 자신의 내적인 갈등을 외현화하고, 자신에 대해 그리고 자신의 선택에 대해 질문을 할 수 있도록 하고, 다른 관점에서 자신의 진로전환을 바라볼 수 있도록 하였다. 그녀는 전문가가 되었고, 이는 그녀를 관리직에 올려놓았다. 그러는 동안 상담자는 단지 "여행 가이드"처럼 행동했다. 비슷한 방식으로, 청소년 내담자들도 상담회기 중에 물건을 가져와서 자기 자신에 대해 그리고 가고 싶은 곳에 대해 훨씬 더 잘 탐색할 수 있다. 자신에 대해 더 많은 이야기를 할 수 있는 물건들을 상담 회기에 가져오도록 하는 것은 흥미와 성격에 대한 선택형 설문지보다 더 많은 가능성을 열어줄 수 있다.

13.6 인생곡선: 내일을 구하기 위해 어제의 높고 낮음을 성찰하기

인생곡선 그리기는 내담자가 자신의 삶과 일 이야기를 이해할 수 있도록 하고 자신의 자서전을 검토하는 것에 초점을 두는 활동이다. 따라서 인생곡선은 상담자와 내담자에게 내담자 인생 이야기의 주제와 패턴을 탐색하고 밝히고 풀어내어 미래 인생 이야기의 토대를 마련하기 위한 기회를 제공한다.

그림 13.3에 제시된 인생 곡선 사례는 상담과정에서 인생곡선을 포함하는 것이 효과적임을 보여준다. 앤은 우울하고 자신의 개인적 삶과 직업에 대해 행복해 하지 않았다. 남편의 은퇴와 그 이후 자신의 자리를 준비하면서 개인적인 행복을 얻기 위해 그녀는 자신의 과거에 대해 편안해지고 싶어 했다. 상담자는 그녀에게 종이를 가로질러 가로 끝까지 수평선으로 생명선을 그려보라고 요청하였다. 그리고 나서 그녀는 십 년 단위로 선을 나누고 그 선 위에서 각 십 년 동안에 몇 개의 높은 지점과 선 아래에 각 십 년 내에 낮은 지점을 그렸다. 상담자는 Ann에게 인생곡선에 제시된 각 십 년에 대해 성찰을 해보라고 하였고 계속 상세하게 그려보도록 촉진적 질문을 사용하여 상이한 십 년에 [중요]인물들을 추가하도록 하였다. 이러한 작업은 [상담자와 내담자 간] 경험이 공유될 수 있도록 하였다. 상담자가 내담자의 상세한 기억을 추출하고 뒤이어 다음과 같은 질문들이 주어졌다.

그림 13.3 트라우마, 전환, 회복 지점을 나타내는 인생곡선

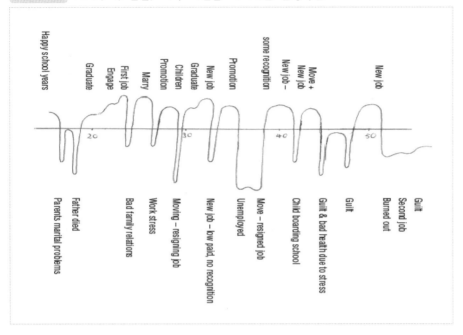

- 당신 인생에서 어떤 중요 인물들이 각 단계에 관여하였습니까?
- 해당 사건에 대해 당신이 기억하는 것은 무엇입니까?
- 그때 어떤 감정을 경험하였습니까?
- 낮은 지점들은 어떤 공통점이 있습니까?
- 어떤 주제들이 나타납니까?
- 어떤 반응을 하였나요?
- 어떤 기술들이 나타납니까?

    상담자는 내담자의 사적이고 내적인 세계 체계(예: 진로, 결혼, 가족 체계 등), 지역사회 영향, 사회적 및 세계적 영향 등을 언급하면서 이 모든 것들이 내담자의 다양한 영향의 체계와 어떻게 연결되는지를 탐색했다.

    회기 중에 앤은 주로 그녀의 진로에 대해, 그리고 어떻게 일과 도시 사이에서 그녀 남편의 직장 이동이 그녀 자신의 진로 성취를 제한하였는지에 대해 초점을 맞추었다. 앤은 인생곡선에 지역 이름을 더하면서 그들이 이사한 더 작은 도시에서

의 제한된 일의 문제점과 좌절, 이것이 야기한 낮은 자신감과 비난에 대해 자세히 설명하였다. 그녀는 또한 특정한 시점에 그녀의 삶에 중요한 영향을 미쳤던 사람들을 추가하여 그려넣었다. 그녀는 몇 가지 이유로 어머니와 복잡한 관계를 형성했고 뒤이어서 어머니로부터 지지체계를 얻지 못했다. 그녀는 A - 타입 성격이었고 자기 분야에서 가장 높은 지위에 오르기 위해 최고가 되려고 했기 때문에 직장생활 내내 극심한 스트레스를 경험했다. 따라서 그녀는 대부분의 직장생활 내내 주변 환경에 갇혀있다고 느꼈었다. 마침내 그녀는 갈망했던 직업에 진입했다. 그러나 낮은 직급에서부터 시작했기 때문에 승진하기 위해 남들보다 훨씬 더 잘해야 했다. 그녀는 최고의 수준에 아직 오르지도 못했고 자신감도 낮았기 때문에 굴욕감을 느꼈다. 그녀는 아이들과 항상 같이 할 수는 없었기 때문에 대부분의 직장생활 내내 아이들에게 죄책감을 느꼈다. 그녀는 또한 최근 직장을 옮기면서 남편에게 영향을 주었기 때문에 남편에게도 죄책감을 느꼈다. 앤은 자신의 인간관계 주제에 대해 자세히 얘기하던 중에 어머니의 인생곡선을 자신의 관점에서 그리면서 그녀 자신의 인생곡선도 비슷한 방식으로 펼쳐진다는 것을 깨달았다. 그녀는 자신과 어머니의 관계가 각자의 인생 이야기의 유사성과 매우 깊은 관련이 있고, 그녀는 자신의 어머니에게 자신의 좌절을 투사하고 있다는 것을 알게 되었다. 그녀 자신의 삶의 변곡점을 바라보면서 앤은 자신이 주장적이지 못했거나 자신을 위해 자리를 타협할 수 없었기 때문에(이는 자신의 어머니도 똑같은 성격이었다) 그녀 자신의 커리어를 관리하지 않았다는 것을 깨달았다. 그녀 자신의 삶의 대부분 문제점은 그녀의 제한된 문제해결 기술과 자기주장성의 결핍과 관련될 수도 있을 것이다. 그러나 앤의 인생곡선은 아직은 상담회기 중의 공동구성, 탈구성 단계를 통해 확인하고 검증하고 토론해야할 주제들이 많다. 그러한 작업을 하기 전에 그녀는 미래 내러티브를 구성하고 어떤 단계에서 충족되어야할 목표를 미래 인생곡선에 그릴 수 있었다.

과거와 현재의 삶과 일 이야기를 보여주는 인생곡선 다음에는 미래로 확장된 인생곡선이 뒤따르며, 이는 인생곡선을 그리는 날짜로부터 시작해서 특정한 목표들이 성취되는 날을 표시한다. 이는 "준비된 우연(Mitchell et al., 1999, p. 115 - 124)"의 가능성을 열어준다.

13.7 카드 분류: 놀이 이상의 무엇

진로선택 상담에서 카드 분류는 직업 카드, 흥미, 가치, 성격 특성 카드 등을 활용할 수 있다. 이러한 카드는 상업적으로 출판된 것일 수도 있고 개인이 직접 만든 것일 수도 있다. 카드 분류를 통해 내담자는 자신의 특성, 흥미나 가치를 여러 직업과 연결하여 확인, 분석, 해석, 평가, 판단할 수 있으며, 이러한 작업을 통해 내담자는 전체로서 자기 자신의 삶의 의미를 만들어 갈 수 있다(Sharf, 2006, p. 290).

직업 카드는 보통 60~100개 정도의 상이한 직업이 각 장에 적혀진 카드로 구성되어 있다(Gysbers et al., 2003, p. 220). 그림 13.4에 제시된 예에서 내담자 제이슨은 카드를 세 개의 묶음으로 분류하도록 요청받았다: "내가 고려하는 직업", "내가 고려하지 않는 직업", "불확실한 직업". "고려하는" 묶음과 "고려하지 않는" 묶음은 비슷한 점과 다른 점에 따라 진로 그룹별로 정리했다.

그림 13.4 직업 카드 분류하기

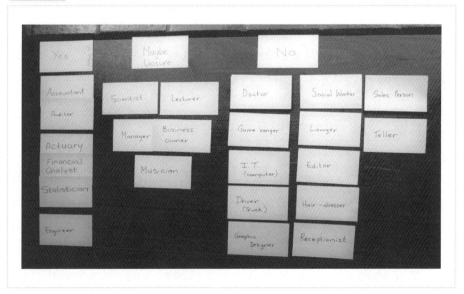

제이슨은 졸업반으로 보험계리사가 되려는 진로선택을 확정하기 위해 상담자와 얘기를 나누고 싶어했다. 그는 꼴라지 작업이나 인생 이야기 쓰기 작업은 원하지 않았지만, 카드 분류는 좋아했다. 그는 "예" 묶음에 몇 장의 카드를 놓았는데, "예"

묶음에는 회계/감리 분야, 수리/통계, 공학(특히 금융공학이나 도시 공학) 등을 포함하였다. "아니오" 카드들은 보건과학, 컴퓨터과학, 실용적인 커리어, 언어와 법률 분야, 야외 환경 관련 직업, 반복적인 일 분야와 같은 특정한 진로 그룹을 나타냈다. 제이슨은 각 그룹에 대해 토론하면서 그가 왜 카드들을 특정한 묶음으로 분류했는지를 설명했다 "왜"에 대한 답변은 주로 그의 성격 특성에 집중되었다. 그는 자신이 어떤 사람인지, 무엇을 좋아하고 싫어하는지, 독립성, 탐구적이며 반복적이지 않은 일, 지적인 자극 등과 같이 그가 중요하게 생각하는 것이 무엇인지에 대해 깊이 확신하고 있었다. 그는 사람들이나 그들의 문제에 방해받고 싶어하지 않았다. 직업의 유형, 통상적으로 그런 류의 일을 하는 사람들의 유형, 그러한 일이 수행되는 환경 유형, 그러한 직업의 흥미 분야, 그 일을 하는데 요구되는 개인적 자질, 그 직업에 근거하는 가치 등과 같은 진로 관련 측면들이 각 카드 그룹별로 토론되었다. 상담자는 자기탐색 및 진로탐색과 관련된 모든 측면에 대한 질문에 집중하였다. 제이슨은 명확한 개인 정체성, 잘 차별화된 특성, 성격과 환경 간의 일치성을 보여줬다. 그는 카드분류에 뒤이어 진행된 심층 질문과 토의에 만족하였고, 보험계리사나 금융분석가가 잘 맞는 것이라는 확신을 느꼈다.

카드 분류는 심리측정학적 검사를 통해 수집한 양적 자료와 상담자가 내담자를 정확하게 경청하고 이해했는지를 확인하는데 목표를 둔 내러티브 활동을 통해 수집된 질적 자료를 끊임없이 비교하기 위해 사용될 수도 있다.

13.8 모래놀이로 이야기 만들기

그러나, 어떤 사람들은 카드를 분류하거나, 인생곡선을 그리거나, 저널쓰기를 매우 어려워 할 수 있다. 이들은 그런 작업을 할 내적 동기가 부족하거나 상담 회기 중에 그런 물건들을 선택하기가 불가능할 수도 있다. 우리는 이러한 불가능을 저항이라고 보기 보다는 선택형 질문지를 받았을 때 일부 내담자가 경험하는 선택의 어려움과 비슷하다고 본다. 이럴 때 손으로 물건을 다루는 것은 내담자가 상담 회기 중 안전하고 지지적인 환경에서 선택을 유도할 수 있는 효과적인 방법이다. 우리들은 모래상자(sand tray)와 다양한 모래상자 물체가 이야기를 펼칠 수 있는 편안한 공간을 만들어내는데 활용될 수 있다는 것을 발견했다. 다음의 예를 보자.

스무살 청년이면서 아직 학교에 다니는 브레넌은 25살이 되었을 때 자신을 나타내는 이야기를 모래에 만들어보라고 요청받았다. 그는 매우 무기력하게 자신의 생각의 세계를 보여줬다. 상담자는 내담자에게 자신의 미래를 만들어 보라고 인도하면서 "직업 정체성은 발견되는 것이 아니라 만들어진다(Campbell & Ungar, 2004b, p. 34)"는 것을 깨달았다.

브레넌은 다양한 작은 물건들을 주제에 따라 다음의 분류로 나열하였다: 거친/온순한 동물과 파충류 모형, 바다, 교통, 전투, 풍경, 영적인 요소를 나타내는 물건. 그는 집, 차, 와인병, 지구본 모형, 컴퓨터 USB stick을 골랐다(그림 13.5). 그는 이어서 각 물건이 그에게 무엇을 의미하는지를 설명했고 이어서 컴퓨터 분야 직업을 추구하는데 어떻게 흥미를 갖게 되었는지에 대한 주제가 등장했다.

그러자 상담자는 그에게 자신을 나타내는 상징물을 선택하라고 하자, 그는 코끼리 인형을 골랐다. 그는 코끼리를 고집스럽게 열심히 일하고 어떠한 조건에서도 살아남을 수 있는 것으로 묘사했다. 이는 상담자에게는 중요했는데, 상담자는 이것들이 그녀가 강화해줄 수 있는 긍정적인 자질이라고 느꼈고, 브레넌이 낮은 자기존중감을 가지고 있다는 것을 알아차렸다. 그러자 상담자는 브레넌에게 자신의 미래 이야기를 실현하기 위해 그를 지원해줄 상징물을 선택하라고 했다. 그는 심화공부를 위한 책, 컴퓨터와 전자공학에 대해 더 많이 배우는 데 필요하기도 하고 컴퓨터에 관한 작은 문제를 만날 때 사람들에게 전화로 도움을 청할 때 필요한 수단인 핸드폰, 영적인 성장을 위한 자신의 열망과 더 많은 자신감을 얻을 필요성과 어떠한 사람도 "자신을 좌지우지" 하도록 허락하지 않을 강인함과 사람들과 일할 수 있는 능력을 개발할 필요성 등을 나타내는 미니어쳐 석가모니 조각상을 골랐다(그림 13.6). 그는 또한 자기자신을 더욱 믿을 필요가 있다고 말했고, 이를 행하기 위해 버려야할 생각이 무엇인지 물었을 때 그는 삶에서 어느 것도 얻을 수 없다는 생각이라고 응답하였다. 그는 자신에 대해 부정적으로만 말하는 사람들과 그는 인생에서 아무것도 성취할 수 없다고 믿는 사람들의 말을 귀담아 듣거나 믿기를 멈춰야 한다고 말했다.

자신의 길에서 방해물을 나타내는 상징물을 고르라고 했을 때 그는 거미와 악어를 골랐다. 악어를 가지고 그는 더 많은 자유와 독립에 대한 욕구를 표현했고, 거미에 대해서는 죄책감을 표현했다. 그러자 상담자는 코끼리의 두꺼운 피부에 대해 말하면서 그것이 어떻게 코끼리를 자연에서 보호해줄 수 있는지, 그리고 거미에 물려서 죽었다는 코끼리는 들어본 적이 없다고 말해줬다. 그리고 나서 상담자는 코끼리가 거미에 대해 무엇을 하고 싶어하는지 질문하자, 그는 코끼리는 발 아래에 거미를 뭉개버리고 싶다고 말했다(그림 13.7). 상담자는 브레넌의 생태계에 대해 잘 이해하게 되었고 그의 죄책감의 근원을 알게 되었다. 그리고 나서 그녀는 죄책감에 마주한 그에게 힘을 실어줄 필요를 느꼈다.

악어도 비슷한 방식으로 다뤘다. 그의 미래 이야기를 실현하는 데 무엇이 그를 도울 수 있는지 물었을 때 그는 부엉이를 골랐고, 그것은 지혜를 나타내며 배우고 성장할 수 있는 지능 및 능력과 관련된다고 응답하였다(그림 13.8). 그림 이야기에 대해 어떤 제목을 붙이고 싶냐고 물었을 때 그의 대답은 "인내"였다. 그러자 상담자는 이야기를 통해 그가 무엇을 배웠는지에 대해 묻자 그는 어느 누구도 자신을 넘어뜨리거나 그의 길을 방해하도록 허락하지 않아야 한다고 응답했다. 그는 자신에 대해 믿는다면 자신이 선택한 것을 할 수 있으며, 다른 사람의 허락을 구할 필요가 없었다. 그는 자신의 목표에 도달해야 했다.

45분 간의 회기 중에 상담자는 진로상담 이야기는 자기의 이야기와 분리될 수 없다는 것을 깨달았다(Joff, 1999). 브레넌이 자신의 공식 교육을 마무리하고 진로를 추구하는 데 방해가 되는 것은 그의 낮은 자존감과 학업 장벽에 대한 과거 경험에 뿌리를 두고 있다. 이번 회기는 자기 자신에 대한 인식과 그가 직면한 장벽에 대한 통찰을 제공했을 뿐만 아니라 이는 또한 추수 상담회기에서 상담자가 활용할 수 있는 강점을 밝혀주기도 했다. 이러한 "미래의 기반 세우기" 일화는 내담자의 다른 일화, 즉 진로 선택 문제에 대해 상세히 말하기, 생애사 구성하기, 현실을 공동구성하기, 인생 구조 바꾸기, 낮은 자존감과 관련된 것과는 다른 역할 수행하기 등과 같이 여러 이야기를 보다 깊이 탐색하기 위한 문을 열었다(Cochran, 1997). 이 모든 것들은 점차적으로 브레넌이 의사결정을 좀더 견고하게 할 수 있도록 이끌었다.

작은 물체(장난감)들은 모래에서 이야기를 구성하는 데 활용되지만, 이는 결코 아이들이나 청소년에게만 적용될 수 있는 유치한 것이 아니다. 전통적인 상담의 틀을 벗어나는 것은 재미 요소가 잠재적으로 불안을 야기하는 상황 속으로 들어가게 허용할 뿐만 아니라 창의적 가능성의 적용과 탐색을 가능하게 한다. 진로상담에서 모래상자를 활용하는 것은 모래놀이치료에서 통상적으로 적용될 수 있는 엄격한 처방을 준수해야 하는 것을 의미하지 않는다. 따라서 모래상자는 그 안에 다양한 물체들을 넣을 수 있을 정도로 충분히 큰 어떠한 상자여도 무방하다(원형, 정사각

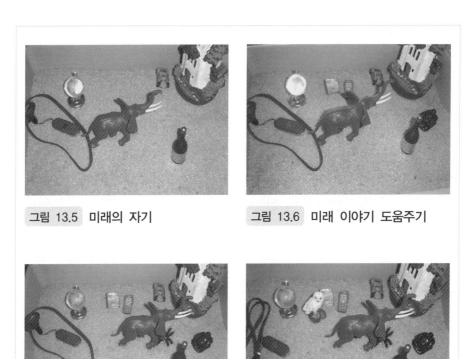

그림 13.5 미래의 자기

그림 13.6 미래 이야기 도움주기

그림 13.7 길 가는 중에 만난 장애물

그림 13.8 미래 이야기 실현하기

형, 직각형 등). 이 물체들은 위에서 언급한 것을 포함하여 다양한 직업, 즉 의료, 공학, 기술, 교육, 여행, 산업, 금융, 언어, 디자인, 자연과학, 인문학 등을 나타내는 물체를 포함할 수 있다. 그러나 사람들은 창의적으로 상상력을 활용할 수 있으며 물체가 부족하다면 다른 것을 나타내는 것으로 대체할 수 있다. 따라서 진로상담에서 모래상자의 활용은 상담자나 내담자의 창의력 수준에 달려있다.

13.9 결론

진로상담에 대한 포스트모던적인 접근은 내담자의 주제와 의미에 기초하는 개인적 삶과 진로 이야기를 펼치는 데 집중한다. 이 장에 포함된 기술들은 결코 완전한 것이 아니며 우리들은 진로상담에 내담자를 참여시킬 수 있는 다른 많은 방법들이 있다는 것을 알고 있다. 이러한 기술들이 제시된 방법은 어떻게 내담자가 자신의 진로 이야기에 깊이 몰입할 수 있는지에(Cohran, 1997, p. 43–113) 목표를 두고 있으며, 이는 직업에 대한 정보를 단순히 모아주고 직업선택을 수렴하는 특성요인모델과는 대척점에 있다. 원컨대, 이번 장의 성공은 어떻게 내담자가 내러티브 진로상담의 단계에 참여할 수 있는지에 대한 생각을 씨뿌리는 데 있으며, Campbell과 Ungar(2004, p. 30)가 제안한 바와 같이 내담자가 자신이 원하는 것, 소유하고 있는 것, 들은 것, 자신을 구속하는 것에 대해 탐색하고 이야기 속에서 성장하고, 이야기를 뛰어넘어 성장하면서 자신이 선호하는 이야기를 그릴 수 있도록 허용하는 데 있다.

📖 참고문헌

Bedi, R. P. (2004). The therapeutic alliance and the interface of career counseling and personal counseling. *Journal of Employment Counseling, 41*, 126−135.

Cameron, J. (1995). *The artist's way*. London: Pan Books.

Campbell, C., & Ungar, M. (2004). Constructing a life that works: Part 2: An approach to practice. *The Career Quarterly, 53*, 28−40.

Cochran, L. (1997). *Career counseling: A narrative approach*. Thousand Oks, CA: Sage Publications.

Gilligan, S. G. (1994). The fight against fundamentalism: Searching for soul in Erickson's legacy. In J. K. Zeig (Ed.), *Ericksonian methods: The essence of the story* (pp. 79−98). New York: Brunner/Mazel Publishers.

Godin, J., & Oughourlian, J. (1994). The transitional gap in metaphor and therapy: The essence of the story. In J. K. Zeig (Ed.), *Ericksonian methods: The essence of the story* (pp. 182−191). New York: Brunner/Mazel Publishers.

Gysbers, N. C., Heppner, M. J., & Johnson, J. A. (2003). Gathering client information using an occupational card sort: Using occupational titles as stimuli. In N. C. Gysbers, M. J. Heppner, & J. A. Johnson (Eds.), *Career counseling: Process, issues, and techniques* (2nd ed. pp. 216−235). Boston: Allyn and Bacon.

Joff, S. (1999). *A postmodern, narrative approach to career planning*. Unpublished mini−dissertation. Johannesburg: University of Johannesburg.

Mitchell, K. E., Levin, A. S., & Krumboltz, J. D. (1999). Planned happenstance: Constructing unexpected career opportunities. *Journal of Counseling and Development, 77*, 115−124.

Okun, B. F. (2002). *Effective helping: Interviewing and counseling techniques* (6th ed.) London: Brooks/Cole.

Sharf, R. S. (2006). *Applying career development theory to counseling*. London: Brooks/Cole.

Scholes−Rhodes, J. J. (2002). *From the inside out: Learning to present my aesthetic and spiritual "being" through the emergent form of a creative art of inquiry.* Unpublished Ph.D. Thesis. City of Bath: University of Bath.

Stead, G. B., & Watson, M. B. (2006). Career decision making and career indecision. In G. B. Stead & M. B. Watson (Eds.), *Career psychology in the South African context* (pp. 94 – 109). Pretoria: Van Schaik.

Thrift, E., & Amundson, N. (2005). Hermeneutic – narrative approach to career counseling: An alternative to postmodernism. *Perspectives in Education, 23*(2), 9 – 20.

3개의 일화 기법을 사용한 진로-스토리 인터뷰하기

Kobus Maree

3개의 일화 기법을 사용한 진로-스토리 인터뷰하기

Kobus Maree

14.1 학습 목표

이 장을 마치고 나면, 독자들은 다음을 할 수 있다.

1. 초기 기억들을 사용함으로써 수반되는 것 설명하기.
2. 진로-스토리 질문들과 초기 기억들의 사용하기를 연결하기.
3. 진로-스토리 인터뷰를 적용하는 초기 능력 시범보이기.
4. 초기 기억들을 사용하는 진로-스토리 인터뷰하기의 통합과 예시를 통한 학습 활동들 고안하기.

14.2 도입

이 장의 목표는 다양한 환경 하의 진로상담에서 실무자들이 진로-스토리 접근 방식에 익숙해져서 내담자의 자기 생애 스토리 작성이 더 온전하고 완전해지도록 돕는 것이다. *스토리 형성하기(shaping) - 내러티브 상담을 용이하게 하는 지침*을 출판하게 된 우선적 목적은 진로상담의 혁신적 접근방식에 대한 세계적으로 점증하는 관심을 분별하고 반영하는 책을 제작하여, 진로상담자들이 혼란기와 전환기의 내담자들에게 지지 환경(holding environments)의 창조를 촉진하는 수단을 제공하는데 있다 - 이는 Mark Savickas(2009a, 2009b, 2009c, 2009d)의 진로-스토리 접근법에서 잘 알려진 비전이다. Mark Savickas는 *진로상담의 스토리 재형성하기(reshaping): 내담자들이 그들의 스토리들을 말하기 시작함으로써 그들의 삶이 더해지기 시작한다*는 제목이 붙여진 서언에서 그 책의 본질을 적절히 요약한다: "*스토리 형성하기*의 집필에 참여한 내러티브학자들은 상담자들이 내담자 스토리의 검증에 내러티브 역량을 발휘하고 그러한 스토리들을 사회적 맥락 속에 위치시키는 데 전기적(biographical) 추론을 적용함으로써 어떻게 의미 형성을 촉진하는지 논의하고 증명한다. 그룹으로서 저자들은 개성(personhood)의 시학(poetics)과 일의 정치학(politics)을 살펴봄으로써 진로상담 모델에 새로운 활력을 불어넣는다. 개인으로서 저자들은 내담자들이 그들의 스토리들을 형성하고 그들을 일의 세계에 적응하도록 돕는 혁신적인 방법을 제공한다. 저자들에 의해 제시된 영감과 가르침 때문에, 이 책은 세계 경제에서 스토리들이 어떻게 연속성, 일관성, 헌신감을 제공하는지 보여줌으로써 진로 서비스 전문직(profession) 자체의 스토리 형성하기에 실질적으로 기여한다. 또한, 저자들은 어떻게 스토리들이 좋은 청취자에 의해 향상되는지를 보여준다."

이 책은 내러티브 진로상담에 대한 국제적 관점의 **개요를 제시**할 수 있는 텍스트에 대한 절박한 필요성 때문에 쓰여 졌다. 이는 다음과 같다. (1) "진로상담에서 생애 스토리를 토대로 하는 것이 얼마나 중요하고 실현 가능한가?"와 같이 적절한 질문들을 **비판적으로 분석한다.** (2) 내러티브 상담에서 이론, 목표, 방법 및 평가의 이해와 적용을 **촉진한다.** (3) 삶의 성공을 촉진하는 새로운 이론으로서 내러티브 상담에 **초점을 맞춘다.** (4) 다양한 맥락에서 내러티브 상담의 실천에 대한 **실질적인 지침을 제공한다.** (5) 진로상담에 대한 포스트모던적, 구성주의적 접근인 해석학적-내러티브의 이론적 토대와 실제적 적용을 **검토한다.** (6) 내담자를 적극적으로 참여시키는 방법에 대한 **아이디어를 제시한다.** (7) 전 세계적으로 진로상담 이론과 실천을 위한 새로운 정체성들을 창출해 내기 위해 생애 스토리 상담을 활용하는 **혁신적인 방법을 제시한다.**

특별히, 이 장에서 소개하는 대부분의 아이디어들은 Mark Savikas(2006a, 2006b, 2007, 2008, 2009a, 2009b, 2009c, 2009d)에 의해 진로상담에 관한 진로-스토리

접근법의 수많은 출판물 및 워크숍에서 먼저 제시되었다. 많은 사람들이 초기 기억의 개념에 대해 글을 적었지만, 처음으로 심리 역동적 접근과 차별적(differential)이고 발달적인 접근법들을 혼합하여 진로상담에서 앞서 가고, 우아하며 사용자 친화적인 접근법을 만들었으며, 이를 생애 설계를 위한 진로 구성 상담이라는 적절한 이름을 붙인 사람은 Savikas였다(Savickas et al., 2009e).

좀 더 유용한 배경 정보를 알고자 한다면, Hartung(2010)의 진로-스토리 인터뷰 설명을 참조하기 바란다. 본 장에서는 진로-스토리 인터뷰의 결론적(concluding) 요소로서 초기 기억의 사용을 간략하게 설명하고, 인터뷰가 어떻게 진행될 수 있는지에 대해 설명하고자 한다.

14.3 초기 기억의 사용: 간략한 이론적 배경

14.3.1 아들러 학파의 관점

Adler(1932)는 '우연' 기억들 같은 것은 없으며 초기 기억들이 내담자들의 삶의 스토리를 대표한다고 주장한다. 내담자들은 자신을 경고하거나 안심시키기 위해, 목표에 집중시키기 위해, 그리고 검증된 계획과 행동 방식으로 미래에 대처하기 위해 과거 경험에 다시 방문함(조언을 이끌어 냄)으로써 자신을 준비시키기 위해 자신에게 스토리들을 반복한다. 그는 진로상담에서 초기 기억의 사용에 대해 다음과 같이 말한다: "만약 내가 직업 지도(vocational guidance)를 요청받으면, 나는 항상 그 사람이 어떻게 시작하게 되었는지 그리고 그가 처음 몇 년 동안 무엇에 흥미가 있었는지 묻는다. 이 시기에 대한 그의 기억들은 그가 가장 지속적으로 훈련한 것을 결정적으로 보여 준다. 그들은 그의 원형(prototype)과 그의 기본 인식 체계를 보여 준다."(Adler, 1932, p. 144).

14.3.2 정신역동적 관점

Saul, Snyder와 Sheppard(1956)는 사람의 가장 초기 또는 첫 번째 기억들(memories)은 고립되고 파편화되어 보이는 회상들(recollections)을 가리킨다고 주장한다. 이러한 기억들은 대개 연속적인 기억(remembering)의 시작에 앞서며 그 사람의 핵심 역동에 대한 단서들을 제공한다. 이 저자들은 초기 기억들은 항상 진지하게 받아들여져야 하고 항상 중요하다고 주장을 하면서, 가장 이른 초기 기억들은 아마도 한 사람의 삶에서 외상적인 사건과 그 이후의 결과를 발견하고 풀어내는 가장 강력한 메커니즘일 것이라고 결론짓는다.

내 상담 경험으로, 4세 이전의 의미 있는 사건을 기억하는 사람이 거의 없는 것으로 기억한다. 그러나 2세 때 있었던 사건을 기억하는 내담자를 만나는 것이 전적으로 드문 일은 아니다. Saul, Snyder와 Sheppard(1956, pp. 228)는 첫 번째 기억들이 때로는 정확하고 때로는 왜곡되며 때로는 소문으로 이루어져 있다고 주장한다.

> "가장 이른 초기 기억들은 각 개인에게 절대적으로 구체적이고 독특하며 특징적이다. 게다가 그들은 아마도 다른 어떤 단일 심리학적 자료보다 더 분명하게, 각 개인의 정신역동의 중심적 핵심, 주요 동기, 신경증의 형태, 그리고 감정적인 문제를 드러낸다 ... 꿈을 만들어내는 감정적 힘의 상호작용이 자신의 표현에 필요한 사건들과 기억들만을 선택하는 것처럼, 주요 무의식적 동기들은 자신에게 맞는 기억들을 *선별하는* 것처럼 보인다."

초기 기억들이 종종 부정확하기도 하고 심지어 사실이 아닐 수도 있지만, 이로 인해 그들이 무의미하다는 것을 의미하지는 않는다. 그와는 아주 반대이다: "정확하게 맞지 않다 하더라도, 다른 사건들이 꿈속에서 사용되기 위해 왜곡되어지는 것과 동일한 방식으로 왜곡되기 쉽다. 초기 기억들은 ... 생애 주기의 기본적인 생물학적 동기 부여를 제공하기 위해 존재한다 ... 꿈과 동일한 본성과 구조를 가진 현재의 욕구를 충족시키기 위해 보존된다. 초기 기억들은 꿈이 형성되는 것처럼 성격의 주요 동기부여적 힘들에 의해 선택된다. 꿈을 위해 일일 잔여물이 선택되는(chosen) 것처럼 초기 기억들은 동일한 *힘*들에 의해 *선별된다(selected)*. 그리고 그것들이 정확하게 *맞지(fit)* 않을 때, 그 사람의 핵심 정서 집합에 맞추어 표현하기 위해 이러한 힘들에 의해 왜곡되며, 만약 충분히 잘 맞다는 말을 듣게 되면, 그것이 실제 기억인 것처럼 그 자리를 차지할 수도 있다."(Saul et al., 1956, pp. 228−9).

14.3.3 정신역동, 차별적 그리고 발달적 접근법을 혼합하여 거대 이론 (grand theory) 만들기: Savickas의 생애 설계를 위한 진로 구성 상담 (Savickas et al., 2009e)

Savikas(2006a, 2006b)는 초기 기억의 중요성에 대해 "전체는 모든 조각 안에 있다"고 말한다. 다시 말해, 이러한 기억들은 우리의 심리적 DNA 역할을 한다. Savikas(2009a, 2009b)는 잠재의식은 시간의 특정 지점에서 내담자에게 유용하리라고 여겨지는 기억들을 의도적으로 선택하며, 따라서 시간의 과정에 걸쳐 그것들이 변화할 것이라는 데 동의한다. 표면상으로 보기에는 오해할 만큼 단순하지만, 이러한 꾸밈없는 스토리들(기억들)은 사실 매우 심오하며, 상담자들이 내담자들의 선입견들(pre-occupations)을 식별하고, 따라서 "그들이 수동적으로 겪어온 것을 능동적으로 숙달"하도록 도울 수 있다. 내담자들은 어린 시절에 겪었거나 놓쳤던 것을 보충하려고 끊임없이 노력한다. 우리는 상담자로서 그들의 증상을 먼저 강점으로, 그리고 나서 사회적 기여로 바꾸면서 그들에게 '유용'하려고 노력한다. 상담자들이 스토리-쓰기 워크숍에서 배운 바와 일치하게, 내담자들의 스토리는 일이 잘못되었을 때에만 시작된다 - 결국 스토리들은 무엇이 잘못되었는지에 대한 것이다(그렇지 않으면 스토리들은 없을 것이다!). 상담자들은 내담자들의 이야기들 속에서 이렇게 '꼬여있는 것'을 확인하고, 내담자들이 자신의 삶에서 전환을 위한 협상을 시도할 때 내담자들에게 유익한 역할을 해야 한다.

▌생애 주제 확인하기

상담자들이 내담자들의 스토리들을 들을 때, 이 스토리들 속에서 주요한 생애 주제들을 확인하는 것이 중요하다. 모든 스토리에는 선형적인(linear) 사건들(플롯)과 기저의 주제들(시각의 흐름)이 있다. 상담자들은 내담자들의 고통과 선입견들을 식별해야 하며, 이러한 기억들(스토리들)을 주의 깊게 분석함으로써 내담자들이 스토리들 속에서 주제를 이끌어내는 것을 도울 수 있다.

Savikas(2009a, 2009b, 2009c)에 따르면, 내담자의 현재 진로상담 질문들(문제들)은 그들이 살고 있는 의미의 더 큰 패턴에 맞추어야 한다. 다시 말해, 이러한 질문들은 필연적으로 내담자들의 만연한 생애 주제들(그들의 생애 스토리나 자서전에서 분명히 드러남)에 관련되고, 내재되어 있다. 상담자들은 내담자들이 자신의 삶에서 변화를 일으킬 때, 즉 자신의 스토리를 사용하여 자신을 '지지'(보살핌/양육/보육)할 때 자서전적 추론을 활용하는 기술을 가르쳐야 한다.

▌지지하는 환경 만들기

Savikas(2009a, 2009b)는 '진로(career)'라는 단어의 본래 의미는 '보살핌(care)'이

지 '경로(path)'(두 번째 의미)가 아니라고 설명한다. 인생 초기에는 부모(특히 엄마), 가정, 학교, 대학이 우리에게 지지적인 환경을 제공하지만, 파편화된 세상에서 연속성을 촉진하는 전환기를 맞이하여 결국 우리가 스스로 '지지'해야 하고, 진로를 의미의 운반장치(사람들이 그들의 삶에서 의미를 찾도록 돕는 어떤 것)로 사용해야 한다.

▌구술성

Savikas(2009a, 2009b)는 사람들이 자신의 삶에 변화를 가져올 때 자서전적 추론을 이용한다고 설명한다. 다시 말해, 그들은 자신의 스토리들을 사용하여 자기를 '지지'한다. 이 과정을 구술성이라고 하며, 내담자들이 진정 그들이 누구인지 말할 수 있는 능력에 관한 것이다. 사람들이 자신의 삶의 의미를 서술할 수 있는 정도는 자신이 하는 일이 다른 사람들에게 얼마나 중요하게 될지를 나타낸다. 따라서 상담자들의 주된 목표는 내담자들이 자신의 스토리를 이야기하고 듣도록 돕는 것이다.

▌(자기—)전기성

상담자들은 내담자들이 생애 주제를 식별하게 됨에 따라, 일(work)이 더 전체적으로 사용될 수 있도록 하여 내담자들에게 '유익해야' 한다. Savikas(2009a, b, c)는 내담자들의 스토리들(자서전)을 사용하여 전환기에 협상할 수 있는 능력을 나타내는 '전기성(biographicity)'이라는 용어를 만들었다. 또한, '(자기—)전기성'은 삶에서 어떤 변화를 요구할 때 자신의 스토리들을 지지 환경으로 사용할 수 있는 능력을 나타낸다.

14.4 진로 구성 상담의 촉진을 위해 초기 기억들의 사용을 진로-스토리 인터뷰에 결합하기

무엇보다도, 내담자들은 상담자들을 신뢰해야만 그들의 '비밀들'을 서로 공유할 수 있다. Savikas(2006a, 2006b)는 내담자가 초기 회상들을 공유하도록 초대되기 전에 상담자와 내담자 사이에 '신성한(안전한) 공간'을 만들어 먼저 내담자가 안전하다고 느끼게 하는 것이 중요하다고 강조한다.

Savikas(2006a, 2006b)는 이러한 초기 기억들을 이끌어 내기 위해 다음과 같은

질문을 제안한다: "당신의 삶에서 가장 먼저 기억나는 일은 무엇인가요? 당신의 가장 이른 초기 회상들은 무엇인가요? 3살에서 8살 사이에 일어났던 일들 중에서 기억나는 세 가지 스토리를 듣고 싶군요."

내담자가 맨 처음 하는 말은 무엇이든 유의하여 주목하고 기록해야 한다. 첫 번째 사용된 동사는 행동과 내담자가 세상에서 움직이는 방식을 나타내기 때문에 특히 중요하다. 상담자는 세션이 끝날 때 반드시 이 동사를 재방문한다. 반복되는 단어, 문구 또는 표현은 내담자의 생애 주제에 대해 중요한 단서를 제공하기 때문에 주목해야 한다.

내담자들이 그들의 스토리를 말한 후에, 상담자는 다음과 같은 말을 한다: "이제 이 스토리들이 내일 신문에 나올 거라고 가정해 봅시다. 각각의 스토리는 헤드라인을 갖게 될 것입니다. 각 헤드라인은 동사를 가질 겁니다. 나는 당신이 이 헤드라인을 제시해 주었으면 합니다." 그러나 Savikas(2006a, 2006b)는 일부 내담자들이 그들의 가장 이른 기억들을 공유할 수 없을(기꺼이 공유할) 수도 있으며, 대신 그들의 삶에서 나중 일어났던 일에 관해 이야기하는 것을 더 좋아할 수 있음을 인정한다. 그런 경우, 이러한 나중 기억들을 가지고 진행하는 것이 가장 좋다.

일반적으로 내담자의 초기 회상들('비밀들')에 대한 논의로 시작하는 피드백에서, 상담자는 비록 이러한 기억들(회상들 또는 비밀들)이 피상적으로 보일 수 있지만, 그것들은 의미가 가득하며 내담자 자신에게 하는 조언을 나타낸다고 지적한다. 상담자는 이러한 기억들이나 스토리들이 생애에 걸친 주제들을 드러낸다고 강조한다: "당신의 첫 번째 스토리는 깊은 실망의 주제가 있는 것 같아요." 또는 아마도 "내가 당신의 다른 스토리들에서도 들었던 주제는 당신이 독립적이고 창조적인 사람임을 암시하네요." 토론을 용이하게 하는 또 다른 방법은 "당신의 첫 번째 헤드라인은 특히 중요한 주제인 약자의 대의에 대한 당신의 헌신을 제시하네요."라고 말하는 것이다. 또는 다음과 같이 "당신의 두 번째 이야기는 삶에서 당신의 사명을 요약하고 있는데, 그것은 다른 사람들을 돕고자 하는 욕구인 것 같아요. 당신이 무슨 일을 하든, 당신은 언제나 다른 사람을 돕고 싶을 것입니다. 알다시피, 당신은 진로에서 당신이 평생 동안 연습해왔던 것을 해야 합니다. 그게 바로 당신이에요, 그게 당신이 해야 할 일입니다."라고 말할 수 있다.

상담자는 내담자 자신의 말과 표현을 자주 반복하며, 내담자가 이 말과 표현을 큰 소리로 말하도록 장려해야 한다. 왜냐하면 내담자가 그것들을 큰 소리로 말할수록 그것은 그들에게 더 현실로 변하기 때문이다. 예를 들어, 상담자들은 내담자들이 두려움이나 불안을 표현할 때, 이것은 그들이 얼마나 대담한지를 증명한다는 것을 상기시킨다. 왜냐하면 사람은 자신이 약한 것에만 강해질 수 있기 때문이다. Savickas(2006a)는 모든 명제에는 정과 반이 있음을 우리에게 상기시킨다. 모든 것은 대조적인 측면들(모순들)로부터 만들어진다. 진로상담가로서 우리가 해야 하는 일은 전환시키는 것이다. 예를 들면,

- **불리함**에서 **유리함**으로 (Disadvantage to advantage)
- **집착**에서 **직업**으로 (Obsession to profession)
- **피해자**에서 **승자**로 (Victim to victor)
- **패배**에서 **승리**로 (Defeat to victory)
- **두려움**에서 **동기부여하기**로 (Scary to motivating)
- **비통**에서 **영감**으로 (Heartbreak to inspiration)
- **불운**에서 **기회**로 (Misfortune to opportunity)
- **고통**에서 **이득**으로 (Pain into gain)
- **고민거리**에서 **기본적인 요소**으로 (Torment into element)
- **증상**에서 **강점**으로 **사회적 기여**로(Symptom into a strength into a social contribution).

우리의 주된 과제는 내담자들과 공동체들이 수동적으로 겪은 것을 능동적으로 숙달할 수 있는 방법을 찾음으로써 시간에 걸쳐 내담자들과 공동체들을 돕는 것이다(Savickas 2006a; Savikas et al., 2009e).

술에 취하여 화난 아버지로부터 밤새 숨어야 했던 사건과 관련된 초기 기억(스토리)을 가진 실업 상태의 내담자(27세 여성) 사례[1]를 생각해보라.

"부모님이 다투실 때에는 우리는 침대 밑에 자주 숨어 있어 있어야 했어요(엄마와 아빠, 모두 알코올 중독자였고, 우리는 농장에 살았어요). 아버지는 종종 우리 둘 다 죽이겠다고 협박하셨어요. 아빠가 특히 폭력적이었던 어느 날 저녁, 아빠가 나를

---

1) 다른 내담자들의 구두 반응들은 그들이 하는 말의 정확성을 보존하기 위해 단지 가볍게 편집되었다.

붙잡아 우리가 살고 있는 판잣집 바깥 아궁이 쪽으로 밀었어요. 나는 왼쪽 다리의 윗부분에 심한 화상을 입게 되었고, 엄마와 나는 밤새도록 수풀 속에 숨어 있었어요. 나중에, 아빠가 고함을 지르며 집으로 돌아오라고 간청하는 소리를 들었지만, 우리는 가지 않았어요. 다음날 아침, 엄마는 나를 삼촌에게 데려갔고, 삼촌은 결국 나를 70~89년대에 남아프리카의 흑인들이 치료받는 방식으로 외래환자를 대하는 의사에게 데려갔어요."

그녀는 그런 시련을 겪으며 살아온 젊은 여성의 고전적인 불안들과 의심들의 경험을 쉽게 이해하며 떠올릴 수 있을 것이다. 그러나 내담자는 또한 이 사건의 긍정적인 결과에 대해서도 섬세하게 떠올린다. 그녀는 결국 도움을 받았고 영구적인 손상은 없었다. 다시 말해, 그녀가 자신에게 하는 조언(advice)은 다음과 같을 것이다. "결국 일이 잘 풀렸어. 나는 도움을 받게 되었고 가족들이 어머니와 나를 돌보아 주었어."

진로-스타일 인터뷰는 일반적으로 내담자에게 상담자의 첫 번째 질문으로 돌아가도록 요청함으로써 결론이 난다: "내가 어떻게 당신을 유익하게 할 수 있을까요?" 상담자는 내담자의 반응을 정확히 읽고, 그것을 맥락화하고, 내담자에게 자신의 초기 요청이 만족스럽게 다루어졌는지 묻는다. 다음의 예를 생각해보자: 이직 경력이 있는 28살의 한 재능 있는 남성이 처음에 이렇게 말한다: "제가 진로-관련하여 잘못된 결정을 내리지 않도록, 지금까지 생각해보지 않았던 선택 사항 몇 개를 말해 주세요. 흥미를 느끼는 분야이지만 사무실 근무로 제한된다면 이러한 새로운 일자리 제안을 받아들여야 할까요? 만약 실수를 한다면, 현재의 직장에서 그만둔 것을 후회하게 될지도 몰라요."

그의 첫 번째 기억 혹은 스토리는 다음과 같다.

14.4.1 사고(Accident)는 부모에게 공감을 촉구한다.

"세 살 때 TV에 부딪혀 넘어져 머리를 다쳤다. 부모님이 새 텔레비전을 주문하셨는데 공교롭게도 내 생일날 배달이 되었다. 나는 새 가전제품이 어떻게 생겼는지 보려고 안으로 들어갔는데, 어찌된 일인지 넘어져서 머리를 거기에 부딪치고 말았다. 나는 앉아서 울었고, 그때까지 내 생일은 잊고 있었던 어머니가 언뜻 듣게 되었고, 그리고는 단지 내가 넘어지고 다쳐서 울었던 그 일만을 기억한다. 나는 내 생일을 잊은 어머니에게 실망했지만, 어머니는 내가 가졌던 그날의 중요성을 잊은 것에 대해 미안해하지 않는 것 같았다."

14.4.2 학습 과제

그 젊은 남성이 자신에게 하는 조언이 분명하지 않을 수 있으므로, 독자들은 그의 (잠재의식적) 조언이 어떠할 것인지 생각해 보고 … 그런 후에 내 견해를 읽는 것이 유용 할 수 있다.

이제 다음의 분석을 고려해 보자

앞서 언급했듯이, 첫 번째 기억의 첫 번째 동사는 근원적으로 중요할 수 있다. 그의 경우, 첫 번째 동사는 '넘어졌다'('fell')('넘어지다'('fall')→'실패하다'('fail'))이다. 우리는 그가 무의식적으로 이런 행동을 자주 한다고 예상한다. 이야기의 맥락은 다음과 같다(그는 그 사건을 돌이켜보면서 자신의 말로): "나는 어머니로부터 거의 인정받지 못했어요. 나는 누군가가 내 존재를 인정하기 전에 먼저 넘어지고 상처를 입거나 굴욕감을 느껴야 한다는 것을 어린 나이에 배웠어요. 누가 날 찾기 전에 먼저 숨었거든요. 사실, 우리 어머니는 다른 사람들에게 '걔는 중간 아이인데 행실이 나쁘지 않아요.'(그는 다섯 아이 중 세 번째였다.)하면서 주기적으로 상기 시켰어요." 그는 계속해서 마지막 장애물에서 반복적으로 실패했지만 나중에 위로를 받았다고 설명했다. 그가 새 직책을 맡음으로써 실수를 할까봐 두려워하는 것은 분명 위로받고 "그리고 인정받기"(그의 생애 중심 주제) 전에 먼저 실패해야 했던 이러한 반복적인 경험에서 비롯되었다. 상담자는 내담자에게 넘어지는 것에 '버티거나', '쓰러지는 것에 저항'하도록 요청할 수 있으며, 오히려 서서 계속 있기, 자기 인식, 자기 수용, 그리고 자기주장에 집중해야 한다고 제안할 수 있다. 이것은 새로운 직업을 선택해야 하는 즉각적인 결정보다 더 중요하다. 그는 어떤 새로운 직장에서도 처음에는 틀림없이 잘하겠지만, 그러나 얼마 후, 그 일을 유지하기 어렵다는 것을 알게 되고 실패할 방법을 찾는다('넘어지다') 왜냐하면 그러면 누군가가 그를 '위로'할 것이기 때문이다. "왜 과장하는 사람들이 위로를 받아야 하는가?" 그리고 "왜 당황해하는 사람은 성공을 두려워하는가?"는 논의해야 할 질문이다.

> **학습 TIP** 이런 유형의 상담을 처음 접하는 사람들은 첫 번째 동사에 집중하는 것이 좋다. 그것은 초심 치료사들이 방향을 잡고 자신감을 갖게 하는 구체적인 전략을 나타내기 때문이다.

14.4.3 내담자들이 그들 자신에게 하는 말을 반드시 듣도록 하기

상담자는 내담자가 자신에게 귀를 기울일 뿐만 아니라 실제로 그들이 자신에게 하는 말을 들을 수 있도록 해야 한다. 즉, 상담자들은 그들이 말한 것을 내담자에게 반복하고, 어떠한 해석 자체도 자제해야 한다. 그래야 내담자들이 첫째로, 듣고 내면화하고, 둘째로, 그들 스스로 말한 대로 살 수 있다. 다시 말해 상담자들은 그 단어들이 내담자의 마음속에 메아리치도록 해야 한다(Savickas, 2009a, b). 내담자에게 존경심을 보이는 것은 무엇보다 중요하다. 상담자들은 내담자들이 하고 있는 말의 함의를 밝혀내려고 끊임없이 노력해야 하며, 따라서 계속해서 명료화를 추구해야 한다: "내가 듣고 있는 것, 예를 들어, 그게 당신에게 무슨 의미일까요? 내가 제대로 들었나요? 내가 제대로 이해하였나요? 내가 당신이 말한 걸 잘못 진술하고 있나요?" 다시 말해서, 상담자는 그들이(내담자들) 진로를 창조하고 삶을 설계할 때 지속적으로 내담자들에게 유익하도록 노력해야한다(Savickas et al., 2009e).

14.4.4 "몸은 결코 거짓말을 하지 않는다"

Savickas(2009a, 2009b)는 신체의 변화, 말, 한숨, 신체의 위치 변화, 시선의 방향 등을 주목하면서, 내내 내담자를 면밀히 관찰하는 것의 중요성을 강조한다. 다시 말해 "몸은 결코 거짓말을 하지 않는다"(Savickas, 2009b). 신체의 움직임과 다른 비언어적 단서는 내담자를 '읽는' 데 매우 도움이 되고, 그들의 스토리들을 해석하는 데 유용하다.

14.4.5 진로-스토리 인터뷰의 마무리를 위한 은유 사용

상담자들은 인터뷰 중간에 내담자가 제공한 은유를 사용하여 진로-스토리 인터뷰를 마무리하고자 할 수 있다. 다음은 그러한 은유의 몇 가지 예이다: "당신은 막 그 모습을 드러내는 경외심을 불러일으키는 한 폭의 그림이다", "하나의 위대한 예술 작품", "멋진 노래", "마음을 사로잡는 소설", "시대를 초월한 성서 구절", "최고의 포도주 한 모금".

위의 원칙들은 사례연구에서 예시된다.

14.5 사례 연구

26세의 여성 Joanna[2][3]는 창의적 사고방식, 그리고 야외 활동을 즐기며 모험적인 성향을 가지고 있으며, 25세에 심리학 석사학위의 이론적 부분을 마쳤다. 그녀는 뒤이어 논문을 쓰기 시작했고 인턴십을 시작했다. 그녀는 무엇보다 내담자들과 함께 작업하는 것을 즐겼다.

Joanna는 다음과 같은 세 가지 가장 이른 초기 기억들을 상담자와 공유했다.

a. 당신이 진로를 구성하는 데 내가 어떻게 하면 당신을 유익하게 할 수 있을까요?

"내가 반드시 답변을 원하는 것은 아니에요. 대신, 내 삶을 되돌아 볼 수 있도록 도와주었으면 해요. 아마도 나는 내가 느끼는 것을 표현할 수 있는 *genoot*(동료)을 찾고 싶다는 욕구를 분명히 표현하고 싶은가 봐요. 나는 주로 내담자들의 말을 듣지만 다른 사람들의 말도 들어요. 그래요, 나는 내 내담자들을 곤경에 빠트리지는 않을 거예요."

1. 모델

당신은 자라나면서 누구를 존경하였나요?

"백설 공주와 일곱 난쟁이들(후자는 집단으로). 그들의 단순함, 포용적인 태도, 모험심, 비범함."
"5학년 때 영어 선생님. 그는 뭔가 달랐고, 크로스컨트리 코치를 맡았으며, 항상 다른 사람들에게서 잠재력을 찾았어요. 그는 신비스러웠고, 특이했으며, 뻔한게 없었어요."

---

2) 사례 연구는 가명을 사용하였으며, 참여자로부터 가명으로 사례 연구를 공표할 수 있는 서면 허가를 받았다.
3) Joanna는 시범 데모의 '내담자' 역할을 자원했다. 이러한 유형의 프레젠테이션이 끝날 때, 대개 세 명의 참석자들을 자원 받고, 나머지 청중들에게 내담자의 스토리가 그들에게 개인적으로 무엇을 의미하는지 말해 달라고 요청한다. 참석자들에게 다음과 같은 윤리적 문제를 상기시킨다. 예를 들어, 어떤 사람이라도 다른 사람과 그 사례를 논의함으로써 내담자의 사생활을 침해하는 것은 허용되지 않는다.

2. 잡지

어떤 잡지를 정기적으로 읽었나요? 어떤 TV 프로그램을 즐겼나요?

"*Insig(통찰)*. 나는 생애 스토리들, 서적에 대한 논평들, 평론가들이 사물을 보는 새로운 방식을 좋아해요."

3. 영화/책

당신이 좋아하는 소설이나 영화는 무엇인가요? 스토리를 이야기해 보세요.

"TV 프로그램 50/50. 그것은 모두 자연에 관한 것이어요. 나는 마치 자연이 나 자신에게 다리를 제공하는 것 같은 느낌이 들어요. 나는 50대 50을 보면서 자주 울어요. 희망이 없는 동물들을 보는 것, 즉 아무도 그들을 돌보지 않는다는 사실이 나를 괴롭히고, 내 자신의 불완전함을 자극하며, 내 공감을 불러일으키고, 도움이 필요한 다른 대상들을 위해 더 나은 것을 갈망하게 해요."

"영화 *천국에 있는 것처럼(As it is in heaven)*. 이 영화는 다른 사람들과 달랐기 때문에 학교에서 조롱을 받은 음악가(Daniel)에 관한 것이예요: 창의적이고, 일상에 얽매이지 않고, 뭔가 '다른' 사람이죠. 그는 일종의 정신적 붕괴를 겪게 되고, 고향에 돌아와서는 자기 그대로의 모습이 되어 지배적인 규범과 가치관에 맞서게 되지요. 그는 다른 사람들의 성장을 자극해요."

4. 모토(좌우명)

당신이 좋아하는 격언이나 좌우명은 무엇인가?

"당신은 어떤 진리들에 따라 당신의 삶을 살고 있는가?"
"당신 자신의 진리들을 발견하라."
"좋은 스토리가 있다면, 그것을 놓치지 않도록 하라."

5. 학과목

당신이 중고등학교 시절에 좋아했던 학과목 3가지를 고른다면 무엇인가?
"아프리카어. 나는 그 언어의 신비에 매료되었어요."
"예술. 창의적이고 겸손한 선생님께서는 우리에게 보았다고 생각한 것이 아니라 실제로 본 것을 종이에 그리도록 하였어요."
"생물. 동물과 자연의 대상들을 다루는 것."

지금 싫어하거나/과거 싫어했던 과목은?
"회계. 난 그것을 이해하지도, 그 구조를 좋아하지도 않았어요. 수학, 그 안에서는 어느 것도 융통성이 없고... 너무 많은 규칙과 '규제' 때문에."

6. 놀이/레저

여가 시간에는 무엇을 하고 싶나요?
"자연 속에 앉아 있기. 아무것도하지 않고, 그냥 자연을 인식하고 받아들이면서 활력을 얻게 되요."

▌Joanna의 3가지 스토리들

첫 번째 이야기: 검은 옷의 미망인에 의해 불안정해진 아이
"여섯 살 때, 파티에 갔던 날이 기억나요. 아이들은 모두 즐거운 표정이었고, 뛰어다니고, 재미있어 하고, 웃고 있었어요. 어떤 단계에서 검은 옷을 입은 엄격한 얼굴의 여자가 나타났어요. 나는 어떤 일이 일어났는지 기억을 잘 못하겠어요. 그러나 그 장면 이후 파티가 곧 끝났다는 것을 기억해요. 그 여자는 아주 낯이 익었어요. 사실 그 여자는 나의 이모였어요."

잠시 후 그녀는 머리를 긁적거리고 말을 이었다.
"내가 왜 그 옷을 그렇게 추하게 생각했는지 지금도 모르겠어요."

두 번째 이야기: 어린 소녀가 마지못해 사는 삶의 현실을 발견하다.
"다섯 살 때였어요. 부모님들이 나를 오래된 집으로 데리고 가셨는데, 그 곳은 나의

조부모님들이 사시던 곳이었어요. 우리는 잠시 동안 그곳에 머물렀는데, 이제 집으로 돌아오게 되었어요. 그 때 할아버지와 할머니의 표정이 밝지 않았어요. 나는 그들과 헤어져야 한다는 것이 얼마나 슬펐는지 기억할 수 있어요."

"우리가 떠나려고 할 때, 할머니는 그 오래된 집에 머물고 싶지 않다고 하시면서 우리와 함께 가고 싶다고 말씀하셨어요. 할머니는 가방에 짐을 다 넣어 꾸려놓았다고 했어요. 물론, 우리와 함께 오지 못했어요. 부모님이 그렇게 할 수 없다고 했을 때, 할머니는 비통하게 울었어요. 나는 그들을 뒤로 하고 헤어진다는 게 너무나 슬펐어요."

세 번째 이야기: 누군가 다른 사람을 위해 게임하기
"저의 나이 7세 때였어요. 엄마(심리학자)가 나의 지능 검사를 해 보고자 했어요. 엄마는 표준 지능 검사를 실시했어요. 내가 엄마의 기대에 부응하지 못했던 것 같아요. 실기 (비언어적) 검사 중 하나를 하게 되었을 때, 나는 완전히 막혀서, 하위 검사를 마칠 수가 없었어요. 내가 제대로 못한 거여요! 나는 그녀의 말을 선명하게 기억해요: '그냥 계속해, 나는 차 한 잔을 끓일 거야.' 나는 내 자신에게 너무 실망했어요."

"엄마는 내 인생에서 사물에 대해 '틀을 다시 짜라(reframe)'고 말한 첫 번째 사람이었어요. 나는 정말 더 나은 계획이 필요했어요."

14.5.1 학습 과제

다시 한 번 말하지만, 독자들은 Joanna의 사례 연구에 대해 자신의 견해를 생각해보아야 한다... 그리고 난 뒤 나의 견해를 읽어야 한다.

자 이제 다음의 분석을 살펴보자.

14.6 사례 연구에 대한 간략한 논평

첫 번째 질문(내가 어떻게 당신을 유익하게 할 수 있을까요?)에 대한 Joanna의 응답은 그녀의 중심 문제에 대한 단서를 제공한다. 그리고 그 문제가 어떻게 다루어져야 할지에 대한 그녀의 생각을 보여 준다: 그녀는 이미 마음속에 답을 갖고 있다. 그녀는 '답변들'을 원치 않고 있다. 대신, 그녀는 자신의 삶을 되돌아보고 싶어 하고 genoot (청취자)에게 자신의 생각과 관심을 표현하는 방법을 찾고 싶어 한다. 셋째로, 그녀는 "자신의 내담자들을 곤경에 빠뜨리지" 않고자 한다(자주 반복되는 문구: 생애 주제).

Joanna의 **역할 모델들**(백설 공주와 일곱 난장이들 그리고 영어반 선생님)은 단순성, 타인을 향한 사랑, 그리고 모험을 즐기고, 차별화되고 혁신적이고자 하는 욕구를 나타낸다.

좋아하는 **영화**에 대한 **그녀의 설명**은 자신과 비슷한 문제를 경험하고 (다루고 있는) 사람들과 관련이 있다. 그녀는 취약한 계층의 사람들을 돕고 싶어 하며, 그렇게 함으로써 그들이 더 완전하고 더 온전해지도록 돕는다. 영화 *천국에 있는 것처럼*(다니엘)의 주인공처럼 다른 아이들과 달라 학교에서 놀림을 받는 경우가 많았다. 그녀는 현재 일종의 붕괴를 경험하고 있으며 전환점에 직면해 있다. 그녀는 다른 사람들의 성장을 자극할 기회를 포기하지 않고 논문을 진행할 수 있는 방법을 찾을 수밖에 없다.

그녀가 **좋아하는 잡지**는 그녀가 자기 개념을 실행하는데 선호하는 직업 환경을 **반영**한다. 그녀의 잡지 *Insig (통찰)*에 대한 관심은 다른 사람들의 삶의 스토리를 비판적으로 그리고, 중요한 점인데, **다른** 방식으로 (그녀의 삶의 또 다른 주요 주제) 조사하려는 열망을 나타낸다.

그녀의 좌우명은 생애 중심 문제를 어떻게 다루고 더 완전해져야 하는지에 관해 자신에게 최선의 조언을 제공한다. 자신의 '진리들(truths)'을 깊이 반성하고, 앞으로 살아가고자 하는 진리들을 재설정함으로써, 즉 자신의 자서전을 그려봄으로써 자신이 직면하고 있는 전환기를 협상해 나가길 희망한다. 게다가 그녀의 연구들은 자신의 '아름다운' 스토리의 근본적인 부분에 해당되며, 그녀는 "그것을 놓치지" (즉, 자기 이야기의 중요한 측면을 완성할 기회를 잃는 것 – 논문 마무리) 않기를 열망한다.

학교 과목들에 대한 Joanna의 선호도는 똑같이 드러난다. 아프리카어는 언어의 놀라운 신비를 상징했다. 예술은 그녀가 진짜 누구인지, 그녀가 정말로 생각하고 느낀 것을 말할 수 있게 했다 – 다른 사람에 대한 '값싼 모방'이 아니라, 생물학은 자연과 자연의 아름다움과 평온함을 즐기려는 그녀의 욕망을 상징했다. 반면에 회계와 수학은 창조적이고 유연해질 수 있는 기회를 부정하고 과장된 구조를 상징했다.

Joanna의 **취미**는 그녀가 삶의 문제를 다루기 위한 기술과 전략을 어떻게 개발하였는지를 보여준다. 그녀는 자연에 앉아 다시 활력을 얻는 법을 배웠다 – 자연의 아름다움을 받아들이고 삶에 대해 **반성하는 것**(다른 **생애 주제**) 외에는 아무것도 하지 않고.

Joanna의 가장 초기의 기억 세 가지

Joanna의 첫 번째 동사는 '참석했다(attended)'이다. 그녀는 파티에 '참석'했지만 행사의 많은 측면에 대해 확신하지 못했고 자세히 회상하지도 못했다. 따라서 그녀는 자신이 어디에 있고 왜 있는가를 이해하기 위해 자신의 삶을 반성하고 싶어 한다. 그녀는 자신이 다른 사람들의 말을 듣는 방식대로 누군가가 자신의 말을 들어주기를 원한다. 그녀가 "자신의 논문에 주의를 기울인다(attend to her dissertation)"라고 말한 것에 유의하라. 그녀는 자신의 삶에 주의를 기울이고, 자신이 필요로 하는 것에 주목하고, 자신의 스토리를 듣고 싶어 한다. Joanna의 사례에서 답변이 필요한 근본적인 질문은 다음과 같다: "그녀가 어떤 긴장에 주의를 기울여 (관심으로 전환하고), 그리고 의도와 확장으로 변형하여 행동을 촉진시킬 수 있는가?"

그녀는 또한 내담자들이 그녀의 전적인 관심을 받을 자격이 있다고 느낀다. 그녀는 그들을 "곤경에 빠트리지" 않을 것이다(자주 반복되는 문구: 생애 주제).

Joanna가 이런 스토리들을 말하는 동안, 상담자는 그녀가 자신의 말을 주의 깊게 듣도록 하기 위해 그녀가 사용한 중요한 문구들과 단어들을 반복했다. 그녀가 말하고자 하는 바를 저절로 듣게 하였다. Joanna의 **첫 번째 기억**은 그녀가 현재 직면하고 있는 주요 도전에 관한 것이다: 그녀의 인생에서 즐거운 부분(심리학자로 등록할 수 있도록 논문을 완성하는 것)이 좌절과 고통으로 바뀌었다. 그녀의 표현을 빌자면, "나는 지금 나의 논문에 아무런 진전을 보지 못하고 있어요. 즐거운 경험이어야 하는데, 좌절을 안겨주는 것이 되었어요. 내 지도 교수와 나는 서로 이해하지 못하는 것 같아요... 내 생각에 스타일이 많이 다른 것 같아요. 나는 내 연구들을 혁신적인 방식으로 바라볼 필요가 있다는 것을 이해하기 시작했어요. 갇힌 느낌은 아마도 내가 상황을 어떻게 인식하는가에 달려 있는 것 같아요." 그녀에 따르면, 그녀는 다시 한 번 지나치게 '엄격'해서(비타협적) 그녀의 '파티'를 망치고 있는 한 여자에 의해 불안정하다. (Joanna는 이 기억을 떠올리며 잠시 멈추었다가, 말했다: "나는 사람들이 어떤 결론도 내리지 않았으면 해요. 내 스토리 속의 검은 옷을 입은 사람은 강사들 중의 누구를 가리키는 게 **아니예요**. 난 그저 이모와 그녀의 검은 드레스에 대해서만 이야기하는 거예요." 이 발언은 워크숍 참석자가 관련 지도 교수에게 부정확하고 유해한 메시지를 전달할 수 있다는 두려움을 드러낸다.)

그녀의 **두 번째 스토리**는 그녀의 현재의 곤경을 더 조명한다. "할 수만 있었다면 할머니를 데리고 왔을 거예요. 난 취약한 사람들을 곤경에 빠뜨리는 게 싫어요. 요즘은 내담자들에게만 집중하고 있어요. 논문에 주의를 기울이거나 내 자신의 삶을 살 시간조차 없어요. 하지만 나는 지금 어떻게든 할머니를 데려 갈 수 있다는 것을 깨닫게 되었어요... 내 논문에서 나의 내담자를 사례 연구로 사용하기 위해 윤리적 허가를 신청함으로써 말이에요." 그녀는 인생을 풍성하게 살고 규제받지 않게 되기를 진정으로 원한다 – 그리고 자신이 아끼는 사람들도 똑같은 자유를 누리기 원한다. 그녀의 설명처럼, 그녀는 내담자들을 곤경에 (그녀의 조부모님이 오래 전에 그렇게 고통스럽게 버려진 방식으로) 빠뜨리지 않기 위해 단호한 입장이다. 그녀는 문제를 해결할 수 있는 아이디어를 가지고 있다: 그녀는 논문에서 사례 연구 접근법을 채택함으로써 자신과 함께 내담자들을 데려갈 수도 있다.

그녀의 **세 번째 스토리**는 인생에서 또 다른 핵심적인 문제를 드러낸다. "나는 하위 검사에 너무 많은 시간을 소비하여, 그것을 끝내지 못했어요. 그리고 나는 이제 내가 하고 있는 일을 또 다시 끝내지 못할까봐 두려워요. 하지만 지금 나는 지금의 상황이 당시의 상황과 다르다는 것을 깨닫게 돼요. 나는 오로지 논문을 완성해야 해요. 아주 유능한 내 지도 교수와의 사이에서 공통점을 찾는 것과 마찬가지로 계획을 수립하는 것도 필수적이에요." 이 스토리는 그녀가 과제를 제 시간에 완수하지 못하는 것(그녀에게 끊임없는 도전이 됨)에 대한 관심을 환기시킨다. 하지만, 그녀는 이제 더 이상 "다른 사람의 게임을 할[play]" 필요가 없다는 것을 알게 되었다. 그녀 자신의 말로 표현하자면, "하지만, 지금은 '놀다'[play]라는 단어 자체를 강조해요."

(6개월 후, Joanna는 논문에서 알찬 성과를 거두고 있다고 보고했다. 그녀는 여전히 내담자들과 함께 일하는 것을 소중히 여기며, 지도 교수와의 오해를 해결하였다. 다른 스타일을 지니고 있음도 불구하고, 두 사람은 잘 지내며, 그녀는 이러한 학문적 노력의 핵심적 측면을 손상시키지 않고, 예를 들어 정해진 시간에 장들(chapters)을 전달하며, 그녀만의 창의적인 방법으로 글을 쓸 수 있게 된다. 또한, 그녀는 어떤 구조가 필수적이라는 것을 알게 된다. 즉, 연구를 마치고 내담자들에게 계속하여 유익하려면 다른 장들(chapters)을 쓰고 제출하는데 시간이 마련되어야 한다. 그래서 그녀는 자신의 복잡한 삶의 조각들을 잘 맞추어 내

담자들뿐만 아니라 전환기에 있는 자신을 위한 지지 환경을 제공할 수 있는 방법을 찾아내었다.)

14.7 실습

4명~6명씩 그룹을 만들어 다음 질문/과제를 토론하세요. 다음 상황을 어떻게 다루어 나가는 게 좋을까요?

1. 진로-스토리 질문들과 초기 기억들을 적용해 보고 당신이 발견한 것을 이야기해 보세요.
2. 당신의 내담자는 대부분의 진로-스토리 질문에 대답하기를 거절하고, 대신 이렇게 말합니다. "지금 당장은 답변을 생각할 수가 없어요(혹은 아무것도 기억하지 못해요)." 이 반응을 어떻게 해석해야 할까요?
3. 어떤 동료가 진로-스토리 질문들과 초기 기억들의 사용을 비판합니다. "이 기술들은 아직 시도되지 않았고 테스트도 되지 않았어요." 그리고 그는 상담 상황에서 표준화된 검사를 사용하는 것이 훨씬 더 편안하다고 말합니다. 그의 말에 어떻게 반응하는게 좋을까요?

14.7.1 복습 질문

이 장에서 배운 내용을 생각해 봅시다:

1. '진로-스토리 상담'과 '초기 기억들'의 이론적 토대와 본질적인 측면을 정의해 보세요.
2. 내담자들이 그들의 진로를 설계하면서 사용하는 진로-스토리 인터뷰의 가능한 가치를 비판해 보세요.
3. 상담 상황에서 진로-스토리 인터뷰를 어떻게 활용하는지 차례대로 설명해 보세요.
4. 여섯 개의 진로-스토리 질문 후, 어떤 경우에 초기 기억 3개를 질문하지 않는다고 생각하나요?
5. 당신의 견해로, 초기 기억 세 가지는 진로상담 상황에 어떤 가치를 더하게 되나요?

14.8 결론

질적 평가 전략과 기술 (전통적인 기술과 함께 사용되어진)에 대한 관심은 지난 수십 년 동안 크게 증가했다. 진로-스토리 인터뷰는 상담자들에게 삶에서 더 깊은 의미를 찾고자하는 내담자들의 유용성을 고려하는 혁신적이고 흥미진진하며 존경할 만한 방법을 제공한다. 또한 이를 통하여 상담자들이 내담자들을 유익하게 하는데, 내담자들이 전환을 협상하고, 자신의 생애 스토리를 쓰고, 자신의 삶을 설계하기 위해 방법들을 반성하기 때문이다. 이러한 기법들이 본 장에서 실제적으로 제시되었다.

14.9 맺는말

이 책과 특히 이 장에서는 생애 설계적 접근을 위한 진로 구성 상담으로 예시되는 진로상담에 대한 질적-양적 결합 접근법의 장점을 확실하게 입증함으로써 전 세계적으로 진로상담의 얼굴과 모양을 혼자 힘으로 변화시킨 Mark Savickas에게 지대한 찬사를 보냅니다.

Mark, 우리는 이 책을 우리 모두의 롤 모델이자 영감을 주는 당신께 겸손하게 바칩니다. 항상 유익한 존재가 되어 주셔서, 즉 전환기에 우리 자신의 자서전을 그리는 것 [자서전성], 다른 사람들과 우리 삶의 이야기를 공유하는 (그리고 우리 스스로 듣는) 것 [구술성], 그리고 진로를 우리들의 지지 환경의 중대한 측면으로 활용하는 것이 무엇을 의미하는지 가르쳐주셔서 감사드립니다. 그래서 우리 상담자는 결국 내담자들이 생애설계를 계속해 나가면서, 의미를 찾고, 가치를 부여하고, 사회적 공헌을 하기 위해 노력할 때 비로소 유용한 존재가 됩니다.

📖 참고문헌

Adler, A. (1932). *What life should mean to you*. London: Allen & Unwin Ltd.

Hartung, P. (2010). Identifying life－career themes with the career－story questionnaire. In Maree, K. (2010), *Career counselling: methods that work* (pp. 161－166). Cape Town, South Africa: Juta Academic.

Savickas, M. L. (2006a). *Counselling for career construction (facilitating the storied approach in (career) counselling: practical implementation)*. 15th Australian Career Counselling Conference. Sydney. 18 April 2006.

Savickas, M. L. (2006b). *A vocational psychology for the global economy*. Keynote presentation, APA. New Orleans. 8 July 2006.

Savickas, M. L. (2007). Reshaping the story of career counselling. In J. G. Maree (Ed), *Shaping the story－a guide to facilitate narrative counselling* (pp. 1－3). Pretoria: Van Schaik Publishers.

Savickas, M. L. (2008). Interactive workshop on life design counselling. XXXIX International Congress of Psychology. Berlin, Germany. 19 July 2008.

Savickas, M. L. (2009a). *Utilising early anecdotes in counselling in the 21th century*. Keynote presentation, SA Society for Clinical Hypnosis. Pretoria. 18 April 2009.

Savickas, M. L. (2009b). *The Essentials of Life Design Counselling*. Invited public lecture, University of Pretoria, Pretoria. 21 April 2009.

Savickas, M. L. (2009c). *The role of values in careers: Meaning and mattering in Life Design*. Millennium Centre, University of St Louis, Missouri. 29 June 2009.

Savickas, M. L. (2009d). Career－story counselling. In T. J. Sweeney (Ed.), *Adlerian counselling and psychotherapy: A practitioner's approach* (5th ed., pp. 183－207). New York: Routledge.

Savickas, M. L. et al. (2009e). Life designing: A paradigm for career construction in the 21st century. *Journal of Vocational Behavior, 75*(3), 239－250.

Saul, L. J., Snyder, T. R., Sheppard, E. (1956). On earliest memories. *Psychoanalytic Quarterly, 25*, 228－237.

저명인사의
개인 내러티브

Belle Wallace 정리

저명인사의
개인 내러티브

Belle Wallance 정리

15.1 서론

청년들을 위해 가능성과 성취감을 제공하는 교육경험을 이해하고 촉진하기 위해 저명인사들의 전문적이고 개인적인 삶에 대한 내러티브 단면들을 모으는 것은 특권이었다. 나는 내 자신의 개인 내러티브를 그들 옆에 겸손하게 제공한다.

몇 가지 강력한 감정, 능력, 영향들이 나타났다. 저자들은 그들의 개인적 및 전문적 삶 속에서 역경, 괴로움, 좌절, 불이익 등에 대한 탄력성을 압도적으로 보여주었다. 삶 전체를 통틀어 그들은 자기 성찰에 헌신하였고, 불능으로 만들 수도 있는 경험들을 성공으로 바꾸었고, 지혜와 이해를 더욱 발전시켰다. 모든 저자들은 강력한 멘토의 영향을 인식하고 있다. 이들 멘토는 새로운 통찰을 지지하고 영감을 제공했고 자기존중감과 자기가치의 발달을 가능하게 해주었다. 또한, 이들 멘토는 그들의 어린 멘티들에게 탐색의 창을 열어주었고 조사, 호기심, 질문, 탐색, 위험감수의 열망을 키워주었다.

모든 저자들은 큰 질문에 대한 해답을 추구하면서, 그리고 방해 환경에 대해 창의적인 대안을 찾으면서, 열정과 헌신으로 점철되는 고된 작업을 통해 자신들의 능력과 통찰을 발전시켰다. 모든 저자들은 그들을 둘러싼 세계에 대한 섬세함을 보였고 그들의 삶에 떨어진 기회들을 알아차리고 잡았고 그들이 맡은 도전 속에서의 복잡한 문제들을 이해했다.

나는 자신의 개인 내러티브를 이번 장에 헌신해준 모든 저자들에게 진심으로 감사하다. 그것은 나에게 영감이었고 나는 이 책의 독자들 또한 영감을 얻기를 바란다.

15a 레몬에서 레모네이드로

Bob Sternberg

직업생활에서 내가 했던 모든 일들은 실패로 끝났다. 대개 내 자신이 문제였다. 나는 어린 시절부터 레몬을 레모네이드로 만드는데 평생을 보냈다.

만약 내가 어렸을 때 집단 지능검사에서 점수가 나쁘지 않았더라면 내 삶은 완전히 달랐을 것이다. 내 지능검사 점수는 형편없었다. 어릴 적 학교 다닐 때 나는 시험이 두려웠고, 특히 그런 류의 시험을 볼 때는 거의 공황상태에 빠졌다. 나는 6학년 때 5학년들과 같이 재시험을 치르기 위해 5학년으로 유급이 될 정도로 심하게 못했다. 모두들 나에게 6학년 시험은 너무 어려울 것이라고 생각했다. 결과는 예상했던 대로였다. 선생님은 내가 멍청하다고 생각했고, 나도 내가 멍청하다고 생각했고, 나는 멍청하게 행동했다. 시험은 매우 효과적으로 자기충족적인 예언을 세워 놓았고, 매년 나의 학업성취도는 이전 연도보다 조금 더 나빴다. 나라는 사람에게 시험점수보다 뭔가 더 있을 것이라고 믿었던 4학년 선생님이 없었더라면 나의 내리막 포물선은 계속되었을 것이다. 선생님은 나를 믿어주셨고 내가 처음으로 내 자신을 믿게 해주었다. 나는 끔찍한 악순환을 뚫고 나왔다. 그녀가 나의 선생님이 아니었더라면 나의 삶은 매우 달랐을 것이다.

이러한 경험의 결과로 나는 1학년 때 심리학을 전공으로 결정했고 내가 왜 그토록 시험에서 형편없었는지에 대해 이해할 수 있었다. 그렇다고 나는 나아지진 않았다. 심리학 입문 과목에서 나는 C를 받았다. 교수님께서는 "심리학에 유명한 스턴버그(Saul Sternberg를 의미함)가 있는데, 유명한 스턴버그는 더 이상은 없을 것 같네."라고 언급하셨다. 나는 심리학 과목을 수강취소하고 수학을 전공하기로 했다. 수학 전공은 훨씬 더 나빴다고만 말하고 싶다. 그 시점에서는 C도 괜찮아 보였기 때문에 나는 다시 심리학으로 돌아왔다. 이후 나는 상급 과목에서는 훨씬 더 잘했고 졸업할 때는 전체 석차로나 심리학 석차 모두 최고 우등으로 졸업하게 되었다.

시험에 대한 초등학교 경험의 결과로 나는 내 생애의 많은 작업을 지능과 그것이 어떻게 측정되는지에 대해 연구하게 되었다. 나는 "성공지능"이라는 이론을 제안했다. 이에 따르면 지능에는 분석, 창의, 실용의 세 가지 요소로 구성되어 있다 (Sternberg, 1997a). 나는 내가 가르친 세 명의 학생들을 기반으로 세 가지 요소를 확인했다: 엘리스는 매우 분석적이며 시험을 굉장히 잘 친다. 그러나 그녀는 창의적인 생각을 거의 내놓지 않는다. 바바라는 극도로 창의적이지만 표준화 검사 성적은 매우 형편없기 때문에 경쟁률이 높은 대학원 프로그램에서 입학허가서를 얻지 못했다. 셀리아는 분석적 및 창의적 능력이 최고 수준은 아니지만 실용적인 영재이며 모든 입사시험에서 합격했다.

전통적인 시험점수는 단지 이들 세 가지 요소 중 첫 번째인 분석적인 기술에 불과하다. 이 이론에 따르면, 당신은 새로운 생각을 만들어 낼 수 있는 창의적인 기술, 당신의 (그리고 타인의) 생각이 좋은 생각인지를 알아차릴 수 있는 분석적인 기술, 당신의 생각을 실행하고 다른 사람들에게 그 생각의 가치를 설득할 수 있는 실용적인 기술이 필요하다. 우리들은 이 모든 세 가지 요소를 측정하는 검사는 학교 시험 점수와 인생의 성공에 대한 예언을 상당히 개선할 수 있다. 이 세 가지 요소들은 인종이나 민족 집단 간 점수 차이를 줄일 것이다(Sternberg et al., 2000; Sternberg, the Rainbow Project Collaborators, and the University of Michigan Business School Collaborations, 2004).

대학시절 기초심리학 과목 경험의 결과로 나는 어떻게 사람들이 지능을 측정하는지 뿐만 아니라 어떻게 성공지능을 가르칠 수 있는지에 대해 연구했다. 교사들은 기억을 잘할 수 있도록 가르치는 경향이 있다. 이는 어떤 학생들에게는 도움이 될 수 있겠지만 다양한 학습기술을 가지고 있고 기억 이외의 능력을 강조하는 다른 방식으로 배우는 학생들의 학습은 방해한다. 우리들은 연구를 통해 교사들이 분석적, 창의적, 실용적 기술 등을 포함한 다양한 학습 기술을 가르칠 때 모든 학생들의 성취도가 증가한다는 것을 보여줬다(Sternberg, 2002).

나는 일찍이 학습의 차이는 능력의 문제일 뿐만 아니라 선호의 문제라는 것을 알아차렸다. 나는 기초심리학 시간에 받았던 낮은 성적은 단지 내가 좋은 기억의 소유자가 아니라는 사실뿐만 아니라 나는 기억하기를 싫어한다는 것이 원인이었다는 점도 깨닫게 되었다. 일부 학생들은 나처럼 자기자신의 학습을 스스로 하는 것을 더 좋아한다(나는 이를 "입법적 스타일"이라고 부른다). 반면에 다른 학생들은 그들이 습득해야 하는 구조를 제공받는 것을 더 좋아한다(나는 이를 "행정적 스타일"이라고 부른다). 또 일부의 학생들은 분석하고 평가하는 방식으로 배우기를 선호한다(나는 이를 "사법적 스타일"

이라고 부른다). 나는 모든 13가지 유형을 확인하였으며 이는 "정신적 자기 정부 이론"
이라고 명명한 사고 양식에 관한 내 이론의 기반을 형성하였다(Sternberg, 1997b).

　나에게 충격적이었던 것은 내가 가르쳤던 예일대의 학생 중 한 명은 그다지 창
의적이지는 않았는데 그는 창의적일 수 없었기 때문이 아니라 창의성이 수반하는
위험을 감당하기 두렵기 때문에, 즉 대중들에 맞서는 게 두렵기 때문에 창의적이지
않았다는 점이다. 따라서 창의성은 능력의 문제라기보다는 태도나 다른 어떤 것인
것 같다. 이러한 관찰을 통해 나는 Todd Lubart와 함께 창의성의 투자이론을 개발
할 수 있었다. 즉 창의적인 사람들은 좋은 투자자와 같아서 그들은 생각의 세계에
서 쌀 때 사서 비쌀 때 판다는 것이다(Sternberg & Lubart, 1995).

　클린턴 정부 기간 중에 나는 어떻게 그토록 눈부시게 지적인 대통령이 탄핵될
수도 있는 그런 혼란에 자신을 빠뜨릴 수 있었는지에 관심을 갖게 되었다. 그리고
나는 또한 엔론의 경영진에 대해 궁금하기 시작했는데, 이들은 분명 머리가 좋음에
도 불구하고 회사와 자신들의 삶을 바닥으로 추락시켰다. 이때 나는 지혜의 균형
이론을 제안했다(Sternberg, 1998a). 이 이론에서 지혜란 공통의 선을 향하여 한 사
람의 지능, 창의성, 지식을 적용하는 것으로 자기 자신의 흥미, 다른 사람의 흥미와
더 큰 (상황적) 흥미를 장기 및 단기에 걸쳐 가치의 융합을 통해, 그리고 환경에 적
응하고 환경을 형성하고 선택하기 위하여 균형을 맞추는 것이다.

　이 이론에 따르면, 똑똑하지만 현명하지 않은 수많은 사람들이 존재한다. 이들
은 높은 수준의 지능을 가지고 있지만 이를 매우 부적절하게 사용한다. 반면에 성
공하는 사람들은 자신의 지능, 창의성, 지혜를 통합한다(Sternberg, 2004c).

　지금은 조지 부시가 대통령으로 선출되었고 나는 내 스스로가 리더십의 겉모습
에 매우 관심이 많다는 것을 발견했다. 국민의 절반은 부시가 결단력 있는 리더십
을 행사한다고 믿는 것 같지만, 나를 포함한 다른 절반의 사람들은 그의 리더십이
결단력 있다기보다는 무모하고 위험하다고 걱정한다. 그래서 나는 WICS에 근거하
여 리더십 이론을 제안했다. 이 이론에 따르면, 좋은 리더는 효과적으로 집단을 이
끌기 위해서 지혜, 지능, 창의성을 통합한다(Sternberg, 2003b).

　대부분 나의 이론과 연구는 인지적인 경향이 있지만, 나는 또한 사랑과 증오에
대해서도 연구했다. 내가 인간관계에 실패했을 때 나는 사랑에 관심을 가지게 되었
다. 나는 무엇이 잘못되었는지를 이해하고 싶었다. 나는 우선 사랑의 삼각형 이론
이라고 명명한 이론을 제안했다. 이에 따르면 사랑은 친밀함, 열정, 헌신의 세 가지

요소로 구성되어 있다. 상이한 종류의 사랑은 이 세 가지 요소의 상이한 조합과 관련된다. 예를 들어, 낭만적인 사랑은 친밀함과 열정의 결합이며, 얼빠진 사랑은 친밀함이 없는 상태에서 열정과 헌신의 결합이다(Sternberg, 1998b). 이 이야기에는 요정 이야기("나는 왕자 또는 공주를 찾아요"), 공상 과학 이야기("나는 정말 이상한 사람을 찾아요 또는 나는 정말 이상한 사람과 함께 하고 싶어요"), 여행 이야기("나는 나와 함께 인생을 여행할 동반자를 찾아요") 등 모두 20개의 이야기가 있다.

그러나 사랑의 이면은 증오다. 1990년대에 순차적으로 발생한 대량학살 시기에 나는 증오에 대해 관심을 갖게 되었다. 나의 관심은 또한 내 외가의 대부분이 대량학살로 돌아가셨다는 사실에서 진화하였다. 이후 나는 증오의 이중 이론(Sternberg, 2003a)을 제안했다. 이 이론에 따르면 증오는 친밀함, 열정, 헌신의 부정이라는 세 가지 요소로 구성되며, 이는 증오의 대상에 관한 이야기, 신의 적, 기생충, 강간범 등에 관한 이야기로부터 나타난다.

요약하자면, 나는 내 자신과 다른 사람들의 실패가 내 아이디어의 가장 유용한 원천이었다는 점을 발견했다. 나는 내 인생에서 앞으로도 실패를 조금 더 발견해서 레몬들을 레모네이드로 바꿔놓을 수 있기를 바랄 뿐이다.

📖 참고문헌

Sternberg, R. J. (1997a). *Successful intelligence*. New York: Plume.

Sternberg, R. J. (1997b). *Thinking styles*. New York: Cambridge University Press.

Sternberg, R. J. (1998a). A balance theory wisdom. *Review of General Psychology, 2*, 347 – 365.

Sternberg, R. J. (1998b). *Cupid's arrow: The course of love through time*. New York: Cambridge University Press.

Sternberg, R. J. (1998c). *Love is a story*. New York: Oxford University Press.

Sternberg, R. J. (2002). Raising the achievement of all students: Teaching for successful intelligence. *Educational Psychology Review, 14*, 383 – 393.

Sternberg, R. J. (2003a). A duplex theory of hate: Development and application to terrorism, massacres, and genocide. *Review of General Psychology, 7*(1), 299 – 328.

Sternberg, R. J. (2003b). WICS: A model for leadership in organizations. *Academy of Management Learning & Education, 2*, 386 – 401.

Sternberg, R. J. (2003c). *Wisdom, intelligence, and creativity synthesized*. New York: Cambridge University Press.

Sternberg, R. J., The Rainbow Project Collaborators, & University of Michigan Business School Project Collaborators. (2004). Theory – based university admissions testing for a New Millennium. *Educational Psychologist, 39*(2), 185 – 198.

15b 고통에서 환희와 의미로

Erika Landau

열 살 때 나는 파시즘과 히틀러를 피하며 도망치던 중에 여섯 개의 언어를 배우고 말해야 했다. 따뜻하고 다정한 가족은 내가 피아노를 쉽게 배우고 적응하고 심지어는 아주 잘 칠 수 있도록 해주었다. 행복한 유년시절이었다.

아홉 살 때 피아노 선생님께서는 나와 내 친구 두 명에게 경연에 참가해보라고 추천했다. 당시 아버지께서는 해외에 계셨고 어머니는 편찮으셨지만, 다른 참가자와 그들의 부모들과 소속감과 더불어 함께 한다는 좋은 느낌을 느낄 수 있었다. 심사결과를 기다리는 동안의 긴장감과 불안감을 우리는 함께 공유했다. 심지어는 3등상, 2등상이 발표된 후에 서로의 눈은 마주쳤고, 손을 마주 잡고 희망과 웃음을 함께 했다. 1등상이 발표되었을 때 나는 황량한 무대 위로 올라가서 낯선 사람들과 악수를 하고 뒤로 돌아서서 청중들에게 인사를 하고 나의 당황함을 함께할 눈들을 찾았다. 그러나 나의 친구들은 고개를 떨구고 아래를 보았고 그들의 어머니는 입술을 일그러뜨렸다. 이후에 내 친구들은 무리를 지어 다녔지만 나를 그 모임에 부르지 않았다. 나는 본의 아니게 이방인이 되었다. 나는 내가 한때 간절히 원했던 그 상을 증오했다. **나는 처음으로 그리고 그 이후로는 매우 자주 외로움을 느꼈다.**

나는 종종 엄마, 아빠, 여동생 등 가족 모두와 산책 할 때 내가 맨 앞에 서서 산책을 했다. 나는 내 뒤에 서 계시는 부모님들로부터 사랑의 따뜻함과 안전감을 느꼈다. 그리고 나는 내 등 뒤의 이 따뜻함이 있는 한 아무 것도 나를 해칠 수 없다고 생각했다. 그런데 갑자기 모든 것이 변해서 우리들은 강제수용소로 끌려갔다.

눈이 공기 중에 얼음이 되어 매서운 바람과 함께 날리면서 우리의 숙소로 침투해 들어왔다. 우리들은 서로의 몸을 따뜻하게 하기 위해 가까이 앉았다. 이러한 절망스런 추위와 허기 속에서 내 어머니는 암송하고 계셨던 괴테, 쉴러, 휴고, 벨레인의 시를 가르쳐 주셨다. 우리들은 슈베르트와 쇼팽의 노래, 베토벤, 모차르트, 하이든의 연주곡을 읊조렸다. 나는 얼어붙은 손가락으로 무릎 위에서 이를 연주했다.

나는 어릴 적 포도를 좋아해서 생일날에는 포도가 들어 있는 사탕과 케이크가 있었다. 수용소에서의 첫 번째 생일 때 나는 베개 위에 놓여진 종이에 아빠가 그려놓은 포도를 발견했다. 이것은 내가 지금까지 받았던 최고의 아름다운 선물이었다.

지휘하는 군인들은 어떤 때는 독일 사람이었다가, 루마니아 사람이었다가, 마지막 18개월 동안은 우크라이나 사람이었고, 그들이 최악이었다. 그들은 유태인 학살을 자원해서 전쟁 포로 캠프에서 방면된 자들이었다. 그들에게는 해치는 것을 즐기고 고통을 바라보는 일종의 잔인함이 있었다. 한번은 그들은 세 마리의 큰 개들이 내가 가진 유일한 방한복과 나를 물고 찢도록 자극했다. 그러나 나는 그날의 두려움과 고통을 기억하지 않는다.

내가 기억하는 것은 어느날 밤이다. 군인들이 갑자기 우리의 숙소를 급습해서 겁탈해서 데리고 갈 여자를 찾았다. 어머니는 나를 벽의 틈 속으로 밀어 넣었고 나는 움직일 수도 없고 바위의 거친 돌 위에 누을 수도 없었다. 그날 밤 나는 거기서 내내 서 있으면서 지쳤고 발이 상처 나는데도 두려움에 떨어야 했다. 나는 몇 초라도 안심할 수 있도록 작은 움직임으로 내 몸의 무게를 편안히 하려고 애썼다. 발가락을 움직이고, 엉덩이를 움직이고, 어깨를 올리면서...

몇 년 후 나는 바위 틈에서 온전하게 지내는 데 활용할 수 있는 많은 방법들을 발견했다. 오늘날 나는 항상 아이들에게 사물을 바라보는 문제를 해결할 수 있는 적어도 하나 이상의 방법을 찾아보라고 가르친다. 왜냐하면 아무리 좁고 작은 생각일지라도 대안이 없는 틈은 존재하지 않기 때문이다.

우리의 막사에 미술사 교수님이 한 분 계셨다. 방한복 대신에 그는 르네상스를 재생해주었다. 끝없는 낮과 밤 동안 그는 그림을 보여주고 설명해주고 나의 끊임없는 질문에 답해주었다. 특히 그가 가장 좋아했던 보티첼리의 작품에 대해 답해줄 때는 더욱 그러했다. 그는 추위와 허기와 외로움과 절망으로 죽었지만 그는 나에게 유산을 남겨주었다. 그것은 보티첼리의 그림 중에서 "홀로페르네스의 머리를 들고 있는 유디"였다. "잘 봐, 에리카" 그는 말했다. "고통받는 유태인 소녀들이 있어. 하지만 결국 살아남아." 나는 그의 말이 수용소에서의 사 년 동안 내가 버틸 수 있게 해주었다고 믿는다.

수년이 지난 후에 플로랑스의 유피치에서 나는 이 그림 앞에 서서 그의 유산을 추억하면서 그에게 그리고 나에게 약속했다. 그의 길을 가겠다고. 호기심 어린 아이들의 삶을 풍요롭고 아름답게 만들겠다고.

잠조차도 달아나는 차가운 밤에 나는 뜬 눈으로 생각하고 꿈꿨다. 나는 나 자신과 내 손가락이 피아노 건반을 두드리며 아침까지 연주하는 것을 느낄 수 있었다.

다시 아침과 함께 세수를 하기 위해 물 위의 얼음을 깨면서 고통은 다시 시작되었다. 우리들은 매우 조심하면서 청결을 유지했다. 왜냐하면 더러움은 이를 불러오기 때문이다. 이는 내 삶에서 존재하는 가장 무서운 것이었다. 이는 배탈을 일으키고 많은 사람들이 이 때문에 죽고 오직 몇 명만이 살아남았다.

수 년이 지난 후에 TV 토크 프로그램 출연자 한 사람이 다음과 같이 말했다, 어느날 수용소에서 배가 아파서 수용소에서 깨어보니 주변의 모든 사람들이 죽어 있었다고. 그는 수용소 길 밖으로 뛰쳐나왔고 모든 사람들이 그를 피했는데, 그는 머리를 빗질하지 않았고 사람들이 그 몸에 있는 이를 두려워했기 때문이다. 그는 힘없이 자리에 주저앉아 절망스럽게 울었다. 한 소녀가 그에게 다가와 왜 우냐고 물었다. 그는 그의 병에 대해 말하면서 그의 부모님이 움직이지 않고 지금은 "아무도 그에게 말을 걸고 싶어하지 않다"고도 말했다. "그러나 나는 당신에게 말을 해요", 소녀는 미소를 지으며 말했다. TV 속에서 나를 보면서 그는 내 미소를 알아차렸다. 그런 슬픈 기억에도 불구하고 **나는 절망에 찬 어린 아이를 도왔다는 게 기뻤다. 그에 따르면 나의 미소로부터 힘을 얻었다고.**

그러나 동시에 나는 죄책감이 들었다. 내가 웃어주지 않았던 사람들은 어떻게 되었을까? 다른 사람도 그들에게 미소를 지어주지 않았나? 그리고 그들은 허기, 병, 고통에 죽었을까? 왜 그들은 죽어야 했나? 그들이 잘못했던 것은 무엇이고 내가 잘했던 것은 무엇인가? 나는 내가 살아있고 그들은 죽었다는 것에 죄책감을 느끼는가?

수 년이 지난 후에 욤 키푸르 전쟁[1] 중에 나는 삼일 동안 반응하지 않고 말하지도 않고 단지 거기서 큰 눈을 뜨고 보지도 않고 움직이지도 않고 누워만 있는 한 젊은이를 도와달라는 요청을 받았다. 그에 대해 내가 아는 유일한 것은 그가 폭격 당한 탱크의 유일한 생존자라는 것이다. 나는 앉아서 그의 머리를 붙잡고 내가 공부했던 것을, 내가 그를 어떻게 도울 수 있는지에 대해 내가 아는 것을 기억해내려 했다. 내 머리 속에서 해답을 찾을 수 없었지만, 내 뱃속 깊숙이에서 다음의 말이 튀어나왔다. "너는 네가 살았고 친구들은 죽어야만 했다는 것에 죄책감을 느끼는구나". 그는 자신의 머리를 돌리고는 다음과 같이 물었다. "어떻게 알았어요?" 나는 그에게 말했다. "나도 또한 Shoah[2])에서 나만 살아남고 친구들은 그러질 못해서 죄

---

1) 역자 주: 1973년 10월, 유대교 명절인 욤 키푸르(Yom Kippur, 속죄의 날)에 발발한 이스라엘과 중동국가 간 전쟁
2) 역자 주: 홀로코스트를 의미하는 히브리어

책감을 느꼈어." 그는 내 손을 잡았다.

그리고 갑자기 나는 깨달았다. 내 고통은 어떤 감각을 가지고 있다고. 내 고통에서 오는 그 감각을 통해 나는 한 젊은이를 도울 수 있었다.

우리들은 그런 기억을 수용하고 그와 관련된 감정에 대응하는데 용기가 필요하다. 그것에 직면하는 것은 보상이 될 수 있다. 우리들은 우리의 힘을 발견할 수 있고, 나 자신과 다른 사람들에 대한 연민을 발견할 수 있고, 이해할 수 있고 당신의 삶에 의미와 알아차림을 줄 수 있고 용서할 수 있고 그러나.... 잊을 수는 없다.

나의 유년기와 청소년기의 고통은 나를 더 좋은 심리학자, 더 좋은 교사로 만들었고 감히 말하건대 더 풍요롭고 더 좋은 사람으로 만들었다고 확신한다. 내가 겪었던 것들에 직면하므로써 나는 힘, 야망, 무엇보다도 창의성의 끝없는 자원을 발견했다.

나는 내가 원하는 것을 한다. 도전이 필요하고 외롭게 장거리 달리기를 해야 하는 영재 아동을 돕고, 자기 내부에서 자신의 능력과 창의성을 계속 찾을 수 있도록 중장년의 사람들을 도전하고, 말년에 병든 사람들이 "자신의 방식으로" 삶을 살 수 있도록 돕는다.

모든 나이에 공통된 도전은 그들 자신의 틀 안에서 새로운 대안을 찾는 것이다. 내가 어릴 적 바위 속의 틈에서 발견했던 것처럼.

실존적 창의성은 한계를 뛰어넘는 것일 뿐만 아니라 한계 내에서 대안을 발견하는 것이다.

나는 내 운명과 내 삶에서 파트너이다.

한때 나는 "지식인"으로 불리는 것을 왜 거절하냐는 질문을 받았다. 인생 경험에 대한 나의 비전은 내 지성에 의해서만 결정되지 않는다. 그것은 화가의 작업과 같아서 코를 그리고 있을 때는 완전히 거기에 빠져들어서 코를 그릴 때는 그 자신이 "온통 코"가 된다. 그러나 그리고 나서는 코가 얼굴에 그리고 전체 그림에 얼마나 잘 어울리는지를 보기 위해 세 걸음 뒤로 물러선다. 바로 이 지점이 지성이 등장하는 때다. 즉 감정에 균형을 맞출 때다. 이는 창의성으로, 지성과 감성의 균형이며, 자기와 환경 간의 그리고 내적 세계와 외적 세계 간의 대화다.

15c 전속력으로 달리기(Running at full speed)

Chris Yapp

철학에서 인생은 현재에서 과거로 거슬러가며 이해되어져야 한다고 말한다. 이는 대단히 일리있는 말이다. 그러나 사람들은 다른 원칙, 즉 인생은 앞날을 바라보며 살아져야 한다는 것을 종종 잊는다.

진로에 대한 두 가지 주요한 정의가 있다:

● 선택적 추구: 전문직 또는 일반직
● 움직이거나 혹은 전속력으로 달리기

내 인생은 전자보다 후자의 정의에 더 가깝다. 반면 나이 52세이 되어서, 전자의 정의가 사실인 것처럼 보이는 반복되는 패턴의 내러티브를 구성할 수 있는 약간의 이해가 생겼다.

나는 사람들과 어울리기보다 집에 머물며 혼자서 생각 하는 것을 즐기는 편이었고, 부끄럼 많고, 조용하고, 학구적인 소년이었다. 과학과 수학에 흥미가 있어서, 가족의 1세대 대학 입학자로 Oxford에 화학을 배우러 갔지만, 물리학으로 바꾸게 되었다. 거기서 나는 자신이 공부할 수 있다고 전혀 생각지 못했던 학과목들 내에서 온갖 종류의 똑똑한 사람들을 만났다. 결국 나는 9일 동안 연속되는 경이로움에 정신이 팔려 학문적으로는 푹 빠지게 되었다고 생각한다. 나는 서서히 사람을 좋아하는 사람(people person)이 되었다. 그 시기부터 내 생애 스토리는 변화에 대한 아이디어와 열정을 가진 사람들에 의해 주도되어지고, 과거와 다른 미래를 건설하기 시작했다.

1969년, 나는 *2001 우주 오디세이*를 보았을 때 미래에 매료되었다. 그것은 내가 가장 좋아하는 영화들 중 하나로 남아 있다. 기술, 큰 질문과 아이디어 그리고 미래의 결합은 그때까지도 분명히 어딘가에 숨어 있었다. 함께 모이는데 오랜 시간이 걸렸을 뿐이다.

Oxford 이후, 컴퓨터 산업 분야로 옮기기 전 FT에서 4년을 보냈다. 내 인생은 교육, 사전 및 사후 판매, 프로젝트 관리, 마케팅 및 컨설팅으로 진로가 움직이는 조직화된 아이디어처럼 보이기 시작했다. 이것은 1989년 어느 점심시간에 바뀌었다. 나는 동료인 고 Hugh Macdonald의 강의에 참석했다. Hugh는 MIT의 Sloan School에서 "1990년대의 관리"라는 연구 프로그램에 참여했다. 그는 재치 있게 (그리고 지저분했다!) 강연을 하면서 경영에서의 "패러다임 전환"에 대해 말했다. Oxford에서 과학 혁명에 관한 Kuhn의 글을 읽은 후 그 용어를 들어본 적이 없었다. 그날 저녁 나는 Kuhn의 사본을 찾아서 다시 읽었고 다음 날 아침 Hugh에게 내 관심을 설명하는 이메일 소개서를 보냈다. 이어진 점심 식사에서 Hugh와 나는 패러다임에 대해 진지하게 논의했고 내 인생에서 다시없는 만남이 되었다. 두어 시간 후에 Hugh는 나에게 아주 다양한 새로운 아이디어들과 사상가들을 소개하였다. 그 아이디어들 중에는 약 6개월 후 컨설팅 업계에 소개된 "리엔지니어링 (re-engineering)"도 있었다.

이것과는 별개로, 나는 90세에 가까운 W. Edwards Deming을 만났게 되었는데, 그는 경영과 품질에 관한 위대한 사상가 중 한 명이었다. 그의 아이디어들은 Hugh가 주장했던 패러다임 전환을 이해시켰다.

나는 Hugh와 함께 IT와 학습 조직에 특별한 관심을 가지고 일을 시작했다. 1990년 이 주제에 관한 컨퍼런스가 있었는데, 나는 당시 BT에서 Margaret Bell이라는 여성으로부터 교육 자체에 이러한 아이디어들의 적용을 고려해 본 적이 있는지 질문을 받았다. 그녀는 나중에 교육 기술 국가 위원회(National Council for Education Technology: NCET)의 CEO가 되었다. 나는 해 본 적은 없지만 그 질문이 매우 흥미로웠다. 나는 혁신을 전문으로 하는 동료 David Horth와 논의했다. 1993년에 나는 재공학(re-engineered) 교육 시스템의 미래로서 "공동체 학습 네트워크들"에 대한 짧은 논문을 썼다. 그것은 어떤 특정한 목적을 염두에 두고 쓴 것이라기보다 개인적인 호기심으로 쓴 것이었다. 이를 통해 1994년 BT의 책임자인 Bruce Bond를 소개받았다. 그는 내 아이디어들을 좋아하지만, 그것이 충분히 야심적이지는 않다고 말했다. 내 동료인 ICL의 Malcolm Napier는 그의 경력 초기에 영국 전력(National Grid)에서 일했다. 그와의 토론에서, 학습을 위한 국가 송전선망(National Grid for Learning: NGFL)이 된 지식을 위한 국가 송전선망(National Grid for Knowledge)의 아이디어가 나왔다. 이 아이디어를 어떻게 해야 할지는 분명치 않았다. 그러다가 우연히, 나는 저명한 영화 제작자인 David Puttnam의 "교육의

Hollywood"에 대한 강의를 들었다. 그와 같은 사람이 그렇게 명확한 비전을 표현할 수 있다면 내 생각이 어리석은 것은 아니었다.

당시 Chatham House에 있던 Oliver Sparrow는 그의 시나리오 작업을 통해 나의 아이디어들을 미래에 대한 최신의 견해로 공개했다. NGFL의 핵심 아이디어는 전기에 대한 접근만큼이나 쉽게 학습에 접근할 수 있도록 유비쿼터스 IT 인프라를 만드는 것이었다. 이 기반 시설은 일단 건설되기만 하면 교육의 리엔지니어링을 가능하게 하는 것이었다.

1994년 4월 26일 나를 정화시키는 극적인 순간이 있었다. 나는 고향 Birmingham에서 Deming을 추도하는 예배에 참석했다. 각 연사들은 그를 "내 생애 최고의 스승"이라고 표현했다. 나는 내 사명을 "가르칠 수 있는 사람들"로 품고 그 교회를 떠났다(무신론자이지만 그러했다!).

다음 해에 여기저기서 이 아이디어를 설명해 달라는 전화를 받았을 때, 나는 사탕 가게에 있는 어린아이가 되는 기분이었다. 사람들은 건강을 위한 격자망(grid), 도시 격자망, 그리고 핵심 아이디어에 대한 다른 변형들에 관해 질의하였다. 내 연락망은 정책을 주도하는 싱크탱크에서 커져갔다. 9일 동안 이질적으로 보였던 많은 놀라운 것들이 갑자기 함께 맞아떨어졌고 삶이 대략 이해가 되었다. 42세 남자치고는 나쁘지 않군! 나는 여러 업적 중에서도 연쇄(serial) 사회사업가이자 Open University의 발명가인 Michael Young을 소개받았다. 두 시간 만에 그는 내 아이디어를 띄우기 위해 해야 할 일을 설명했다. 나는 나중에 그의 "아기들" 중 하나인 사회적 기업가 학교의 이사가 되는 커다란 영광을 누렸다.

그 다음 해 동안 나는 정보화 사회를 위한 교육 개혁의 필요성에 대해 100회 이상의 공개 강연을 했다. 그것은 마치 큰 세트피스 행사와 작은 프린지 미팅이 있는 선거 운동 같았다. Malcolm Napier는 골프선수 Gary Player의 "더 많이 연습할수록 더 많은 행운을 얻게 된다."라는 말을 나에게 상기시키곤 했다. 그런 기분이 맞았다. 1996년, ICL은 나의 활동을 인정하여 특별 회원(Fellow) 자격을 부여했다.

나는 내가 지금 하고 있는 모든 일에서 가파른 학습 곡선을 그리며 어릴 적에 새로운 아이디어들을 배우는데 가졌던 재미를 되찾았다. 어린 시절보다 훨씬 덜 수줍어하면서 나는 이제 사람들의 세계와 아이디어 사이를 더 쉽게 움직일 수 있게 되었다.

지금 나는 Microsoft에서 일하는데, 여기는 사람들이 크게 생각하는 환경이다.

미래는 그냥 발생하는 것이 아니라 거기서 창조되어진다. 이 스토리에 추가할 사람들이 너무 많이 있으며, 그들과 내가 공유한 아이디어들 중에서 현실화될 수 있는 것들이 너무나 많다.

나는 왜 Kierkegaard의 견해가 내 삶에 커다란 진리처럼 여겨지는지에 대한 어떤 의미를 전달하기를 바란다.

15d 바다로 향하는 강처럼: 내 삶의 반성적 파편들

Eunice M. L. Soriano de Alencar

아침 기도 시간에 나는 하나님께 나의 인격적·직업적 형성에 크게 기여했던 사람들을 주심에 감사드린다. 어머니와 몇몇 선생님들의 얼굴이 순간적으로 떠오른다. 나의 인생길에 그들을 만나서 행복했다.

특별히, 나는 어머니를 언급하고자 한다. 우리는 브라질 내륙의 조그만 마을에 살았다. 그 곳은 도심지로부터 멀리 떨어진 곳이다. 그래서 학교가 거의 없었고 고등학교 이상은 공부할 수가 없었다. 우리 가족은 6형제와 어머니였다. 어머니는 비록 초등학교 3학년까지 겨우 공부를 할 수 있었음에도 불구하고, 공부하는 것의 가치를 알았고, 자녀들 모두가 훌륭한 전문적 자원을 갖기를 바랬다. 그것은 그 도시에서 현실적으로 불가능한 것이었다. 나는 어머니가 곁에 와서 수업 시간에 공부를 제대로 했는지, 숙제를 제대로 했는지 검사하고, 학교 숙제를 마쳐야만 놀도록 허용했던 것을 기억한다. 다른 아이들과 마찬가지로 나는 공부하는 것을 좋아하지 않았고 어머니는 그런 면을 걱정하셨다. 어머니의 바램은 내가 피아노를 공부하여 어느 날 피아노 선생이 되는 것이었다. 피아노 선생은 그녀를 뒤흔들었던 꿈이었고 이룰 수 없었던 꿈이었다. 나는 어머니가 아버지를 여러 차례 설득하여 내가 13세에 더 큰 도시로 이사한 걸 기억한다. 거기는 좋은 학교가 있었고 피아노를 배울 수 있었고 계속하여 공부를 할 수 있는 곳이었다.

특히 내 인생에서 긍정적인 변화를 일으킨 세 명의 선생님을 언급하고자 한다. 그 중 한 분은 4학년 때 선생님이었다. 그녀가 자기 생일 날, 내 친구들과 함께 나를 데리고 자기 집으로 가서 모두에게 케이크를 한 조각씩 주었는데, 그 때 내가 중요한 존재라고 느꼈던 것을 기억한다. 또한 선생님은 내가 심각한 질병을 앓고 있을 때 나를 보려고 우리 집으로 병문안 왔던 것을 기억한다. 결코 잊을 수 없는 경험이다. 선생님이 내 건강 문제로 우리 집을 방문하리라고는 전혀 상상하지 못했던 터라 무척 고맙게 느껴졌다. 그때까지, 나는 의무감으로 공부했고, 심지어 당시에 흔치 않던 왼손잡이였기에 학교 적응에 어려움을 겪는 평범한 학생이었다. 나름 노력하였음에도 불구하고 나의 작문 실력은 형편없었고, 이전의 몇몇 선생님들로부터 꾸지람도 들었다. 4학년이 되어서는 이런 것이 완전히 바뀌게 되었다. 이때부터 작문으로 인해 꾸지람을 들은 적이 없었다. 선생님을 존경하게 된 이후 학교 가는 것이 즐거워지기 시작했다. 공부에 대한 재미를 느끼게 되었고, 우수한 학생이 되어 가기 시작했다.

그러나 음악에 전념하기 바라는 어머니의 바램을 만족시킬 수는 없었다. 고등학교 때 어떤 친구들의 영향으로 심리학을 선택했다. 그들은 그것이 대학에서 시작되는 새로운 과정이라고 말했다. 나는 그것에 대해 잘 알지 못했지만 첫 번째 반그룹으로 입학했다. 대학 1년 때 나에게 모니터 요원이 되어 연구 프로젝트에 협력을 구하는 선생님을 만나게 되어 충분히 행복하였다. 그것은 나에게 하나의 발견이었다. 나는 새로운 활동에 무척 재미를 느꼈다. 나는 의과 대학에서 그녀의 팀에 참여하게 되었을 때 느꼈던 기분을 기억한다. 거기서 나는 의학 심리학을 가르쳤고, 22살에 교육 경력을 시작했는데, 지금까지 그 기관에서 고용된 교수 중 가장 젊은 교수였다. 그것은 단 한 번의 풍요로운 경험이었고, 오늘날까지 이어져 온 학문적 진로의 첫걸음이었다.

일 년 뒤, 나는 미국 Purdue 대학의 석사 과정에 진학하게 되었다. 개설된 과목들을 검토하면서, 내가 다녔던 브라질의 학부 과정에서 전혀 보지 못했던 두 분야 즉, 창의성과 재능을 발견하였다. 나는 이에 대한 호기심으로 프로젝트 작업과 지도 교수를 바꾸게 되었고, 그 매력적인 주제에 푹 빠져들게 되었다. 또한 John Feldhusen 교수를 지도 교수로 모시는 행운이 따랐다. 그는 나에게 무한한 성장 기회를 제공했다. 어려울 때마다 도움을 주셨고, 박사 과정의 기회를 주셨고, 나의 한계를 수용해 주셨으며, 그리고 최선을 다하도록 독려하셨다.

몇몇 선생님들이 제공한 기회로부터 얻게 된 혜택 이외도, 미국에서 돌아와 브라질에서 제일 좋은 대학 중 하나의 교수로 채용되었다. 브라질의 다른 기관과 달리, 이 대학은 연구를 중요하게 여겼으며, 교수들에게 그것을 추가하여 가르치도록 하였다. 대학은 나에게 새로운 강좌를 소개하고, 심리학 저널을 시작하고, 책과 기사를 쓰고, 내 관심 분야에서 학생들을 형성해 나가도록 권고했다. 그 중 많은 학생들이 나의 지도하에 연구 프로젝트에 참여하였다. 다른 나라의 연구 교수들과 함께 프로젝트를 수행하는 등 개방적인 이 대학은 새로운 아이디어의 발현과 개인적 발전을 위한 비옥한 환경을 제공하였다.

또한 개인적인 특성들이 나의 전문직의 궤적에 기여했다고 믿는다. 나는 항상 끈질긴 사람이었고, 제안된 목표에 도달하는 데 장애물이 있음에도 불구하고 포기하지 않았다. 나는 나 자신을 바다로 향하는 강으로 상상한다. 강은 궤적을 그려나가면서 산과 다른 장애물들의 윤곽을 보여준다. 나는 나에게 어떤 흥미가 있든 간에 언제나 열심히 헌신해 왔고, 필요할 때 도움을 청하고, 에너지를 다시 공급하려고 잠시 멈추기도 하였고, 항상 최선을 다하려고 노력해왔다. 나는 목표에 도달할 때, 새로운 것을 배울 때, 내 학생들이 전문적인 성과를 내는 것을 볼 때 항상 기뻤고 만족스러웠다. 되돌아보면, 우리나라 교육을 위해 내가 기울여 온 작은 노력이 헛되지 않았다는 것을 알 수 있다.

나는 학생들과 주위에 있는 사람들의 삶에 긍정적인 변화를 주려고 노력한다. 나의 선생님들이, 특히 Feldhusen 교수님, 나의 잠재력이 발현되도록 열정, 역동성, 그리고 배려와 기대를 최대한 발휘하여 기여한 것과 같은 방식으로 말이다

15e 의미에 대한 평생의 탐구

Dorothy Sisk

나의 길을 가는데 초기에 영향을 끼친 분은 아버지였다. 아버지는 매일 뉴스 듣기로 시작하셨고, 이어서 신문을 읽으셨다. 신문을 읽으면서 유아용 침대에 있거나 나중에는 높은 의자에 있는 나에게 몸을 돌려 마치 내가 모든 단어를 이해하는 것처럼 말씀을 하셨다. 아버지에게서 놀라운 점은 낙관주의였다. 이것은 낙관적인 관점의 중요성, 뉴스의 경이로움, 전 세계에서 일어나고 있는 일을 알고자 하는 욕구에 대한 나의 신념에 일찍이 영향을 미쳤다. 저녁에는 어머니가 나에게 책을 읽어 주셨고 나는 그 단어들을 부드럽게 반복했다. 다음 날에는, 놀이 친구들을 내 주위에 모아 어머니가 읽어주셨던 것을 기억하면서 되풀이하여 그들에게 읽어 주었다. 어느 순간, 나는 페이지에 있는 단어들이 내 단어들과 일치한다는 것을 알아차렸고 나는 진짜 읽기 시작했다. 내가 어머니에게 이러한 사실을 말하자, 어머니는 순순히 동의하며, "물론이지 넌 읽을 수 있어"라고 말씀하시며 자기 일을 계속하셨다.

4살 때 우리는 내가 태어난 Nashville, Tennessee에서 Akron, Ohio로 이주했고, 그 곳에서 유치원에 들어갔다. 내가 글을 읽을 수 있다는 것을 안 선생님은 나를 1학년 반으로 옮겨 주셨다. 거기서 나는 다른 학생들에게 글을 읽어 주기 시작했고, "내가 가르치고 있다"고 생각했다. 그 순간부터 내 목표는 가르치는 것이 되었다. 나의 선생님이 우리 반에 방문한 한 남성(심리학자)과 대화하는 것을 듣게 되었는데, 그는 "그녀는 분명히 영재 학생들 중의 한 명입니다"라고 말했다.

학교 가는 길에 도서관을 지나가는데, 매일 들러서 어린이 섹션에서 책을 읽으면서 모든 책들을 경외심을 갖고 바라보았다. 어느 날, 내가 울기 시작하자 사서가 와서 뭐가 잘못되었냐고 물었고 "나는 이 모든 책들을 결코 읽을 수 없어요."라고 말하며 큰 소리로 울었다. 지적인 삶에 이르는 길과 독서에 대한 열정이 막 확립되는 순간이었다.

여러 선생님들이 나의 롤 모델이 되었다 - 초등학교 선생님은 점심시간이면 클래식 음악을 연주했고 나는 문 밖에 앉아서 Debussy의 음악을 들었다. 고등학교 때 영어 선생님은 자신이 다녔던 (Mount Union) 자유 예술 대학을 소개해 주었고,

나는 그 곳에 등록하여 심리학과 교육학을 전공했다. 나는 25년 동안 본 학교 이사회에 근무하면서 건강한 자유 예술 교육이 제대로 자리를 잡을 수 있도록 헌신했다. 학생 인턴직을 수행하던 중에, 내 지도 교수는 몸이 아프게 되자, 풀타임 강의를 해 줄 수 있는지 의향을 물어 왔다. 나는 "낚였다". 학생들은 낮은 소득에다 대부분 사회적 약자였는데, 내가 그들에게 소개한 문학, 음악 그리고 예술을 대단히 즐겼다. 아이들에게 그들의 재능을 충분히 개발할 수 있도록 긍정적인 학습 경험의 문을 열어주면서, 교육에 대한 내 진로의 초점을 강화시켰다.

나는 California 대학원에서 수강하면서 동시에 강의도 시작하게 되었는데, 그 것은 내 인생에 많은 새로운 힘을 주었다. 나는 운 좋게도 재능 교육(Gifted Education)의 지도자들인 교수들, 슈퍼바이저들과 함께 하게 되었다. 그들은 멘토로 봉사하였는데, 내가 재능 교육에 전념하는데 큰 영향을 미쳤다. 그들은 Terman 주제의 Juliana Gensley, 미국 영재 공공 사무국에 관한 법률을 제정한 Ruth Martinson, UCLA의 교육 대학의 학장들인 May Seagoe와 John Goodlad, 모든 아이들과 어른들에게는 숨겨진 재능이 있다고 확신하는 재능 교육의 슈퍼바이저이자 존경하는 Jean Delp 등 이다.

UCLA를 졸업하고 난 후, 나는 Marvin Gold와 함께 South Florida 대학의 교수진에 합류하게 되었고, 우리는 저소득 소수 영재 학생들의 능력을 확인하고 개발하기 위해 연방 보조금을 확보했다. 이 경험에 이어 영재 및 재능 사무국장으로 워싱턴 DC에서 일하면서, 저소득층 영재들의 신원 확인을 국가 우선 과제로 만들어 전국적인 활동이 되게 하였다. 애석하게도, 이것은 오늘날에도 여전히 목표가 될 필요가 있다. 한 가지 중요한 점은 교육감인 Ernie Boyer와 함께 일했는데, 그는 내가 영재 교육에 대한 새로운 비전을 세우는데 큰 영향을 미쳤다. 그의 부서는 144개의 교육 프로그램을 주문했으며 그 중 7개를 주목할 만한 대상으로 선정했다. 재능 교육은 7개 중에 있었고, 우리는 매달 만나서 진행 경과를 보고하였다. 나는 그를 통하여 협업의 효과를 알게 되었다. 나는 그로부터 협업의 힘을 배웠고 프로그램의 목표를 공유하기 위해 144개의 모든 프로그램을 세미나에 포함시켜 영재 프로그램을 명확히 할 수 있는 기회를 제공했고, 그 프로그램들이 자금과 기술을 사용함에 있어 협력할 수 있는 방법을 확인하였다. 이즈음에, 나는 Jacob Javits 상원 의원을 만났다. 그는 나에게 개인적으로 그리고 영재 교육에서 멘토가 되었다. 또한 현재의 영재 교육에 관한 법은 그의 이름을 딴 것이다. 당시 대통령이었던

Cater 또한 강력하게 영향을 미쳤다. 그는 대통령의 학자들(Presidential Scholars)을 기념하기 위해 우리와 함께 일하면서 가장 협조적이었다. 나는 Cater 가족이 매우 재능 있는 그들의 딸 Amy의 필요를 충족시키는 것을 도왔다. Cater는 인류와 공동체에 대한 봉사의 힘에 대한 나의 믿음을 강화시켰고, 그는 항상 "위험 감수하는 걸 두려워 마세요, 거기가 과일이 있는 곳이어요."라고 말했다.

그 기간 동안, 나는 영재 및 재능을 위한 세계 협의회를 설립하는 데 참여하게 되었고, 15년 이상 회장 겸 행정가로 일하였다. 이로 인해 전 세계에 걸쳐 같은 생각을 가진 수많은 교육자들과 협력하게 되었다. 그들은 영국의 Henry Collis와 Joan Freeman, 이스라엘의 Erika Landau와 Dan Bitan, 남아공의 Gillian Erickson, Kobus Neethling과 Belle Wallace, 불가리아의 Levcho Zdravchev, 그리고 영재 학생들을 위해 전 세계적인 노력을 기울이며 협력하고 있는 수많은 사람들이다. 이 조직은 내 인생에서 계속하여 높은 우선 순위를 차지하고 있다.

나는 창조적 문제 해결 연구소(CPSI)에서 강연하도록 초청받았는데, 여기서 창조적 과정의 본질에 대한 새롭고 창의적인 생각의 개발에 함께 관여하게 된 평생의 동료들을 만나게 되었다. 이 활동에는 나와 함께 3권의 책, *일을 성사시키는 리더십(Leadership making things happen)*, *직관: 알아가는 내면의 방식(Intuition: an inner way of knowing)* 그리고 *성장하는 사람(The growing person)*, 을 공저한 Dolis Shallcross가 포함되어 있다. 이때 나는 뇌를 위한 모델이 되는 은유를 개발한 Ned Herrmann을 만났고, 내가 창조적 참여를 즐기는 '어울리기 좋아하는 사람(people person)'이라는 사실을 발견했다. CPSI는 25년 이상 동안 매년 창의성을 발휘할 수 있는 기회를 제공했으며 평생 친구들이자 창의력의 개척자들인 Sid와 Bea Parnes와 함께 일할 수 있는 기회를 주었다. 2006년, 나는 그들의 명예의 전당 회원으로 선출되었다.

내 삶에 들어온 또 다른 강력한 힘은 영성의 중요성에 대한 인식이 커지면서 또 다른 멘토인 E. Paul Torrance와 함께 일하게 되었고, *영성 지능: 더 높은 의식 개발하기(Spiritual intelligence: developing higher consciousness)*에서 지능 이론을 발전시켰다. 이 책은 나에게 수많은 국내외 컨퍼런스에 참여할 수 있는 기회를 제공했다. 나는 현재 더 높은 의식을 개발하기 위한 효과적인 교수 전략에 초점을 맞추고 있으며, 이는 미국 영재 아동 협회의 글로벌 인식 분과 내에서 더욱 뜻을 같이 하는 개인들, Linda Siverman과 Annemarie Roeper와의 논의를 이끌어냈다.

내 인생의 주문(mantra)은 Ancora−Imparo(나는 아직도 배우고 있다)이거나 혹은 동료 중 한 명이 언급한 것처럼 새로운 비전을 향해 계속 손을 뻗는 것이다. 내가 2004년 심리학 박사 학위를 마치고 나서, 대학원 위원회에서 왜 두 번째 학위를 취득하려고 하는지 질문받았을 때, "여전히 배울 것이 너무 많기 때문이며, 나는 아직도 배우고 있는 중이다"고 말했다.

15f 씨를 뿌리고 수확을 거두는 일

Joseph S. Renzulli

우리 모두는 두 가지 교육을 받고 있다.
하나는 우리가 다른 사람들로부터 받는 것.
또 다른 하나는, 그리고 가장 가치 있는 것으로 우리가 스스로에게 주는 것.
(JOHN RANDOLPH)

교장실 밖에 있는 "벌칙 의자"에 앉아 있는 것은 내 학교생활 초기에 드문 일이 아니었다! 장난꾸러기 열정과 함께 나는 초등학교 시절 내내 "똑똑한 아이"와 말썽꾸러기라는 평판을 얻었다. 여름방학이 끝나고 7학년으로 돌아왔을 때, 영원할 것 같은 첫 번째 새로운 선생님이 우리 학교의 교단에 합류했다. 키가 크고, 날씬하며, 매우 예쁜 Elise Kent 선생님은 대학을 갓 졸업했고, 우리의 작은 시골 문법 학교에 매우 전통적인 암송과 훈련 방식에 새로운 공기를 불어넣었다. 7학년과 8학년 남학생들은 모두 즉시 그녀에게 반했고 그녀를 기쁘게 하고 그녀의 관심을 끌기 위해 무엇이든 했다. 물론 나는 평상시의 장난과 지혜로운 말썽으로 되돌아갔고, 그녀가 사춘기 이전과 나쁜 "태도"를 가진 학생들에 대해 공부했던 모든 것에 도전했다.

어느 날 내가 또 한 번 운동장에서 주먹질을 하고 벌칙 의자에 있을 때 그녀는 내 옆에 앉았다. 그녀는 내가 영어 수업 과제를 위해 쓴 이야기에 대해 말하기 시작했다. 그녀는 나에게 작가들이 자신의 글을 다른 사람들과 공유할 수 있는 학교 신문을 만드는 것에 관심이 있는지 물었다. 순식간에 나의 에너지와 행동은 Kent 선생님을 감동시키고, 내가 좋아하는 이야기에 대해 "진정한 청중"을 가지고, 글쓰기에 관심을 가진 다른 학생들과 함께 작업하는 긍정적인 방법에 집중하게 되었다. 아마도 이것은 나중에 3단계 모형(The Triad Model)에서 타입 III 심화유형(Type III Enrichment)이 된 씨앗을 심은 첫 경험이었을 것이다!

나에게 영향을 준 두 번째 선생님은 나의 7학년과 8학년 사회 선생님인 Roberta Mamula 였으며, 내게 낙천과 결단의 씨앗을 심어주었다. 가이던스 상담원은 우리가 고등학교 프로그램을 선택하는 것을 돕기 위해 왔는데 그녀는 내가 매우 가난한 가정 출신이라는 것을 알고 있었기 때문에, 나에게 무역 학교에 가거나 일반 트랙을 밟을 것을 추천했다. 그녀는 나보다 훨씬 똑똑한 선배에게 2년 앞서 같은 조언을 했고, 그는 조언을 들었으나, 이후 몇 년 동안 4년제 대학에 입학하여 역사학 박사를 취득하고 전문분야에서 저명한 학자가 되기까지 그의 교육에 많은 변화를 가져야만 했다.

Mamula 선생님은 가이던스 상담원의 방문 후 방과 후에 만나자고 했다. 그녀는 "그 바쁘고 늙은 부인의 말을 듣지 마. 넌 영리한 친구야. 그리고 어떻게든 대학 진학을 위한 지원을 받을 방법을 찾을 거야. 내 말 잘 들어. 대학 진학 준비 과정을 준비해!" Mamula 선생님은 우리 이웃에 살았고 내가 어렸을 때부터 나를 알고 있었다. 아버지는 내가 여덟 살 때 돌아가셨고 어머니는 매우 총명하시지만 비교적 교육을 받지 못한 이민자셨는데, 그녀는 우리가 그럭저럭 살아나갈 수 있도록 집안일을 하셨다. 나의 형제들과 나는 우리의 첫 번째 선생님이자 강한 사회적 의식을 가진 어머니로부터 열심히 일하는 것의 중요성, 서로를 돌보는 것, 그리고 항상 도움이 필요한 친구나 이웃을 돕는 것을 배웠다. 아마도 내가 후일에 개발한 영재개념에 사회적 자본을 통합하고 과제헌신의 개념이 되는 씨앗을 뿌린 것은 그녀가 본보기였을 것이다. 우리는 생활필수품 이외에는 어떤 것에 대해서도 매우 한정된 수단을 가지고 있었기 때문에, 어릴 때부터 내가 무엇을 원한다면, 운동화 한 켤레, 영화 보러 갈 돈 또는 어디론가 가기 위해 버스 요금이 필요하다면 그것을 얻는 방법을 강구해야 한다는 것을 배웠다. 끊임없는 잡일들, 2센트를 모으기 위해 음료수병을 모으고 반납하는 일, 우리 정원에서 생산한 농산물을 집집마다 파는 야채장사는 나에게 나중에 진로 전반에 걸쳐 작업 방식이 된 자급자족과 기업가정신을 가르쳐 주었다. 비록 현재 나의 일은 아이디어와 이론을 판매하고 연구 제안서를 쓰거나, 새로운 프로그램을 시작하는 데 더 중점을 두고 있지만, 그럼에도 불구하고 야채사업을 하거나, 신문을 판매하거나 일당을 벌기위해 토요일과 일요일 아침의 캐디숍에서 처음으로 줄 서 있는 사람과 다를 바 없다.

내 어린 시절 가장 슬픈 날들 중 하나는 고등학교 마지막 학년 동안 대학의 밤 행사에 참석한 것이었다. 나는 이 방 저 방을 돌아다니며 대학들에 대한 흥미로운 설명을 들었지만, 재정지원 질문에 대한 대답은 항상 똑같았다. 체육 장학금은 있지만 높은 학업 성적에 대한 장학금은 없었다. 나는 고등학교 팀에서 평범한 축구선수였을 뿐 장학금도 거의 받지 못했다. 나는 버스를 타고 귀가할 때까지 울음을 참으며 고등학교 졸업 후 직장을 구하고 군대의 징병통보를 받고 전쟁에 파병되기를 기다리는 운명을 감수했다. 그것은 대학을 가지 않은 많은 동료들의 운명이었다.

그러다 우연한 기회가 나에게로 왔다. 나의 삼촌인 Ferrer Renzulli는 뉴저지에 있는 Glassboro State Teachers College(GSTC)를 졸업했는데, 현재 GSTC 입학 책임자를 맡고 있는 사람의 동창이었다. 우리 모두가 그를 애정을 담아 부르는 것처럼, 뚱보 삼촌은 아버지에게 가장 가까운 존재였고, 그리고 힘겹게 살아가는 우리 가족을 돌보기 위해 최선을 다했다. 그는 예전 동창과의 인터뷰를 주선했고, 나는 야간 근무 시간에 지역 슈퍼마켓에서 선반을 정리하는 시간제 일자리와 직업 연구 장학금을 받았다. 재정 지원 역시 씨앗이며, 이런 식의 지원을 옹호하지 않으면 번창하지 않을 많은 저소득층 학생들을 고려할 때 이 씨앗을 잊어서는 안 된다.

비록 교사가 되기 위한 훌륭한 "소명"을 가져본 적은 없지만, 중학교 과정의 실습 과목은 내가 평생의 일을 찾았다는 것을 확신시켜 주었다. 나는 Rutgers University에서 학교 심리학 석사 학위를 공부하기 시작했다. 강사 중 한 명이 출판사에 의뢰한 원고를 검토해 달라고 부탁했다. 이 책은 Getzels and Jackson (1962)이 쓴 *창의성과 지능: 영재들에 대한 탐구(Creativity ans intelligence: explorations with gifted students)*라는 제목의 영향력 있는 책으로 밝혀졌다. 나는 이 연구에 완전히 매료되어 교육심리학에서 박사 과정에 지원하기로 결정했다(당시 영재교육 박사 과정이 없었다).

비슷한 시기에 러시아인들이 스푸트니크[3]를 출범시켰고 미국의 다른 많은 교육자들과 마찬가지로 우리 학교 교육감도 과학 교육을 개선하고자 하는 미국의 떠들썩한 목소리에 앞다투어 대응했다. 그는 나에게 가장 재능 있는 학생들을 위한 과학 프로그램을 시작할 의향이 있는지 물었다. 내가 그에게 "교육과정"을 어디서 찾을 수 있냐고 물었을 때, 그는 아무 것도 없다고 말했다! 이것은 아마도 가장 좋은 일이었을 것이다. 왜냐하면 내가 전통적인 교육 및 학습 모델과 완전히 다른 방식으로 교육법에 접근할 수 있었기 때문이다. 나는 규정된 커리큘럼을 이용하기 보다는 학습자 중심으로 경험을 쌓고 흥미 평가를 실시하고, 학생들의 학습과 표현 스타일을 고려했다. 이 작은 "실험실"은 나의 현재 연구를 정의하고 학교와 함께 일하는 이론, 도구, 실용적인 모델이 될 수 있는 기초를 마련했다.

이것들은 나의 후기 연구에 영향을 준 초창기에 심은 단지 몇 개의 씨앗들이다.

---

3) 역자 주: 1957년 소련에서 발사한 세계 최초의 인공위성.

좀 더 최근으로 빠르게 이동하자. 이러한 초기 경험이 어떻게 오늘날 내 작업을 이 출판물에 기여해 달라고 요청받을 수 있을 정도로 인기있게 만든 것으로 작용했는가?

내 연구의 초점은 재능의 잠재력을 식별하는 방식(다중성에 중점을 두는 것)과 창조적/생산적 재능을 높은 수준으로 개발하는 방법에 변화를 가져오는 데 있었다. 교육적 변화를 가져 오는 것과 관련된 장애물은 다양한 수준에서 발생할 수 있다. 1960년대 후반, 내가 처음 영재의 세 고리 개념과 심화학습 3단계 모형(Three Ring Conception of Giftedness and the Enrichment Triad Model)을 연구하기 시작했을 때, 나는 꿈에도 생각하지 못했다: (1) 내 연구가 영재를 만드는 것과 높은 잠재력을 가진 학생들에게 제공할 수단에 대한 새로운 시각을 형성할 만큼 충분히 인기가 높아질 것이고, (2) 이 분야에서 많은 논란의 토대가 될 것이라고. 이 연구는 영재교육 분야의 모든 주요 학술지에서 나의 원고를 거부하고, 영재 프로그램 국장이 내 연구를 비판하며, 주 및 전국 회의 주최 측에서 논문을 거부하는 등 당시의 영재 학계로부터 결코 환영을 받지 못했다. 인간 잠재력의 폭넓은 견해에 대한 나의 신념은 나에게 영재 교육계의 밖에서 청중을 찾게 했으며, 1978년에 주요 종합교육 저널인 Kappan은 나의 논문 '영재를 만드는 것 : 정의 재검토(What makes giftedness: reexamining a definition)'를 게재했다. 나는 E. Paul Torrance 박사가 이 엔드-런[4] 전략과 관련하여 심은 씨앗에 대해 공로를 인정한다. 그는 창의성에 대한 그의 연구를 받아들이기 위해 교육과 심리학에서 모니터 역할을 해야 한다고 말했다. 그 후 몇 년 동안 학자, 실무자, 정책 입안자들은 내 연구를 접하기 시작했고, 이러한 인식은 영재라고 불리는 이 복잡한 현상의 의미에 대한 보다 유연한 태도를 받아들이게 되었다. 1978년 Kappan 논문은 현재 이 분야에서 가장 널리 인용되고 있는 출판물이다. 나는 이 행운의 전환에 대해 사람들이 오랫동안 소중히 여겨온 믿음에 대해 생각을 바꿀 수 있다는 희망에 주의를 환기시키기 위해 언급한다. 마찬가지로, 3단계 모형을 3부 시리즈로 출판하기로 동의 한 후 영재 교육 저널 편집자는 아무 설명 없이 2부, 3부 시리즈를 출판하지 않기로 결정했다. 다시 한 번 영재교육기관 외부의 청중을 찾아 전국 각지에서 독립적인 워크숍을 개최하고, 코네티컷 대학에서 여름 Confratute 프로그램을 시작했는데, 이제 30년째이다. 만약 이 시나리오에서 배워야 할 전략적 교훈이 있다면, 엔드-런 전략이 때로는 조직적 권력 중개자(즉, "기득권층")를 우회하여 소비자에게 메시지를 직접 전달하는 효과적인 방법

---

4) 역자 주: 풋볼에서 공을 가지고 있는 선수가 포메이션의 측면 주위로 넓게 달리는 것을 시도하는 공격행위를 말하며, 바깥쪽으로 우회하는 전략을 가리킨다.

이라는 것이다. 경제학의 기본 원칙은 공급은 스스로 수요를 창출한다는 것이다. 실무자들이 내가 주장하는 접근방식에서 가치를 보기 시작했을 때, 이러한 상향식 전략은 출판물을 선정하고, 회의에 발표자를 초대하고, 학교에 실행을 추천하는 사람들로부터 때때로 마지못한 관심을 끌기도 했다.

상향식 전략은 장애물과 함정이 없는 것이 아니다. 처음에 3단계 심화학습 모형과 영재의 세 고리 개념(Renzulli, 1978)을 출판한 이후 몇 년 동안 다양한 반응이 문헌과 전문가 협회 주위에 나타났다. 이러한 반응은 **Renzuli가 옳다**는 제목의 매우 긍정적인 기사에서부터 내 연구를 "영재교육의 국가적 질병"으로 낙인찍은 통렬한 비판에 이르기까지 다양했다. 그리고 이 기사는 어떤 주제를 다루든 간에 일부 작가들과 연사들이 내가 제시한 아이디어에 대해 Don Treffinger가 말한 "부당한 플레이(chip shots)"를 그들의 기사에 써놓을 정도로 충분한 논쟁을 불러일으켰다.

확실히, 나는 3단계 심화학습 모형과 영재의 세 고리 개념이 그 분야를 지배하고 있는 전통적 통설에 도전한다는 것을 충분히 알고 있었지만, 영재 프로그램의 주정부 책임자들이 내가 그들 주 내의 학교들과 상담하는 것을 금지할 것이라고, 한 편집자의 표현대로 "나는 철학적으로 당신의 생각에 동의하지 않는다"라고 말하면서 그 분야의 전문적인 저널의 편집자들이 나의 기사를 거절할 것이라고는 생각지도 못했다. 최근 몇 년간 이러한 이론의 대중성과 초기 저항에 대한 불일치를 이해하려면, 60년대 후반과 70년대 초반으로 날짜를 되돌려, 영재교육분야의 기후를 재검토할 필요가 있다. 이 시기는 Robert Sternberg와 Howard Gardner의 획기적인 이론과 Benjamin Bloom, Mihaly Csikszentmihalyi, Robert Alber, Dean Simonton 등의 재능 개발에 대한 영향력 있는 연구가 발표되기 전의 시기였다. 비록 일부 사람들이 단일 기준의 우위에 의문을 제기하기 시작했지만, 당시에 존재하거나 제정된 특별 프로그램, 주 지침 및 규정에서 학생식별에 대한 IQ 점수 컷오프 접근 방식은 여전히 전통적으로 측정된 높은 수준의 지능이 영재와 동의어라는 믿음을 다시 불러 일으켰다.

마지막으로 오늘의 작업으로 이동해보자. 몇 년 전 내 파트너이자 동료인 Sally Reis 박사가 새로운 씨앗을 심었다. 그녀는 이렇게 물었다. 3단계 모형 이론에 충실하면서 **동시에** 컴퓨터 기술과 인터넷의 방대한 자원을 활용하여 학생의 강점을 평가하고 학생들의 능력, 흥미, 학습 스타일 및 선호하는 표현 방식에 자원을 일치시킬 수 있을까? 중요한 재정적 씨앗인 코네티컷 대학교 연구 개발 센터의 지원으로 www.renzullilearning.com에서 찾을 수 있는 새로운 프로그램이 탄생했다. 광범위한 개발과 현장 테스트를 거쳐, 이 프로그램은 현재 미국의 수천 명의 교사들과 학생들, 그리고 많은 국제 학교들에 사용되고 있다. Sally가 심은 씨앗 때문에 다양화는 이제 모든 선생님들에게 쉽게 다가갈 수 있게 되었다.

이것들은 내 진로에 영향을 준 씨앗들 중 일부일 뿐이다. 나는 성장한 씨앗과 열매를 맺지 못한 씨앗을 심고, 가꾸고, 격려한 많은 사람들로부터 혜택을 받았다. 나를 대신하여 다른 사람들이 심은 씨앗을 잠깐 들여다보는 데서 배울 교훈이 있다면, 청소년을 지원하기 위해 우리가 하는 일이 언제 거대한 떡갈나무가 될지는 결코 알 수 없다는 것이다. 그러므로 우리는 재능과 자원을 사용하여 많은 사람들에게 많은 씨앗을 심어야 한다. 인재육성 분야에서 일하는 사람들은 스스로를 정원사로 생각해야 한다. 씨를 뿌리고, 물을 주고, 거름을 주고, 뿌리를 덮고, 가지를 치고, 인간 지식과 생산성의 모든 영역에서 미래의 기여자들에게 에너지를 제공하는 햇빛이 되는 것이다. 이것이 바로 재능의 발현과 출현을 모두 발전시키는 방법이다.

📖 참고문헌

Getzels, J. W., & Jackson, P. W. (1962). Creativity and intelligence: explorations with gifted students. New York: John Wiley & Sons.

15g 항상 해답을 추구함

Babara Clark

그것은 어린 시절부터 탐험하고, 상상하고, 중요한 생각과 환상에 관한 책을 읽고, 이웃 아이들과 함께 놀라운 작품을 쓰고 연출하며, 미국 평원의 한가운데 있는 작은 집에서 세상에 대해 배우면서 시작되었다. 학교교육은 4세가 아닌 5세가 되어야 시작할 수 있었기 때문에 어머니와 내가 공모해서 서류상으로는 5살이 되었다. 학교에서 나는 가만히 앉아서 일을 끝내는 법을 배웠다. 친절한 선생님들이 계셨고, 내가 이해하지 못한 선생님들도 많았다. 고등학교에서 나는 연극 수업과 방과 후 연극 그룹, 토론회, 그리고 배움을 좋아하는 선생님들을 찾았다. 나는 동부대학에 장학금을 받고 열심히 공부하겠다는 의지로 연극을 하기 위해 대학에 들어갈 준비가 되어 있었다. 하지만 아버지는 연극이 소녀, 특히 그의 딸에게 존경받을 만한 진로가 아니라고 강력하게 믿고 있었기 때문에 그렇지 않았다. 교육은 그랬다. 나는 공연에 대한 열정, 배움에 대한 사랑, 그리고 어린 아이들에 대한 관심을 우리 모두를 기쁘게 하는 직업으로 결합시키는 것을 배웠다. 교육학 학사 학위를 마치면서 나는 교사가 될 수 있었다.

결혼, 아이들, 가사일 모두가 그 뒤를 따랐다. 20대 중반에는 내가 상상했던 것보다 훨씬 더 내 진로를 바꿀 수 있는 기회가 찾아왔다. 우리 마을에서 새로운 TV 프로그램이 시작될 예정이었고 그들은 미취학 아이들을 위한 선생님을 찾고 있었다. 공연, 새로운 전망, 어린 아이들을 가르치는 것이 모두 하나로 합쳐져 있었다. 그 생각은 너무 흥미로웠다. 오디션을 본 후 나는 TV 감독, 카메라 제작진, 그리고 몇 년 동안 엄마와 유명인사라는 즐거운 조합으로 가득 차 있는 나를 발견했다. 그러나 새로운 길은 종종 처음에는 보이지 않는 변화를 만들어내고, 이로 인해 오래된 패턴을 버리고 새로운 목표와 가능성을 가지고 캘리포니아에서 새로운 삶을 정착시키는 결과를 낳았다.

나의 두 아이들은 이제 학교에 다니고 있었고 내가 기억하는 많은 일에 직면했다. 그들이 이미 그 자료를 알고 있다는 사실은 중요하지 않았기 때문에 매년 반복해서 과제를 해야 했다. 그것은 그 학년에 할당된 과제였다. 내 아들은 높은 재능을 가진 것으로 확인되었지만, 같은 나이와 학년의 다른 학생들과 같은 제한으로 같은 과제를 받았다. 내 딸은 이달의 장학생이었지만, 누구와도 경쟁하지 않고 그냥 맞추는 쪽을 선택했다. 나의 수업에는 내가 이해할 수 없는 아이들이 있었고, 내가 알지 못하는 전략이 필요했고 내가 줄 수 없는 도움이 있었다. 나는 교수법과 학습법에 대해 더 배우기 위해 대학교로 돌아가기로 결심했다.

로스엔젤레스 캘리포니아 대학에서, 내 앞에 새로운 세계가 열렸다. 처음에 학습장애 연구에 석사과정으로 등록한 나는 곧 장애에 대한 연구가 나를 유아기 연구로 다시 이끌었다는 것을 알게 되었다. 재능 있는 11살짜리 독서 장애인들과 함께 한 내 연구는 초기 경험이 학습에 미치는 영향을 확인시켜 주었다. 내가 새로운 석사 학위와 새로운 이해로 세상을 바꿀 준비가 되었다고 생각했을 때, May V. Seagoe 학장은 나에게 영재 교육 박사 학위를 위한 추가 연구를 후원하겠다고 제안했다. 그녀는 "당신이 옳을지라도, 여성이기 때문에 당신이 박사학위가 없으면 아무도 당신의 말을 듣지 않을 것이다."라고 말했다. 이 재능 있는 여자가 이해한 건 내게 얼마나 행운인가. 그녀는 내가 다른 방법으로는 찾을 수 없었을 사람들과 아이디어들을 나에게 소개했다. Dean Seagoe는 Terman 연구의 아이들 중 한 명이었고 그녀의 삶은 그녀가 더 많은 영재 교육을 받을 것이라고 느끼는 사람들을 멘토링 하는 데 헌신했다.

집에서는 아들과 딸이 내 박사학위 취득 결정에 중요한 역할을 했다. 학교에서의 그들의 경험은 내가 학생으로서 경험했던 것과 매우 흡사하여 나는 학교에서 영재 아이들에게 일어나는 일에 대해 뭔가를 해야 한다고 느꼈다. 내 아들의 표현대로라면 "세상은 공정하지 않아. 엄마는 어른이니 무언가를 해봐." 그렇게 하려면 박사학위가 필요했다.

박사 과정의 초반에, Dean Seagoe는 나의 논문 후원자인 Ragan Callaway 박사를 다음 멘토로 소개했다. 그는 오늘날까지 내가 열정을 가지고 있는 영역인 뇌의 학습 과정에 대한 연구를 인식시키는 데 책임이 있었다. 우리는 함께 조기 학습, 조기 독서, 재능, 그리고 그들 사이의 상호 관계를 연구했다. Virgil Ward 박사가 버지니아 대학교 캠퍼스에서 멀리 떨어진 곳에서 안식년을 보내기 위해 UCLA에 왔을 때, 이 기간 동안 또 다른 강력한 영향력이 내 삶에 들어왔다. 그는 완벽했다. 그의 생각이 우리의 생각과 대조를 이루었고, 우리는 모두 격한 토론에서 성장했고, 나는 증거를 가지고 내 생각을 검증하고 지지하고 다른 사람들에게도 같은 것을 요구하는 것을 배웠다. Ward 박사는 내가 앞으로 나의 30년 동안 직장생활을 할 대학의 총장과 부총장을 소개함으로써 나의 직업적 진로에 상당한 영향을 미쳤다. Ward 박사는 그가 사망할 때까지 매우 특별한 멘토와 지지자로 남아 있었다.

나의 논문 연구는 조기 학습, 조기 독서, 두뇌 연구, 그리고 TV 프로그램에서의 나의 경험을 결합했다. 그 결과는 조기 학습의 중요성, 조기 독서의 효과와 중요성, 그리고 두뇌 발달과 재능에 미치는 영향을 검증하는 연구논문에 새로운 증거를 제공했다.

로스앤젤레스 캘리포니아 주립대학 교수진으로서 30년 동안 일하면서, 세 가지 사건이 나의 직업적 삶에 강한 영향을 주었다. 나는 버클리 캘리포니아 대학교의 교수진이자 뇌 과정과 학습을 연구한 최초의 팀의 멤버인 Marion Diamond 박사를 만나 시간을 보낼 기회가 있었다. 그녀는 내가 다른 방법으로는 얻을 수 없었던 뇌의 기능에 대한 지식을 공유했다. 그녀의 지지와 격려로 나는 교수법과 글쓰기에 뇌 연구를 포함시켰다.

두 번째 사건은 교실에서 뇌 연구를 적용하는 방법을 이해하려고 노력한 결과로 나타났다. 학생들과 나는 우리의 지식을 수업에 사용했다. 그러나 우리는 사전 설정된 규칙에 따라 탐색을 제한하지 않는 환경이 필요했다. 이 요구에서 비롯된 실험학교는 그 후 7년 동안 존재했고, 석사과정 학생들과 나는 2세에서 16세 사이의 재능 있고 능력 있는 학습자들이 있는 교실에서 어떻게 두뇌 연구가 학습을 최적화하는 데 사용될 수 있는지를 발견할 수 있었다. 어느 여름 우리는 장애 학생 학습에 관한 부분을 포함시켰으며 동일한 강력한 결과를 발견했다. 이 실험학교에서, 현재의 두뇌 연구와 그것이 어떻게 교실을 위한 전략 및 구조로 해석될 수 있는지에 기초하여, 통합 교육 모델과 학습 최적화를 위한 모델과 전략이 도입되었다. 그 후 나는 많은 기사와 책들을 출판했는데, 국내외의 학교에서 사용되고 있다. 그 7년간의 경험은 나의 신념과 가르침에 깊은 영향을 끼쳤고, 나의 직업적 일과 사상의 주요한 부분이 되고 있다.

아마도 내 진로에 가장 큰 영향을 끼친 사건은 영재교육 교재, *성장하는 영재 (Growing up gifted)*의 출판일 것이다. 제7판에서는, 영재아동과 청소년을 이해하는 데 사용한 것과 동일한 텍스트에서 조기 학습과 두뇌 연구에 관한 자료를 찾을 수 있도록 하기 위해 쓰여 졌다. 그리고 아이들을 더 잘 이해하고 부양할 수 있도록 부모들을 위해 제공했다. 내가 상상했던 것보다 훨씬 광범위하게 진행되었지만, 그것은 또한 내 진로 전체에 걸쳐 놀라운 기회의 문이 되었다. 가르치고, 회의에 참가하고, 어린이, 부모, 동료들과 함께 일하기 위해 많은 나라를 여행하는 것은 이러한 혜택의 일부였다. 또한 전문기관에서의 리더, 논문의 원작자, 저널의 편집위원 그리고 내가 배우고 공유하고 이해할 수 있는 분야의 많은 지도자와의 접촉 기회도 있었다.

물론 내 인생과 시대에 결정적이고 중요한 역할을 했던 많은 사람들이 있었다. 가족과 동료들 모두 내 생각에 영향을 주고 나의 길을 바꾸었다. 나는 가장 명백하고 시기적절한 사건들만을 공유했다. 나는 지금 나의 호기심을 가장 자극하는 문제들, 어떻게 뇌가 기능하는지, 어떻게 하면 우리가 가장 잘 배울 수 있는지, 초기 학습에 가장 중요한 것이 무엇인지, 그리고 어떻게 우리가 서로 그리고 우주와 연결될 수 있는지와 같은 문제들을 설명하기 위한 아이디어를 찾고 있다. 나는 특히 우리의 연결에 관심이 있다. 지금으로서는 그것을 직관의 과정이라고 부르지만, 그것은 정말로 우리가 누구인지, 우리가 될 수 있는지에 대한 것이다. 재능은 단서일 뿐이다. 당신은 정말로 무엇이 가능하다고 생각하는가?

15h 소외된 아이들에게서 영감을 얻은 인생 여정

Alexinia Y. Baldwin

미국의 인종차별이 심한 남부 지역에서 자라면서, 나는 우리 민족이 견뎌낸 환경적 자극의 기회에 대한 단점과 기회를 경험했다. 자상한 부모님이 있는 가정은 내가 그 장벽들 중 일부를 극복하도록 도와주었지만, 많은 또래 집단은 이 같은 가정의 격려를 받지 못했기 때문에 "틈새로" 떨어졌다. 이 남부 도시에서 영재를 위한 수업은 백인 학생들을 위해 제공되었지만, 흑인 학생들을 위해 이런 유형의 프로그램은 제공되지 않았다.

미국의 민권법이 통과되고 특별 아동 기금의 일부로 학교에 연방 재원을 사용할 수 있게 되었을 때, 나는 이 마을에서 첫 번째 흑인 영재 학생들을 식별하고 가르치는 일을 맡게 되었다. 석사 학위와 심리학 과정으로 무장한 나는, 이 수업에 포함시키기 위해 그 지역의 여러 학교에서 뽑힐 학생들을 파악하기 시작했다. 이것은 나의 교육 경험 중 가장 흥미진진한 영재 교육 분야의 여정을 향한 첫걸음이었다.

지원자들에 의해 시행된 문단 의미 검사 점수와 슬로슨 지능검사 점수를 합하여 28명의 4학년 학생들이 구성되었다. 비록 이 아이들의 IQ 점수는 100점부터 180점까지 다양했지만, 각각은 연마되어야 할 특별한 능력을 가지고 있었다. IQ 점수와 환경자극이 이 점수의 변화에 미치는 영향에 대한 기존 이론들을 테스트하기 위해서 IQ점수가 130 보다 낮은 아이들을 포함시키는 것이 의도적으로 행해졌다.

비록 이 학생들은 여전히 그들의 성인 생활에서의 성공을 영재들을 위한 첫 수업의 경험 덕분이라고 생각하지만, 나 또한 이 분야에서 나의 교육을 더 발전시키겠다는 영감과 결심을 갖게 되었다. 나는 이 아이들의 성취도와 검사 점수를 변화시킨 중요한 변수들이 무엇이었는지를 분석하기 위해 좀 더 심도 있는 연구가 필요했다. 이 학생들이 내 삶을 변화시켰다는 것을 깨달은 것은 바로 이 시점이었다.

코네티컷 대학에서 제공되고 있던 영재를 위해 새로 고안된 프로그램에 관한 안내 책자가 나에게 보내졌다. 나는 영재 분야에서 연구자와 리더를 양성하는 Joseph Renzulli의 대학원 프로그램에 도전했다. Renzulli와 함께 연구하는 동안, 나는 현장에서 변화를 일으키는 사람들과 만나 대화를 나눌 수 있었다. 플로리다에서 영재 교사들을 위한 프로그램을 가지고 있던 Dorothy Sisk, 당시 영재 학교장이었던 Marve Gold, 코네티컷 주 영재학교의 코디네이터였던 Bill Vassar, 대학원 수업에서 책을 쓴 Virgil Ward는 모두 나의 학습 곡선의 일부였고 이 분야의 성장을 위한 가능성에 눈을 뜨게 했다.

올버니 뉴욕 주립대(SUNYA) 커리큘럼 부서의 교수로서, 나는 영재 교육과 관련된 주 기관에 관한 정보를 수집하는 작업을 즉시 시작했다. 미국 교육부의 Drothy Sisk 와 같은 영재 지지자들의 도움으로, 나는 뉴욕 주에서 영재 교육을 위한 옹호(Advocacy for Gifted and Talented Education in the State of New York: AGATE)라는 영재를 위한 주 전체 조직을 조직 할 수 있었다. 당시 지지적이고 강력한 지지자들은 Harry Passow, Abraham Tannenbaum 및 Virginia Erlich였다.

이 기간 동안 나는 특별 아동 영재 협의회-영재 협회 (TAG)에 적극적으로 참여했다. 당선자인 Joyce Van Tassel-Baska 와 함께 이 부서의 회장으로서, 나는 *영재 교육을 위한 저널 (Journal for the Education of the Gifted)*이 새로 도입된 저널로서 성장해가는 아픔을 겪으면서 저널의 발전을 보았다. Frances Karnes와 Carolyn Callahan은 내가 회장 임기동안 이사회에서 일했고 당시에 수립된 정책에 영향을 준 사람들이었다. TAG와 NAGC(National Association for the Gifted)의 노력은 교사 양성 및 주정부가 영재 프로그램을 개발할 수 있도록 돕는 데 집중되었다. James Gallagher는 또한 이 분야의 교사들을 위한 훈련을 발전시키기 위해 일하고 있었는데, 가정과 환경 지원이 불우한 학생들이 학교에서 성공하기 위해 필요한 기술을 개발하는 데 도움이 되는 커리큘럼에 초점을 맞추고 있었다. 그와 함께 일하면서 커리큘럼에 대한 나의 생각의 많은 부분이 영향을 받았다.

Irv Sato와 David Jackson은 Sandy Kaplan과 Jim Curry를 포함한 트레이너 팀과 함께 미국의 여러 주에 영재 교육 분야를 도입한 리더십 훈련 프로그램을 시행했다. 이 기관에 참여한 사람들은 후에 지역 및 전국적으로 지도자와 옹호자가 되었다. 그 중 한 곳은 SUNYA 캠퍼스에서 열렸고, 그곳에서 나는 그룹의 주인이자 주최자로 일했다.

세계 영재 협의회가 이스라엘에서 열렸을 때 초기 단계에 있었다. 나는 Jacob Javits 상원 의원을 대신하여 그 회의에서 인사말을 읽게 되어 영광이었다. 나는 그때 이후로 모든 세계 협의회 회의에 참석했고, 이 회의 동안 계속해서 미국 대표 및 발표자로 일 해왔다. 잠재력이 높은 학생의 문제에 관한 세계적인 관점은 나에게 특정 국가에서 변화를 가져온 사람들에게서 배울 기회를 주었다. 나는 저서와 공개 대화를 통해 그들과 나의 전문성을 공유할 수 있는 기회를 가졌다.

NAGC의 위원이 될 수 있는 기회는 조직 및 정보 구조의 다양한 부분을 통합하였다. 이러한 모든 경험을 통해 전 세계 지역과 협의하고 이 문제에 관한 기사와 서적을 출판할 기회를 가졌다.

영재에 대한 나의 생각은 종종 인정받지 못한 영재를 찾는 데 도움이 될 수 있는 다양한 기사, 책, 연설 및 인식과정에서 찾을 수 있다. 이 학생들 중 많은 수가 그들의 잠재력을 가릴 수 있는 빈곤한 상황이거나 다른 신체적 또는 정서적으로 불리한 조건에서 발견될 수 있다. 이러한 문제를 무시하면 미래 세대가 전 세계적으로 부정적인 영향을 받을 것이기 때문에 앞으로 이러한 학생들과 이들을 지도할 교사들에게 주의를 기울이는 것이 중요하다.

비록 나는 영재교육 분야에서 여러 저명인사들과 함께 일할 기회가 있었지만, 새로운 학자로서 나에게 많은 기회를 제공하고, 나의 글과 이론적 가정 속에서 나를 계속 지지하고 격려해 준 사람은 Joseph Renzuli였다. 이러한 이론적 가정은 종종 영재 프로그램에서 소외된 아이들에게 초점을 맞추었다. 이 집단에서 아이들을 식별하는 것은 계속 우려되는 일이다. 따라서 적절한 식별 도구를 찾고, 이 집단에서 높은 능력의 존재에 대한 태도를 바꾸고, 이러한 학생들의 요구를 충족시킬 커리큘럼과 교육 기법을 제공하기 위한 나의 지속적인 노력은 미래에 대한 책임으로 남아 있다.

15i 꿈을 따라가다

C. June Maker

내가 어린 소녀였을 때 잊을 수 없는 꿈을 꾸었다. 그 꿈에서, 나는 어른들이 아이들을 다치게 하는 것(아이들을 때리고, 그들에게 비열한 말을 하고, 그들에게 소리를 지르는 것)을 보았다. 가장 많이 다친 아이들은, 다른 아이들 즉 다른 피부색을 가진 아이들, 말을 잘 못하는 아이들, 그리고 장애를 가진 아이들이었다. 심지어 동정심을 가지고 말하고 아이들을 사랑스럽게 바라보는 어른들도 그들을 해치고 있었다. 그들은 그들을 상자에 넣고 이것이 그들에게 좋다고 말하고 있었다. 그들은 자유롭게 뛰어다니며 스스로를 다치게 할 수 없을 것이다. 어른들이 사랑한다고 말하는 아이들의 얼굴에서 상처와 혼란을 보았다. 나는 모든 어른들에게 똑같은 말을 했다.

"제발 그만둬! 당신이 그들을 다치게 해요!" 그러자 모든 사람이 대답하였다. "이건 네가 상관할 일이 아니다. 넌 어린애에 불과해. 너는 그들에게 무엇이 최선인지 몰라." 아무도 듣지 않았다. 나는 일어나서 울었고, 깨어났을 때 이것이 꿈인지, 아니면 실제로 그런 일이 일어났는지 궁금했다.

나는 사람들에게 내 꿈에 대해 말하려고 했지만, 아무도 내 꿈이 중요하다고 생각하지 않는 것 같아서 이야기를 그만뒀다. 그래도 나는 그것을 결코 잊지 않았다. 몇 년 후 이중 폐렴으로 병든 나는 의사와 병원에서 멀리 떨어진 농촌에서 거의 죽음에 가까운 경험을 했다. 그때 일어난 일은 믿어지지 않을 정도로 놀라웠다. 나는 어른들이 아이들에게 어떻게 상처를 주고 있는지에 대해 이야기 할 때 내 말을 듣는 사람들을 보았고, 나는 이 아름다운 존재들로부터 언젠가 (다른)사람들도 내 말을 들을 것이라는 것을 이해했다. 나는 그저 인내심을 가지고 준비를 해야 했다.

나의 어머니는 선생님이었고, 그녀는 그 일을 좋아했다. 그녀는 그 아이들에 대해 마치 그녀 자신의 아이인 것처럼 이야기했고, 사실 94세의 그녀는 여전히 그렇다! 그녀는 그 작은 시골 마을에서 계속 살아왔고, 그녀의 첫 번째 학생들 중 몇몇의 아이들, 손자들, 심지어 증손자들까지도 가르쳤다. 내가 다시 방문했을 때, 우리는 어린 시절 이웃들에 대해 이야기하고, 함께 가르친 경험에 대해 이야기하면서

제15장 저명인사의 개인 내러티브 **327**

즐거운 시간을 보내는데, 그것은 나의 첫 번째 가르침 경험이자 그녀를 위한 많은 경험 중 하나이다.

내가 가장 좋아했던 기억들 중 하나는 모든 인형과 동물인형들을 세워놓고, 상상의 칠판을 만들고, 내 장난감을 가르치는 것이었다. 어머니는 내가 선생님이 될 것을 알고 있었고, 나도 그것을 알고 있었다. 흥미롭게도, 그렇게 작은 마을에서 자라면서, 나는 선택사항인 것 같은 직업을 몇 가지밖에 갖지 못했다. 나는 여성들이 간호사, 미용사, 선생님인 것을 보았다. 나는 비서들도 보지 못했기 때문에 이것을 선택사항으로 생각하지 않았다 – 물론 여자 의사나 변호사도 없었다! 어머니와 나는 내가 선생님이 될 줄 알았지만, 우리는 내가 어떤 선생님이 될 수 있을지에 대한 다른 이미지를 가지고 있었다. 나는 2학년 선생님이 되고 싶다고 생각했다. 어머니가 그러셨다. 그러나 그녀는 내가 2학년 교사로 남아 있지 않을 것이라고 "마음속으로만" 말했다. 그녀는 내가 다른 목적을 가지고 있다고 믿었고, 한 곳에 머무르는 것은 나에게 적합하지 않다고 생각했다.

학교에 가는 것은 흥미로운 경험이었다. 나는 학교에 가기 전에 읽는 법을 알았고, 책을 많이 읽었으며 종종 반 친구들보다 훨씬 앞섰다. 하지만, 나는 계속해서 공부하고 열심히 일했다. 어머니를 견디게 하는 것은 딸들이 최고의 성적을 거두는 것이었다. 우리는 돈을 벌기 위해 다른 사람에게 의존하지 않고 스스로를 부양할 수 있는 경력을 쌓아야만 했다. 우리의 이런 태도는 고통스러운 이혼을 견디고, 경력 없이 혼자 여덟 아이

를 키우는 어머니를 지켜보는 데서 비롯된 것 같다. 그녀와 그녀의 가장 가까운 여동생은 내 여동생과 나에게 미묘한 영향을 미쳤다. 어쨌든 나의 고등학교 때 성적은 아주 좋았고, 대학에 가서 초등교육을 전공했다.

대학 입학시험 점수가 너무 높기 때문에, 나는 명예 프로그램에 참여하라는 요청을 받았다. 우리는 좋은 기회를 가졌고, 나에게 가장 중요한 것은 대학 전체의 명예 프로그램 학생들이 참여하도록 초대된 신입생 세미나였다. 철학과의 교수들은 다양한 분야에 대한 흥미진진한 토론을 가능하게 했고 우리는 관심 있는 주제에 관한 논문을 썼다. 나에게 있어 이것은 교육 경력에서 가장 흥미진진한 경험이었고, 만약 나의 교육이 이랬다면 나는 그것을 완전히 즐겼을 것이라고 생각했다! 나는 이 경험을 기억하고, 내가 가르친 학생들에게 비슷한 경험을 만들어 주고 싶었다. 그래서 영재 교육에 관심이 있는 교수를 만났을 때, 나는 이것이 나의 관심

사가 되기를 원한다는 것을 알았다 ― 꼭 내가 영재 학생들을 가르치고 싶었기 때문이 아니라, 프로그램의 철학이 교육이 무엇을 해야 하고 어떤 것이어야 하는지에 대한 나의 신념과 맞아떨어졌기 때문이었다. 그 교수는 나를 격려해 주었고 이 분야에서 학위를 제공하는 세 개의 대학 프로그램을 찾는 것을 도와주었다.

내가 하고 싶은 여분의 일을 위해 돈을 벌 수 있도록 여름과 휴가 때 하는 일 중 하나는 보청기를 파는 두 삼촌을 위해 일하는 것이었다. 내가 그들의 뒤엉킨 재고품을 바로 잡자 전국 영업 관리자는 나를 주목했고 뉴욕에서 고임금의 일자리를 제안했다. 심지어 내가 청각학자로서 훈련을 받을 수 있도록 돈을 지불하겠다고 제안하기도 했다. 나는 그 제안을 고려했는데, 그 제안은 멀리 떨어진 곳에 대해 읽고 여행을 하고 싶어 했던 농장에서 자란 소녀에게 흥미진진했다! 내가 결정을 하려고 하는 동안, 지원했던 석사 프로그램 중 하나를 담당하는 교수님이 내가 그 프로그램을 방문하도록 초대했다. 나는 교사들을 위한 여름 워크숍 동안 그곳에 갔고, 다시 한 번 흥미로운 경험을 했다. 그 경험은 학위과정에서 거의 4년 동안 배운 것보다 3일 동안 더 많은 것을 배웠다는 느낌이 들었다. 워크숍이 끝났을 때 나는 조교 제의를 받았다. 내 결정은 쉬웠다. 내 길은 분명했다. 큰 도시에서 여행하고 돈을 많이 버는 것보다 배우는 것이 나를 더 흥분시켰다.

그 후 나는 영재 교사가 되었다. 나는 그것을 좋아했고, 학생들과 함께 배우는 것이 즐거웠다. 하지만, 다른 기회들이 함께 왔다! 나는 영재교육학 석사학위를 가진 몇 안 되는 사람들 중 한 명이었기 때문에, 주 내 교육부의 프로그램 담당 지역 감독관직을 제의받았다. 나는 그것을 받아들이기로 결정했다. 교사, 행정가, 정책입안자들과 함께 일할 수 있기 때문에 더 많은 아이들의 삶에 영향을 줄 수 있는 기회를 가질 수 있었다. 3년 후에도 이와 같은 추론을 통해 영재 학생들의 연방 사무소에서 인턴(행정 보조원)으로 일할 수 있는 기회를 갖게 되었다. 거기서 나는 내가 수년 동안 읽고 존경해 온 일을 하는 그 분야의 중요한 지도자들 대부분을 만났고, 또한 법률을 설계하고, (적용 방법과 장소를 알고 있었기 때문에) 두 권의 책 계약을 받았고, 복잡하지만 흥미진진한 환경에서 활동하는 정치활동을 관찰했다.

인턴으로서의 나의 임기가 끝났을 때 또 다른 결정의 순간이 왔다. 내가 만났던 몇몇 로비스트들은 나에게 그들과 합류하도록 격려해 주었고, 교육에서 기대할 수 있는 것보다 더 높은 급여를 받는 전문 기관의 자리를 제안해 주었지만, 나는 정말로 선생님들과 함께 일하고 싶었다. 나는 연방정부 차원에서 내가 하는 일이 아이들의 교육에 영향력을 미치는지 알지 못했다. 그 영향력은 내 노력이 아이들의 삶에 변화를 가져왔다는 것에 만족감을 느낄 만큼 명확하지 않았다. 나는 교사들을 가르치는 교육자가 될 수 있도록 박사 학위를 따기 위해 학교로 돌아갔다. 그 곳에서의 경험들은 다시 나의 관점을 바꾸고 내 마음 속에 몇 개의 문을 더 열었다. 나는 연구가 흥미롭다는 것을 발견했고, 그것을 통해 나는 배울 수 있었다 — 실제로, 나는 지식을 창조하고 그것을 공유할 수 있었다. 실제로 박사과정 중에 두 권의 나의 첫 책이 출판되었다. 사람들은 실제로 그것들을 읽었고 내가 쓴 것에 대해 내게 물었다! 그때 나는 글쓰기(출판)와 연구를 통해 아이들의 교육에 큰 영향을 줄 수 있다는 것을 알게 됐다. — 전에는 생각해보지 않았던 것이다.

박사과정을 마치자 다시 다른 길을 걸을 기회가 생겼다. 같은 전문 기관이 다시 로비스트 자리를 제안했고, 현장에서 존경받는 사람과 일했다. 그는 나에게 "나만의 직업 설명서를 쓸 수 있다"고 말했다. 그러나 지금까지는 고등교육이 나에게 적합한 곳이라는 확신이 들었다! 나는 교사들을 가르치고, 아이들과 함께 일하고, 연구를 하고, 글을 쓰고, 유연한 직업을 가질 수 있었다. 어머니가 옳았다. 나는 교실에 머물 수 없었지만, 내 작업이 어떻게 변화를 가져왔는지 볼 수 있도록 교실과 아이들과 연결을 유지해야 했다.

그로부터 몇 년 뒤, 중국 베이징에서 교육자들인 청중 앞에 섰을 때, 나는 어린 시절의 꿈을 떠올렸다.먼 나라에서 온 사람들, 완전히 다른 문화, 이 거대한 도시에서 온 사람들이 내 말을 듣고 있었다! 나는 그들이 어떻게 아이들의 말을 듣고, 격려하고, 스스로 생각하게 하고, 그들을 존중해 줄 필요가 있는지에 대해 이야기했고 청중들은 내가 한 말을 들었다. 그날 저녁 늦게, 나는 나를 그곳으로 데려온 경험들 — 의미심장한 꿈, 죽음에 가까운 경험, 어머니의 영향, 내게 주어진 기회, 나를 아끼던 사람들, 나를 모두가 알고 있는 그 작은 마을을 떠나려는 나의 의지, 여행에 대한 나의 사랑, 학문에 대한 사랑, 배움의 가치 대 돈을 벌 수 있는 가치에 대해 생각했다. 나는 내가 가진 이 멋진 삶을 이루기 위해 함께 일해 준 나 자신과 다른 사람들, 그리고 "우주"에게 감사하다는 것을 인정했다!

생각해보면 나는 내가 가고 있는 구불구불하지만 곧고, 신나고 신비로운 '진로경로'에 감탄한다. 다음엔 어디로 갈까? 내일은 무슨 일이 일어날까? 나는 그것이 어떻게 해서든 예상할 수 있고 예측 가능하다는 것을 알고 있다. 어떻게 생각하는가?

15j 내 인생 경험의 선명한 렌즈

Belle Wallace

나는 내가 세상을 보는 시각을 선명하게(날카롭게) 하는 법을 배우는 렌즈를 이해할 수 있도록 나의 초기 배경의 일부를 당신과 공유하려 한다.

나는 영국 South Wales의 가난한 지역에서 기아와 빈곤에 매우 익숙한 대가족 속에서 자랐고, 기본적인 필수품조차도 살 돈이 항상 부족했다. 내가 열한 살이었을 때, 나는 그 마을의 문법학교에서 무료 장학금을 받았다. 나는 이 "중산층"의 전문적이고 분명하게 표현된 환경에 빠져들었고, "침묵의 문화"에 잠겨있는 소수의 학습자 중 한 명 이었다. 나는 의사, 교사, 변호사의 딸들과의 사회적 관계에서 아무런 목소리를 내지 못했다. 나는 그들의 대화와 생활방식 안에서 개인적 정체성도 사회적 의의(중요성)도 없었다. 나는 수줍음이 많았고, 매우 가난했으며, 내 값싼 옷이 부끄러웠으며, 내 삶이 도시의 빈민가에 있는 어수선하고 지저분하고 작은 테라스식 주택에서 살아남기 위해 노력하는 것을 강하게 인식했다.

나의 교육은 결국 내가 Freire의 "은행" 개념, 즉 학생들이 예치금이고 교사가 예치자인 일련의 "예금"으로 식별 할 수 있는 범위 내에서 깔끔하고 매우 적절하게 떨어졌다. 교사는 의사소통 대신 교화(공식성명)를 발행하고 학생들이 끈기 있게 받고, 기억하고, 반복하는 예금을 만든다(Freire, 1998b, p. 72). 나는 내 삶과 아무런 관련이 없는 사건들과 사건들에 대한 자유로운 관찰자였다. 나는 대화형 학습-학습 과정에 참여하지 않았다. 나는 "학업적" 성취의 수준을 향해 듣고 암기하는 의식적인 관행(실천)에서 처리되어야 할 대상이었다.

나는 내가 글쓰기에 재능이 있음을 알아본 훌륭한 선생님의 영향으로 살아남았다. 그녀와 함께 하면서 나는 정말로 내가 가치 있음을 알게 되었다. 나는 비록 종종 잘못 표현된 질문에도 활기 넘치며 의미를 갈구하는 정서적이고 이지적인 존재였다. 나는 적극적인 경청과 대화에서 파생된 상호존중으로부터 오는 흥분의 빛을 경험했다: 그녀는 모든 면에서 멘토 였고, 교사와 학습자 사이의 장벽은 사랑스런 존경과 이해의 관계를 보이지 않았다. 내가 내 삶이 폭넓게 따라온 방향의 공식화를 - 모든 학습-학습-학습 상호 작용에 생명, 현실, 생명력 및 개인적 가치의식을 가져다주는 역동적인 과정을 이해하고 촉진하기 위해서-라고 하는 것은 바로

이 살아 있는 학습 경험 때문이다

교육에서의 내 진로가 처음 시작되었을 때, 나는 모든 학습자들이 그들의 학습 경험을 통해 관련 의미와 만족을 찾을 수 있는 균등한 기회를 제공하기 위해 노력하는 윤리에 대해 고민했다. 나는 학습자들이 그들이 조사하고 있는 주제에 대해 집중하고 동기를 부여받는 것을 느낄 필요가 있다는 것을 직감적으로 알고 있었다. 그리고 어느 정도 무턱대고 공감과 신뢰를 형성하기 위해 내가 구축하고자 하는 관계의 질에 대해 알고 있었다.

순진하고 경험이 없고 열정적인 젊은 교육자로서, Paulo Freire의 글과 가르침에 대한 나의 첫 만남은 그때까지 내 마음 속에 그늘진 공식에 불과했던 것이 무엇인지를 결정지었다. 그의 글은 내가 성취하려는 것을 명확하게 밝히는 데 도움이 되었다.

• 실생활 이해와 관련하여 해결해야 할 관련 문제 협상을 통해 학습자의학습 소유권 개발
• 공동 협상 및 구성의 의미로서 교사와 학습자의 상호주의와 평등한 학습/교육 역학에서의 대화와 상호작용의 발전
• 의사 결정 및 행동에 대한 학습자의 자신감과 독립성의 개발 및 자기 실현을 유도
• 적극적인 경청 및 대화에서 도출된 상호 존중(Freire, 1998a, 1998b)

이러한 Freire의 철학과 기회균등(평등)을 촉진하기 위한 그의 일생의 헌신은, 투옥 수용 및 망명과의 만남은, 내가 모든 학습자에게 진정으로 해방된 교육경험의 원리를 정당화할 수 있게 해줄 증거와 경험을 찾으려는 정열적인 동기를 불러일으킨 것이었다.

개인적인 삶의 경로(personal life path)로 인해 많은 국가에서 단기간 근무를 하게 되었지만, KwaZulu-Natal(콰줄루-나탈, 남아프리카공화국 동부의 주)에서 광범위하고 집중적인 시간을 보냈다. KwaZulu-Natal의 영향으로 영국과는 완전히 다른 문화적 맥락에서 나 자신을 발견하는 것은 생동감 있고 뚜렷하며 압도적이었다. 눈부시게 활기차고, 색채가 풍부하며, 사회적이고, 정서적이며, 정치적으로 복합하고 탄력성과 복종의 혼합, 절망과 희망의 갈레도스, 그리고 변화의 필요성이 심오하게 도전적이었다. 이 개인적인 삶의 변화는 그것이 실제로 계획되지 않았다는 점에서 거의 우연에 가까웠지만, 자국 내에서 배제되고 강제적으로 "고향"이라고 불

리는 빈곤층, 불임의 산악 지역에서 강제적으로 분리된 줄루족 국가에 대한 압도적인 개인적인 반응에서 비롯되었다. 그래서 1년간의 안식휴가의 의도된 체류는 15년의 개인적인 약속이 되었다: 이 기간 동안 아파르트헤이트 정권(apartheid regime)의 붕괴를 목격했다.

남아프리카공화국 교육의 개념은 Freire의 "은행" 패러다임 안에 확고히 자리 잡고 있다. 기계적 학습(암기학습, Rote learning)과 반복은 초만원이고 설비가 제대로 갖추어지지 않은, 주로 여름에는 숨 막힐 정도로 덥고 겨울에는 떨릴 정도로 추운 양철 지붕이나 진흙 지붕의 교실에서 이루어졌다. 많은 교사들은 교육학과 과목 지식 모두에 대해 극도로 준비가 부족했다. 더욱이 전통적인 Zulu(남아프리카공화국의 한 종족) 문화가 젊은이들에 의해 어른들에 대한 깊고 순응적인 존경을 장려했기 때문에, 학생들이 그들의 선생님에게 질문하거나 심지어 직접 눈을 마주치는 것조차 문화적으로 부적절하다고 여겨졌다. 또 집단문화는 집단 정체성을 강하게 부추겨 개인으로서 자신에게 관심을 갖는 것은 부적절하다고 간주되었다.

학교 강의는 Zulu 학습자들에게는 현실성이 거의 없는 서양식 패러다임에 확고히 뿌리박고 불변의 내용을 담고 있었다. ─냉장고 해동, 일본의 지리, 유럽 성의 역사, 하이드라의 미세한 구조 등 이해 주제들은 전기가 없고 흐르는 물이 없는, 단순한 벽돌이나 진흙 오두막에서 살아가는 학습자들에게 아무런 관련이나 현실이 없었다. 그들은 냉장고를 가지고 있지 않았고 그들의 공동체 밖에 나가본 적도 없었고, 섬이나 평범한 성, 혹은 미세한 구조물에 대한 개념이 거의 없거나 전혀 없는 사람들이었다. 정규 시험(제어 시험)은 몇 주마다 필수였고, 학습자는 규정된 교과서에서 읽은 교사의 정확한 말로 사실을 재현하는 질문에 답해야 했다. 학생들은 자신의 교과서를 거의 가지고 있지 않았다.

이 정도의 불이익과 기회 박탈은 나의 교육에 대한 초기의 개인적 소외감을 완전히 무색하게 하고 말살시켰으며, 빈민가에서 살아남기 위한 나의 초기 투쟁을 세계관 속에 집어넣었다. 처음에, 나는 학생들과 함께 그들의 개인적인 장점을 이해하기 위해 일했고, 나탈 대학에 기반을 둔 일련의 커리큘럼 개발 프로젝트를 개발했다: 전체적인 프로젝트는 15년 동안 지속되는 것이었다. 프로젝트의 목적은 당시 인종차별주의자인 KwaZulu의 소외된 Zulu족 인구의 요구를 파악하는 것이었다. 자존감, 독립 및 권한 강화를 위해서였다. 그리고 Zulu 문화와 관련이 있고 맥락에 맞는 커리큘럼을 설계한다. 학생들은 풍부한 강의 문화, 잘 발달된 그룹 청취 및 지도력 기술로 인한 강력한 기억력, 토론과 아이디어 공유를 통한 민주적인 방법,

협동 학습의 용이성과 즐거움, 자기 계발의 수단으로 배우려는 엄청난 동기, 분열과 불평등에 시달리는 나라의 정치적, 경제적, 사회적, 정서적 차원에 대한 깊고 예리한 인식 그리고 깊고 근사함 등 놀라운 강점을 가지고 있었다.

이 프로젝트는 TASC(Thinking Activitive in a Social Context, 사회적 상황에서 적극적으로 생각하기)라고 불리게 되었다. 이 프레임워크를 기반으로 소규모 전담팀과 함께, 우리는 1학년에서 12학년까지의 학생들을 위한 언어 및 사고텍스트를 작성했고 어린 학생들을 위해 추가 시리즈인 "Reading in My World(내 세계에서의 읽기)"를 썼다. 내 글쓰기는 진정한 삶의 목적을 가지고 있었고, 그것은 즐겁고 지칠 정도로 모든 것을 다 써버렸다: 아프리카 아이들이 처음으로 컬러가 있는 책과 그들의현실과 흥미(관심사)를 반영하는 책들을 가지게 되었다.

나는 너무나 많은 기억에 남고 감동적인 순간들을 생각해냈다. 훈련이 끝나는 날 줄루 선생님들과 찬사를 바치는 춤과 노래를 함께 하고, 개인 화장실을 위한 가시덤불 아래에서 함께 웃고, 농담하고, 양철 지붕이 있는 교실에서 덥고 습한 여름 더위 속에서 땀을 흘리고, 아이들이 활짝 웃으며 창의적인 기회에 반응하는 것을 보았다. 가장 감동적인 순간은 매우 유능한 학생 그룹이 그들의 진보를 성찰하고 있었던 특정한 피드백 세션에서 비롯된다. 한 학생은 "나는 이제 내 나라에 속해 있으며 변화를 이끌 수 있다고 믿는다"고 말했다. 그 때, 젊은 어른들의 무리가 "소통! 오 그래, 소통!" 이라는 줄루스의 멋지고 친밀한 하모니를 터뜨렸다. 그는 이제 수천 명의 노동자들의 일터 변화를 촉진하는 국가적인 리더가 되었다.

KwaZulu-Natal에서 살면서 일한 몇 년 동안 나는 치명적인 불이익에도 불구하고 기쁨과 웃음에 대해 많은 것을 가르쳤다. 나눌 수 있는 자원이 적었지만 사랑, 우정, 나눔, 성공하기 위한 회복력과 결단력, 모든 장애물을 극복하기 위한 노력, 풍부한 의사소통의 질과 공통의 목표를 향해 노력하는 것에 대한 많은 것을 가르쳐 주었다.

내 인생을 바라보는 렌즈가 변형되었고 나는 완전하게 살 수 있고, 조건 없이 사랑할 수 있는 능력이 너무나 풍부해졌다

저자 약력

Kobus Maree
남아공 University of Pretoria 심리학 박사, 진로상담학 박사
South African Journal of Psychology 편집장
UNESCO 평생지도상담 위원회 아프리카 대표
현) 남아공 Pretoria 대학교 교육심리학과 교수

역자 약력

유현실
서울대학교 교육학 박사 (교육상담 전공)
현) 단국대학교 사회과학대학 상담학과 교수

유우경
단국대학교 상담학 박사
현) 유우경심리상담센터 대표

윤금희
단국대학교 교육학 박사 (상담심리 전공)
현) 단국대학교 자유교양대학 강사

이정아
단국대학교 상담학 박사
현) 경희대학교 미래인재센터 겸임교수

내러티브 진로상담

초판발행	2023년 5월 5일
지은이	Kobus Maree
옮긴이	유현실 · 유우경 · 윤금희 · 이정아
펴낸이	노 현
편 집	김민조
기획/마케팅	장규식
표지디자인	이소연
제 작	고철민 · 조영환
펴낸곳	㈜ 피와이메이트
	서울특별시 금천구 가산디지털2로 53, 210호(가산동, 한라시그마밸리)
	등록 2014. 2. 12. 제2018-000080호
전 화	02)733-6771
f a x	02)736-4818
e-mail	pys@pybook.co.kr
homepage	www.pybook.co.kr
ISBN	979-11-6519-257-0 93180

* 파본은 구입하신 곳에서 교환해 드립니다. 본서의 무단복제행위를 금합니다.

정 가   19,000원

박영스토리는 박영사와 함께하는 브랜드입니다.